사진과 함께 읽는 **대통령 박정희**

일러두기

● 국내외 인명은 원칙적으로 처음 나올 때 한자와 로마자를 병기했다.

　박정희(朴正熙), 윤보선(尹潽善), 이케다 하야토(池田勇人), 마샬 그린(Marshall Green)

● 외국의 인·지명 표기는 국립국어원의 외래어 표기법에 따랐다.

● 경우에 따라 등장인물의 직책이나 경칭을 생략했다.

● 신문과 잡지 등 정기간행물은 별도 표기하여 일반 저작물과 구분했다.

　〈조선일보〉 〈뉴욕타임스〉 〈뉴스위크〉

● 인용한 저서는 원칙적으로 처음 나올 때에만 출판사 이름을 곁들였다.

　조갑제(趙甲濟) 지음 『박정희(朴正熙)』(조갑제닷컴)

　이덕주(李德柱) 지음 『한국현대사비록』(기파랑)

사진 및 기타 자료제공

조선일보사
박정희도서관
국가기록원 대통령기록관
재단법인 정수장학회
시간여행
단국대학교 도서관
김두영 개인 소장 사진

사진과 함께 읽는
대통령 박정희

무선 초판 1쇄 발행 | 2024년 12월 20일
　　　초판 1쇄 인쇄 | 2024년 12월 10일

엮은이 | 安秉勳
펴낸이 | 안병훈

펴낸곳 | 도서출판 기파랑
등　록 | 2004. 12. 27 제300-2004-204호
주　소 | 서울시 종로구 대학로8가길 56 동숭빌딩 301호　우편번호 03086
전　화 | 02-763-8996(편집부) 02-3288-0077(영업마케팅부)
팩　스 | 02-763-8936

이메일 | guiparang_b@naver.com
홈페이지 | www.guiparang.com

ISBN 978-89-6523-488-3　03990

大統領 朴正熙

박정희 대통령 18년 6개월의 기록

내 一生 祖國과
民族을 爲하여

1974. 5. 20.

大統領 朴正熙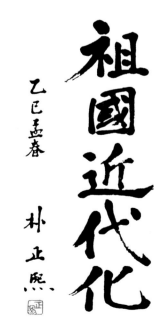

民族中興

大統領 朴正熙

祖國近代化

乙巳孟春

朴正熙

"한강의 기적"을 이룩한 위대한 대통령

책을 내면서

박정희(朴正熙) 대통령의 '집권 18년 6개월간의 기록'을 사진집으로 엮었습니다. 지난해(2011년 7월)에는 초대 대통령 이승만(李承晩) 박사의 일생을 보여주는 『사진과 함께 읽는 대통령 이승만』을 펴낸 바 있습니다.

좌파 수정주의자들에 의해 일그러진 한국 근·현대사를 바로 세우기 위해서는 건국 대통령 이승만과 산업화 대통령 박정희에 대한 정당한 평가가 선행되어야 한다고 늘 생각해 왔습니다.

그러던 차 10여 년 전 미국 여행길에 조지 워싱턴(George Washington)과 에이브러햄 링컨(Abraham Lincoln)의 사진집을 보고 "한국 근·현대사의 두 주역인 이승만과 박정희의 사진집을 한 번 만들어보자"고 마음먹었습니다. 사진집은 젊은이들에게 다가가기 위해서는 문자보다는 이미지, 텍스트보다는 비주얼이 더 효과적이라고 판단했기 때문입니다. 그리고 국민들에게 '자랑스러운 대통령'으로 비쳐질 수 있도록 볼륨이나 내용면에서 충실한 책을 만들기 위해 공을 들였습니다.

우리나라는 해방 후부터 오늘에 이르기까지 줄곧 근·현대사 문제를 놓고 극심한 좌우 논쟁을 벌여왔습니다. 1970, 1980년대를 거치면서 그동안 지하에서 숨죽여 왔던 좌파 수정주의학자들의 이념서적과 반미서적들이 서점가에 봇물을 이루었고, 균형 잃은 왜곡된 역사관이 우리 사회의 주류를 이루는 기이한 현상이 벌어졌습니다.

특히 김대중-노무현 정권 당시 제작 보급된 좌(左)편향적 교과서와 참고서는 젊은 세대들에게 대한민국의 역사를 실패한 역사로 각인시키기에 이르렀습니다. 한국 근·현대사의 주역인 이승만과 박정희를 모두 부정하고 '대한민국은 잘못 태어난 나라'라느니, '정의가 패배하고 기회주의가 득세한 역사'라느니 하는 이야기가 국가원수의 입에서까지 나오는 기이한 사태가 벌어지기도 했습니다.

그러나 이승만은 미국과 소련이 대결하는 혼란한 해방정국에서 이 나라에 민주 공화정의 나라 대한민국을 건국하여, 그 첫 대통령이 된 분으로, 북한의 김일성이 스탈린 모택동과 합작하여 일으킨 6.25 남침 전쟁에서 기적적으로 대한민국을 구해 낸 대통령입니다.

박정희 대통령은 한국판 산업혁명을 설계하고 이를 추진하여, 제2차 세계 대전 후 독립한 수많은 후진국 가운데 유일하게 대한민국만이 저성장 농업 국가를 고도 산업국가로 변모시켜, 선진국 대열에 진입할 수 있도록 초석을 쌓은 위대한 대통령입니다.

국민 소득 100달러 수준에서 오늘의 2만 달러 수준으로, 마치 그 성장이 "로켓트처럼 튀어 오른 나라"가 된 것은 이 지구상에서 대한민국 밖에 없으며, 이 기간 중 산업화와 민주화를 이룬 나라도 대한민국밖에 없습니다.

이 같은 한강의 기적은 민족중흥과 조국근대화라는 박 대통령의 비전과 집념의 소산입니다. 이 과정에서 인권보다는 국권이, 정치적 절차적 민주주의 보다는 대한민국의 정체성 확립이 우선시 되었으며, 적지 않은 희생과 아픔이 따랐던 것도 사실입니다.

그러나 이 빛과 그늘 전체가 역사이고 박정희 시대의 총체적 진실입니다.

이 책은 5·16과 10월 유신이 헌정(憲政)의 가치를 훼손했다는 면보다는 박 대통령이 꿈꿔 온 강한 나라 밝고 힘찬 대한민국을 만들어 세계 중심 국가가 되려는 노력에 초점을 맞추었습니다.

박정희 대통령의 집권 18년 6개월의 기록은 한국현대사의 분수령이요, 1948년 대한민국 건국과 함께 가장 소중한 한국현대사의 하이라이트의 하나입니다.

『사진과 함께 읽는 대통령 박정희』는 그동안 나온 업적위주의 사진집과는 달리 연보위주로 정리했습니다. 그것은 민얼굴의 박정희와 그가 살아온 현대사의 팩트를 그대로 소개하여, 그동안 분분했던 과거사의 오해와 편견 속에서 독자 스스로가 판단, 정리 할 수 있도록 하려는 뜻에서였습니다.

저는 〈조선일보〉에 재직할 당시 「이승만과 나라세우기」, 「대한민국 50년 우리들의 이야기」, 그리고 「아! 6·25」라는 이름의 대형 전시회를 열어 대한민국이 거쳐 온 발전사와 성장사를 국민들에게 시각적으로 소개한 적이 있습니다. 전시회 때마다 관계문헌과 도록 등을 만들었고, 전시회의 반응 역시 매번 폭발적이었습니다.

신문사 퇴직 후에는 문자 매체라는 좀 더 심화된 방식으로 젊은 세대에게 다가가기 위해 출판사를 차려 이 작업을 계속했습니다. 이인호 교수가 중심이 되어 엮은 『대한민국 건국의 재인식』, 대한민국의 성장사와 정체성 시비를 자세히 설명한 이상우 교수의 『우리들의 대한민국』, 이영훈 교수의 『대한민국 이야기』, 김영호 교수가 엮은 『대한민국 건국 60년의 재인식』, 박효종·이영훈·차상철 교수를 비롯한 '교과서포럼' 학자들이 집필한 『빼앗긴 우리 역사 되찾기』 등이 나왔습니다. 특히 9명의 교과서포럼 학자들이 편찬한 『대안 교과서 한국 근·현대사』는 고등학교 역사 교과서의 심각한 문제점을 온 국민에게 알린 소중한 계기가 되었습니다.

이 같은 작업은 대한민국 건국을 시비하고 대한민국이 이룬 산업화와 근대화를 폄하하는 좌파 종북(從北)세력들에 대항하여, 대한민국의 역사를 좀 더 손쉬운 매체로 소개하여 국민들의 올바른 역사인식 구축에 기여했다고 지금도 자부하고 있습니다.

이번에 펴내는 『사진과 함께 읽는 대통령 박정희』는 신문사의 정치부 기자 시절이던 1975년부터 3년여 간 청와대 출입기자로서 생전의 박 대통령을 가까이 접할 수 있었던 제 개인적 경험도 많이 반영되었습니다.

책을 엮으면서 여러분들의 도움을 받았습니다. 흔쾌히 자료를 제공해주신 '박정희대통령기념사업회'와 '박정희대통령 기념도서관', 박 대통령 서거 20주기 때 추모사진집을 낸 '박정희대통령과 육영수여사를 좋아하는 사람들'의 모임과 김두영 비서관, 특히 박 대통령의 모든 사진자료를 새롭게 정리한 재단법인 정수장학회, 국가기록원 대통령기록관, 그리고 박 대통령의 휘호집 『위대한 생애』를 출판한 민족중흥회, 그리고 제가 평생을 몸담았던 조선일보사와 단국대학교 윤석홍 교수, 시간여행 김영준 대표에게도 머리 숙여 감사를 드립니다.

사진과 함께 수록한 박 대통령의 어록과 일화 등은 주로 〈조선일보〉 기사와 조갑제 씨가 지은 『박정희(朴正熙)』(전13권), 김정렴 전 청와대 비서실장의 『아! 박정희』, 오원철 당시 경제수석비서관의 『박정희는 어떻게 경제강국 만들었나』 등에서 주로 인용했고 이석제, 정일권 씨 등 50여 명의 관련 저서와 회고록 등에서도 인용했습니다. 이밖에도 '박정희대통령 인터넷기념관', '박정희 기념사업회'가 펴내는 회보 등이 큰 힘이 되었음을 여기 밝혀두어야겠습니다. 또 재단 창설 50주년 기념사업의 하나로 설립자의 사진집 제작비 일부를 지원해준 정수장학회에도 감사를 드립니다.

　　방대한 자료를 엮어 멋있는 책이 나올 수 있도록 해준 Design54의 조의환 대표와 오숙이 씨, 사진채록과 선별작업을 맡아준 사진가 구자호 씨, 『사진과 함께 읽는 대통령 이승만』에 이어 이번에도 사진자료를 일일이 챙기느라 곤욕을 치른 조선일보사 주숙경 씨, 그리고 처음부터 끝까지 편집·제작 작업에 매달려온 도서출판 기파랑 가족들(조양욱, 허인무, 박은혜, 정수아)에게 고마운 마음 전합니다.

2012년 12월 20일, 대학로에서　安 秉 勳

차례

제1부 1961~1979
박정희 대통령 18년 6개월의 기록

혁명가, 횃불을 들다

민족중흥과 조국 근대화 이룩

"주사위는 던져졌어!"

혁명군의 선두인 해병여단 제2중대는 1961
년 5월 16일 새벽, 한강 인도교로 진입했다.
트럭 두 대를 여덟 팔 자로 배치한 헌병들이
제지하고 나섰다. 총격전이 벌어졌다. 혁명
군 해병 6명과 상대방 헌병 3명이 부상했다.

총알이 스쳐가는 와중에 박정희(朴正熙)
장군이 지프에서 내렸다. 그는 상체를 숙이
지도 않은 채 한강다리를 걸어가기 시작했
다. 카빈을 든 이석제(李錫濟) 중령이 뒤따랐
다. 6·25전쟁 당시 중대장으로 참전했던 이
석제에게는 "사람이 아무리 빨라도 총알이
사람을 피하지, 사람이 총알을 피할 수는 없
다"는 지론이 있었다. 과연! 꼿꼿하게 걸어가
는 박정희 곁으로 총알이 쌩쌩 날아가는 소
리가 들려왔다.

그렇게 총격전이 펼쳐지는 가운데 박정희
가 다리 난간을 잡고 물끄러미 강물을 내려
다보았다. 혁명군의 최고 지휘관인 그는 순
간적으로 가족들 얼굴이 강물 위로 어른거
리는 걸 느꼈다. 그의 입에서 나직하지만 단
호한 한 마디가 새어나왔다.

"주사위는 던져졌어!"

예상하지 못했던 저항에 흔들리던 혁명군
장병들이 비로소 용기와 확신을 되찾았다.
그들은 다시금 결의에 찬 표정으로 주먹을
불끈 쥐고 하늘에 운명을 맡겼다.

한강 인도교의 저지선이 뚫린 시간은 그
날 오전 4시 15분경, 역사적인 '혁명의 새벽'
은 그렇게 밝아왔다.

선글라스를 끼고 대중 앞에 처음 모습을 드러낸
혁명의 주역 박정희 소장. 서울시청 현관에
장도영 중장(참모총장)과 나란히 서 있다. 1961. 5. 18

"은인자중하던 군부는 금조 미명을 기해 3권을 장악…"

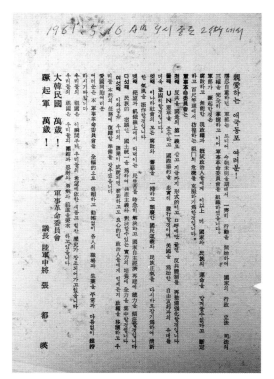

5월 16일 아침 서울 시내에
뿌려졌던 혁명을 알리는 전단.
9시경 종로 2가에서 한 시민이
주워서 보관해 온 원본이다.
장태화, 김종필이 초안을 잡고
박정희가 최종 손질을 한
혁명공약은 혁명과 무관한
장도영 중장의 이름으로 발표되었다.
(시간여행 제공)

혁명공약

친애하는 애국동포 여러분!

　은인자중(隱忍自重)하던 군부는 드디어 금조미명(今朝未明)을 기해서 일제히 행동을 개시하여 국가의 행정·입법·사법의 3권을 완전히 장악하고, 이어 군사혁명위원회를 조직하였습니다. 군부가 궐기한 것은, 부패하고 무능한 현 정권과 기성 정치인들에게 더 이상 국가와 민족의 운명을 맡겨둘 수 없다고 단정하고, 백척간두(百尺竿頭)에서 방황하는 조국의 위기를 극복하기 위한 것입니다.

　군사혁명위원회는,

　첫째, 반공(反共)을 국시(國是)의 제1의(義)로 삼고 지금까지 형식적이고 구호에만 그친 반공체제를 재정비, 강화할 것입니다.

　둘째, 유엔헌장을 준수하고 국제협약을 충실히 이행할 것이며 미국을 위시한 자유우방과의 유대를 더욱 공고히 할 것입니다.

　셋째, 이 나라 사회의 모든 부패와 구악을 일소하고 퇴폐한 국민도의와 민족정기를 바로 잡기 위하여 청신한 기풍을 진작할 것입니다.

　넷째, 절망과 기아선상에서 허덕이는 민생고를 시급히 해결하고 국가 자주경제 재건에 총력을 경주할 것입니다.

　다섯째, 민족적 숙원인 국토통일을 위하여 공산주의와 대결할 수 있는 실력의 배양에 전력을 집중할 것입니다.

　여섯째, 이와 같은 우리의 과업이 성취되면 참신하고도 양심적인 정치인들에게 언제든지 정권을 이양하고 우리들 본연의 임무에 복귀할 것입니다.

　애국동포 여러분!

　여러분은 본 군사혁명위원회를 전폭적으로 신뢰하고 동요 없이 각인의 직장과 생업을 평상과 다름없이 유지하시기 바랍니다.

　우리들의 조국은 이 순간부터 우리들의 희망에 의한 새롭고 힘찬 역사가 창조되어 가고 있습니다. 우리들의 조국은 우리들의 단결과 인내와 용기와 전진을 요구하고 있습니다.

　대한민국 만세!

　궐기군 만세!

군사혁명위원회

의장 육군중장　장 도 영(張都瑛)

서울에 진주한 군사혁명의 수뇌들. 박정희 육군소장(가운데) 왼쪽에
박종규 소령, 오른쪽에 차지철 대위, 박 소장 뒤에 이낙선 소령 등이
서울시청 앞에서 육군사관생도들의 혁명 지지 데모를 지켜보고 있다.
1961. 5. 18

'군부(軍部), 무혈(無血) 쿠데타 완전성공'이라는
제하의 5월 17일자 〈조선일보〉 1면.

장면(張勉) 총리 피신, 각료 체포하고 청와대 포위했으나 불안한 이틀

5월 16일 새벽, 국방장관 현석호(玄錫虎)는 쿠데타가 일어났다는 장도영의 보고를 받고 함께 서울시청 앞에 위치한 506특무대로 이동하여, 그와 함께 쿠데타 진압작전을 지휘하다가 근처의 반도호텔로 가서 장면을 피신케 했다. 그는 다시 특무대로 돌아가다가 혁명군에 붙들려 시청 시장부속실에 억류되었다. 그런데 장도영이 매우 바쁘게 시장실을 드나들고 있었다. 놀란 현석호는 장도영에게 "참모총장, 이거 어떻게 된 거예요?" 하고 물었다. 장도영은 한참 동안 머뭇거리더니, "미안합니다. 미안합니다. 자세한 이야기는 뒤로 미룹시다"라고 말했다.

"쿠데타가 발생했으니 빨리 피하십시오"라는 현석호 장관의 말을 듣고 장면은 부인과 함께 허둥지둥 반도호텔 앞에 있던 주한 미국대사관으로 피신하려 했으나 현관에서 출입이 금지되었다. 그는 급하게 안국동에 있는 미국대사관 숙소로 달려가 피신을 요청했으나 거기서도 거절당하는 바람에 하는 수 없이 혜화동에 있는 '카멜 수녀원'에 몸을 숨겼다.

박정희의 거사는 한편의 드라마처럼 극적으로 전개되었다. 5·16 주체들은 장도영 참모총장을 끌어들이고 육군의 고위 장성들과 육사 5기와 8기 등 영관급 핵심세력을 포섭하고 해병대도 참여시키는데 성공했다. 5월 16일 새벽 3시경 박정희가 지휘하는 쿠데타군이 한강을 넘었다. 전체 쿠데타 병력은 3천600여 명이었다. 서울에 진입한 혁명군은 중앙청, 국회, 국방부 및 방송국 등 주요 건물을 점령한 다음 장면 정권의 각료들을 체포하고 청와대를 포위하여 일단 국가권력을 장악했다.

－이덕주(李德柱) 지음 『한국현대사비록』(기파랑)에서

불안의 연속인 5월 16일, 17일. 박정희 소장은 유난히도 담배를 많이 피웠다. 오른쪽이 박종규 소령.

5월 16일 오전 8시 30분부터 육군본부 상황실에서 박정희 측 쿠데타 군 장교 50여 명과 장도영 측 참모들의 합동회의가 열려 혁명동참 문제로 설전을 벌이는 등 박정희는 하루 종일 불안한 나날을 보내야 했다.

매그루더, 윤보선에 진압요청 "나에게는 통수권이 없다!"

매그루더(C. B. Magruder) 유엔군 사령관은 5월 16일 오전 10시 18분, 이런 요지의 성명을 발표했다.

"본인은 유엔군 사령관의 자격으로 지휘권 안에 있는 모든 사람들이 장면 총리가 이끌고 있는 합법적으로 공인된 정부를 지지할 것을 요구한다. 한국군의 참모총장들은 각자의 권한과 영향력을 행사하여 국정에 대한 통제권이 즉시 정부당국에 되돌려지고 질서가 회복되도록 하기 바란다."

마샬 그린(Marshall Green) 주한 미국 대리대사도 매그루더의 입장을 지지하는 성명을 발표했다. 매그루더는 그린과 함께 관저로 윤보선(尹潽善) 대통령을 찾아갔다.

"지금 서울 시내로 들어온 반란군은 3천600명에 불과합니다. 1군 산하의 병력은 요지부동일 뿐만 아니라 대구지방에서도 약간의 병력이 쿠데타에 참가했으나 현재는 속속 원대로 복귀중입니다. 1군 산하에서 10배의 병력을 동원하여 서울을 포위하면 쿠데타군은 곧 항복할 것입니다. 지금 군 통수권을 행사할 장 총리는 행방을 감추었고 따라서 행정부가 없습니다. 국가원수인 대통령각하가 지금 대한민국의 유일한 헌법기관으로 남아 계시니 헌법상 국군의 통수권을 가진 대통령께서 병력동원에 동의해주시기 바랍니다."

이들의 요청에 대해 윤 대통령은 "우리 국군이 일선에서 동원되는 것에 나는 동의할 수 없소. 사령관 생각대로라면 차라리 미군을 동원해서 반란군을 진압하는 것이 어떻겠소?"라면서 "지금 대통령에게는 군 통수권이 없다"고 거절했다.

박정희의 쿠데타를 막지 못하고 43년 간의 군생활을 끝으로 현지 퇴역하는 전 유엔군 사령관 매그루더 장군. 퇴역 하루 앞서 이한 인사차 박정희 소장을 방문 했다. 1961. 6. 29

장도영에게 보낸 박정희의 편지

존경하는 참모총장 각하.

각하의 충성스런 육군은 금 16일 3시를 기하여 해·공군 및 해병대와 더불어 국가의 위기를 극복하기 위하여 궐기하였습니다. 각하의 사전 승인을 얻지 않고 독단 거사하게 된 것을 죄송하게 생각하옵니다. 그러나 백척간두에 놓인 국가 민족을 구하고 명일의 번영을 약속할 수 있는 유일한 방도는 오직 이 길 하나밖에 없다는 확고부동한 신념과 민족적인 사명감에 일철(一徹)하여 결사 감행하게 된 것입니다.

만약에 우리들이 택한 이 방법이 조국과 겨레에 반역이 되는 결과가 된다면 우리들은 국민들 앞에 사죄하고 전원 자결하기를 맹세합니다. 각하께서는 저희들의 우국지성을 촌탁(忖度)하시고 쾌히 승낙하시고 동조하시와, 나오셔서 이 역사적인 민족 과업을 수행하는 시기에 영도자로서 진두에서 지도해 주시기를 바라옵니다. 저희들은 총장 각하를 중심으로 굳건히 단결하여 민족사적 사명 완수에 신명을 바칠 것을 다시 한 번 맹세합니다. 소관이 직접 각하를 찾아뵈어야 하오나 부대를 지휘 중이므로 부득이 동료들을 특파하게 되었사오니 양해하여 주시기 바라옵니다.

여불비재배(余不備再拜) 5월 16일 소장 박정희

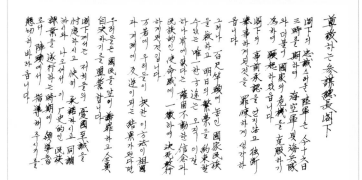

박정희 소장이 6관구 참모장 김재춘 대령을 통해 장도영 육군 참모총장에게 보낸 편지 원문. 장도영은 이 편지를 읽고 전화로 "그것은 범행이고 반동이요, 빨리 돌아가시오. 그렇지 않으면 당장 체포하겠다"고 말했다.

"올 것이 왔구나!"

5월 16일 오전 8시 30분부터 육본 2층 상황실에서 박정희 측 장교 50여 명과 장도영 총장 측 참모들의 합동회의가 열려, 혁명 동참문제를 놓고 설전을 벌였다. 그러다가 이 문제를 윤보선 대통령과 상의하여 재가를 받도록 하자는 의견에 따라 박정희는 김재춘(金在春), 유원식(柳原植)과 함께 지프에 올랐다. 장도영 총장은 각 군 참모총장들과 함께 청와대로 떠났다.

윤 대통령은 집무실에서 나와 접견실로 들어가 줄을 서 있던 군 수뇌부 인사들로부터 경례를 받았다. 그때 윤 대통령의 입에서 무심코 새어 나온 말이 "올 것이 왔구나!"였다.

육군사관학교 생도들의 혁명 지지 시가 행진. 교장 강영훈 중장의 제지로 늦춰져 18일 시가 행진에 나섰다. 19일에 공군사관생도, 20일에는 부산에서 해군사관생도들의 지지 행진이 있었다.

사실상의 진압 금지 명령을 대통령으로부터 받고 고민에 빠졌던 이한림 1군 사령관. 그는 쿠데타에 가담한 부하들에 의해 서울로 연행됐다.

윤보선, 박정희와 첫 대면

5월 16일 청와대 접견실에서 윤보선 대통령에게 맨 먼저 보고를 한 사람은 장도영 총장이었다. "심려를 끼쳐드려 죄송합니다. 간밤에 보고 드린 대로 서울 근교에 주둔하는 부대와 일부 전방부대가 서울시내로 진입하였습니다."

박정희가 입을 열었다.

"각하, 저희들은 각하를 절대적으로 존경하고 지지하고 있습니다. 이렇게 심려를 끼쳐드려 죄송합니다. 저희도 처자가 있는 몸으로서 오직 우리 국가와 민족을 위하는 애국 일념에서 목숨을 걸고 이 혁명을 일으킨 것입니다. 국방부, 육본과 방송국을 위시해서 서울 전역이 지금 혁명군의 수중에 들어와 있고 계엄이 선포되었습니다. 이 결행을 지지해주시고 계엄을 추인해 주시기 바랍니다."

초대면의 박정희의 말을 한참 듣고 있던 윤보선 대통령이 입을 뗐다.

"그대들이 만일 애국하기 위해서 혁명을 했다면 애국하는 방향으로 일해야 하지 않겠소. 나로서는 아직 그대들의 충성을 액면 그대로 이해할 수 없소. 오늘의 사태에 대한 책임은 물론 우리 정치하는 사람에게 크다고 보지만, 이왕 계엄이 선포되었다 하니 그대들의 말이 곧 법이요. 생사가 그대들 말 한마디로 결정될 것이 명백하오. 진정 애국에서 나온 거사라면 절대로 피를 흘리지 말아야 할 것이요. 그리고 계엄을 이미 선포하였다니 내가 추인할 수는 없소."

박정희는 거듭 계엄의 추인을 요청했으나 대통령은 단호히 거절했다.

-조갑제(趙甲濟) 지음 『박정희(朴正熙)』 (조갑제닷컴) 4권에서

쿠데타 성공은 5월 18일

매그루더 유엔군 사령관의 혁명군 원대복귀 지시와 참모총장 장도영의 우유부단으로 불안한 상태가 계속되었다.

그러다가 마침내 18일을 기하여 혁명은 결정적인 단계에 들어서게 되었다. 5·16을 성공으로 이끌어간 결정적인 사태로는 ①1군 사령관 이한림의 체포와 압송, 그리고 야전군의 혁명 가담 ②3군 사관생도들의 혁명 지지 행진 ③장면 내각의 사퇴 성명 등이다. 이에 앞서 갈팡질팡하던 참모총장 장도영이 박정희 소장의 요청을 받아 혁명위원회 의장직을 수락하고, 혁명 대열에 동참하겠다고 선언한 것 등이다.

― 『한국 군사혁명사』 제1집

장면 국무총리가 중앙청 국무회의실에서 제2공화국의 마지막 각의를 주재, 내각 총사퇴를 결의한 뒤 기자들과 만나고 있다. 5월 16일 새벽 급보를 받고 숙소인 반도호텔 808호실에서 황급히 몸을 피한 장 총리는 카멜 수녀원에 있다가 55시간 만인 이날 12시 30분 중앙청 국무회의실에 나타났다. 1961. 5. 18

혁명공약에 자신의 이름이 도용되었다면서 군사혁명위원회 의장직을 고사하던 장도영 중장이 오후 4시 30분 경 적극 참여 의사를 밝히며 박정희 소장과 함께 시청 앞에 모습을 드러냈다. 1961. 5. 16

윤보선 대통령, 하룻만에 하야 번의(飜意)

5월 18일을 기해 혁명이 사실상 성공단계에 들어섰고 장면 정부가 합법적인 절차에 따라 혁명위에 정권을 내놓았으므로 윤보선 대통령으로서는 당연히 물러나야 한다는 결론으로 하야를 결심하고 19일 밤 이를 성명으로 밝혔다

윤 대통령의 하야 통고를 받은 혁명위는 즉시 하야 번의를 요청키로 하고, 19일 장도영 총장이 대통령을 찾아가 번의를 요청했으나 그는 응하지 않았다. 다시 김용식(金溶植) 외무차관을 청와대에 보내 대통령 하야에 따른 외교상 난점을 설명했다.

윤 대통령은 다음날인 20일 오후 5시 20분 장도영 최고회의 의장, 박정희 부의장이 배석한 가운데 기자회견을 갖고 "최고회의 수뇌들이 만류하고 또한 국제적으로 미치는 영향과 나이 많은 사람이 나라를 해치는 것을 원치 않으므로 지금 우리나라 형편을 생각해서 만부득이 하야 결정을 번의키로 결정했다"고 말했다.

장도영이 윤 대통령의 하야 번의를 적극 간청한 데 비해 박정희는 혁명을 한 마당에 실권없는 대통령에 큰 비중을 두지 않고 있었다. 장도영에 이끌려 경무대로 들어가며 권총띠를 풀어놓는 박정희. 1961. 5. 19

윤보선 대통령이 장도영과 박정희가 배석한 가운데 하야를 번복하는 기자회견을 갖고 있다. 1961. 5. 20

국가재건최고회의 발족, 혁명내각 구성

군사혁명위원회는 19일 회의를 열어 혁명위 명칭을 '국가재건최고회의'로 개칭키로 하고, 최고위원 30명과 고문 2명을 선출했다. 또한 장도영을 내각수반으로 하는 새 혁명내각 각료 명단을 발표했다.

최고위원

육군중장 장도영(張都暎)
육군소장 박정희(朴正熙)
육군중장 김종오(金鍾五)
육군중장 박임항(朴林恒)
공군중장 김 신(金 信)
해군중장 이성호(李成浩)
해병중장 김성은(金聖恩)
육군소장 정래혁(丁來赫)
육군소장 이주일(李周一)
육군소장 한 신(韓 信)
육군소장 유양수(柳陽洙)
육군준장 한웅진(韓雄震)
육군준장 최주종(崔周鍾)
육군준장 김용순(金容珣)
육군준장 채명신(蔡命新)
육군준장 김진위(金振暐)
해병준장 김윤근(金潤根)

육군준장 장경순(張坰淳)
육군준장 송찬호(宋贊鎬)
육군준장 박창암(朴蒼巖)
육군대령 문재준(文在駿)
육군대령 박치옥(朴致玉)
육군대령 박기석(朴基錫)
육군대령 손창규(孫昌奎)
육군대령 유원식(柳原植)
해병대령 정세웅(鄭世雄)
육군대령 오치성(吳致成)
육군중령 길재호(吉在號)
육군중령 옥창호(玉昌鎬)
육군중령 박원빈(朴圓彬)
육군중령 이석제(李錫濟)
고문 예비역 중장 김홍일(金弘一)
고문 해병소장 김동하(金東河)

혁명내각

내각수반 장도영(국방장관 겸무)
외무장관 김홍일
내무장관 한신
건설장관 박기석
보사장관 장덕승(張德昇) 공군준장
교통장관 김광옥(金光玉) 해군대령
재무장관 백선진(白善鎭) 육군소장
법무장관 고원증(高元增) 육군준장
문교장관 문희석(文熙奭) 해병대령
농림장관 장경순
상공장관 정래혁
체신장관 배덕진(裵德鎭) 육군준장
사무처장 김병삼(金炳三) 육군준장
공보부장 심흥선(沈興善) 육군소장

혁명내각 신임장관들이 장도영 최고회의 의장 등 최고위원들 앞에서 선서를 하고 있다. 1961. 5. 21

국가재건최고회의에 의해 임명된 신임장관들이 임명장 수여식을 마치고
최고위원들과 함께 기념 촬영을 했다. 1961. 5. 21

혁명과업이 실천적
단계로 내각이 조직
되었고 지방 행정
기관장도 속속
임명되었다는 내용이
담긴 전단.
국가재건최고회의
의장 장도영 중장과
부의장 박정희 소장의
사진이 실려 있다.
(시간여행 제공)

국가재건최고회의 정문. 1961. 5. 21

첫 기자회견

군사혁명위원회 의장 겸 계엄 사령관인 장도영 중장은 박정희 소장이 동석한 가운데 19일 오전 10시, 혁명 이후 처음으로 기자회견을 했다.

　장 중장은 회견에서 "국체(國體)는 두말할 것 없이 민주공화국이며 정체(政體)문제는 시간적 여유가 필요하다"고 말한 후 "군사혁명위가 최고 권력기관이며, 그 밑에 현존 사법기관이 있고, 행정부를 새로 조직할 것"이라고 말했다.

첫 기자회견을 갖는 장도영 중장
(사진 위).
기자회견장에 나란히 앉은
장도영과 박정희(사진 가운데).
시청앞에서 내외신 기자들에 에워
싸인 장도영 의장(사진 아래).
1961. 5. 18

경복궁에서 혁명군 병사들과 악수하는 박정희 소장. 1961. 6. 22

최고회의, 민의원 건물 내에 둥지 트다

국가재건최고회의의 첫 회의. 군사혁명위원회는 19일 오후 3시 혁명위 본부에서 제1차 총회를 열고 군사혁명위원회 명칭을 국가재건최고회의로 개칭키로 결정하고
즉시 바꿔 부르기로 했다. 청사는 민의원 건물을 사용키로 했다. 사진 중앙에 장도영 중장, 오른쪽으로 박정희 소장, 김동하 고문, 장 중장의 왼쪽으로 김홍일 고문,
사진 앞쪽은 김성은(金聖恩) 해병대 사령관. 1961. 5. 19

국가재건최고회의 의장 겸 내각수반 장도영 중장과 박정희 최고회의 부의장을
비롯한 최고위원, 고문과 이 날 임명장을 받은 신임 장관들이 국립묘지를 참배하고
(사진 위), 사병 묘역을 둘러보았다(사진 왼쪽). 1961. 5. 22

쿠데타 닷새 만에 2천여 용공분자 체포, 깡패들 거리 행진

혁명재판소에 의한 조용수(趙鏞壽) 씨 등 〈민족일보〉 사건의 첫 공판 모습(1961. 7. 29). 혁명재판소 제2심판부는 한달 뒤인 8월 28일 조용수, 송지영(宋志英), 안신규(安新奎) 세 피고인에게 사형을 선고했다. 이 중 조용수 피고인은 형장의 이슬로 사라졌다.

군정이 제1차로 착수한 작업이 대대적인 용공분자의 색출이었다. 체포된 용공분자는 쿠데타 사흘만인 19일까지 930명에 달했고, 21일에는 그 수가 2천14명에 이르렀다. 그해 말까지 검거된 용공분자는 모두 3천333명에 달해 군정은 행동으로 반공성을 과시했다.

21일 오후에는 자유당 시절의 정치깡패 이정재(李丁載)를 비롯한 200여 명의 깡패들이 군경의 엄호 아래 덕수궁을 출발, 서울 시내 중심가를 행진했다. 이들이 든 플래카드엔 "나는 깡패입니다. 국민의 심판을 받겠습니다" "깡패생활 청산하고 바른 생활하겠습니다"란 글이 적혀 있었다.

혁명군에 체포된 이정재를 비롯한 깡패들이 과거를 청산하고 새 국가 건설에 매진하겠다는 플래카드를 들고 서울 시내를 행진하고 있다. 1961. 5. 21

국민재건운동을 전개, 본부장에 유진오 고려대 총장

국가재건최고회의 장도영 의장과 박정희 소장은 재건국민운동본부장에 유진오
고려대학교 총장(왼쪽 끝)을, 차장에 이찬형(李贊衡) 육군준장(오른쪽 끝)을 임명
한 뒤 환담을 나누었다. 1961. 6. 10

부산에서 열린 재건국민운동 촉진대회에서 연설하는 박정희 소장. 1961. 6. 19

국가재건최고회의가 배포한 재건국민운동 실천요강과
혁명공약 홍보물. (시간여행 제공)

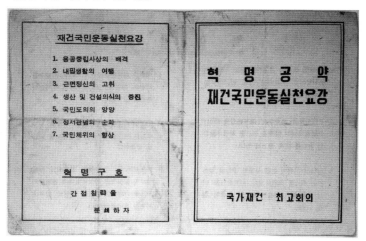

5·16 아흐레 만에 농촌 「고리채 정리령」 공포

5월 25일, 국가재건최고회의는 농어촌 고리채 정리령을 공포, 6월 8일자로 고리채 정리에 착수하였다. 당시 농민들은 영농에 필요한 자금을 높은 금리의 사채에 크게 의존하고 있었다. 그런 탓으로 부채가 기하급수적으로 늘어나 빈곤의 악순환에서 실의와 절망에 빠져 있었다.

이러한 상황에서 농촌 재건을 위해서는 농민들로 하여금 고리채의 부담에서 벗어나도록 하는 것이 무엇보다 시급하고 중요한 과제였다. 고리채 정리의 주요 내용은 연리 20% 이상의 채무에 대해 농협이 먼저 변제해준 다음, 농민은 농협에 연리 12%로 5년 분할 상환하도록 하였다. 또 채권자에게는 농업금융채권을 발행하여 1년 거치 후 4년 분할 상환하게 했다.

장도영, 44일 만에 거세되다

혁명이 성공단계에 들어가자 육사 8기생인 이석제, 오치성, 길재호 중령 등은 기능이 정지된 헌법을 대체할 국가재건비상조치법을 만들고 있었다. 여기서 문제의 핵심은 최고회의의장, 내각수반, 국방장관, 육군참모총장 등 네 자리를 모두 겸직하고 있는 장도영의 처리문제였다. 성격이 깔끔하면서도 단호한 이석제가 장도영을 찾아가서 '계급을 초월한 담판'을 벌였다.

"이 혁명은 각하가 주인공이 아니라 박정희 장군이 계획하고 실행한 것입니다. 저희들에게 협조하신다면 각하의 위상에 어울리는 대접이 꼭 있을 것입니다. 각하 혼자서 네 가지 직책을 다 수행할 수는 없습니다."

이에 대해 장도영이 "일개 중령이 참모총장을 협박하는 건가!"하고 화를 내자 이석제는 "혁명이 아이들 장난입니까. 우리가 계급 가지고 혁명한 줄 아십니까. 한강다리를 넘을 때 우리는 이미 계급의 위계질서를 벗어났습니다"고 반박했다.

장도영은 육군참모총장직은 지키려했으나 임시헌법인 국가재건비상조치법이 공포되자 더 이상 버틸 도리가 없었다. 최고회의의장에 취임한지 44일 만인 7월 3일, 장도영의 실각이 현실화되었다. 박정희가 새로운 의장으로 취임했고, 내각수반에는 국방장관 송요찬(宋堯讚)이 임명되었다는 발표가 있었던 것이다. 박정희는 "배수의 진을 친 우리들에게는 이제 후퇴란 있을 수 없습니다. 우리들 앞에는 전진이 있을 따름입니다"라는 말로 취임사를 마무리 지었다.

군사혁명 실세 박정희, 전면에 등장하다

송요찬 국방장관에게 내각수반 임명장을 수여하는 박정희 최고회의 의장. 1961. 7. 4

박정희 최고회의 의장이 최고회의 회의실에서 오치성(사진 왼쪽) 등
최고회의 6개 분과위원장을 배석시킨 가운데 내외신 기자회견을 가졌다.
박 의장은 "장도영 씨를 비롯한 반혁명 사건 관계자들은 일주일 내로 기소될 것"
이라고 말했다. 1961. 10. 16

박정희 장군의 국가재건최고회의 의장 취임을 알리는 홍보 전단. 1961. 7. 3

박정희, 혁명 후 87일 만에 육군 소장에서 중장으로

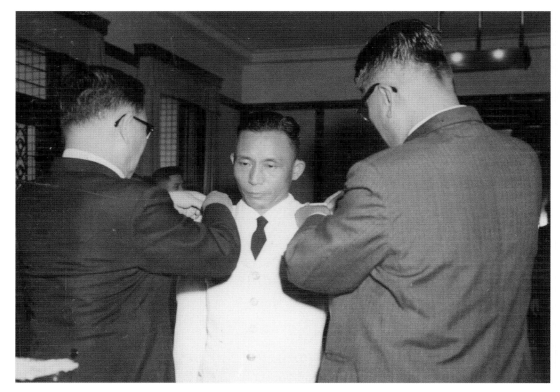

전날 육군 소장에서 중장으로 진급한 박정희 최고회의 의장에게 윤보선 대통령과 송요찬 내각 수반이 계급장을 달아주고 있다. 이날 박 의장과 함께 56명의 육군 장성이 진급했다. 1961. 8. 11

장성 진급 신고를 받는 박정희 의장.

"총선거 실시 후 민정 이양하겠다"

최고회의 의장 박정희 중장은 8월 12일 오전, 혁명공약 제6항에서 천명한 정권이양 시기 등에 관한 성명을 발표했다. 성명에서 박 의장이 밝힌 내용은 아래와 같다.

①정권이양 시기는 1963년 여름으로 예정한다.

②1963년 3월 이전에 신헌법을 제정한다.

③1963년 5월에 총선거를 실시한다.

④정부 형태는 대통령책임제를 채택한다.

　(장면 정권 때는 내각책임제)

⑤국회 구성은 의원 정수 100명에서 120명의 단원제로 한다.

　(장면 정권 때 의회는 양원제)

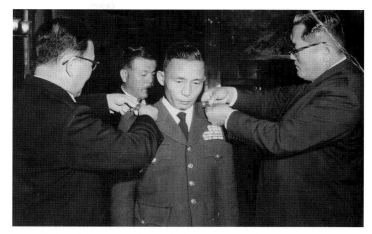

11월 1일자로 대장으로 진급한 박정희 최고회의 의장에게 청와대에서 대장 계급장을 달아주는 윤보선 대통령(왼쪽)과 송요찬 내각 수반. 1961. 11. 4 박 의장은 혁명 후 87일 만에 중장, 그로부터 85일 만에 대장으로 승진했다.

최고위원 전원이 배석한 가운데 정권 이양에 관한 특별 성명을 발표하는 박정희 의장. 그 전에 대통령 책임제를 채택한 새 헌법을 제정하고 선거를 실시, 100명 내외의 단원제(單院制)로 할 것이라고 밝혔다. 1961. 8. 12

"4천년 이어져온 가난을 추방하자!"

권농일을 맞아 경기도 화성군 소재 경기도 채종장(採種場)에서 모내기를 하는 박정희. 1961. 6. 10

채종장에서 모내기를 한 뒤 농부들과 새참을 즐기는 박정희. 바가지 잔을 든 농부에게 겸손하게 막걸리를 따르고 있다. 1961. 6. 10

모내기, 벼 베기 18년 동안 한 해도 거르지 않아

경북 영주 수해지구를 방문해
수재민 수용소를 둘러보는
박정희 의장. 1961. 8

전북 남원 효기리 수해지구를 방문하여
위문품을 전달한 뒤 마을 노인에게
담배를 권했다. 1961. 8. 7

미국 방문길에 일본 들러, 김종필이 극비리 주선

극비리에 일본으로 건너간 김종필 중앙정보부장은 10월 25일 오전 주일 한국대표부 최영택 참사관의 안내를 받아 일본 총리 집무실을 찾았다. 이케다 하야토(池田勇人) 총리와 고사카 젠타로(小坂善太郎) 외상을 비롯한 외무성 간부들이 기다리고 있었다.

김종필은 "박정희 의장이 케네디 대통령의 초청으로 방미하게 되었다"고 밝히면서, "앞으로 한일회담을 재개하여 국교를 정상화하려는 것이 혁명과업 중 하나이다. 따라서 박 의장이 미국 방문길에 일본에 들러 양국 정상이 만나 좋은 성과를 거두었으면 좋겠다"고 말했다. 이케다 총리 역시 "한일회담은 양국의 앞날을 위해 반드시 필요하다"고 맞장구를 침으로써 박 의장의 방일이 이루어지게 됐다.

11월 2일 오후, 한일회담 일본 측 수석대표인 스기 미치스케(杉道助)가 이케다 총리의 친서를 들고 방한했다. 같은 날 일본에 있던 한일회담 한국 측 수석대표 배의환(裵義煥)도 서울로 돌아왔다. 이튿날 스기는 배의환의 안내를 받아 최고회의 의장실을 방문, 이케다의 초청 친서를 전달했다. 일본으로 돌아간 배의환은 11월 7일 이케다를 찾아가 초청을 수락한다는 박정희의 친서를 전달했다. 이로써 급조된 일본방문이 성사되었다.

방일 중인 박정희 최고회의 의장이 총리 관저에서 열린 만찬에서 답사를 하고 있다. 이 자리엔 기시(岸) 전 총리, 고사카 외상, 이시이(石井) 한일간친회 회장, 사토 통상성 장관 등이 참석했다. 1961. 11. 11

일본 하네다 공항에 도착해 성명을 낭독하는 박정희 의장. 옆에 엄영달(嚴永達) 외무부 아주과장이 통역을 하고 있다. 오른편이 유양수 외무위원장과 이케다 총리, 고사카 외상이다. 1961. 11. 11

한일 정상, 만나자마자 실질 단독회담

이케다 총리와 만나 한일 간의 현안을 조속히 타결하는데 노력하기로 합의했다.
왼쪽부터 최덕신 외무장관, 박 의장, 정일영 한일회담 대표, 이케다 총리.
왼쪽 사진은 총리 관저 만찬장에서 박정희와 이케다.

이케다 총리와 2차 회담을 끝낸 후 영빈관에서 내외신 기자들과 회견하는 박정희 의장. 1961. 11. 12

1961년 11월 11일 오후 4시, 박정희 의장 일행이 도쿄(東京)의 하네다(羽田)공항에 도착했다. 수행원은 최고회의 외무국방위원장 유양수(柳楊洙) 장군, 최덕신(崔德新) 외무, 천병규(千炳圭) 재무, 박병권(朴炳權) 국방장관과 송정범(宋正範) 경제기획원 부원장, 원충연(元忠淵) 공보실장, 박종규(朴鐘圭) 경호실장, 주치의 지홍창(池弘昌) 박사 등이었다.

일본 측에서는 이케다 총리와 고사카 외상, 스기 수석대표, 이세키 아시아국장 등이 공항으로 나와 박 의장 일행을 맞았다.

영빈관에 여장을 푼 일행은 이날 밤 이케다 총리가 관저에서 베푼 환영 만찬에 참석한 후, 이튿날 총리 집무실에서 정상회담을 가졌다. 양측 실무자들이 마주앉아 몇 마디 인사를 나눈 다음, 이케다 총리가 박 의장에게 자리를 옮기자고 제안했다. 두 사람은 정일영(鄭一永)을 통역으로 데리고 옆방으로 옮겼다.

이렇게 이날의 한일회담은 실질적으로 정상 간의 단독회담으로 진행되었다. 회담이 끝난 뒤 영빈관에서 가진 기자회견에서 "평화선문제는 일본정부가 한국의 청구권문제에 있어서 전 국민이 납득할 수 있는 성의를 표시한다면 한국정부는 상당한 신축성을 가질 용의를 갖고 있다"고 밝혔다.

이날 회담내용은 이틀 뒤인 11월 14일 미국에 도착한 박 의장이 미 국무장관 딘 러스크와의 회담에서 전달됐다. 내용은 미국에서 비밀외교문서로 분류되어 오다가 1996년에 공개됐다. 내용은 다음과 같다.

「한일 정상화는 극동의 평화와 안보를 위해 절실하게 필요하다는 것이 나와 정부 간부들의 일치된 의견이지만 한국 국민여론도 그렇다고는 말할 수 없다. 국민감정을 만족시키기 위해서는 정상화에 앞서서 몇몇 현안문제가 해결돼야 한다. 양국 간 외교관계를 하루빨리 정상화해야 한다는데 나와 이케다 총리는 의견을 같이했지만, 이를 위해서는 해결해야할 몇 가지 문제가 남아있다. 실무자 수준에서 행정 기술적 문제가 다듬어져야 한다. 정부로서는 일본과의 관계정상화에 신중을 다하고 있다.」

방미 중인 박정희 의장이 백악관에서 케네디
미 대통령의 안내로 회담장에 들어서고 있다. 1961. 11. 1

박 의장은 백악관에서 케네디 대통령과 두 차례 정상 회담을 갖고 공동 성명을
발표했다. 이 성명에서 케네디 대통령은 한국의 5개년 경제개발계획의 촉진을
위해 적극적인 지원을 약속하고, 박 의장은 민정 복귀 약속을 재확인했다.
1961. 11. 15

케네디와의 정상회담에서 '베트남 파병 용의' 밝혀

11월 14일, 박정희 최고회의 의장 일행이 알링턴 국립묘지에서 무명용사에 대한 헌화, 국무성에서 러스크 국무장관과의 회담 등을 마치고 백악관에 도착하자, 1917년생으로 동갑인 케네디 대통령이 현관에서 기다리고 있다가 박 의장에게 다가가 악수를 나누었다. 현관 계단을 올라간 두 지도자는 사진기자들에게 포즈를 취했다. 케네디 대통령은 오찬장으로 들어가기 전에 박 의장을 2층으로 안내하여 부인 재클린 케네디 여사를 소개했다.

1시간 40분간 계속된 이날 오찬에는 박 의장이 좋아하는 전복요리가 특별히 등장했다. 오찬회담이 끝난 뒤 일단 한국대사관으로 돌아왔다가 오후 3시 30분 다시 백악관으로 향했다. 박정희 의장과 케네디 대통령은 오찬 분위기의 연장 속에서 1시간 20분 동안 정상회담을 갖고 공동성명을 발표했다. 이날 회담의 기록은 최근 공개되었다.

「케네디: 본인은 어떻게 하면 월남의 붕괴를 막을 수 있을지 걱정이 많습니다. 최후의 수단은 미군병력을 투입하는 것입니다만 진정한 해결책은 월남인 스스로가 외국원조에 의존함이 없이 문제를 해결하는 것이지요. 월남은 단순히 미국만의 문제가 아닙니다. 박 의장께서는 어떻게 생각하십니까?

박정희: 러스크 장관 등에게도 언급한 적이 있습니다만 미국이 너무 혼자서 많은 부담을 지고 있다고 생각합니다. 자유세계의 각국들은 각자가 할 수 있는 부담을 나누어야 자유세계 전체

의 힘이 증강될 것이라고 믿습니다. 반공국가로서 한국은 극동의 안보에 최선을 다해 기여하고 싶습니다. 월맹은 잘 훈련된 게릴라부대를 갖고 있습니다. 한국은 월남식의 전쟁을 위해서 잘 훈련된 장정들을 보유하고 있습니다. 미국이 승인하고 지원한다면 월남에 이런 부대를 파견할 용의가 있고 정규군이 바람직하지 않다면 지원군을 모집할 수도 있습니다. 이런 조치는 자유세계가 단결되어 있음을 과시하게 될 것입니다.

케네디: 참으로 감사한 말씀입니다. 미국은 베를린장벽으로부터 시작해서 지구 전체의 짐을 지고 있습니다. 본인은 맥나마라 장관과 얘기를 해보겠습니다. 의장께서도 내일 맥나마라 장관, 렘니처 합참의장과 한 번 더 만나서 얘기를 나눠주시기 바랍니다.」

박정희 의장이 이 자리에서 월남파병 용의를 밝힌 사실은 한동안 잘 알려져 있지 않았다. 미국정부가 박 의장이 월남파병을 제의한 대목을 삭제한 상태로 공개했기 때문이다. 삭제된 부분이 공개된 문서에서 복원된 것은 1996년이다. 당시 미국의 원조를 받던 입장에서 케네디 대통령에게 들이밀 카드가 없었던 박 의장이 고심 끝에 생각해 낸 것이 월남파병이었다. 연 파월 인원 약 30만 명, 최다 주둔병력 약 5만 명을 기록한 역사상 첫 해외파병의 씨앗이 이때 뿌려진 것이다.

-조갑제 지음 『박정희』 4권에서

미 군용기 편으로 워싱턴 공항에 도착한 박정희 의장이 도착 성명을 발표하고 있다. 박 의장 바로 뒤가 러스크 국무장관, 버거 주한 미국대사, 렘니처 합동참모본부 의장, 통역 한상국 중령, 존슨 부통령, 정일권 주미 한국대사. 1961. 11. 14

"군정(軍政) 필요 이상 연장 않겠다."

위싱턴의 미국 내셔널프레스클럽에서 연설하는 박정희 의장. "군사혁명은 불가피한 것이 었으나 필요한 기간 이상 연장시키지 않을 것"이라고 말했다. 1961. 11. 17

미 국무성에서 러스크 장관과 1시간 20분 동안 회담했다. 러스크 장관은 회담 후
"한국 군사정부가 모든 것을 개혁하고 새로운 진전을 보이고 있다"고 찬양했다.
1961. 11. 15

로버트 와그너 뉴욕 시장은 세인트레지스호텔에서 열린 오찬회에서
박정희 의장에게 황금의 열쇠를 증정했다. 1961. 11. 18

알링턴 국립묘지를 찾은 박정희 의장. 1961. 11. 14

박정희 의장은 월돌프아스토리아 호텔로 맥아더 원수를 찾아가 1시간 동안 요담했다. 맥아더 원수가 "우리는 전우다"라며 포즈를 취했다. 1961. 11. 17

조지 크리스토퍼 샌프란시스코 시장이 베푼 오찬회에서 담소를 나누는 박 의장. 사진 왼쪽부터 미6군사령관 존 라이언 중장, 조지 크리스토퍼 샌프란시스코 시장, 제임스 밴 플리트 장군, 박 의장, 한국협회장 폴 멜리 씨. 1961. 11. 20

김포공항에 내려 방미 성과를 보고하는 모습. 1961. 11. 25

덕수궁 대한문 앞에 운집한 귀국 환영 인파.

밀짚모자를 쓴 수수한 옷차림으로 농촌을 찾아가
촌노(村老)들과 반갑게 인사를 나누는 박 의장.

가난은 본인의 스승이자 은인이다

"소박하고 근면하고 정직하고 성실한 서민사회가 바탕이 된 자주 독립된 한국의 창건,
그것이 본인의 소망의 전부다. 본인은 한마디로 말해서 서민 속에서 나고 자라고 일하고,
그리하여 그 서민의 인정 속에서 생이 끝나기를 염원한다."
"가난은 본인의 스승이자 은인이다. 그러기 때문에 본인의 24시간은 이 스승,
이 은인과 관련 있는 일에서 떠날 수 없는 것이다."

- 저서 『국가와 혁명과 나』에서

단기(檀紀) 폐지하고 서기(西紀)로

1961년 12월에 제정된 「연호에 관한 법률」에 따라 1962년 1월 1일을 기점으로 단군기원은 폐지되고, 대신 서력기원이 공용연호로 쓰이게 되었다.

윤보선 대통령의 신년 휘호.

박정희 의장의 신년 휘호.

윤보선 대통령이 1일 오전 청와대에서 국가재건최고회의 최고위원들의 신년 인사를 받고 있다.
박정희 최고회의 의장, 김동하 최고위원 등이 배석했다.

'한강의 기적' 스타트, 야심찬 1차 경제개발 5개년 계획

국가재건최고회의 시무식에서 "올해는 경제 재건의 해"라며 훈시하는 박정희 의장. 1962. 1. 4

최고회의에서는 1961년 7월 22일 경제계획을 일원적으로 관장하기 위해 경제기획원을 설립하기로 했다. 경제기획원은 민주당 안(案)에 기반한 최고회의 안을 토대로 세부계획을 세웠다. 1962년 1월 13일에 시작되는 제1차 5개년 계획은 1961년 12월 말에 완성했고 1962년 1월 5일에 이 계획을 발표했다.

확정된 안에 의하면 경제성장률의 목표치는 7.1%였다. 각 연도별로 살펴보면 1962년 5.7%, 1963년 6.4%, 1964년 7.3%, 1965년 7.8%, 1966년 8.3%로, 이 안은 매년 목표치를 계속 상승시킨다는 야심적인 계획이었다.

그런데 미국은 이 경제계획의 성장률이 과대 설정되어 현실성이 없다고 말했고 7.1%라는 수치에 대해 반대했으며, 이를 달성하기 위한 외자를 비롯한 자금동원 능력에 회의적인 시선을 보냈다. 그리고 급작스러운 변혁이 아닌 장기적인 계획에 의거해 서서히 성장하는 것이 경제안정에 도움이 된다고 강조했다.

미국의 냉담한 반응에도 불구하고 정유, 철강, 화학공업 등 기초공업과 비료, 시멘트, 화학섬유 등의 공장을 일거에 건설할 사업계획(220개)을 작성하고 외자도입을 무리하게 추진하려는 한국정부로부터 미국은 과거와는 다른 차원의 도전을 받은 셈이었다.

－이덕주 지음 『한국현대사비록』에서

국가재건최고회의 시무식. 1962. 1. 4

태화강변에 펼쳐진 울산공업단지의 꿈

1961년 12월의 어느 날 박정희는 미국의 한국 원조기관인 유솜(USOM; 미국의 대외 원조 기관, United States Operations Mission)처장 킬렌을 울산지방 여행에 동행하도록 초청했다. 일행은 김용태(金龍泰) 중앙정보부장 고문 등 군정요인 몇 사람과 이병철(李秉喆) 등이었다. 이들은 울산에 내리자마자 지금의 공업단지가 있는 태화강변으로 향했다. 마침 눈이 내려 뒤덮인 황량한 벌판에 군데군데 말뚝이 세워져 있었다.

박정희는 먼저 킬렌에게 "우리는 여기에 종합제철공장, 비료공장, 정유공장 등 기간 산업체를 건설할 작정이요. 미국은 우리를 도와주시오"하고 말했다. 그리고 박 의장은 이병철을 향해 "이제부터 돈을 번 여러분이 조국을 위해 할 일이 있소. 정부가 추진하는 조국의 근대화 작업에 여러분이 적극 협력해 주어야겠소."

박 의장을 비롯한 군정 당국자들은 벅찬 꿈에 부푼 듯 결의에 찬 표정이었고, 킬렌의 얼굴은 이와는 대조적으로 무언가 못마땅한 듯한 그늘로 덮여 있었다. 이병철은 그저 묵묵히 표정이 없었다. 군사 정부가 첫 경제개발 사업으로 착수한 것은 울산공업단지 조성이었다. 공업단지 조성의 아이디어를 낸 사람은 경제인들이었다. 김용태는 다음과 같이 회고했다.

"경제인 중에 머리가 아주 샤프한 사람이 많았습니다. 대표적인 사람이 남궁련 씨였어요. 당시 극동정유를 하고 있었는데 이병철 씨와 차이가 없는 기업인이었어요. 이병철 씨도 반짝거리는 아이디어를 많이 내놓았고, 정부쪽에서는 상공부의 김정렴 차관, 부흥부의 안경모 차관이 적극적으로 도와주었습니다."

군정에서는 1962년 2월 3일 울산공업단지 기공식을 개최했다. 4일 기공식 축하 파티를 경주 불국사 호텔에서 열었다. 이 자리에서 킬렌 처장이 "한국은 생필품도 없어서 미국에서 갖다 쓰고 돈이 없어 원조를 받는 주제에 무슨 공업단지냐? 시기상조다"라고 거침없이 반대의사를 밝혔다.

이어 한미 간에 격론이 벌어졌고 킬렌 처장과 김용태 고문 사이에 설전이 오갔다. 이러한 과정을 겪으면서 시작된 울산 정유공장 건설사업은 LA에 있는 플라워사가 맡기로 했다. 김용태는 미국기업하고 안 하면 모든 계획이 어긋나기 쉽다고 판단해 미국기업과의 제휴에 비중을 두었고, 그 다음으로는 일본기업들의 도움을 받았다고 회고했다.

그러나 1962년 말 소요 외자의 조달난으로 공사 중단상태에 빠졌던 울산 정유공장 건설계획은 1963년 들어 미국의 걸프(GULF) 측의 주식투자 허용(전체의 25%) 및 2천만 달러의 장기차관을 통해 재개되었다. 이 사업은 우리 정부의 외자도입정책의 전환을 가져오는 일대 계기가 되었다.

-이덕주 지음 『한국현대사비록』에서

울산공업단지 부지를 시찰하고 있는 박정희 의장과 삼성의 이병철 회장. 1962. 12.

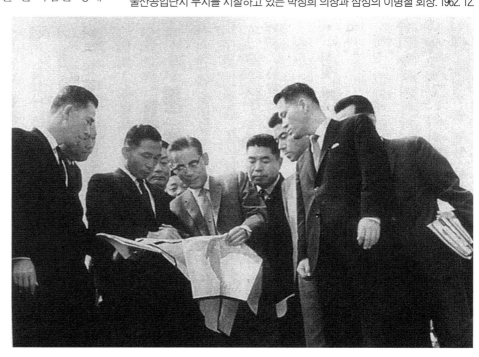

"4천년 빈곤을 씻기 위해 이곳 울산에 왔다."

"4천년 빈곤의 역사를 씻고 민족 숙원인 부귀를 마련하기 위하여 우리는 이곳 울산을 찾아 여기에 신생 공업도시를 건설하기로 하였습니다. 루르의 기적을 초월하고 신라의 영성(榮盛)을 재현하려는 이 민족적 욕구를 이곳 울산에서 실현하려는 것이니, 이것은 민족 재흥(再興)의 터전을 닦는 것이며 국가 백년대계의 보고(寶庫)를 마련하는 것이며, 자손만대의 번영을 약속하는 민족적 궐기인 것입니다."

－울산공업지구 설정식의 박정희 의장 치사에서

'공업지구 설정 선언문'

대한민국 정부는 제1차 5개년 경제개발계획을 실천함에 있어서 종합제철공장, 비료공장, 정유공장 및 기타 연관 산업을 건설하기 위하여 경상남도 울산군의 울산읍 방어진 대현면 청량면의 두왕리, 봉서면의 무거리, 다운리 및 농서면의 화봉리, 송평리를 울산공업지구로 설정함을 이에 선언한다.

울산 현지에서 열린 공업지구 설정 및 기공식. 이후 이곳에는 석유화학 관련 공장 13개가 들어섰다. 사진 왼쪽부터 박정희 의장, 송요찬 내각수반, 김유택 경제기획원 장관, 샹바르 주한 프랑스 대사, 메로이 유엔군 사령관. 1962. 2. 3

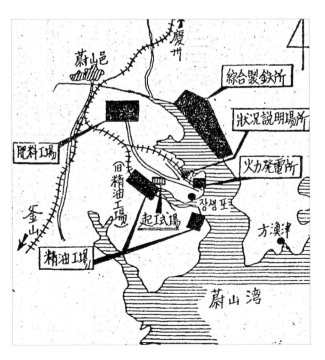

울산공업지구 설정 계획도.

우리의 민주주의는 한국화된 '행정적 민주주의'

박정희 최고회의 의장은 세 번째 저서 『우리 민족의 나아갈 길』에서 "우리가 지향하는 민주주의는 서구적인 민주주의가 아닌 우리의 사회적 정치적 현실에 알맞은 민주주의를 해나가야만 된다고 생각한다"면서 "바로 이러한 민주주의가 다름 아닌 행정적 민주주의(Administrative democracy)라고 할 수 있다"고 말했다.

그는 이것을 설명하여 "우리들이 기왕의 부패를 일소하고 국민들의 자치능력을 강화하여 사회정의를 구현하는 것이 당면의 목표라면, 그 방법으로서 민주주의를 정치적으로 당장 달성할 것이 아니라 어디까지나 과도기적인 단계에 있어서는 행정적으로 구현해야 될 것이요, 그 방법으로서 민주주의를 위에서 내리치는 민주주의가 아니라 어디까지나 아래서 올라오는 민주주의, 아래서 깨달은 민주주의, 국민 스스로가 자기 과거의 타성을 바로잡고 새로이 출발하여 발전하는 민주주의가 되어야 하기 때문이다"라고 강조했다.

박 의장은 "직수입된 민주주의가 한국현실 속 깊이 뿌리박지 못하고 실패한 해방 후의 역사가 교훈하듯이, 한국화 된 복지민주주의의 토대를 구축해야 된다"고 덧붙였다.

최두선(崔斗善) 대한적십자사 총재에게 회원 가입 신청서를 내고 적십자회비를 전달하는 박정희 의장. 1962. 1. 10

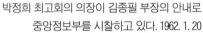

박정희 최고회의 의장이 김종필 부장의 안내로 중앙정보부를 시찰하고 있다. 1962. 1. 20

윤보선 대통령 사임, 정치정화법은 실패작

윤보선 대통령은 김준하(金準河) 청와대 대변인을 통해 대통령직 사임 성명을 발표한 뒤 이날 저녁 내외신 기자들을 청와대로 불러 직접 하야 결정을 밝혔다. 1962. 3. 22

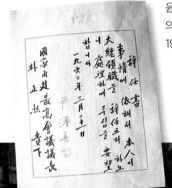

윤보선 대통령이 국가재건최고회의 의장에게 제출한 대통령 사임서. 1962. 3. 21

윤보선 대통령은 3월 22일 오전 11시 30분, 청와대 대변인을 통해 사임한다는 뜻을 밝혔다. 그는 사임성명에서 혁명과업이 순조롭게 진행되고 있는 만큼 사임이 국내외적인 파문을 일으키지 않을 것이라는 점을 명백히 했다. 그의 사임은 1주일 전에 통과된 구(舊)정치인의 정치활동을 제한하는 규제법(일명·정치정화법) 때문이라고도 밝혔다.

윤보선은 민주당 정권 당시인 60년 8월 12일 양원 합동회의에서 압도적 다수로 당선되어 1년 7개월 열흘 만에 자리에서 물러나게 되었다. 그는 혁명 직후인 1961년 5월 19일 밤에도 하야 성명을 냈다가 번의했었다.

정치정화법은 정치적 경험이나 센스가 전혀 없는 혁명정부가 범한 최대의 실패작이었다. 강제적인 법으로 일정 기간 동안 구시대 정치인이나 추종 세력의 입을 다물게 할 수는 있었다. 그러나 그 중에는 혁명정부에 협력자가 될 수 있는 많은 유력인사까지 반정부 인사로 내모는 결과가 되었고, 이들의 반발은 나중에 혁명정부에 엄청난 부담을 안겨주었다.

– 이석제 지음 『각하, 우리 혁명합시다』 (서적포)에서

청와대를 떠나는 윤보선 대통령 내외. 야인이 된 윤씨 내외는 1.5km 떨어진 안국동 8번지 사저로 옮겼다. 1962. 3. 22

박 의장, 대통령 권한대행으로 청와대 입주

최고회의는 윤보선 대통령이 제출한 사임서에 따라 그의 사임을 만장일치로 의결했다. 또 오후에 계속된 회의에서 관계법의 개정을 거쳐 박정희 의장이 새 정부가 수립될 때까지 대통령 권한대행을 맡도록 의결했다.

박 의장은 "본인은 지금부터 민정이양 시까지 대통령의 권한을 대행하게 되었다"면서 "우리는 가일층 단결하고 나에 대해서는 많은 지도와 편달이 있음으로써 우리의 군사혁명과업을 하루속히 이룩하여야 할 것이며, 따라서 민정이양 시기를 단축시키도록 노력해야 할 것"이라고 말했다.

대통령 권한대행으로 청와대에 입주한 박 의장은 3월 27일 오전 10시 30분, 주한 외교사절을 청와대로 초청하여 접견식을 가졌다. 그는 부인 육영수 여사와 함께 각국 외교사절 29명을 한 사람씩 차례로 접견했으며, 이 자리엔 송요찬 내각수반과 최덕신 외무장관도 부부 동반으로 참석했다.

메디컬센터의 고 심산 김창숙 옹의 빈소를 찾아 분향하는 박정희 의장. 1962. 5. 11

1962년 초겨울 수유리 산동네로 팔봉(八峰) 김기진을 찾은 박정희 의장. 김기진의 아들 김용한 씨는 박 의장이 1년에 4~5번 들르곤 했다고 말했다.

박 의장은 청와대에 입주하여 버거 주한 미국 대사 내외 등 외교 사절을 초청, 만찬을 갖는 등 집들이를 했다. 1962. 3. 27

5·16 기념식서 개헌 구상 밝혀

5·16 군사혁명 1주년 기념식에서 연설하는 박 의장. 1962. 5. 16

박정희 대통령권한대행은 5·16혁명 1주년 기념식 연설에서 헌법개정 방침을 발표했다. 그가 밝힌 개헌작업을 위해 7월 11일 최고회의 안에 헌법심의위원회가 발족됐다. 원대복귀를 둘러싼 혁명주체 내부의 갈등은 이해 9월부터 표면화했다. 무조건 원대복귀해서 배후에서 민간정치인들의 행보를 지켜보자는 주장과 예편 후 민간정부의 특별자문역을 맡자는 주장, 그리고 정당을 만들어 국민의 심판을 받아 정치에 참여하자는 주장 등이 나왔다.

박정희-김종필 라인은 예편 후 정치참여 쪽으로 기울어졌다. 헌법심의회가 마련한 헌법개정안은 11월 5일 최고회의에서 가결되었다. 이어 12월 17일에 실시된 국민 투표에서 투표율 85.28%, 찬성 78.78%로 확정되었다.

서울운동장에서 열린 5·16군사혁명 1주년 기념식. 1962. 5. 16

김포공항 부근 양서면 내발산리 송병오 씨
논에서 모를 심은 다음 동네 노인과
막걸리를 마시고 있는 박정희 의장. 1962. 6. 3

소박 검소한 대통령과 농부

수원에서 추수를 도우며 땀을 흘리는
모습. 1962. 10. 9

박정희 의장을 비롯한 최고회의 직원들은
경기도 부천군 소하읍 표절리 부락에서
마른 논에 물을 대기 위한 도랑을 팠다. 1962. 7. 3

박정희 의장은 5·16 후 처음으로 청와대에서 최고회의 출입기자와 각 신문·통신·방송의 발행인, 편집인을 위한 가든 칵테일 파티를 열었다.
그는 이 자리에서 민정이양 시기나 정치활동 허용은 약속대로 이행한다고 밝혔다. 1962. 5. 21

5·16 군사혁명 1주년 기념으로
경복궁에서 열린 산업박람회장을
찾은 박 의장. 오른쪽은 산업박람회
프로그램.

3·1절 기념식에서 김좌진 장군의 아들
김두한과 기념 촬영. 1962. 3. 1

증권파동 등 4대 의혹사건 터져

혁명 주체세력들은 부패 일소를 혁명공약으로 내걸었다. 하지만 5·16 이후 최초로 적발된 부정사건이 부정축재 처리반의 뇌물수수사건이었다. 군정기간 중 상징적인 부정사건은 4대 의혹사건이다. 4대 의혹사건이란 증권파동 사건, 워커힐 사건, 새나라자동차 사건, 슬롯머신 사건을 가리킨다.

증권파동은 1962~63년에 중앙정보부가 증권회사들을 설립해 주가조작을 통해 엄청난 부당이득을 챙긴 사건이다. 워커힐 사건은 중앙정보부가 주한미군의 휴양지를 마련하여 외화획득을 한다는 명분을 내걸고 정부자금으로 종합위락시설인 워커힐을 마련하면서 그중 상당 액수를 횡령한 사건이다.

새나라자동차 사건은 중앙정보부가 일본에서 승용차를 불법반입한 뒤 이를 시가의 2배 이상으로 국내시장에 판매해 거액의 폭리를 거두어들인 사건이다. 또한 슬롯머신(당시는 빠찡코 사건이라 함)은 법적으로 금지되어 있는 도박기계인 회전 당구기 100대를 재일교포의 재산 반입처럼 세관을 속여 국내에 수입하도록 허용해 부당이득을 취한 사건이다.

이들 사건들은 군사정권이 민정이양을 앞두고 선거에서 승리하기 위해 정치자금을 조달하는 과정에서 중앙정보부가 개입해 저지른 부정 불법행위였다. 군사정권 최대의 스캔들인 이들 사건은 5·16 이전의 '구악'(舊惡) 보다 훨씬 더한 '신악'(新惡)이라는 세평을 받았다.

사건이 드러나자 군사정권은 5·16 세력의 제2인자이며 초대 중앙정보부장이었던 김종필을 이른바 '자의반 타의반'(自意半他意半)으로 외유토록 하고, 일부 부정 관련자들을 군법회의에 회부하는 선에서 사건을 마무리 지었다.

순회대사 자격으로 외유길에 나선 김종필 전 중앙정보부장. 공화당 창당의 주역으로 4대 의혹 사건 등으로 홍역을 치른 그는 "이번 여행은 나의 희망이 반, 외부의 권유가 반이었다"고 했다. 이를 〈동아일보〉 이만섭 기자가 '자의반 타의반'이라고 요약해 유명하게 만들었다. 1963. 2. 25

'환'이 '원'으로 바뀐 것뿐, 실패한 화폐개혁

박정희는 1961년 여름, 경제개발을 위한 재원마련을 위해 유원식 최고위원의 발의로 통화개혁을 추진했다. 화폐개혁 때 노출되는 음성자금을 장기저축 형식으로 붙들어둔 뒤 이를 투자재원으로 동원하는 것이 목적이었다. 그러나 박정희는 국내기업과 미국의 압력에 못 이겨 동결자금을 풀고 산업개발공사도 유야무야시켰다. 결국 화폐단위만 10분의 1로 절하했을 뿐 별로 효과를 거두지 못했다.

통화개혁의 실패로 자력 갱생파 유원식, 박희범 등의 급진파는 밀려나고 대외 개방적 공업화를 추구하는 이병철, 박충훈, 김정렴 등 실용주의자들이 힘을 얻기 시작했다.

이때부터 대외개방의 방향으로 선회한 한국경제는 결국 수출 드라이브 본격 추진을 위한 기초를 마련하게 되었다. 통화개혁 이후로는 민족자본에 의한 기간산업 건설과 수입대체 산업화 같은 발상은 힘을 잃게 되었고 외자도입, 보세가공무역, 수출입국과 같은 대외개방적인 노선이 대세를 이루었다.

그런데 경제개발은 계획대로만 진행되지 않았다. 1962년의 경제성장 목표치는 5.7%였으나 실제 달성률은 2.8%에 불과했다. 1962, 1963년에 계속된 흉작으로 식량사정이 악화되어 곡가파동을 겪어야 했고, 초기의 의욕적인 투자확대로 말미암아 정부 보유 외환이 고갈되는 사태에 이름으로써 1964년에는 이른바 외환파동을 겪게 되었다. 이는 미국의 대한 원조를 중심으로 하는 외자도입이 계획대로 이루어지지 않은 데 원인이 있었다. 특히 1963년 사업을 한창 추진할 때 자금이 고갈되었는데 9월 말의 달러 보유고는 고작 9천300만 달러에 불과했다.

-이덕주 지음 『한국현대사비록』에서

통화개혁을 홍보하기 위해 만든 책자.

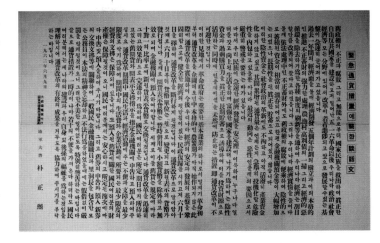

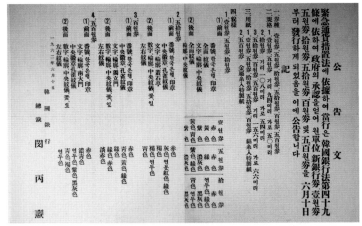

통화개혁을 알리는 박정희 의장의 담화문(사진 위), 민병도(閔丙燾) 한국은행장이 새 화폐 발행을 알리는 공고문(사진 가운데). 아래 사진은 새로 발행된 지폐.

박 의장에게 주일대표부 청사로 쓰도록 자신의 부동산을 기증한
재일교포 실업인 서갑호 씨(왼쪽). 1962. 8

청와대에서 맥스웰 테일러 장군과 함께
축배를 드는 박 의장. 1962. 9. 6

충주비료공장을 시찰하는 박정희 의장. 1962. 7. 20

최초의 국산 승용차인 새나라 자동차 공장
준공식에 참석하여 생산된
자동차를 돌아보고 있다. 1962. 8. 27

김종필과 오히라, 한일국교정상화 원칙 합의

한일협정 문제를 마지막으로 타결하기위해 김종필 중앙정보
부장은 오히라(大平) 일본 외상과 11월 12일 오후 3시부터 6
시 40분까지 일본 외무성에서 3시간 40분 동안 단독회담을
가졌다. 이 자리에서 두 사람은 청구권, 재일동포의 법적지위,
문화재반환, 어업문제 등 현안 전반에 걸쳐 솔직한 의견을 교
환했다.

회담에서 두 사람은 청구권문제에 관해 상당한 의견 차이
를 보였다. 그러나 우선 회담을 내년 봄(2월이나 3월)까지 끝맺
어 조인한 뒤 각기 비준을 받도록 하자는데 합의했다고만 밝혔
었다. 그런데 일본의 〈요미우리(讀賣)신문〉은 12월 15일자에서
"지난 11월 12일 오히라와 김종필 사이의 회담에서 청구권문제
에 합의를 보았으며, 두 사람은 이를 메모형식으로 문서화했다"
고 보도했다.

이 신문은 합의된 청구권의 해결책은 ①무상공여 3억 달러
②장기저리 차관 2억 달러 ③민간 베이스의 차관 1억 달러 이상
등으로 타결됐다고 보도했다.

한일 간에 합의된 청구권 내용을
문서화한 김종필·오히라 메모.

일본 외무성에서 만난 김종필과 오히라.
1962. 11. 12

제3공화국 헌법, 국민투표 통해 확정

제3공화국의 기틀이 될 새 헌법이 12월 26일 오전 10시 시민
회관에서 열린 공포식에서 공포되었다. 이 달 17일 국민투표
에서 확정된 개정 헌법은 국무회의 동의와 국무위원들의 부서
(副署)를 받았는데, 새해 총선 이후 국회가 처음 열리는 날부터
시행된다.

12월 26일 오전 10시
서울시민회관에서 열린
새 헌법 공포식에서
치사하는 박정희 의장.

시민회관에서 열린 새 헌법 공포식.
1962. 12. 26

제3공화국 헌법에 서명하는 모습.
왼쪽 두 번째가 김현철 내각수반,
오른쪽이 이석제 최고회의
법사위원장. 1962. 12. 26

휴양지로 추정되는 곳에서 모처럼
맞은 망중한. 상의를 벗고 왼팔을 들어
올려 뭔가를 설명하는 박정희 의장을
김종필 중앙정보부장이 바라보며
환하게 웃고 있다.

제1회 3부 및 국군 4개 팀
야구대회에서 야구복을 입은
박정희 의장. 1962. 11. 24

효창운동장에서
열린 제1회 서울
경찰체육대회에서
한 소녀와
손을 잡고 뛰는
박 의장.
1962. 10. 17

제1회 관공서
체육대회에서
1천 미터 릴레이에
참가한 박정희
의장. 1962. 6. 23

71

최고위원 전원, 군복 벗고 민정 참여

박정희 의장은 12월 27일 3군 참모총장 및 해병대사령관을 제외한 최고위원 전원이 군복을 벗고 민정에 참여키로 결정했고, 자신도 최고위원의 한사람으로 이에 따르기로 했으며 대통령 출마여부는 당의 결정에 따르겠다고 밝혔다.

박 의장은 이날 최고회의 대회의실에서 385일 만에 가진 내외신 기자들과의 회견에서 대통령 출마 여부는 "말할 수 있는 입장에 있지도 않으며 시기도 아니다"고 밝힌 뒤 "그러나 당원으로서 당에서 결정을 내리면 복종해야 하는 것"이라고 출마의사를 정식으로 표명했다.

그는 또 "내년 1월 1일부터 정치활동이 허용되는 만큼 집회자유를 보장키 위한 제한규정을 개정할 것이며 대통령선거는 4월초, 국회의원 선거는 5월말에 실시할 것"이라고 밝혔다. 박의장은 "최고위원들이 그동안 여러 차례 논의한 결과 군복을 벗는 것이 보다 국정을 위해 충실히 봉사하는 길이라고 결정했으며, 군복을 벗고 민간인으로서 참여하기 때문에 공약위배가 아니다"고 덧붙였다.

민정 이양 일정을 발표하는 내외신 기자 회견. 1962. 12. 27

박정희 대통령이 광양종합화학기지에 들러
화학실험장을 시찰하고 있다.

'한강의 기적'은 1차 5개년계획에서 시작

지난 5천년의 역사를 더듬을 것도 없이 40년 전만 해도 참담했던 우리경제가 오늘날과 같은 발전을 이룩하기 시
작한 것은 1962년에 시작된 제1차 경제개발 5개년계획을 추진하면서부터였다. 그 후 수차례의 경제개발계획을
통해 세계에서 유례를 찾아보기 어려운 눈부신 발전을 하였다. 그러나 이것은 결코 우연히 저절로 된 것이 아니
다. 거기에는 가난에서 벗어나 잘 살아 보겠다는, 경제개발에 대한 한 지도자의 불굴의 집념과 의지, 그리고 능력
있고 사명감 있는 젊은 관료집단, 창의적이며 의욕에 찬 기업가들, 손재간 좋고 근면하며 교육수준 높은 근로자
들과 하면 된다는 자신감을 갖게 된 국민들의 집합된 노력의 결과인 것이다. 그러나 무엇보다도 중요한 것은 실
의와 절망에 빠져있던 국민을 일깨우고 결집시켜 하나의 목표를 향해 모든 능력을 발휘하게 한 박 대통령의 지
도력이 없었다면 한강의 기적은 이루어지지 않았을 것이다.

- 이희일 전 농수산부장관

1년 7개월 만에 정치활동 재개되다

1월 1일을 기해 정치활동이 재개되었다. 최고회의는 일체의 정당 사회단체의 정치활동을 엄금했던 군사혁명위 포고 제4호를 폐기하고, 집회 및 시위에 관한 법률과 새 정당법을 제정함으로써 5·16 이후 만 1년 7개월 만에 정식으로 정치활동 재개의 길을 열었다.

이에 따라 혁명 주체세력을 중심으로 하는 신당 외에도, 해금된 기성 정치인들이 범야세력의 결집을 외치면서 2월 중 결당을 목표로 내세우기도 했다.

박정희 의장은 1월 14일, 최고회의 상황실에서 전진한(錢鎭漢), 김법린(金法麟), 김대석(金大石) 씨 등 야당연합 측 대표들을 만나 이들이 요구하는 조기선거 반대, 정치정화법 폐기 등을 모두 거부했다. 그는 정정법의 입법취지가 제정 당시 충분히 설명되었고, 지금은 새 헌법에 의해 효력이 지속되는 것이란 점을 강조했다. 점차적인 해금(解禁)에 관해서는 앞으로 국민이 납득할 수 있는 명분을 찾아서 할 것이라고 말했다.

또한 조기선거 반대주장에 대해서도 "선거 시기는 이미 8·12 성명에서 밝혀 우방 외국에서도 다 그렇게 알고 있다"면서 받아들이지 않았다.

맑고 바른 정치와 화목한 인간관계를 중시하겠다는 신년 휘호.

박정희 의장 내외와 최고위원 일행이 국립묘지를 참배했다. 1963. 1. 1

"군의 중립, 정치 불보복 등 수락하면 민정에 불참하겠다."

민정이양의 해인 1963년이 밝으면서 정치활동이 허용되자 사태는 복잡하게 전개되었다. 3군 참모총장과 일부 장성급 최고위원들은 박정희 의장을 비롯한 혁명주체들의 민정참여를 반대했다. 야당세력도 당초의 혁명공약을 준수하라고 요구했다.

주한 미국대사 사무엘 버거(Samuel Berger)도 군의 정치참여에 반대한다는 뜻을 밝혔다. 박 의장은 하는 수 없이 2월 18일 정오, 민정이 4·19 및 5·16혁명을 계승할 것을 확약하며, 혁명주체들은 그들의 의사에 따라 정치적 거취를 정하고 유능한 예비역 군인을 우선 기용하는 것 등 9가지 시국 수습방안을 제시했다. 그는 이 제안을 모든 정당인과 정치지도자들이 수락한다면 민정에 참여하지 않을 것이고, 정정법에 발 묶인 기성 정치인들을 특수한 경우를 제외하고 전면 해제할 것이며, 선거를 5월 후로 미루겠다고 약속하는 중대 성명을 발표했다.

이 같은 시국 수습방안에 대해 민정, 민주, 자유당 등 야당들은 대체로 수락하는 분위기였으나 여당인 민주공화당은 큰 충격에 휩싸였다. 민정당은 "아무 이의 없이 받아들일 수 있다"고

1월 14일 박정희 의장과 면담하는 범야측 대표들. 좌로부터 김대석, 전진한, 김범린. 뒤에 담뱃불을 붙여주는 이가 이후락 공보실장. 이들 범야측 대표들은 조기선거 반대와 정정법(政淨法) 폐기를 요구했으나 박 의장은 이를 거부했다. 1963. 1. 14

환영했으며, 민주당은 "결과적으로 수락하지 않을 수 없다"고 했다.

최고회의 이후락 대변인은 18일, 민정에 참여하지 않을 것이라는 박 의장의 성명이 "하야와 원대복귀 가운데 어느 것을 뜻하느냐?"는 물음에 "박 의장의 조치는 그 자신이 결심할 문제"라고 밝히고 "현재 박 의장은 민정에 불참한다는 것 외에 다른 것은 깊이 생각하고 있지 않는 것 같다"고 말했다.

박정희 의장이 5·16 혁명정신의 계승, 정치적 보복은 않는다는 등 9개항의 조건을 여야 정치인에게 제시하고, 이를 수락하면 자신은 민정에 불참하겠다는 시국수습 선언을 했다. 1963. 2. 18

김종필, "초야의 몸이 되겠다!"며 공직 사퇴

김종필 공화당 창당 준비위원장은 2월 20일 오후 5시 30분 "일체의 공직에서 물러나 초야(草野)의 몸이 되겠다"고 사퇴성명을 발표했다. 김 위원장은 박 의장의 민정불참을 내용으로 한 2·18 성명이 있은 뒤 꼬박 이틀 동안 입을 다물고 있다가 이날 중앙당에서 기자회견을 갖고 자신의 태도를 밝힌 것이다.

미리 마련한 간단한 성명을 통해 그는 사퇴이유로서 "본인은 이 나라의 강력한 정치와 새 질서 확립을 위해 거름이 되겠다고 열(熱)과 성(誠)을 다하여 왔으며, 이러한 신념에서 민주공화당의 창당을 위하여 그 산파역을 맡고 나섰으나 이러한 일들이 본인의 소임이 아니라고 믿게 되었기 때문"이라고 말했다.

이에 앞서 박병권 국방장관은 2월 13일 김종오 육군참모총장 등 3군 총장과 해병대사령관을 데리고 장충동 박 의장 공관을 찾아가 4대 의혹사건 및 김종필 위원장에 대한 군부의 불만을 전하면서 김종필의 공직사퇴를 요구했다.

박 의장은 군부대표들의 건의내용을 전하면서 "좀 쉬어야겠어!"라고 했고, 김종필은 선선히 "말씀을 따르겠습니다"고 했다는 것이다.

박정희 의장이 공직에서 물러나는 김종필 중앙정보부장에게 훈장을 수여했다. 김종필은 대령에서 육군 준장으로 승진한 다음 예비역으로 편입되었다. 1963. 2

박정희 의장이 미국에서 살고 있는 도산 안창호 선생의 딸, 헤렌 안 여사를 접견했다. 1963. 3. 9

정국수습을 위한 공동 선서식

정치지도자들과 군 지휘자들이 참석한 정국수습을 위한 선서식이 2월 27일 서울시민회관에서 열렸다. 역사상 처음 있는 이 식전에서 46명의 정당대표 및 정치인들은 박 의장이 18일 내세웠던 9개 항목의 정국안정을 위한 수습방안의 이행을 엄숙히 선서했다. 박병권 국방장관을 비롯한 육해공군 참모총장 및 해병대 사령관은 "군의 정치적 중립을 견지하고 새로운 민정을 지지한다"고 선서했다.

박 의장은 선서와 서명날인이 끝난 다음 "본인은 민정에 참여하지 않을 것이며 정정법에 의한 정치활동 금지를 전면 해제조치할 것"을 선언했다.

야당인 민정당과 민주당은 정국수습 선서식을 두고 '사실상 군사정권의 종지부를 찍은 것' '민정으로 가는 노정(路程)을 구체화시킨 것'이라고 평가했다.

2·18 성명을 수락하는 정치지도자와 각 군 책임자들이 정국 수습을 위한 선서식을 거행하고 있다. 1963. 2. 27

서울 시민회관에서 열린 정국수습을 위한 선서식. 1963. 2. 27

서울 용산 육군교회 예배에 참석한
박정희. 왼쪽에 전택부, 스코필드 박사,
뒤에서 찬송가를 부르는
사람이 이후락. 그 뒤로 차지철의
얼굴이 보인다. 1963. 11

서울대학교 졸업식에 참석한 박정희.
1963. 2. 26

서울운동장 야구장에서 열린
제44회 3·1절 기념식에서 유공자
이범석 씨를 대리한 부인
김 마리아 여사에게 복장을
전달하는 박 의장.

최고위원들과 기념촬영. 왼쪽부터 길재호, 김형욱, 김희덕,
채명신, 박정희, 이주일, 유양수, 강기천 위원. 1963. 3. 22

박 의장, 군정 4년 연장을 제의 "부결되면 정권 이양하겠다."

박정희 의장은 3월 16일 오후 4시 민정이양을 위한 과도적 군정 기간의 설정을 위해 앞으로 4년간 군정기간을 연장할 것을 제의하고, 가부를 국민투표에 붙여 국민의 의사를 묻겠다는 성명을 발표했다.

성명에서는 "국민투표는 가능한 한 최단 시일 내에 실시할 것이며, 국민의 올바른 판단을 장애할 염려가 있는 모든 정당활동을 일시 중지하는 조치를 취할 것"이라고 밝힌 다음 "만일 군정 연장에 대한 국민의 신임을 얻지 못할 때에는 즉시 정치활동 재개를 선언하고 계획대로 민정이양을 실시할 것이며, 우리는 일체 민정에 참여치 않고 정치인들에게 전적으로 이 정권을 이양할 것"이라고 다짐했다.

박 의장은 61년 8월 12일에 발표한 성명에서 63년 여름에 정권을 민정에 이양하겠다고 약속했었다. 그 성명에 따라 63년 1월부터 정치활동을 허용했으며, 2월 18일에는 9개 항목의 정국수습안을 제시하면서 민정불참을 선언했었다.

군정연장 결정은 정치활동이 재개된 지 75일 만이며, 2·18성명으로부터는 겨우 20일 만의 일이었다.

"박 의장, 군정 4년간 연장을 제의"라는 제목의 〈조선일보〉 지면.

군정 기간 연장과 국민투표 계획을 국내외에 공표했다. 1963. 3. 16

"민정 이양 약속을 지켜라."

3월 19일 윤보선, 장택상(張澤相), 김도연, 김준연, 이범석 씨 등 5명의 정치지도자들을 만난 자리에서 박정희 의장은 "3·16성명은 정국의 추이에 따라 번의할 수도 있다"고 말하고 "그 대신 과거에 때가 묻고 정계혼란에 책임이 있는 기성정치인들은 자진해서 정계진출을 단념해야 한다"는 새로운 조건을 내세웠다.

그는 "3·16성명을 번의하고 2·27선서대로 민정 이양을 하라"는 정치지도자들의 강력한 요청을 받고 이같이 밝히고 "정국을 관망하기 위해 이달 말까지 모든 결심을 보류하겠다"고 말했다.

윤보선 씨는 "일괄적으로 기성정치인의 발을 묶는 것은 정정법과 다름이 없으므로 찬성할 수 없다"고 주장했는데, 허정 씨 등도 "정부는 국민에게 신의를 지켜야 한다"면서 약속대로 민정 이양하라고 촉구했다.

윤보선, 김도연, 이범석, 장택상, 김준연 씨 등이 최고회의에서 박정희 의장과 만난 뒤 최고회의 청사를 나서고 있다(사진 위). 아래 사진은 최고회의 상황실에서의 정치 지도자들과의 회담 장면. 1963. 3. 19

3월 16일 오후 박정희 의장의 중대성명이 발표된 후 조선일보사 속보판 앞에 모여든 군중. 서울 거리는 놀란 표정이었으나 평소와 다름없이 평온했다.

건군 이래 첫 군인데모, "군정 연장하라!"

군 장병들이 국가재건최고회의 청사 앞에 몰려와 군정 연장을 요구하는 집단 시위를 벌였다. 1963. 3. 15

몇 사람의 소령을 포함한 위관급 육군장교 약 50여 명과 하사관 30여 명이 3월 15일 낮 12시부터 최고회의 앞마당에 모여 군정을 연장하든가, 박 의장이 직접 민정에 참여할 것을 요구하는 데모를 강행했다. 최고회의에서 근무하는 이들은 두 시간 만에 전원 수도방위사령부에 연행되었다.

김진위(金振暐) 수도방위사령관은 시위군인들에게 해산을 명령했으나 이들이 "박 의장이 이 자리에 나올 때까지 물러설 수 없다"고 버티자 "군인이 정치에 관여했으므로 이미 죄를 지은 것"이라며 전원 구속할 것을 명령했다.

박 의장도 "동기가 애국적이든 애족적이든 군인이 데모를 한다는 것은 있을 수 없다"며 엄격히 군법으로 다스리도록 특별지시를 내렸다. 여야 정당과 언론도 건군 이래 최초의 군인 데모를 일제히 비판했다.

한편 정치적 중립을 선언했던 군 지휘부는 3월 22일 대규모 비상 지휘관회의를 소집, 현 정부를 강력히 지지하며 군정연장을 제의한 3·16성명에서 밝힌 국민투표 실시를 절대 지지한다는 등 4개 항목을 결의했다.

박정희 의장이 군정 4년 연장을 발표하자 이에 반대하는 야당 당원들이 거리 시위에 나서 경찰이 제지하고 있다. 1963. 3. 22

여성들이 낀 데모대. 거리로 나선 윤보선·변영태·김도연·박순천 씨 등 300여 명의 정치인들이 을지로 입구에서 경찰의 저지선과 부딪쳤다. 1963. 3. 22

조야(朝野) 세 영수(領袖)회담

박정희 의장과 윤보선 전 대통령, 허정 전 과도정부 수반 등 정국 수습에 핵심을 쥐고 있는 조야의 세 영수는 3월 30일 청와대 응접실에서 두 시간 동안 비밀회담을 갖고 시국수습에 관해 협의했다.

회담에서는 4년간 군정연장이 불가피하다는 박 의장의 주장과, 이에 반대하는 윤-허 씨의 주장이 맞서 결론을 얻지 못했다. 이후락 대변인은 세 사람이 31일 오전 제2차 회담을 갖기로 했다고 전했다.

청와대 응접실에서 시국 수습 방안을 논의하는 박 의장과 허정(가운데), 윤보선(왼쪽) 씨. 1963. 3. 30

군정 연장 여부 국민투표 보류

재야 정치지도자들과 정국수습을 위해 협상을 진행해온 박 의장은 4월 8일 군정연장 여부를 묻는 국민투표를 9월말까지 보류한다고 발표했다. 또 9월 중에 각 정당대표들과 모든 정치정세를 종합 검토하여 공고된 국민투표를 실시하든가, 혹은 대통령 및 국회의원 선거 실시 여부를 협의 결정하겠다고 밝혔다. 그는 이날 발표한 긴급조치를 통해 그동안 묶었던 정치활동을 재개시켰으며, 이 같은 사실을 미리 재야 지도자들과 버거 미국대사에게 알려줬다.

이후락 공보실장이 군정 연장을 위해 공고 중인 개헌안에 대한 국민투표를 9월말까지 보류하며, 정치활동 재개를 허용하는 등
박정희 의장이 내린 긴급조치 4개 항을 발표하고 있다. 1963. 4. 8

최고위원들도, 민정참여 준비

5·16 혁명 유공자를 표창한 뒤 기념촬영. 1963. 5. 16

육군참모총장으로 임명된 민기식(閔機植) 대장이 박 의장에게
취임선서를 했다. 왼손을 들고 선서하는 모습이 이채롭다. 1963. 5. 31

재건국민운동 부녀회 대표단과 함께한 박 의장 내외. 1963. 6. 1

박정희·윤보선, 여야 대선 후보로 지명

서울시민회관에서 열린 민주공화당 제2차 전당대회에서 박정희 최고회의 의장이 대선후보로 지명되었으며,
박 의장은 이를 수락할 용의가 있음을 표명했다. 1963. 5. 27

서울 교동국민학교에서 열린
군정연장 반대 전국투위 주최
강연회에서 윤보선 전 대통령이
연설하고 있다. 윤보선은 열흘 뒤
민정당 전당대회에서
대통령 후보로 지명되었다.
1963. 5. 5

혁명 후 세 번째인 제15회 권농일을 맞아 청량리 부근의 원예시험장
논에서 김현철 내각수반 등 각료들과 함께 모내기를 했다. 1963. 6. 10

전남 장성의 수해지구를 찾아 주민들을 위로하는 박정희 의장. 1963. 7. 8

박정희 대장 전역(轉役)

"다시는 이 나라에 본인과 같은 불운한 군인이 없도록 합시다."

8월 30일 오전, 박정희 대장은 강원도 철원군 제5군단 비행장 내에서 전역식(轉役式)을 가졌다. 박 의장의 카랑카랑한 음성이 스피커를 통해 울려 퍼졌다. 박 의장은 전역사 도중 목이 메어 울음을 참으려고 기침을 하기도 했다.

"지난 날 수십 만 전우들의 선혈로써 겨레를 지켜온 조국의 전선, 초연은 사라지고 오늘은 초목에 싸인 채 원한의 넋이 잠들은 산야(山野), 이 전선에 본인은 군을 떠나는 마지막 고별의 인사를 드리려 찾아왔습니다. 여기 저 능선과 이 계곡에서 미처 피기도 전에 사라져간 전우들의 영전에 삼가 머리를 숙이고 십여 년을 포연의 전지에서 조국방위를 위하여 젊은 청춘을 바쳤던 그날을 회상하면서, 오늘 본인은 나의 무상한 반생을 함께 지녀온 군복을 벗을까 합니다. (…)

본인은 군사혁명을 일으킨 한 책임자로서 이 중대한 시기에 처하여 일으킨 혁명의 결말을 맺어야 할 역사적 책임을 통감하

면서, 2년에 걸친 군사혁명에 종지부를 찍고 혁명의 악순환이 없는 조국재건을 위하여 항구적 국민혁명의 대오(隊伍), 제3공화국의 민정에 참여할 것을 결심하였습니다."

연설의 마지막에 박정희 의장은 그의 역대 연설 중 가장 유명하게 되는 말을 남긴다.

"오늘 병영을 물러가는 이 군인을 키워주신 선배, 전우 여러분, 그리고 군사혁명의 2년 동안 '혁명하(革命下)'라는 불편 속에서도 참고 편달 협조해주신 국민 여러분에게 감사를 드리며 다음의 한 구절로써 전역의 인사로 대신할까 합니다. 다시는 이 나라에 본인과 같은 불운한 군인이 없도록 합시다."

이날 박 의장은 서울역 앞 공화당사를 방문하여 입당수속을 끝냈다. 그는 굳은 표정이었고 말이 없었다.

-조갑제 지음 『박정희』 6권에서

강원도 철원군 제5군단에서 열린 전역식에서 경례하는 박 의장. 육영수 여사가 뒤에 앉아 있다. 1963. 8. 30

전역식을 끝내고 축하 케이크를 자르며 손수건으로 눈물을 닦는 모습. 1963. 8. 30

전역식장에서의 박 의장 내외. 왼쪽은 김성은 국방부장관.

박정희 대장 내외가 김성은 국방부장관 등 군 수뇌들과 함께 전역식을 끝내고 걸어나오고 있다. 1963. 8. 30

전역 즉시 민주공화당 입당, 706,611번째 당원

전역식을 갖고 예편한 박정희 최고회의
의장은 이날 오후 민주공화당에 입당했다.
정구영 총재가 지켜보는 가운데
입당 원서에 지문을 찍었다.
1963. 8. 30

정구영 총재, 윤치영 당의장 등
당 간부들의 영접을 받으며
민주공화당 당사에 들어서는 박 의장.

서울 시민회관에서 열린 민주공화당
3차 전당대회에서 대통령 후보 지명을
수락하고 당 총재에 선출된 뒤 경복궁
경회루에 마련된 다과회에서 전임
정구영 총재, 윤치영 당의장과 담소를
나누었다. 1963. 8. 31

민주공화당의 상징인 황소 그림과
'일하는 정당'이란 구호가 적힌 연단
위에서 연설하는 박정희 공화당
대통령후보. 1963. 9. 1

연설하는 박정희 후보 뒤에서 양산을
들고 있는 박종규 경호실장.
1963. 9. 1

거리에 나붙은 현수막.
민주공화당은 황소 그림을
그려 넣었는데 황소는 당의
상징이었다. 1963. 9. 13

서울고등학교 교정을 가득 메운
5만 명 청중 앞에서 첫 유세를 하는
박정희 후보. "5·16전에 언제 적화될지
조마조마했던 정세를 만든 구
정치인들이 이제와서 나의 사상을
위험시 하고 있으니 이는 적반하장 격"
이라고 공격했다. 1963. 9. 28

사상논쟁 시작

9월 24일 민정당 대통령 후보 윤보선은 민정당 완주 지구당위원장 집에서 기자회견을 가졌다. 한 기자가 이런 질문을 했다.

"박정희 후보는 어젯밤 선거방송 연설에서 윤 모는 참다운 민주주의를 하는 사람이 아니고 더욱이나 애국하는 사람이 아니라는 취지의 말을 했는데 해위 선생님은 어떻게 생각하십니까?"

윤보선은 이 말에 분노가 울컥 치밀었다고 한다(회고록).

"적어도 박정희 씨는 그런 말을 할 자격이 없다. 천황을 위해서 목숨을 바치기로 맹세했던 사람이 아니었던가. 해방 뒤에는 자의로 공산주의에 투신하여 두 번이나 나라를 해치려 했던 사람이 아닌가. 적반하장도 유분수다. 그가 먼저 싸움을 걸어온 이상 참을 수 없다."

이에 대해 박정희는 10월 9일 부산 공설운동장 유세에서 "나는 전방 사단장도 하고 야전군 참모장도 했다. 내가 빨갱이였다면 사단을 끌고 북으로 넘어갈 수도 있었다. 그런 위험한 사람이 혁명을 일으켰는데 윤 후보는 왜 대통령직에 앉아 있으면서 우리를 비호했나"라고 역공했다.

-조갑제 지음 『박정희』 6권에서

투표소에 나온 박정희 후보 내외.
동네 주민들 속에서 순서를 기다리고 있다.

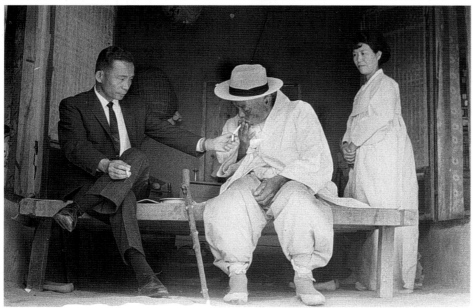

불국사 호텔에 머무르고 있던 박정희 후보와
육영수 여사가 대통령 당선이 확정되자 기자들 앞에서
환하게 웃었다. 1963. 10. 17
아래는 당선이 확정된 후 경북 선산 고향집을
방문해 형님 동희 씨와 만난 자리.

박정희의 대통령 당선을 알리는 1963년 10월 18일자
〈조선일보〉1면.

'자의반 타의반'으로 외유에 나섰던 김종필 전 공화당 창당준비위원장이 8개월 만에
돌아와 박정희 대통령 당선자에게 귀국 인사를 했다. 김 씨는 평당원으로 복당 수속
을 마친 뒤 총선에 충남 부여에서 입후보하겠다고 밝혔다. 1963. 10. 24

포병 장교회가 주최한 대통령 당선 축하연에서 케이크를 자르는 박정희 당선자.
옆에 김계원이 보인다. 1963. 10. 29

박정희, 대통령에 당선
15만 여 표 차로 신승

10월 15일 오전, 투표를 마친 박정희 부부는 두 대의 승용차편으로 경주로 달렸다. 이후락 최고회의 공보실장, 박종규 경호실장, 지홍창 주치의, 신동관(申東寬) 경호관이 수행했다. 일행은 경주 불국사관광호텔에 들었다. 이 운명의 밤 윤보선은 미국 정보기관 요원의 집에서, 그리고 박정희는 민족사의 영광이 서린 불국사 근처에서 국민의 심판을 기다렸다.

초저녁 투표함의 뚜껑이 열리면서 의외의 드라마가 펼쳐지기 시작했다. 윤보선 후보가 앞서 나가기 시작한 것이다. 16일 새벽 3시 윤보선은 서울, 경기, 강원, 충북, 충남에서 박정희를 크게 앞섰다.

서울역 앞 에비슨회관 안에 있던 공화당사는 공황상태에 빠져들고 있었다. 기획상황실에서 전화기 19대를 통해서 개표상황을 집계하던 20여 명의 당원들은 15일 자정을 넘기면서 윤보선이 본격적으로 앞서 나가자 연필과 전화통을 집어던지고는 안절부절못했다. 이들을 지휘하던 김용태(金龍泰)도 얼굴이 새파랗게 질렸다.

16일 오전, 개표 진척도가 늦었던 전라도, 경상도의 투표함이 열리고 박정희 표가 쏟아지면서 박정희, 윤보선의 표차는 좁혀졌다. 16일 오후가 되면서 박정희 후보의 신승(辛勝)이란 전망이 나오기 시작했다. 16일 저녁부터는 박정희가 역전승의 대세를 확실하게 잡았다. 17일 새벽 4시 박정희는 윤보선에 대해 약 9만 2천 표 차이로 앞서고 있었다. 박정희를 경주까지 수행했던 한 측근은 "10월 16일 새벽을 넘기는 일은 5·16 새벽 한강을 넘어서는 일보다 더 어려웠고 지루했다"고 말했다.

중앙선관위는 17일 오후 3시에 전국 개표를 모두 끝냈다. 5대 대통령 선거의 투표율은 84.9%, 유효 투표율은 91.3%, 박정희는 470만 2천640표를 얻어 454만 6천614표를 얻은 윤보선을 15만 6천26표 차이로 눌러 제5대 대통령에 당선되었다. 서울, 경기, 강원, 충청 지역에서 크게 패배한 박정희는 전라도, 경상도, 제주도에서의 압승으로 이를 만회했다.

암살당한 케네디 장례식에 참석

케네디 미 대통령의 장례식에 참석키 위해 10월 25일 워싱턴에 도착한 박정희 대통령당선자는 케네디 대통령의 피살로 대통령에 취임한 존슨을 만나 한국인을 대표하여 조의를 표하고 요담했다. 박-존슨회담은 처음이 아니었다. 2년 전 박 의장이 미국을 방문했을 때 당시의 존슨 부통령이 공항까지 마중 나온 적도 있어 구면이었다.

김용식 외무장관, 김정렬(金貞烈) 주미대사를 대동한 박 의장과의 회담에서 존슨 대통령은 "군부가 약속한대로 민정으로 복귀하는 절차를 밟고 있으며 분별 있게 선거를 관리한 점에 대해 만족한다"면서 "한일 양국에서 선거가 끝나면 국교정상화 회담을 조속한 시일 내에 마무리 짓기 바란다"고 말했다.

케네디 대통령 장례식이 끝난 뒤 존슨 대통령과 회담했다.
힐즈먼 미 국무성 차관보와 김용식 외무장관이 배석했다. 1963. 11. 26

케네디 대통령 장례식에 참석하여 뤼브케 서독 대통령, 드골 프랑스 대통령과
함께 미사가 열리는 성 마테 대성당을 향해 백악관을 떠나는 모습. 1963. 11. 25

6대 국회의원 선거, 여당이 압승

박정희 대통령 당선자가 케네디 장례식에 참석하고 있을 때 한국에서는 제6대 국회의원 선거의 투·개표가 진행되었다. 11월 26일의 총선은 10·15 대선 때와는 정반대로 큰 이변이 었다. 일반의 예상과는 반대로 공화당이 압승, 131개 지역구 가운데 전체 3분의 2선을 육박한 88석을 차지했던 것이다.

전국구인 비례대표제 당선자를 포함하면 공화당은 전체 의석 175개 가운데 110석, 민정당은 41석, 민주당은 13석, 자민당은 9석, 국민의 당은 2석이었다.

군정 끝나, 최고회의도 해산

군정이 끝나 그 상징이었던 국가재건최고회의의 간판도 떼어졌다.

제3공화국이 출발하기 하루 전날인 12월 16일 오후 2시, 최고회의 해산식이 최고회의 앞마당에서 2년 7개월 동안 군정을 요리하던 박정희 의장, 전 현직 최고위원들과 3부요인들이 모인 가운데 열렸다.

박정희는 치사를 통해 "2년 여에 걸친 과중한 격무와 분발 속에 나라의 살림을 도맡았던 우리들로서는 어느 무엇과도 바꿀 수 없는 고귀한 경험을 쌓았고, 또한 귀중한 교훈을 간직할 수 있었다"면서 "이 고귀한 체험을 토대로 조국의 민주재건에 더욱 헌신적으로 기여할 때가 왔다"고 말했다.

국가재건최고회의 간판이 945일 간의 군정이 끝남에 따라 떼어졌다. 최고회의 해산식을 앞마당에서 끝낸 뒤 현직 최고위원들과 기념 촬영을 하고, 8층의 군정 지휘탑을 쳐다보는 박정희. 1963. 12. 16

946일 만에 헌정 부활
제3공화국 발족 5대 대통령 취임

새 헌법의 효력 발생, 새 국회 개원, 그리고 박정희 5대 대통령 취임…. 이로써 12월 17일을 기해 제3공화국은 첫 발을 내디뎠다. 비록 정권을 물려주는 이와 물려받는 이가 같은 사람이기는 하나 2년 7개월 동안 끊겼던 헌정이 부활된 것이다.

군사혁명을 주도했던 박정희 공화당총재는 이날 오후 2시 5분, 그가 앞으로 4년간 집무하게 될 중앙청 광장에 마련된 취임식장에서 취임선서를 하고 제5대 대통령에 취임했다.

대통령을 상징하는 커다란 봉황새 휘장이 장식된 식전에서 박정희는 취임 선서 후 이효상(李孝祥) 국회의장으로부터 국가원수에게 수여하는 무궁화대훈장을 받고 "국민 앞에 군림하지 않고 겨레의 충복으로 봉사할 것"을 다짐하는 취임사를 했다.

한편 헌정 부활을 상징하는 새 국회(제39회 임시국회)의 개원식이 이날 오후 4시 새로 단장한 의사당에서 박 대통령과 최두선(崔斗善) 국무총리를 비롯한 모든 국무위원, 조진만(趙鎭滿) 대법원장 및 외교사절 등 내외귀빈들이 참석한 가운데 거행되었다.

이에 앞서 국회는 오전에 본회의를 열어 6대 국회를 이끌어갈 국회의장에 공화당의 이효상, 부의장에 공화당의 장경순(張坰淳), 민정당의 나용균(羅容均) 의원을 각각 선출했다.

취임 선서하는 박정희 대통령.

최고회의 의장 시절 공관에서 담배를 피우는
모습의 박정희. 오랫동안 야영생활을 해온
군인의 모습이다.

홍수가 나도 가뭄이 와도 잠 못 이루는 대통령

몇 해 전 여름인가로 기억하는데 아마 몇 십 년 만에 처음이라는 심한 가뭄이 계속되고 있을 때 우연의 기회로 청와대에 들어가 박 대통령을 뵈온 적이 있었다. 그때 박 대통령이 전보다 유난히 수척해 있는 모습을 보고 외람되지만 그 연유를 물었다. 박 대통령은 그때 조용히 그리고 아무 꾸밈없이 이렇게 대답하시는 것이었다.

"비 오는 소리를 듣고 자려고 이제나 저제나 하다가 새벽까지 기다리게 되지요. 그러다가 잠을 설친 탓인지 끝내 잠을 자지 못하면 술을 좀 마시곤 해서 그런 것 같습니다."

그로부터 며칠 뒤 흡족한 비가 내렸고, 그 무렵 청와대의 한 비서관으로부터 전해 들었는데 첫 비가 내리던 날 밤 대통령이 내의 바람으로 뜰에 나와 눈물을 흘리며 혼잣말로 고맙다고 하며 기뻐하더라는 것이었다.

― 이갑성(李甲成·독립운동가) '평범 속의 비범한 인품'에서

1963년 7월 하순. 폭우가 쏟아지는 야반. 그 때 나는 서재의 일우(一隅)에 앉아 붓을 멈추고 멍하니 비에 젖어가는 밤의 가로를 내다보고 있었다. 문득 저 거리로 뛰어나가 내 재주로 저 비를 막거나. 아니면 저 비 때문에 수없이 울고 있을 동포와 더불어 이 밤을 지새워 보고 싶은 격정(激情)을 느꼈다. 5천년을 하루같이 시달려온 이 피곤한 민족이 모처럼 일어서려는 비장한 마당에 다시금 하늘은 시련을 내리다니….

그러나 우리는 일어서야 하고 이 고비를 싸워 넘어서야 했다. 민족의 시련과 내일의 영광을 위하여 하늘은 시험을 우리에게 주고 있는 것이다. 본인은 지난 한동안 인위적 재난과 자연의 재화를 혼자 도맡았다. 본인은 그 격랑 속에서 독주(獨舟)를 저어가는 사공일지언정 조금도 낙망하지 않고 실의에 빠지지도 않았다. 그 파도의 물결이 모질면 모질수록 더욱 더 강해져 가고 있고 또한 불퇴전의 결의에 불탄 것이다.

― 박정희 지음 『나의 사랑 나의 조국』에서

'가난 쫓고 근대화의 길로' 대혁신 운동을 제창

박정희 대통령은 1월 10일 오전 국회 본회의에 나와 연두교서를 통해 1964년도 시정방침을 발표했다. 박 대통령은 새 공화국이 당면한 제1의 과제는 "자주와 자립과 번영을 지표로 시급한 민생문제부터 해결하고 의정(議政)의 질서와 헌정(憲政)의 질서를 바로 잡는 일"이라며, 이 같은 과제를 달성키 위해서는 ①공산주의 침략과의 대결 ②빈곤과의 대결 ③소극성, 의타심, 파벌의식과의 대결 등 세 가지 난관을 극복해야 한다고 강조했다.

박 대통령은 "조국 근대화의 위대한 목표를 위해 정치적 정화(淨化)운동, 사회적 청신(淸新)운동, 경제적 검약증산(儉約增産)을 내용으로 한 대혁신운동을 제창할 것"이라고 말했다. 그는 정치인의 책임은 "모든 동포가 다 먹고 살 수 있는 방도를 시급히 강구하는데 있다"고 말했다.

박 대통령은 이날 오전 10시부터 이효상 국회의장 사회 하에 최두선 국무총리 등 국무위원들이 배석한 가운데 50분 동안 연두교서를 읽었다.

'관리가 맑아야 백성이 편안하다'라는 내용의 신년 휘호.

연두교서를 발표하기 위해 국회 본회의장에 들어서자 의원들이 기립박수를 보내고 있다. 1964. 1. 10

미 케네디 법무장관 방한
형의 저서 『용기있는 사람들』 선물

일본을 방문했던 로버트 케네디 미 법무장관 내외가 1월 18일 방한했다. 케네디 대통령의 동생인 그는 김포공항에 도착, 기자회견을 통해 "자유 수호를 위해 일선에서 싸우고 있는 한국민을 지원하는 것이 우리의 의무"라고 밝혔다. 그는 주한미군 감축을 묻는 질문에 "아는 바 없다"고 답했다. 그는 방한 첫날밤을 전선에 있는 미군부대에서 보냈다.

그는 다음날인 19일 청와대로 박정희 대통령을 예방, 1시간 동안 요담했다. 주제는 주로 한일 국교정상화문제였다. 미국 정부가 한일회담의 조기타결을 위해 양국정부에 압력을 넣고 있을 때였다. 케네디장관은 회담에 앞서 케네디 대통령의 저서 『용기 있는 사람들』을 내놓았고, 육영수 여사는 자개로 만든 다기(茶器)를 선물했다.

러스크 미 국무장관의 짧은 방한
한일회담 조속한 타결 공동성명

딘 러스크 미 국무장관은 1월 29일, 5시간 25분 동안의 짧은 한국 방문에서 초스피드의 일정을 마치고 떠났다. 러스크 장관은 특별기편으로 김포공항에 도착하자마자 청와대로 직행, 박정희 대통령이 마련한 리셉션과 오찬에 참석한 후 약 2시간 동안 회담을 가졌다. 그동안 러스크장관의 수행원들은 경제기획원 등에서 4개의 별도 회담을 가졌다.

청와대 회담에서는 ①한일회담의 조속한 타결 ②충분하고도 강력한 한국군 및 미군의 계속 유지 ③미국의 대한(對韓) 경제원조 계속과 그 유효한 사용 ④한미행정협정의 조기체결 등 4가지 문제에 합의했다. 이어 발표된 공동성명을 통해 한미 양국의 우호관계를 재확인하고 경제와 군사 및 정치면에서 계속 협조를 다짐했다.

청와대를 예방한 로버트 케네디
미 법무장관 부부를 반갑게 맞이하는
박 대통령과 육영수 여사. 1964. 1. 19

딘 러스크 미 국무장관(오른쪽 끝)
일행이 청와대를 찾았다. 1964. 1. 29

"한일회담 중지하라!" 서울 도심서 데모
4천여 대학생 경찰과 충돌, 투석전

재야세력인 '대일 굴욕외교 반대 범국민 투위(鬪委)'는 한일회담 저지운동의 첫 단계로 3월 15일부터 지방유세를 벌이는 등 대정부공세에 들어갔다. 유세 첫날인 15일엔 부산과 목포에서, 16일엔 마산과 광주에서 강연회를 열어 한일회담의 즉각 중지를 요구했다.

이런 가운데 24일에는 서울시내 주요대학의 학생들이 대규모 집단시위를 벌였다. 서울대생 700여 명, 고려대생 1천500여 명, 연세대생 2천여 명 등이 서울의 동서남북 3방향에서 파상으로 국회의사당으로 몰려들어, 최루탄을 쏘며 막는 경찰과 투석전을 벌였다.

게다가 이틀 후엔 삼민회의 김준연(金俊淵) 의원이 "김·오히라 메모에 흑막이 있다"는 주장을 들고 나왔다. 그는 "이미 청구권자금 중 1억 3천만 달러가 국민도 모르는 사이에 도입되었다"고 말함으로써 학생데모에 불을 붙였다. 김 의원의 발언은 그 후 근거없는 무책임한 발언으로 판명되었다.

서울 도심에서 일어난 대학생들의 한일회담 반대 데모를 보도한
3월 25일자 〈조선일보〉 1면.

대통령 특사인 김종필 공화당 의장 내외가 동남아시아 방문차
김포공항을 출발. 1964. 3. 13

3월 26일 대통령이 발표한 한일회담에 관한 특별담화문. 벽보로 제작되었다.

박 대통령, 11개 대학 대표 만나 이례적으로 '김·오히라 메모' 공개

청와대를 방문한 서울시내 11개 대학의 학생 대표들을 맞이하는 박 대통령.
1964. 3. 30

박정희 대통령은 3월 30일, 서울시내 11개 대학의 학생대표 11명을 청와대로 초청, 약 2시간 반 동안 한일문제에 관해 면담했다. 박 대통령은 이날 학생들이 제기한 평화선, 청구권문제 등에 관해 "외교상의 중요한 기밀과 국제외교상의 작전문제까지도 밝혀가면서 정부의 기정방침과 입장을 이해해주도록 설명했다"고 이후락 청와대 대변인이 전했다.

그러나 학생들은 "평화선은 우리의 영해인데 왜 양보하느냐?"고 평화선 사수를 역설했으며, '김·오히라 메모'의 공개를 요구했다. 정부는 다음날 중앙청 제2회의실에서 열린 학생대표에 대한 브리핑 과정에서 '메모'를 공개했다. 이것은 외교상 대단히 이례적인 일이었다.

한편 대통령특사로 동남아 순방에 나섰다가 귀국한 김종필 공화당 의장은 "아직까지 우리가 대일교섭에서 저자세나 굴욕적인 회담을 한 적은 없으며, 국민의 눈에 그렇게 보였다면 반성할 여지는 있다"면서 "앞으로 한일교섭에 직접 나서지 않겠다"고 밝혔다.

가두 시위에 나선 한일회담 반대 학생들.

정일권 '방탄(防彈) 돌격내각' 등장

제3공화국의 제2대 정일권(丁一權) 내각이 5월 11일 오전, 초대 최두선 내각이 총사직한지 40시간 만에 탄생했다. 박정희 대통령은 정 총리가 제청한 새 내각을 임명, 이후락 비서실장이 명단을 발표했다.

새 내각은 전임 각료 가운데 7명이 유임, 1명이 전임, 정 총리 등 10명이 새로 임명되었다. 이들 10명은 정일권(국무총리), 장기영(경제기획원), 박충훈(상공부), 차균희(농림부), 양찬우(내무부), 윤천주(문교부), 전예용(건설부), 오원선(보사부), 이수영(공보부), 김병삼(원호처) 등이다. 이들 가운데 전예용이 50대, 양찬우가 30대인 것을 제외하면 모두 40대였다. 추진력 있고 젊어진 정일권 내각에 대해 언론은 일제히 '돌격내각'이란 별명을 붙여 주었다.

박 대통령의 이 내각인사는 성공작이었다. 원만한 정일권과 저돌적인 장기영, 그리고 냉철한 이석제가 중심이 된 이 40대 젊은 내각은 밖으로는 야당과 언론, 학생들의 도전을 극복하고, 안으로는 공무원 사회에 꿈과 보람을 심어주는데 성공했다.

1963년 12월 17일 탄생했던 제3공화국 초대 내각인 최두선 내각이 재임 144일 만에 총사퇴했다. 사진은 청와대에서 사표를 제출하고 총리실로 돌아오는 최두선 총리. 1964. 5. 9

후임 총리로 임명된 후 외무부장관 공관에서 축하 전화를 받고 있는 정일권 새 총리. 1964. 5. 9

정일권 신임 총리를 비롯한 새 내각의 각료들과 국무회의실에서 기념촬영을 한 박 대통령. 1964. 5. 11

서울 일원에 비상계엄 선포… 6·3사태

박정희 대통령은 노석찬 공보차관의 발표를 통해 6월 3일 오후 8시를 기해 서울시 일원에 비상계엄령을 선포하고, 계엄사령관에 민기식 육군참모총장을 임명했다. 민 대장은 포고령을 발표, 일체의 집회를 금지하고 언론 출판의 검열과 서울시내 각급 학교의 무기 휴교, 그리고 통행금지 개시 시간을 자정에서 오후 9시로 당기는 조치를 취했다.

박 대통령은 박상길 대변인을 통해 계엄령 선포에 즈음한 담화문을 발표했다. 그는 "나와 이 정부가 참을 대로 참다가 이 마지못한 결단을 내리게 된 것을 먼저 밝혀둔다"면서 "지금 그들 일부 몰지각한 학생들에게는 헌법도 없고 국회도 없고 정부도 없다"고 개탄했다.

이에 앞서 6월 3일 오전, 박 대통령은 예정되어 있던 방문객들과의 면담도 거절하고 서울 시내의 시위상황을 보고받았다. 오후 1시쯤 시위가 심각한 수준에 이르렀다고 판단한 박 대통령은 김성은 국방장관 등 관계 장관들을 소집했다.

김 장관은 청와대로 가는 길에 한일회담 반대 시위대에 점거당한 파출소와 학생들이 탈취하여 몰고 다니는 군 차량들을 보았다. 수도경비사령부 소속 군인들이 경비를 서고 있던 중앙청 울타리를 넘은 학생들이 현관까지 뛰어 들어와 군인들과 난투극을 벌이고 있었다. 최루탄 냄새, 시내 곳곳에서 치솟는 화염을 보고 김 장관은 4·19의 재판(再版)이라고 생각했다.

비가 오는 가운데 중앙청 앞으로 몰려온 데모대. 1964. 6. 3

비상계엄선포를 보도한 〈조선일보〉 1면. 왼쪽에 계엄군에 의해 삭제된 기사가 있었던 빈 자리가 그냥 남아 있다.

하루 3만 5천 배럴의 원유 처리능력을 갖춘 우리나라 최초의
정유공장인 울산정유공장이 준공됐다. 1964. 5. 7

1년에 40만 톤 생산능력을 갖춘 한일시멘트 단양공장
준공식. 1964. 6. 21(사진 위)
현대 단양시멘트공장 시업식에 참석했다.
왼쪽부터 박충훈 상공장관, 박 대통령,
정주영 현대건설 사장. 1964. 9. 15(왼쪽 사진)

서독 방문길에 오르기 위해 청와대를 나선
박 대통령이 세종문화회관 뒷편
예총회관 개관 테이프를 끊은 뒤
김포공항으로 향했다. 1964. 12. 6

한해 피해지역 시찰차 경북 김천에 들른 박 대통령, 마주 선 사람이
김인 경북도지사. 1964. 7. 7

벼베기대회에
참석한 박 대통령.
1964. 10. 7

주한 외교사절을 초청, 가을 단풍놀이에 나선
대통령 내외가 해인사에 들렀다. 1964. 10. 18

일반인 탑승객과 함께 떠난 초라한 여로(旅路)

서독방문을 위해 박 대통령이 탑승한 루프트한자의 보잉707은, 일본 도쿄와 본 사이를 취항 중인 일반 여객기였다. 이를 서독정부가 1등석과 2등석 절반을 비우게 하고 중간에 커튼을 친 다음, 우리 측에 제공한 것이었다. 그 바람에 박 대통령 일행은 나머지 좌석에 탑승한 승객들의 기착지인 홍콩~방콕~뉴델리~카라치~카이로~로마~프랑크푸르트를 모두 경유하여 본 공항에 도착하는데 28시간의 긴 여행을 해야 했다.

본 공항에서 열린 환영식장에서의 양국 정상. 1964. 12 .7

21발의 예포가 울리고 양국 국가가 연주되는 동안 경례를 하는 박 대통령과 뤼브케 대통령. 1964. 12. 7

똑같은 분단국 서독(西獨)을 가다

에르하르트 총리와 함께.

박정희 대통령은 서울을 떠난 지 28시간만인 12월 7일 아침 서독의 본·퀼른공항에 도착, 유럽방문의 첫발을 내디뎠다. 한국 국가원수의 유럽 방문은 처음이었다. 박 대통령은 도착성명을 통해 "이번 방문을 계기로 우리 두 나라만이 겪는 공통의 고민을 종결시키려는 적극적인 노력이 지속되기를 바라며 폐허 위에서 이뤄낸 기적을 보고싶다"고 말했다.

비행기에서 내린 박 대통령은 뤼브케 서독대통령, 에르하르트 총리를 위시한 거의 모든 각료, 의회지도자, 주독 외교사절 및 1백여 교포들의 뜨거운 환영을 받았다.

12월 7일 아침 본 공항에 도착한 박 대통령은 3군 의장대를 사열한 뒤 "40년의 군대생활을 통해 이와 같이 훌륭한 군대의 사열을 받아 무한히 기쁘다"고 말했다.

"아우토반은 독일 경제부흥의 상징입니다."

서독 방문에서 박 대통령이 가장 큰 관심을 보인 것은 자동차 전용 도로 아우토반(Autobahn)이었다. 나치 정권 하에서 총 연장 1만 4천km를 목표로 건설하기 시작해 제2차 세계대전으로 건설이 중단될 때까지 3천860km를 완성시켰던 아우토반은 박 대통령이 방문할 무렵엔 세계에서 자동차가 가장 빨리 달릴 수 있는 도로로 유명했다. 뤼브케 대통령은 박 대통령의 다음날 일정이 쾰른시 방문이란 사실을 알고 "쾰른에 가시려면 아우토반을 달리시겠군요. 본~쾰른 간의 아우토반은 가장 먼저 개통된 구간으로 우리의 자랑이지요. 아우토반은 독일 경제부흥의 상징이랍니다"고 말했다.

다음날 박 대통령은 본~쾰른 간의 고속도로를 160km로 달렸다. 박 대통령은 가는 길과 오는 길에 두 차례 고속도로 상에서 차를 멈추게 한 다음 차에서 내려 2, 3분간씩 노면과 중앙분리대, 교차로 등의 시설을 주의 깊게 살폈다. 다시 차에 탄 박 대통령은 안내를 맡은 뤼브케 대통령 의전실장에게 고속도로에 관해 소상히 물었다. 다행히 의전실장이 고속도로에 대해 해박한 지식을 갖고 있어, 박 대통령은 설명을 들으며 열심히 메모했다. 이튿날 저녁 에르하르트 총리는 만찬장에서 아우토반을 달려 본 박 대통령에게 이런 말을 해주었다.

"경제발전에는 도로, 항만 등 기간시설의 정비가 선행되어야 하겠지요. 비록 나치가 한 일이긴 하나 아우토반을 건설한 일을 나는 고맙게 생각합니다. 히틀러가 백 년 앞을 내다본 이 거대한 사업은 마땅히 정당한 평가를 받아야 합니다. 나는 평소 아우토반에 진입할 때, 그리고 인터체인지 램프를 돌아 나올 때 마음속으로 아우토반에 경례를 합니다. 1958년 한국을 방문했습니다만 도로 사정이 썩 좋지 못한 걸로 압니다. 개발도상국에서는 고속도로 건설이란 엄두도 못 낼 사업이지만 독일 국민은 한국민이 겪은 그런 시기에 산업동맥 건설을 성취한 자랑을 지니고 있습니다."

에르하르트는 자리에서 일어나며 박 대통령의 팔을 잡더니 이런 말도 했다.

"각하, 분단국으로서는 경제번영만이 공산주의를 이기는 길입니다."

대통령 관저에서 열린 정상회담을 끝낸 뒤 뤼브케 대통령과 부인에게 대한민국 최고 훈장인 무궁화 대훈장을 수여했다. 관례에 따라 뤼브케 대통령은 박 대통령 내외에게 독일 최고 훈장인 특등십자대공로훈장을 수여했다. 1964. 12. 8

박 대통령 내외가 뤼브케 대통령 부인에게 훈장을 걸어주고 있다.

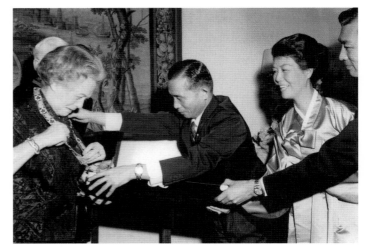

에르하르트의 충고, "독일과 프랑스는 42번이나 전쟁을 했습니다."

방독 사흘째인 12월 9일 낮 12시 20분 총리관저에 도착한 박 대통령은 백영훈 통역관을 대동하고 에르하르트 총리와 단독회담을 시작했다. 박 대통령이 먼저 서두를 꺼냈다.

"사실 우리가 서독을 방문한 목적은 라인강의 기적이라 불리는 서독의 경제발전상을 배우기 위한 것도 있지만, 돈을 빌리기 위해서입니다. 우리 군인들은 거짓말을 못합니다. 돈을 빌려주시면 그것을 국가재건을 위해 쓰겠습니다."

박 대통령은 예정된 회담시간 40분을 혼자서 소진해버리고도 모자랐다. 에르하르트 총리는 비서를 통해 회담 시간을 30분 연장하라고 지시했다. 박 대통령은 최종적으로 자신의 얘기를 정리하면서 다시 한 번 서독정부의 경제지원을 부탁했다.

에르하르트가 비로소 입을 열었다.

"각하, 일본과 손을 잡으시지요."

박 대통령은 이 말을 통역해준 백영훈 교수에게 화를 냈다.

"뭐? 돈 좀 꿔달라는데 일본 이야기는 왜 꺼내?"

에르하르트 총리는 박정희의 표정을 통해 감을 잡은 듯 다시 말문을 열었다.

"각하, 우리 독일과 프랑스는 역사상 마흔두 번이나 전쟁을 했습니다. 그런데 아데나워 총리가 드골과 만나 악수하면서 이웃나라끼리 손을 잡았지요. 한국도 일본과 손을 잡으시지요."

박 대통령도 지지 않았다.

"우리는 일본과 대등한 입장에서 싸워본 적이 단 한 번도 없습니다. 몰래 힘을 키운 일본이 침략했을 뿐입니다. 그래놓고도 지금까지 사과 한 번 하지 않았습니다. 이런 나라와 어떻게 손을 잡으란 말입니까?"

"그래요? 일본이 사과는 해야지요. 독일은 프랑스와의 전투에서 단 한 번도 진 적이 없지만, 전쟁에서는 이긴 적이 단 한 번도 없습니다. 각하, 지도자는 과거나 현재가 아니라 미래를 보고 가야 합니다. 두 나라 사이에 협력관계를 만들어야 공산 위협에 대비할 수 있습니다. 일본과 손을 잡으십시오."

박 대통령은 에르하르트 총리의 말에 감격한 표정으로 손을 마주잡으며 자리에서 일어났다. 에르하르트 총리는 회담 후 담보가 필요 없는 재정차관 2억 5천만 마르크를 한국정부에 제공키로 결정했다.

12월 8일 만찬장에서 에르하르트 총리와 요담을 나누었다.
가운데는 백영훈 통역관, 뒤에는 이후락 비서실장.

에르하르트 총리 부부와 선물을 교환하는 박 대통령 내외.

대통령도, 육 여사도, 광부도, 간호원도 모두 울었다!

12월 10일 아침, 본에서 중요 일정을 모두 마친 박 대통령 일행은 우리 광부들이 일하는 루르지방으로 출발했다. 오전 10시 40분 대통령이 탄 차가 함보른 탄광회사 강당에 도착했다. 인근 탄광에서 근무하는 한인 광부 300여 명, 뒤스부르크와 에겐 간호학교에서 근무하는 한인 간호원 50여 명이 태극기를 들고 대통령을 환영했다.

박 대통령과 육영수 여사는 이들에게 손을 흔들어 답례했다. 벌써 육 여사는 손수건을 꺼내 눈물을 닦았다. 간호원 중에도 더러 눈물을 훔치는 사람이 있었다. 대통령 일행이 강당으로 들어가 대형 태극기가 걸린 단상에 오르자 광부들로 구성된 브라스밴드가 애국가를 연주했다. 박 대통령이 선창하면서 합창이 시작됐다.

"동해물과 백두산이 마르고 닳도록…"

한 소절 한 소절 불러감에 따라 애국가 소리가 더 커져갔다.

"무궁화 삼~천리 화려~강~산~"

이 대목부터 합창소리가 목멘 소리로 조금씩 변하기 시작했다. 광부와 간호원들에게는 떠나온 고향과 조국산천이 눈앞을 스치고 지나갔을 것이다. 가난한 나라의 대통령으로서 젊은이들이 타국에 와 고생하는 현장을 본 대통령의 음성도 변하기는 매 한가지였다.

마침내 마지막 소절인 '대한사람 대한으로~'에서는 더 이상 가사가 들리지 않았다. 모두가 눈물을 쏟아냈다. 애국가 연주가 끝나자 박 대통령이 손수건으로 눈물을 닦고 연설을 시작했다.

"여러분 만리타향에서 이렇게 상봉하게 되니 감개무량합니다. 조국을 떠나 이역만리 남의 땅 밑에서 얼마나 노고가 많습니까?"

함보른 탄광을 방문하여 한국인 광부와, 간호원들을 위로한 박 대통령. 아래 사진은 대통령의 연설을 들으며 연신 눈물을 닦아내는 간호사들. 1964. 12. 10

여기저기서 흐느끼는 소리가 들려오기 시작했다. 박 대통령은 준비된 원고를 보지 않고 즉흥연설을 하기 시작했다.

"광부 여러분, 간호원 여러분! 모국의 가족이나 고향땅 생각에 괴로움이 많을 줄로 생각되지만 개개인이 무엇 때문에 이 먼 이역에 찾아 왔던가를 명심하여 조국의 명예를 걸고 열심히 일합시다. 비록 우리 생전에는 이룩하지 못하더라도 후손을 위해 남들과 같은 번영의 터전만이라도 닦아 놓읍시다."

연설은 제대로 이어지지 못했다. 울음소리가 점점 더 커지기 시작했기 때문이다. 박 대통령도 울고 말았다. 육 여사도 울었다. 수행원도 울었다. 결국 연설은 어느 대목에선가 완전히 중단되었고, 강당 안은 눈물바다가 되어 버렸다. 박 대통령이 광부들과 일일이 악수를 나누며 강당 밖으로 나오는데 거의 한 시간이 걸렸다.

함보른 광산 측은 박 대통령에게 한국인 광부가 지하 3천m에서 캐낸 석탄으로 만든 재떨이를 기념으로 선물했다. 대통령 내외는 울어서 눈이 부어 시선을 바로 두지 못했다.

한국 대통령의 방문을 연일 비중있게 다룬 독일 신문들.

쾰른 대성당을 방문하여 기일렌 주교와 호스테스 교수의 안내를 받아 황금의 관(棺) 등 사원 내를 관람했다. 1964. 12. 8

쾰른시의 한 영아원을 시찰하는 육영수 여사. 1964. 12. 9

본 시(市)의 골든 북에 서명하는 모습. 1964. 12. 10

독일 방문을 마치고 귀국길에 오르며.

'수출의 날'로 정해진 1억 달러 돌파일

구로공단 해외 수출 산업단지의
가발공장에서 일하는 여성 근로자들.
이들의 덕분에 파산할 뻔했던
국가위기에서 벗어날 수 있었다. 1964.

수출 전략의 설계자로 알려진 당시 상공부장관 박충훈은 회고록에서 박정희 대통령을 '수출전선의 총사령관'으로 묘사했다.

"대통령이 무엇보다 수출을 중요시하고 강력하게 지원했기 때문에 상공부에서는 수출만이 살길이다, 수출제일주의다 하는 것을 내세우고 수출하는 게 곧 애국하는 것이며 수출 공장에서 바느질하는 여공까지 깡그리 애국자라는 것을 강조하기에 이르렀다."

우리나라가 연간 수출액을 1억 달러 이상으로 끌어올린 것은 1964년이 처음. 이 해 총수출액은 1억 1천910만 달러. 1억 달러를 초과한 날인 11월 30일을 '수출의 날'로 기념하기로 했다.

혁명정부 시절인 1962년부터 박 대통령은 연간 수출목표 제도를 시행하면서 목표달성을 독려해갔다. 박충훈 장관은 1965~1967년 사이의 3년간 총 7억 달러어치를 수출하고, 1967년에는 3억 달러의 수출고를 달성하겠다는 야심찬 수출 3개년 계획을 세웠다.

1965년에 정부가 마련한 수출진흥종합시책은 수출업체에 대하여 조세, 금융상의 특혜뿐 아니라 외교와 정보 면에서의 지원도 포함시켰다(수출 물품에 대한 철도 요금의 할인제도도 있었다). 정부의 모든 조직이 수출업체에 대하여 유기적이고 종합적인 지원을 맡고 나선 것이다. 수출기업이 무역전선의 전투부대라면 정부는 정보·작전·군수지원을 담당한 셈이었다.

박정희 정부는 1964년에 해외시장개척을 전담하는 대한무역진흥공사를 설립한 데 이어 1965년부터는 대통령이 주재하는 청와대 수출진흥확대회의를 매달 한 번씩 열었다.

-조갑제 지음 『박정희』 7권에서

1억 달러 달성 제1회 수출의 날 기념식. 1964. 11. 30

"나는 오늘 베를린 장벽을 통해 북한을 보았다."

박정희 대통령은 12월 11일 독일 기업인들과 조찬을 가진 뒤 베를린 장벽을 둘러보았다. 박 대통령은 롤프 슈베들러 베를린시 주택건설부 장관의 안내로 포츠담광장에서 목제 전망대에 올랐다. 박 대통령은 적막에 둘러싸인 동독을 한동안 바라본 뒤 돌아서서 수행기자들에게 이런 소감을 털어놓았다.

"나는 오늘 북한을 보았습니다. 한국에서는 결코 북한을 볼 수 없으나 오늘 동베를린을 통해서 북한을 보았습니다. 이곳은 자유 베를린시가 평화와 자유를 위해 얼마나 수고했던가를 역력히 나타내주는 곳입니다. 자유 베를린의 이런 노력은 공산주의라는 미신을 타파하는데 성공한 것으로, 그 공은 영원히 빛날 것이며 승공(勝共)의 상징이 될 것입니다."

동서독을 갈라놓은 베를린 장벽에서 동베를린 땅을 바라보는 박 대통령. 1964. 12. 11

'새해는 일하는 해' 증산, 수출, 건설이 국정지표

"새해에도 우리가 추구해야할 목표는 변함이 없다. 정치·경제·사회·문화의 모든 분야에서 안정과 성장을 도모하면서 특히 증산을 하고 수출을 증가시키고 국토를 개발하여 번영을 향한 줄기찬 노력을 계속하는 것이다. 새해를 일하는 해로 정한 정부의 결의는 이러한 우리들의 목표를 한마디로 집약해 놓은 것이다."

-새해 연두사에서

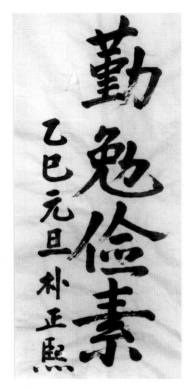

신년 휘호.

부산에서 열린 생산 기업인 대회에 참석하여 '이 시점은 무역전쟁의 시대'라면서 "올해 수출 목표 1억 7천만 달러를 돌파하자"고 독려했다. 1965. 1. 28

"3년 안에 식량의 자급자족 이룩하겠다."

박정희 대통령은 1월 16일 오전, 국회에서 연두교서를 발표했다. 박 대통령은 45분간의 연설을 통해 금년의 3대 목표를 증산, 수출, 건설로 설정했다고 밝히면서 각 분야별로 새해의 시정방침을 제시했다. 그는 3년 이내에 식량의 자급자족을 이룩하겠다고 약속하고 새해 수출목표는 1억 7천만 달러, 1967년의 목표는 3억 달러라고 말했다.

박 대통령은 한일문제에 대해 "가부간 올해 안으로 우리나라의 권익을 최대한으로 보장하는 방향에서 매듭짓고자 한다"고 밝히고, 통일방안에 대해서는 종래의 기본방침에 추호도 변함이 없음을 재확인했다.

울산 공단을 시찰나온 박정희 대통령에게 이병철 삼성그룹 회장이 한국비료 공장 현황을 설명하고 있다. 1965. 2. 4

제2한강교 개통식에 참석한 박 대통령. 제2한강교는 마포구 합정동과 영등포구 당산동을 연결하는 다리로 1962년 6월 20일 착공하여 1965년 1월 25일에 준공되었다. 한강종합개발계획에 따라 양화대교로 이름이 바뀌었다.

해방 후 최대 공사인 춘천댐 준공. 1965. 2. 10

한일 기본조약 가조인 일본정부, 식민통치에 첫 사과

한일 양국정부는 2월 20일 오후, 14년 동안 끌어오던 국교 정상화 회담을 매듭짓는 「대한민국과 일본국 간의 기본관계에 관한 조약」을 가조인하고, 이동원(李東元) 외무장관과 시이나(椎名悦三郎) 외상이 공동성명을 발표했다.

해방 후 처음으로 한일 두 나라 사이에 맺어지는 이 기본조약 가조인은 이날 오후 2시 외무부 회의실에서 한국 측은 연하구(延河龜) 외무부 아시아국장이, 일본 측은 우시로쿠(後宮虎郎) 외무성 아시아국장이 서명했고, 이 장관과 시이나 외상이 배석했다. 전문(前文)과 7개 조항으로 된 이 조약은 정식조인을 거쳐 두 나라의 비준서가 교환된 날로부터 발효됐다.

이에 앞서 2월 17일 시이나 외상은 김포공항에서 도착성명을 통해 "양국 간의 오랜 역사 중에 불행한 기간이 있었던 것은 참으로 유감스러운 일로서 깊이 반성한다"며 일본의 식민 통치에 대해 첫 사과를 했다.

외무부 회의실에서 있은 한일 기본조약 가조인 광경. 왼쪽부터 이동원, 연하구, 우시로쿠, 시이나. 1965. 2. 10

한일회담 실무 협상을 위해 방한한 시이나 일본 외상이 청와대를 예방했다. 왼쪽부터 시이나 외상, 김동조 주일대사, 박 대통령, 이동원 외무장관. 1965. 2. 18

한일국교 정상화의 조기타결을 저지키 위한 야당의원들의 데모. 윤보선, 박순천, 서민호, 정일형, 함석헌, 장준하 씨 등이 서울시청 앞 광장에서 강연회를 가지려 했으나 경찰 제지로 무산됐다. 1965. 2. 19

민정당과 민주당은 시민회관에서 양당 통합을 위한 선언대회를 열고, 단일 야당인 민중당을 창당했다. 윤보선 민정당 총재와 박순천 민주당 최고위원이 양당을 대표하여 합당 선언문에 서명했다. 1965. 5. 3

민중당을 발족시킨 후 윤보선 민정당 총재와 박순천 민주당 대표최고위원이 악수를 나누고 있다. 1965. 5. 3

미국 방문, 깍듯한 국빈 대접

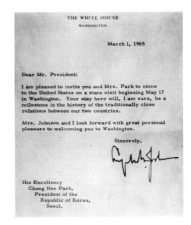

존슨 대통령의 방미 초청장.

박정희 대통령은 5월 16일 존슨 대통령의 초청으로 미국을 방문했다. 박 대통령은 미국이 보내준 대통령 전용기 보잉 707을 타고 알래스카를 거쳐 워싱턴 근교의 랭글리 공군기지에 도착, 윌리엄스버그에서 첫날밤을 보냈다.

다음날 오전 박 대통령 일행은 헬리콥터 편으로 백악관으로 향했다. 존슨 대통령의 영접은 각별했다. 존슨 대통령은 백악관 뜰에서 열린 환영사에서 "우리들은 한국에 위험이 남아 있는 한 한국의 안전 보장을 위한 군사 및 경제원조상의 약속을 지속적으로 지킬 것"이라고 다짐했다. 이어서 박 대통령은 "한국국민은 끝까지 여러분과 일치해서 자유를 위한 아시아의 방파제가 될 것이며, 정의의 편에 설 것"이라고 화답했다.

두 대통령은 식이 끝난 뒤 리무진에 동승했다. 차량 행렬은 백악관을 출발, 영빈관인 블레어하우스까지 카퍼레이드를 했다. 존슨 대통령이 박 대통령을 숙소까지 바래다준 셈이 됐다. 1961년 11월 방미 때와는 비교가 되지 않을 정도의 깍듯한 국빈대접이었다.

존슨 대통령은 백악관 환영식전을 통해 박 대통령을 인류를 위한 보다 나은 세계를 건설하는 친구로서, 맹우로서, 또 동료로서 환영한다고 말했다.
백악관 환영식장에서 악수를 나누는 두 정상. 1965. 5. 18

블레어하우스에서 워싱턴시(市)의 열쇠를 받고 기뻐하는 박 대통령을
존슨 대통령 내외가 지켜보고 있다. 1965. 5. 18

박정희 대통령 내외는 존슨 대통령 부처의 안내로 백악관에 마련된 환영식전 사열대에 올라 3군 의장대를 사열한 뒤
미국 도착 인사를 했다. 1965. 5. 18

제1차 한미 정상회담이 끝난 뒤
백악관 뜰에서 기자 회견을 가졌다.
1965. 5. 18

'월남 지원에 긴밀 협조', 박·존슨 공동성명

정상회담을 마치고 월남 지원과 한국 내 군사력 강화를 내용으로 하는 공동성명을
발표한 뒤 함께 백악관 뜰을 산책하면서 환담을 나누는 두 대통령. 1965. 5. 18

내셔널프레스클럽에서
연설하는 박 대통령.

존슨 대통령이 박
대통령에게 "우리
언론이 나를 어떻게
만들어 놓았는지
한 번 보십시오"라면서
시사만화가들이 존슨
행정부를 풍자한
정치만화집을 보여주며
웃음짓고 있다.
1965. 5. 18

만찬장에 들어서는 양국 정상 내외.
1965. 5. 18

제2차 정상회담을 끝내고 고별 인사를
나누는 두 정상.

뉴욕시에서의 영웅행진

뉴욕 도착 즉시 펼쳐진 환영 카퍼레이드(A Ticker tape Parade).
오색 테이프가 물결을 이루는 가운데 연도에 나온 뉴욕시민들의 열렬한
환영을 받았다. 이날 뿌려진 오색 색종이가 11톤에 달했다고
시 당국자가 밝혔다. 1965. 5. 19

유엔본부를 방문하여 우 탄트 사무총장을 만났다. 1965. 5. 20

러스크 국무장관, 맥나마라 국방장관(사진 아래)과 회담을 갖고
현안을 논의하는 등 바쁜 방미 일정을 보냈다. 1965. 5. 20

알링턴 국립묘지·웨스트포인트 들러

미국 기자협회 연설을 마치고 알링턴 국립묘지를 참배하는 모습. 이후 케네디 대통령 묘에도 헌화하고 묵념했다. 1965. 5. 22

미 육군사관학교 웨스트포인트를 방문, 생도들에게 연설하는 박 대통령. 1965. 5. 22

케이프케네디에서 아틀라스 유도탄
발사 광경을 바라보는 박 대통령 내외.
1965. 5. 22

박 대통령이 바쁜 일정을 보내는 동안
육영수 여사는 백악관 남쪽 엘립스 광장에
우정의 표시로 한국산 목련화를 기념식수했다.
육 여사의 미소는 가는 곳마다 미국인들을 매혹시켰다.

대통령 특별기상에서 청와대 자녀들과
통화하며 기뻐하는 박 대통령 내외.

한일 국교정상화 협정 정식 조인
반대데모 파란 속 14년 협상매듭

한국과 일본은 갖가지 파란으로 이어온 14년 간의 교섭을 끝맺고 6월 22일 국교정상화에 필요한 여러 조약 및 협정에 정식으로 조인했다. 이로써 두 나라는 대한제국(帝國)과 일본제국 사이에 강제로 맺어진 이른바 을사보호조약 이래 꼭 60년 만에 독립국가로서 다시 국교를 트게 되었다.

양국의 야당 및 학생들의 반대투쟁 소용돌이 속에서 이날 도쿄의 총리관저에서 거행된 조인식은 양국의 긴급 각의가 승인한 한국어와 일본어로 된 7개의 조약 협정 및 의정서에 서명함으로써 이루어졌다.

한편 야당은 이날 "한사코 저지하겠다"면서 연좌데모 등 반대투쟁에 들어갔다.

대일 굴욕외교 반대투위와 민중당 당원 약 400여 명은 22일 오전 관훈동 당사 옥상에서 조기를 달고 성토대회를 가진 다음, 안국동 로타리 민충정공 동상 앞에서 연좌데모를 벌이다 경찰의 제지로 해산했다. 연좌에는 박순천(朴順天) 민중당 대표최고위원, 윤보선 고문, 허정(許政) 최고위원, 장택상 투위 의장 등이 참가했다.

일본 총리관저 대응접실에서 거행된 역사적인 한일기본조약 조인식. 1965. 6. 22

이동원 외무장관과 시이나
일본 외무대신이 일본 총리
관저에서 한일국교정상화
조약 문서에 조인하고 문서를
교환하고 있다. 왼쪽 끝이
김동조 주일한국 대사,
다음이 이정빈 참사관.
(뒤에 외무장관 역임)
1965. 6. 22

고도성장의 시드머니 된 청구권자금

대일 청구권과 평화선 문제의 해결은 한국으로서
는 정권의 운명이, 일본 정치가에겐 정치 생명이
좌우되는 어려운 문제였다. 그러나 시간이 가면 갈
수록 우리가 불리해진다고 판단한 박 대통령이 결
단을 내려 국교 정상화를 이루게 되었다.

소요 외자 전액을 대일 청구권자금으로 충당한
포항제철이 입증하듯이 대일 청구권자금은 제2,
제3차 경제개발 5개년계획 사업에 유효적절하게
사용되어 한국이 비약적인 고도성장을 이룩하는
기반을 제공했다.

－김정렴 지음 『아, 박정희』 (중앙m&b)에서

"대체 이 서류 몇 개를 가져오는 데 몇 년이 걸린 건가…"

도쿄에서 조인식을 마친 다음날 귀국한 이동원 외무장관은 역사적 문서를 들고 청와대로 들어갔다. 박 대통령이 두 손을 서류에 얹고는 흐뭇한 표정으로 한동안 들여다보다가 독백처럼 말했다.

"대체 이 서류 몇 개를 가져오는 데 몇 년이 걸린 건가…"

연하구 외무부 아주국장이 "자유당 시절부터 햇수로 15년 입니다"라고 대답하자 박 대통령이 고개를 끄덕였다.

"15년이라, 그것 참, 그렇지만 앞으로 150년이건 1,500년이건 잘 돼야 할 텐데…"

―조갑제 지음 『박정희』 6권에서

한일회담 비준서에 서명하는 박정희 대통령. 아래 사진은 박정희, 정일권, 이동원이 서명한 비준서. 1965. 12. 7

한일회담 타결에 즈음하여 발표한 박 대통령의 특별담화문. 당시 벽보로 제작되었던 실물이다. (시간여행 제공)

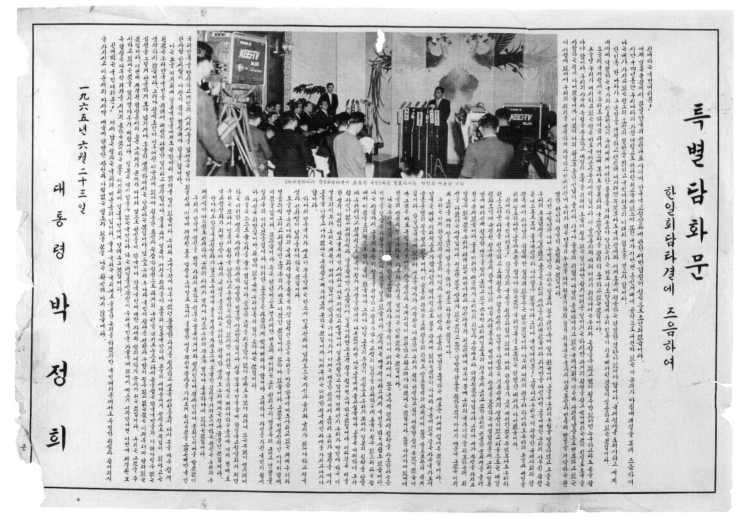

서울 일원에 위수령 발동

김성은 국방장관은 8월 26일 오전 학생데모 사태의 악화에 따라 이날 아침부터 서울지구에 위수령을 발동, 전방 6사단 병력 전체를 서울에 진주시켜 데모 저지에 나서고 있다고 밝혔다. 서울지구 위수사령관엔 최우근(崔宇根) 수도경비사령관이 임명됐다. 최 사령관은 앞으로 난동화 하는 데모와 군 기물이나 정부재산을 파괴하는 자는 장소 여하를 막론하고 체포, 엄단할 방침이라고 말했다.

박 대통령은 위수령 발동 하루 앞서 특별담화를 발표, "학생데모가 근절되지 않는다면 정부는 학원을 폐쇄하는 한이 있더라도 데모 만능의 폐풍을 기어이 뿌리 뽑아야 하겠다"고 강조하고, 교직자나 학교당국자가 학원질서를 유지하는 책임을 다하지 못한다면 "엄격한 책임을 추궁하고 가차 없는 행정조치를 취하겠다"고 경고했다.

안국동 로터리에서 연좌데모를 하던 박순천 민중당 대표 최고위원이 최루탄 세례를 받고 당사로 물러나고 있다. 1965. 6. 22

한일회담 비준 동의를 요청하며 정일권 국무총리를 비롯한 국무위원 전부의 명의로 발표된 담화문. 사진은 벽보로 제작된 담화문의 실물. 1965. 7. 13

월남 파병, 전투부대 제1진 청룡부대 결단식

파월 한국군 해병 제2여단 청룡부대의 결단식이 9월 20일 오전 10시, 동해안 기지에서 거행됐다. 이 자리에서 김연상(金然翔) 해병 작전국장이 2여단장 이봉출(李鳳出) 준장과 참모장 정태석(鄭泰錫) 대령에 대한 임명발령을 낭독하고, 박 대통령이 군기를 수여했다.

박 대통령은 훈시를 통해 "월남전은 자유진영이 공산침략을 봉쇄하고 자유와 안전을 누릴 수 있느냐, 아니면 후퇴하고 마느냐 하는 중요한 판가름을 하게 되는 전쟁"이라며 이러한 중요한 싸움에서 끝내 승리를 쟁취해야 한다고 강조했다.

> "나는 하늘을 우러러 한 점 부끄럼 없이 조국과 군을 위해 젊음을 바쳤고, 베트남전쟁 참전을 통해 오늘의 대한민국으로 성장 발전할 수 있었음을 고해하는 심정으로 증거하고 싶다."
>
> – 채명신 전(前) 주월 한국군사령관 회고록 『베트남전쟁과 나』 (팔복원)에서

해병대 청룡부대 창설식. 1965. 9. 20

월남 파병은 국가의 방향을 바꾼 대전략

박정희는 국군을 월남에 파병함으로써 주한미군 병력을 빼내 월남 전선으로 보내려는 미국의 구상을 중단시켰을 뿐만 아니라, 파병에 따른 대가로서 한국군의 현대화를 위한 미국 측의 막대한 원조를 얻어냈다. 월남에 갔다 온 연 30만 명의 국군은 실전 경험을 쌓았다.

　건설업자들을 비롯한 우리 민간인들은 군인들을 따라 월남 시장에 진출하여 많은 외화 가득(稼得)을 이루었고, 해외사업의 경험을 얻어 1970년대의 중동 진출 때 써먹게 되었다. 그런 점에서 박정희의 월남 파병은 국가의 방향을 크게 바꾼 대전략이었던 셈이다.

– 글·조갑제

맹호부대 환송식. 1965. 10. 27

제2영월 화전(火電) 준공

10만kw 용량의 제2영월 화력발전소가 9월 15일 준공됐다. 전원개발 5개년 계획사업의 하나로 정부 보유달러 1천657만 4천 달러와 내자 15억 6천800만원을 들여 1961년 11월에 착공, 근 4년 공사 끝에 이날 완공되었다. 제1화전 옆에 건설된 제2화전 준공식에서 박 대통령은 "한때 혁명정부가 정부 보유달러를 많이 썼다고 비난을 받았는데, 그때 쓴 달러로 오늘날 많은 공장의 준공을 보게 됐다"고 말했다.

제2영월화력발전소 준공. 1965. 9. 15

섬진강댐 준공

섬진강댐은 전북 임실군 강진면 용수리와 정읍시 산내면 종성리의 상류에 위치한 콘크리트 중력식 댐으로, 1961년 8월에 착공하여 1965년 12월 20일 준공한 우리나라 최초의 다목적댐이다.

댐의 높이 64m, 제방의 길이 344.2m, 총 저수용량은 4억6천600만t이며, 발전용량은 3만 4천800kw이다. 댐 건설로 임실과 정읍의 5개 면 28개 리, 9천371정보가 수몰됐다.

이 댐의 준공으로 동진강 하류지역의 경지 1만 7천890정보, 계화도 간척지 3천50정보, 부안 농지확정지구 5천 정보 등 4만 5천700정보에 관개용수를 공급, 연 200만 석의 식량증산과 매년 발생하던 섬진강 중하류의 홍수피해를 방지하게 됐다.

농어촌 전화(電化) 사업

정부는 농어촌에 전기를 공급하기 위한 특별대책으로 12월 30일 '농어촌 전화(電化) 촉진법'을 제정했다. 이 사업은 새마을운동 우수 마을부터 전기를 공급하여 준다는 원칙 아래 실시되었다. 이렇게 해서 이 해 13.1%였던 농어촌 전화 비율은 계속 늘어나 1969년에 23.3%, 1979년에는 도시를 포함한 전국의 전화 비율이 평균 98.7%로 상승했다. 이것은 농어촌에 대한 전기의 완전 공급이 달성되었음을 의미했다.

섬진강댐 준공. 1965. 12. 20

청와대 앞뜰에서 열린 가을철 가든파티에서 참석자들과 이야기를 나누는 모습. 1965. 10. 2

대통령 집무실의 파리채

나는 박 대통령 집무실에 있던 파리채를 기억한다.

박 대통령이 살던 본관 2층과 집무하던 1층에는 에어컨이 없었다. 전기를 아끼려는 뜻이었다. 선풍기는 있었지만 박 대통령은 그것조차 돌리지 않았다. 한여름에 열기가 닥치면 박 대통령은 창문을 열었고 열린 문으로 파리가 날아들어 오곤 했는데 박 대통령은 파리를 잡기 위해 파리채를 휘두르곤 하였다.

박 대통령은 아침·저녁으로 밥을 먹을 때 꼭 30%는 보리를 섞었다. 지금처럼 건강식으로 먹는 것이 아니라 부족한 쌀을 아끼려고 혼식을 몸소 실천한 것이다. 특별한 행사가 없으면 점심은 멸치나 고기국물에 만 기계국수였다. 영부인 육영수 여사와 나, 의전수석, 비서실장 보좌관 등 본관 식구들은 똑같이 국수를 먹었다. 장관들도 청와대에서 회의를 하는 날이면 점심은 국수였다.

91년 『중앙일보』에 연재됐던 '청와대비서실'이라는 시리즈에서 나는 박 대통령의 전속이발사가 이렇게 증언한 것을 기억하고 있다.

"박 대통령, 그 양반만 생각하면 참 가슴이 아픕니다. 러닝셔츠를 입었는데 낡아 목 부분이 해져있고 좀이 슨 것처럼 군데군데 작은 구멍이 있었어요. 허리띠는 또 몇 십 년을 매었던지 두 겹 가죽이 떨어져 따로 놀고 있고 구멍은 늘어나 연필자루가 드나들 정도였다니까요. 자기 욕심은 그렇게 없던 양반이…."

79년 10월 26일 박 대통령이 흉탄에 서거한 다음 날. 본관 2층 박 대통령의 주거공간을 수색하던 보안사 수사팀은 박 대통령의 욕실 변기물통에서 벽돌 한 장을 발견했다고 한다. 박 대통령이 아낀 수돗물은 그 양은 적지만 오랫동안 시냇물이 되어 국민의 가슴에 흐를 것이다.

- 김정렴 정치 회고록 『아, 박정희』에서

"70년대에는 1인당 국민소득 배로 올리자."

"1년, 그것은 영겁 속의 한 순간, 실로 짧은 시간입니다. 그러나 이 1년을 우리가 어떤 자세로 무엇을 얼마나 이룩하느냐 하는 것은 조국의 근대화 과정에 중대하고도 결정적인 영향을 주게 됩니다."

-새해 연두사에서

박정희 대통령은 1월 18일 국회 본회의에 참석, 새해 정부의 시정방침을 밝히는 연두교서를 발표했다. 박 대통령은 "올해는 조국 근대화와 경제자립 도정에 있어 획기적인 이정표"라며 "1970년대에는 1인당 국민소득을 현재의 배로 올리자"고 호소했다.

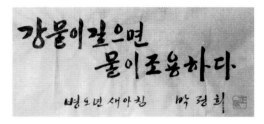

강물이 깊으면 물이 조용하다
병오년 새아침 박정희

신년 휘호.

새해를 맞이하여 청와대가 배포한 대통령 내외 사진.

연두교서를 발표하는 박정희 대통령.
10년 안에 조국 근대화 작업을
성취시키겠다고 밝혔다. 1966. 1. 18

연두교서 발표 후 여당 간부들과 대화를 나누는 박 대통령.
이효상 국회의장과 김종필 공화당 의장의 모습이 보인다. 1966. 1. 18

동남아 순방길에 오르다

박정희 대통령 내외가 이스마일 나루시딘 말레이시아 국왕 및 사공 왕비의 영접을 받으며 쿠알라룸프르 교외 수방 공항에 도착해 성명을 발표하고 있다. 1966. 2. 7

박정희 대통령 내외는 태국에서 부미볼 아틀라뎃 국왕 부처의 영접을 받았다. 1966. 2.

박정희 대통령과 장제스(蔣介石)
자유중국 총통은 총통부에서
정상회담에 들어가기 앞서
태극무공훈장과 중국 최고 훈장을
서로 달아주었다. 1966. 2. 16

타이페이 송산(松山)공항에 도착하는
박 대통령 내외를 맞이하는 교민
환영 인파. 1966. 2. 15

13년만의 매듭, 한미 행정협정 조인

한미 두 나라는 만 13년 동안 끌어온 '대한민국과 미합중국 간의 주한미군의 지위에 관한 협정'(한미협정)을 매듭짓고 7월 9일 오전 한국정부를 대표하여 이동원 외무장관과 민복기(閔復基) 법무장관이, 미국을 대표하여 딘 러스크 국무장관과 브라운 주한 미국대사가 각각 정식 조인했다. 중앙청 메인 홀에서 있은 조인식에서 양측은 31조로 된 이 협정 외에 합의의사록 20개 항의 양해각서 등 4개의 부속문서도 각각 서명, 교환했다.

이 협정은 국회의 비준을 얻어 미국정부에 통고한 날로부터 3개월 후에 발효되었으며, 협정 발효로 1950년 7월 12일 각서형식으로 맺은 이른바 대전협정은 폐기됐다.

한복판에 태극기와 성조기를 수놓은 중앙청 메인 홀에서 거행된
한미 행정협정 조인식 광경. 1966. 7. 9

파월 백마부대 환송식이 중앙청 동편 광장에서 성대하게 거행되었다. 1966. 8. 27

"이기고 돌아오라!" 백마, 맹호, 청룡부대 환송식

파월 백마부대 환송식이 파월장병지원위원회(위원장 정일권 국무총리) 주최로 8월 27일 오전 중앙청 동편 광장에서 박정희 대통령 내외를 비롯한 3부요인, 주한 외교사절, 군 수뇌, 시민과 학생, 그리고 장병 가족들이 참석한 가운데 성대히 베풀어졌다.

박 대통령과 정일권 총리의 치사에 이어 국민을 대표한 김옥길(金玉吉) 이화여자대학교 총장이 '이기고 돌아오라'는 환송사를 했다. 이소동(李召東) 부대장은 "만반의 준비태세를 갖추고 가벼운 마음으로 떠나며, 중공의 사주와 월맹의 지원 하에 베트콩이 일으킨 침략의 불길이 아시아 전역으로 번지기 전에 꺼버리겠다"고 답사했다.

파월 백마부대 환송식에서 이소동 백마부대장에게 기념품으로 장병들의 마스코트를 전달하는 박 대통령. 1966. 8. 27

파병의 선행 조건 '브라운 각서' 비싸게 받아낸 피의 대가(代價)

박정희 정부는 월남에 한국군을 파견하여 피를 흘리는 대가를 미국 측으로부터 아주 비싸게 받아냈다. 1966년 초 미국이 1개 전투사단의 추가 파병을 요청하는 것을 계기로 하여 우리가 끌어낸 미국 측의 각종 지원은 이른바 '브라운(주한 미국대사) 각서'에 구체적으로 규정되었다. 이 각서에 따라 미국은 월남 파병에 따른 장비와 각종 경비를 한국군에 제공하고, 파월 장병들의 급여도 지불하며, 주월 한국군이 구매하는 물건은 최대한 국내에서 조달하도록 했다.(…)

한편 한국군에 대한 미국의 원조도 월남전 기간에 급증했다. 1964년에 1억 2천200만 달러이던 것이 해마다 늘어나 1972년에는 4억 5천400만 달러에 달했다. 1966년~1972년 사이에 한국군은 총 31억 5천800만 달러의 군사원조를 받은 것이다.(…)

1964년부터 1972년까지 월남 전선에 투입된 한국군 총병력은 연인원으로 31만 7천여 명. 전사자가 3천806명이고, 비전투 중 사망자는 5천명이었다. 또 부상자가 1만 1천62명(비전투 중 부상자 2천582명 포함)으로 총 사상자는 1만6천22명.

오원철은 "한국 남성들은 월남에서 미군들과 함께 일하고 싸워보면서 처음으로 자신들의 잠재력을 실감할 수 있었다"고 지적했다. 월남 체험이야말로 한국 남성들에겐 최초의 집단적인 국제화 경험이었던 셈이다.

─ 조갑제 지음 『박정희』 8권에서

워커힐에서 개최된 아시아의원연맹(APU) 2차 총회에 참석해
치사를 한 뒤 대회 의장인 이효상 국회의장(오른쪽 끝)의
안내로 한국대표단의 김종필 공화당의장과 악수를 나누는
박 대통령. 왼쪽에 박준규(朴浚圭), 오른쪽에 최치환 의원이
보인다. 1966. 9. 3

과학자 봉급이 대통령 봉급보다 많았다

1966년 한국과학기술연구원(KIST)을 설립할 때다. 그 무렵 KIST 연구원들
의 봉급이 너무 많아 사회적인 문제가 되고 있다는 항의가 청와대에까지
빗발쳤다. 당시 초대 소장이었던 최형섭 박사가 청와대로 불려가 연구원들
의 봉급표를 박정희 대통령에게 보여주었다. 박 대통령은 "과연 나보다도
봉급이 많은 사람이 수두룩하군" 하면서도 그대로 봉급을 주도록 했다. 당
시 KIST 연구원들의 봉급은 국립대학 교수의 3배였다. 고 박정희 대통령의
과학기술에 대한 애정을 읽을 수 있는 일화다.

- 〈중앙일보〉 2002년 12월 4일자

한국과학기술연구소 기공

한국과학기술연구소 기공식 광경. 이 연구소는 1970년까지 완공, 연구시설을 완비하고 330명의 과학자를 확보할 계획이다. 1966. 1. 6

한미 양국의 공동투자로 이루어지는 한국과학기술연구소(KIST) 기공식이 10월 6일 오전 10시, 서울 성북동 임업시험장 부지에서 박 대통령을 비롯한 많은 인사가 참석한 가운데 열렸다. KIST는 65년 5월 박·존슨 공동성명에서 설립이 제의된 이래 미국 바텔연구소의 기초조사를 거쳐 66년 2월 재단법인으로 발족되었고, 이날 설립자인 박 대통령이 첫 삽을 떠냄으로써 건설이 시작된 것이다.

박정희 대통령으로부터 임명장을 받는 최형섭 초대 KIST 소장.

참전국 가운데 최초로 월남 전선을 방문한 대통령

비가 내리는 가운데 다낭 공군기지에 도착한 박정희 대통령이 베트남의 티우 대통령, 키 수상의 영접을 받았다. 1966. 10. 21

헬기로 주월 백마부대 시찰에 나선 박 대통령. 1966. 10. 21

주월 한국군 부대에서 만난 병사와 악수를 나누며 격려했다. 1966. 10. 21

구엔 카오 키 수상(왼쪽 세 번째)과 함께 퀴논에 주둔하고 있는 맹호부대를 찾았다. 뒤에 채명신 사령관이 서 있다. 1966. 10. 21

맹호부대에서 주월사령관 채명신 중장과 함께. 앞줄에 키 수상과 유병현 맹호
사단장, 뒷줄에 김성은 국방장관과 신상철 주월대사의 모습도 보인다. 1966. 10. 21

주월 한국군사령부를 시찰하는 대통령의 왼쪽이 채명신 사령관,
오른쪽이 박종규 경호실장. 1966. 10. 21

마닐라 베트남 참전 7개국 정상회담

베트남 참전 7개국 정상회담이 10월 24일 오전 10시, 마닐라의 필리핀 국회의사당에서 개막되었다. 한국과 미국, 호주, 뉴질랜드, 필리핀, 태국, 베트남 등 7개국 원수가 참가한 이 회담은 이틀간에 걸친 4차례의 회의에서 전쟁의 조속한 종결문제 등을 논의했다. 7개국 회담은 베트남 문제에 대한 확고한 결의와 협조를 다짐하는 공동성명을 채택하고 26일 저녁8시 폐막했다. 필리핀은 일찍이 6·25전쟁 때 파병해 우리를 도왔다. 5·16 혁명 때인 1961년의 필리핀 1인당 국민소득은 우리(82달러)의 2배였고, 아시아에서 일본 다음으로 잘 사는 나라였다. 그러나 박 대통령이 시해 당한 1979년에는 한국의 1인당 국민소득이 1천647달러로 필리핀(643달러)의 3배에 달했다.

마닐라 정상회담에 참석한 7개국 정상들이 개회식에 앞서 의사당 층계에서 포즈를 취했다. 키 베트남 수상, 홀트 호주 수상, 박정희 대통령, 마르코스 필리핀 대통령, 홀리오크 뉴질랜드 수상, 티우 베트남 대통령, 키티 카촌른 태국 수상, 존슨 미국 대통령. 1966. 10. 24

마닐라 공항에 도착하는 박 대통령을 마르코스 필리핀 대통령이 영접하고 있다. 1966. 10. 24

필리핀 국회의사당에서 열린 정상회담 개회식이 끝나고 회의장인 말라카낭 궁으로 가기위해 차를 기다리는 각국 정상들. 박 대통령과 존슨 미 대통령이 대화를 하고 있다. 1966. 10. 24

회담을 마치고 말라카낭 궁을 향해 걸어가는 7개국 정상들. 1966. 10. 24

말라카낭 궁에서 열린 7개국 정상회담에서 공동성명에 서명하는 각국 정상들. 1966. 10. 25

존슨, 열광적 환호 속에 방한

존슨 미 대통령 내외가 10월 31일 오후 3시, 서울에 도착했다. 동남아 6개국 순방을 마치고 전용기 편으로 김포공항에 도착한 존슨 대통령 일행은 공항에서 박정희 대통령 내외의 영접을 받고, 3군 및 해병대 의장대를 사열한 후 시청 앞 광장에서 베풀어진 시민환영대회에 참석했다.

　박 대통령은 환영사를 통해 "우리는 남의 은혜에 감사할 줄 알고, 또 남에게 진 신세를 갚을 줄도 아는 신의와 책임을 진 민족"이라고 말했다. 존슨 대통령은 "베트남에 제공하고 있는 용감하고 관대한 도움에 사의를 표한다"고 답사했다.

박 대통령과 함께 오픈카를 타고 김포공항을 출발한 존슨 대통령은 대대적인 환영 인파를 만나 아홉 번이나 차에서 내려야 했다. 시민환영대회장이 마련된 시청까지 도착하는 데 2시간 45분이 걸렸다. 1966. 10. 31

김포공항에서 베풀어진 환영식에서 국기에 대한 경례를 하는 두 대통령 내외. 1966. 10. 31

시민 환영대회에서 존슨 대통령이 김현옥 서울시장으로부터 받은
행운의 열쇠를 들어보이고 있다. 1966. 10. 31

정상회담을 마친 존슨 대통령은 박 대통령의 안내로 한국군 제26사단을 시찰했다.
그는 이어 미1군단 소속 36공병단을 방문, 150여 장병들과 오찬을 함께 했다.
1966. 11. 1

시청 앞 서울시민 환영대회장. 양국 정상의 대형 초상화와 국기가 걸렸다. 1966. 10. 31

특별 동차(動車) 안에서도 이어진 박·존슨 회담

박정희 대통령과 존슨 미국대통령은 11월 1일 오전 10시 50분부터 1시간 동안 공식회담을 가졌다. 회담이 끝난 뒤 두 정상은 일선 시찰을 위한 특별 동차 안에서도 비공식적으로 회담을 계속했다.

회담에는 한국 측에서 정일권 국무총리와 장기영 경제기획원장관, 이동원 외무장관, 김성은 국방장관, 김형욱 중앙정보부장, 이후락 청와대 비서실장이, 미국 측에서는 러스크 국무장관, 번디 극동담당 차관보, 로스토우 대통령 특별보좌관, 브라운 주한대사가 각각 참석했다.

밝은 분위기 속에서 편한 자세로 대화를 나누는 두 대통령. 1966. 10. 31

휴전선 철책을 점검하는 모습.

월남파병 한국인의 재발견

월남 파병이야말로 '한국인의 재발견'이 이루어진 결정적인 계기였다. 한국인은 비로소 한국인의 참 모습을 발견하게 된 것이다. 반만년 역사상 처음 있는 일이다. 한국인은 다른 나라 사람보다 우수하다는 자부심과 자신을 갖게 되었다. 그리고 해외에서 다른 나라사람들과 경쟁하는데 두려울 것이 없다고 생각하게 되었다. 이때부터 '하면 된다' '우리도 할 수 있다'는 자신감이 생겨났다. 오랜 열등의식, 피지배의식에서 벗어나 스스로의 자질에 새롭게 눈을 뜨고 자부심을 갖게 된 것이다.

특히 한국남성에게는 뜻 깊은 의미를 가지는 계기였다. 한국남아가 비록 '단순 기능직 노무자'일망정 파월 기업을 통해 처음으로 일자리를 찾게 되는 역사적 순간이었다.

- 오원철 전 청와대 경제2 수석비서관의 홈페이지에서

"공업입국 전면 작전에 돌입하자"

청와대가 신년 사진으로
공개한 대통령 가족사진.
박 대통령 내외를 중심으로
장남 지만 군(서울사대부국
2년), 2녀 근영 양(경기여중
합격)이 앉고 장녀 근혜 양
(성심여중 3년)이 가운데
섰다. 1967. 1. 1

신년 휘호. '민족중흥'은 박 대통령
정치철학의 알파와 오메가이다.

휠체어를 타고 온 신년 하례객을 접견하는 모습. 1967. 1. 1

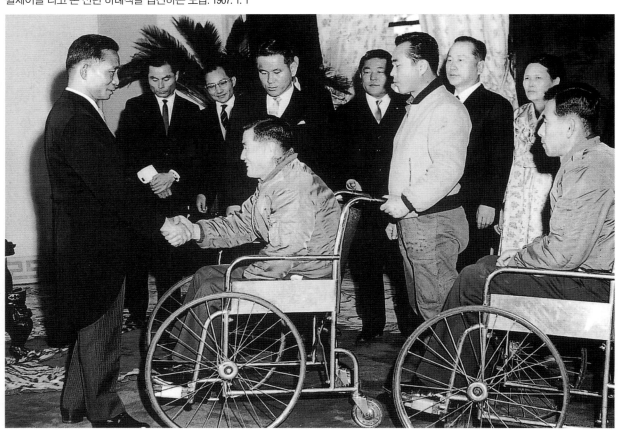

연두교서 발표를 마친 후
국회의장실에 들러 반년 만에
만난 박순천 민중당 대표최고위원
과 악수를 나누었다. 이효상 의장,
정일권 국무총리, 장기영 부총리,
이상철 국회부의장 등이 곁에
서있다. 1967. 1. 17

국회에서 연두교서를 발표하는
박 대통령. "국민과 정부가
한덩어리가 되어 공업입국 전면
작전에 돌입하자"고 호소했다.
1967. 1. 17

56함, 북한 육상포에 피격 침몰

우리 해군 경비함 56함 당포호(唐浦號)가 1월 19일, 북한군 육상 포대의 집중포격을 받고 침몰했다. 전사 실종 39명, 중경상 30명 등 피해를 입었다. 56함은 동해 휴전선 부근에서 명태잡이를 하던 우리 어선단을 보호 중이었다. 김영관(金榮寬) 해군참모총장은 동해상에 집결한 전 해군 함정을 전투배치시키고 북한이 또다시 만행을 할 경우 즉각 보복하라는 긴급명령을 내렸다.

태백산 누비는 정선선(旌善線) 개통

정선과 증산을 잇는 24km의 산업철도 정선선이 1월 20일 오후 박정희 대통령이 참석한 가운데 정선에서 개통식을 가졌다. 제1차 경제개발 5개년계획 사업의 하나인 정선선은 62년 5월에 착공, 만 4년 7개월 만에 완공된 것이다.

정선선 개통식 치사를 통해 박 대통령은 "이 철도는 우리의 예산, 우리의 기술, 우리의 노력으로 완성된 것"이라고 강조했다. 1967. 1. 20

해군 경비함 56함 당포호 침몰 장면. 1967. 1. 19

대선 후보로 공화당 박정희, 신민당 윤보선 선출

재야세력의 집결체인 신민당이 2월 7일 정식 발족, 공화당과 더불어 보수 양당제가 갖추어졌다. 민중당과 신한당은 이날 오전 11시 서울시민회관 소강당에서 합당 선언대회를 가졌다. 이어 오후 3시 같은 자리에서 양당 대의원 48명과 재야측 대의원 3명이 참석한 가운데 열린 신민당 창당대회는 대통령후보에 윤보선 씨, 당 대표위원에 유진오 씨를 선출하여 지도체제를 확립했다.

축하 화환을 목에 걸고 악수를 나누는
윤 후보와 유 대표. 1967. 2. 8

2월 2일 제4차 공화당 전당대회 대통령 후보 지명대회에서 박정희 대통령이
입장하자 대의원들이 약 3천 개의 컬러 사진 피켓을 높이 들고 미국식으로
환영했다. 이날 대회에서 공화당은 총재인 박 대통령을 대통령 후보로 지명했다.
1967. 2. 2

뤼브케 서독 대통령 방한

방한한 하인리히 뤼브케 독일연방
공화국 대통령 내외가 박 대통령
내외와 함께 양국 국가 연주와 21발의
예포 속에 사열대에 올라 3군의장대를
사열했다. 연도에는 약 60만 명의
시민들이 나와 열광적인 환영을 했다.
1967. 3. 2

중앙청 홀에서 베풀어진 리셉션에
참석하기 위해 나란히 입장하는
뤼브케 대통령과 박정희 대통령 내외.
뤼브케 대통령은 "통일의 실현을
위해 함께 투쟁하자"고 역설했다.
1967. 3. 3

태국, 호주 수상도 잇달아 방한

방한한 타놈 키티카초른 태국 수상이 청와대로
박 대통령을 예방, 정상회담을 가졌다.
이 회담에서 월남전 종식을 위한 지원을 더욱
강화하기로 합의했다. 1967. 4. 3

해롤드 홀트 호주 총리 내외가
정일권 국무총리의 초청을 받아 내한했다.
청와대로 박정희 대통령을 예방한 홀트 총리는
도착성명에서 "전우(戰友)의 나라에 찾아와
기쁘다"고 말했다. 1967. 4. 6

모교 구미초등학교를 찾아 감회에 젖다

경북 선산군에서 거행된 일선교(一善橋) 준공식에 참석하고 모교인
구미초등학교를 방문, 30여 년 전 공부하던 바로 그 교실에 들어가 감회에 젖었다.

1967. 3. 30

구미초등학교 동창들과 인사하고 있는 박 대통령.

구미초등학교 교정에서 동네 유지들을 만나 반갑게 인사를 나누었다.

이수근(李穗根), 판문점서 극적탈출   제3비(肥), 제4비 잇달아 준공

북한 〈중앙통신〉 부사장 이수근(44. 황해도 서흥군 운천리) 씨가 3월 22일 제242차 군사정전위 본회의가 끝난 판문점에서 극적으로 남쪽으로 탈출하는데 성공했다. 이 씨는 이날 회의가 끝난 뒤 유엔군 측 군사정전위의 밴코프트 준장이 전용차로 떠나려 할 때 재빨리 차에 뛰어 올라 탈출했다.

북한 경비병들은 이 광경을 보고 제지하려 했으나 자동차가 떠나자 고함을 지르며 경비초소 차단기를 내리며 세단차를 막았다. 차는 차단기를 부수고 질주 남하했는데, 북한 경비병들이 권총 40여 발을 발사했으나 차체에는 맞지 않았다. 다만 차의 앞 유리창이 깨지면서 앞자리에 앉았던 미 공동안전지구 부장 톰슨 중령이 가벼운 찰과상을 입었다.

이 씨는 이후 헬리콥터로 용산의 미8군에 옮겨졌다가 신체검사를 받은 후 한국 정보당국에 인계됐다. 이 씨는 "자유를 찾게 되어 기쁘다"고 탈출 소감을 말했다.

박정희 대통령은 3월 14일 울산의 제3비료공장 준공에 이어 4월 9일엔 진해에서 열린 제4비료공장 준공식에 참석했다. 이날 준공식엔 공화당의 김종필 의장, 박충훈 상공장관, 엄민영 내무장관, 김성은 국방장관 등이 참석했다..

제3비(肥)와 같이 우리나라에서 처음인 복합비료공장으로 세워진 제4비는 미 걸프사의 직접투자와 AID차관 등 3천400만 달러와 내자 28억 원이 투입되었으며, 연간 복합비료 18만 600톤과 요소비료 8만 4천100톤 등 합계 26만 4천100톤을 생산, 1천500만 달러를 절약하게 됐다.

북한 탈출 이수근의 기자회견. 1967. 4. 1

28개 수출 전용 공장 입주한
구로(九老) 수출산업공단 준공

한국수출산업공단이 주체가 되어 건설한 구로동 수출산업단지 준공식이 박정희 대통령을 비롯하여 관계인사들이 참석한 가운데 4월 1일 현장에서 열렸다. 이 단지에는 재일교포 기업체 18개를 포함하여 28개의 수출 전용공장이 입주하여 67년엔 500만 달러, 그 다음해부터는 연간 2천만 달러의 수출을 목표로 삼았다.

봉제, 가발, 완구 등 저임금에 기초한 경공업이 60년대 우리나라 수출진흥에 지대한 역할을 했다.

구로동 수출산업공업단지 준공식에 참석한 박 대통령. 1967. 4. 1

구로동 수출산업공단 준공을 기념하여 휘호를 쓰는 모습. 1967. 4. 1

과학기술처 개청식

과학기술처 개청식이 4월 21일 전 원자력청사에서 박정희 대통령과 관계장관들이 참석한 가운데 거행됐다. 박 대통령은 "과기처는 제2차 경제개발 5개년계획을 성공적으로 이끌기 위한 과학기술상의 사명과 책임을 지니고 있다"고 말했다.

준공식 후 초대 김기형(金基衡) 장관은 기자회견에서 과학의 생활화와 대중화를 강조한 다음 ①과학하는 분위기를 조성하고 ②연구의 자율성을 존중하며 ③기술자의 대우개선을 위해 힘쓰겠다고 밝혔다.

과학기술처 개청식에서
김기형 장관과 함께 현판을 거는
박 대통령. 1967. 4. 21

과학기술처 개청식에 참석, 연설하는 박 대통령. 1967. 4. 21

또 다른 혁명의 해, '민둥산을 금수강산으로'

돌이켜 보면 1967년은 매우 유별난 한 해였다. 70년 만의 극심한 가뭄으로 농지 피해가 40만ha, 피해 농가가 66만 가구에 달했다. 당시 전체 87만kw 발전설비 용량 중에서 22만kw에 해당하는 수력발전이 모두 중단되기도 했다. 그러나 대한민국의 치산치수에 관한 한 1967년은 혁명의 한해였다. 가히 폭죽이 밤하늘을 수놓은 것과 같은 한 해라고 표현해도 될 것같다. 무슨 혁명일까?

첫째로는 농림부 산림국이 산림청으로 승격된 것이고, 둘째로는 연료림 조성을 다시 시작한 것, 셋째로는 화전(火田) 정리 사업에 착수한 것, 그 다음으로는 수계별 산림복구(사방공사) 계획을 확정한 것, 경북 외동지구 사방사업을 실시한 것, 제1호 국립공원을 지정한 것, 소양강 다목적댐이 기공된 것, 그리고 또 있다. 경부고속도로 건설계획이 발표된 것, 그리고 포항종합제철이 착공된 것도 이 해이다.(…)

1967년은 제2차 경제개발 5개년계획(67~71년)의 원년이다. 제2차 경제개발계획이란 한 마디로 말해서 식량을 필요한 만큼 확보하여 배고픔에서 벗어나게 하자는 프로그램이다. 그런데 여기에 '치산녹화계획과 연료림단기조성계획'도 포함되었다. 경제개발 5개년 계획의 첫째 목표인 식량의 자급자족을 위해서는 사방사업과 연료림 단기조성 등 산림녹화가 병행되어야 한다는 개념이 바탕에 깔려 있는 것이다. 이처럼 내용이 충실한 경제개발 계획이었기에 결과도 만족할만한 수준이 되었을 것이다.(…)

산림청은 1967년 정월 초하루, 서울 서소문동 삼령빌딩에 현판을 달고, 초대 청장에 김영진(金英鎭)씨가 취임하므로 출범하게 되었다. 176명의 직원이 배치되었으며 각 시, 도에 보호직 412명이 추가 되어 총 588명 규모가 되었다. 농촌진흥청에 소속되었던 임업시험장도 산림청으로 이관되어 산림녹화에 필요한 연구를 담당하도록 했다. 업무는 농림부 산림국 시절부터 청와대에 직접 보고하고 있었지만, 산림청으로 독립한 후에도 중앙

제22회 식목일을 맞아 서울 성북구 상계동 수락산 기슭에서 나무를 심었다. 이날 식목일 기념사에서 산을 잘 보호하는 것이 정치의 으뜸이며, 이는 모든 국민이 힘을 합쳐야만이 이룩되는 것이라고 강조했다. 1967. 4. 5

정보부와 함께 대통령에게 직접 보고하는 몇 안 되는 기관이었다. 산림녹화에 대한 대통령의 관심 정도를 짐작하게 한다.(…)

박 대통령은 1967년 식목일이 다가오고 있을 즈음, 휘하 공무원들이 산림녹화에 관한 자신의 의중을 아직도 제대로 헤아리지 못하고 있다고 판단한 듯하다. 이에 박 대통령은 산림청 신설의 배경과 전국 시장, 군수, 관계기관장에게 푸른 강산 되찾기에 관한 간곡한 친서를 보냈다. (…)

"지금 귀하는 조국 근대화라는 큰 고빗길을 넘는 웅장한 수레의 한 바퀴를 이루고 있습니다. 이러한 의미에서 볼 때 산야의 푸르러짐과 나라의 풍요해짐이 바로 귀하의 어깨에 걸려 있는 것입니다. 중앙에서 아무리 열의를 가지고 힘쓰더라도 일선에 있는 여러분들이 그 사명을 인식하지 못할 때에는 사실상의 산림녹화는 전혀 기대할 수 없는 것입니다. 나는 앞으로 귀하의 노력의 성과를 깊은 관심을 가지고 주시하고자 합니다."

- 이경준·김의철 지음 『박정희가 이룬 기적, 민둥산을 금수강산으로』 (기파랑)에서

오늘의 지도자는 미래를 위해 무엇을 심고 있을까?

"한국의 산림녹화는 세계적인 성공작이며 한국이 성공한 것처럼 지구도 다시 푸르게 만들 수 있다."
- Lester Brown 지구정책연구소장의 저서 『Plan B2.0』에서.

"한국은 제2차 세계대전 후 산림녹화에 성공한 유일한 개발도상국이다."
- UN 세계식량농업기구의 1982년 보고서에서.

"40년 전 그때 우리는 곯은 배를 움켜쥐고 산에다 나무를 심었다. 앞장 선 지도자가 있었고 뒤따르는 국민이 있었다. 지금 이 나라 지도자는 40년 후를 위해 무엇을 심고 있는 것일까?"
- 〈조선일보〉 사설에서.

"제2차 세계대전 이후 인류가 이룩한 성과 중 가장 놀라운 것은 바로 '사우스코리아'라고 말하고 싶다."
- 피터 드러커의 말에서

"우거진 숲은 국부(國富) 그 자체요, 선진국으로 가는 길이다. 지구상에서 살기 좋은 나라들은 예외 없이 울창한 숲을 가지고 있으며, 숲을 사랑하는 만큼 그들의 국민성도 본받을 만하다. 박정희 대통령은 집권 기간 동안 산림녹화를 완성함으로써 후에 세계적으로 20세기 개발도상국의 기적이라는 칭찬을 받았다. 아름답고 풍요로운 삶의 터전을 마련해주고, 복지국가로 가는 길을 열어준 셈이다."
- 이경준, 김의철 지음 『박정희가 이룬 기적, 민둥산을 금수강산으로』에서

화전을 일구던 자리에 조림하는 광경.

황폐된 모습(포항 청하 하동)

시공 직후(1977년 시공)

선거 유세장을 몰래 찾아간 육영수 여사

4월 17일 월요일 오전, 박정희 대통령 후보는 첫 유세지인 대전을 향해 청와대를 나섰다. 현관까지 나와 배웅하던 육영수 여사는 평소처럼 "안녕히 다녀오셔요"란 인사가 아닌 "잘 하고 오셔요"란 인사를 했다.

육영수 여사는 이날 오전 내내 신문을 넘기거나 창밖을 멍하니 바라보곤 하더니 부속실에 근무하던 조카 홍정자와 여비서 나은실 양을 불러 차를 준비하라고 말했다. 부속실 운전기사 구인서는 급히 경호실에서 피아트 승용차를 몰아 현관 앞에 대기시켰다. 육 여사는 경호관도 대동하지 않은 채 서울역으로 향했다.

평소 승용차를 오래 타면 멀미를 잘 하던 육 여사는 승용차로 장거리를 갈 엄두가 나지 않자 서울역에서 기차로 갈아탄 뒤 대전 공설운동장의 유세장으로 간 것이다. 홍정자, 나은실 두 비서가 한복 차림의 육영수 여사와 함께 도착한 대전 공설운동장은 인파로 가득했다.

홍정자의 회고.

"이모님은 어디로 갈 것인지도 말씀하지 않으신 채 우리를 끌다시피 하며 가셨어요. 대전역에 내려서야 '아, 아저씨 유세장에 오셨구나' 하고 알았지요. 그런데 연단이 있는 곳으로 가지 않고 관중들이 드나드는 정문 쪽으로 가시더니 관중 속에 살포시 앉았어요. 저희도 앉아야 했지요. 그동안 제 눈엔 육영수 여사를 알아보는 사람도 있고, 긴가민가하며 힐끗힐끗 쳐다보고 지나가는 사람도 있었지만 이모님은 모른 척 군중 속에 앉아 아저씨가 막 연설을 시작하는 장면을 보고 계신 거예요."

잠시 후, 곁에 앉았던 사람들이 조금씩 술렁이기 시작했다.

"육영수 여사 아니야?"

"정말인가?"

"영부인이 여기에 왜 왔지?"

그러던 군중들의 음성이 이윽고 "와! 영부인 오셨다"로 변하면서 연단으로 향해야 할 시선이 육 여사에게 집중하게 됐다. 조금 전 연설을 시작했던 박정희 후보는 군중들이 한 곳으로 시선을 집중시키자 잠시 연설을 중단했다. 경호원들이 연단에서 뛰어 내려가 사태를 확인한 뒤 급히 영부인을 피신시키려 했다.

대전공설운동장에서 열린 제6대 대통령 선거 유세에서 연설하는 박 대통령. 대전 인구가 30만이던 시절 무려 10만여 인파가 운집했다. 1967. 4. 17

"사모님. 저쪽에 VIP 출구가 있으니 그리로 피하십시오."

귀빈용 출입구는 연단 맞은편에 있었다. 경호원들이 육 여사를 둘러싸려하자 육 여사가 자리에서 일어나더니 걸어 나가기 시작했다. 연설은 중단된 상태에서 군중들의 시선은 육 여사에게 집중되어 있었다. 육영수 여사는 곧바로 걸어 나가 연단 옆으로 올라가 단상 뒤의 빈자리에 앉았다. 군중들의 시선도 자연스럽게 박정희 후보에게 돌아왔다. 이윽고 박정희 후보는 중단했던 연설을 계속했다.

이날 저녁 청와대로 돌아온 박 대통령 부부가 저녁식사를 하기 위해 식탁에서 마주앉게 되자 비로소 박 대통령은 입가에 미소를 머금은 채 이렇게 말했다.

"당신, 선거법 위반으로 구속시켜야겠어."

육 여사는 수줍은 듯 고개를 숙이며 이렇게 말하더란 것이다.

"도움이 될까 싶어 갔다가…. 제가 잘못했으면 처분을 받아야지요, 뭐…."

- 조갑제 지음 『박정희』 9권에서

대구 유세 광경. 1967. 4. 23

대전 유세장의 군중 속에 몰래 앉은 육영수 여사. 1967. 4. 17

신분이 드러나는 바람에 단상으로 올라간 육 여사에게 박 대통령이 귓속말로 무언가를 속삭이고 있다. 1967. 4. 17

윤보선과의 두 번째 대결서도 압승

박정희 공화당 후보는 5·3대통령선거에서 570만 983표를 얻어 윤보선 신민당 후보를 116만 2천731표 차이로 누르고 제6대 대통령에 당선되었다.

박 후보는 재선이 확정되자 국민의 압도적 지지에 사의를 표하는 담화를 발표, "여망에 보답키 위해 겸허한 마음으로 성심성의를 다하여 더 일하겠다"고 다짐했다. 또한 "이번 선거에서 누구를 지지했던 간에 앞으로 모두 합심 협력하여 민족중흥의 대열에 함께 서서 위대한 조국건설에 매진하자"고 당부했다.

재선이 확정된 후 두 팔을 들어 환호에 답하는 박 대통령.

제6대 대통령 당선통지서.

김종필 당의장으로부터 중앙선거관리위원회가 발행한 대통령 당선통지서를 받았다. 1967. 5. 6

대통령 선거에서 압도적인 표차로 승리가 판명된 뒤 청와대 본관 식당에서
가족과 식사를 하고 있다. 1967. 5. 4

가족과 함께 특별동차편으로 구미읍 상모리 선영을 찾아 성묘를 했다. (사진
오른쪽 위) 성묘를 마치고 형 동희(東熙)옹의 집에 이르자 주안상이 마루와 뜰에
차려져 친지들과 축하주를 함께 마셨다. (사진 오른쪽)
동희 옹의 집을 향해 걸어 가는 박정희 대통령 내외. (사진 아래) 1967. 5. 7

시인 구상(具常), 축시 낭송

7월 1일 중앙청 광장에서 부슬비가 내리는 가운데 제6대 대통령
취임식이 거행됐다. 취임식에서는 대통령의 친구인 시인 구상이
축시를 낭송했다.

당신의 영광에는
푸르름이 있다.
밤안개를 헤친 결단의 그날
이 땅에 또 하나 새벽 동을 트게 하고
우리의 가슴속에 새 삶을 불러일으킨
저 5월의 푸르름이 있다

당신의 영광에는
땀이 배어 있다.
바위벽을 뚫는 광부의 이마같이
보리타작을 하는 농부의 잔등같이
아니, 앞장서 수레 채를 잡은 일꾼같이
전신에 땀이 배어 있다.

당신의 영광에는
우리의 미래가 있다.
찌든 가난과 역사의 멍에를 벗고
북녘 땅, 내 산하 어서 바삐 찾아서
5천만 겨레가 서로 눈물로 반길
그런 눈부신 미래가 있다.

당신의 영광에는
우리의 다짐이 있다.
썩고 곪은 것은 제 살이라도 도려내고
눈 뒤집힌 편싸움과 패가름을 막아서
꿀벌과 같은 질서와 화목을 이룰
우리와 당신의 굳은 다짐이 있다.

당신의 영광에는
우리의 영광이 있다.
일하고 땀 흘리는 자의 영광
젊음과 꿈을 갖는 자의 영광
진실로 조국을 사랑하는 자의 영광
오 오, 당신과 우리의 영광이 있다.

박정희 대통령이 중앙청 앞 뜰에 마련된 취임식에서 취임 선서를 하고 있다.
왼쪽 부터 근혜, 육 여사, 근영. 1967. 7. 1

"소박하고 정직하고 서민적인 민주사회 건설하겠다."

박정희 대통령은 7월 1일 오후 2시 중앙청광장에서 열린 제6대 대통령 취임식에서 "이제 자립에 눈뜬 한민족의 각성이 실로 큰 힘을 발휘할 것이라는 위대한 실증(實證)을 성공시켜야 한다"고 전제하면서 "소박하고 근면하고 정직하고 성실한 서민사회가 바탕이 된 자주독립의 민주사회 건설"이라는 앞으로 4년간의 집권포부를 밝혔다.

박정희 대통령 취임식 참석차 내한한 험프리 미국 부통령이 공항에서 정일권 국무총리의 안내로 국군 의장대를 사열했다. 1967. 6. 29

경회루에서 정일권 국무총리가 베푼 취임 경축 리셉션.
내외 귀빈에게 인사말을 하는 박 대통령. 왼쪽에 사토 일본 수상 내외,
오른쪽에 엄가금 자유중국 행정원장 내외와 험프리 미 부통령 내외가
앉아 있다. 1967. 7. 1

연합철강 냉간 압연 공장 준공식에 참석하여 내부 시설을 둘러보는 박 대통령. 1967. 9. 29

농구선수 박신자 씨를 접견하고 환담을 나누는 박 대통령 내외. 1967. 11. 3

호롱불 시대 마감, 전력난 해소

해방 당시 우리나라 전력 생산능력은 남북한을 합쳐 172만 2천kw였다. 대부분이 수력발전이었으며, 발전시설의 88.5%가 북한에 있었고 남한에는 고작 11.5%밖에 없었다. 그런 상황에서 북한은 대한민국 정부수립을 앞두고 1948년 5월, 남한에 대한 송전을 일방적으로 중단했다.

남한은 암흑천지로 변했다. 일반가정은 물론이고, 산업시설과 달리던 전차마저 멈춰 설 지경이어서 '호롱불 시대'라고 불렸다.

그로부터 피를 말리는 노력이 시작되었다. '보안등을 제외한 모든 가로등 끄기' '네온사인 끄기' '한 집 한 등 끄기'… 이 같은 범국민적 절약운동과 더불어 정부는 화력 및 수력발전소를 꾸준히 건설해나갔다.

드디어 1968년 8월, 정부는 제한 송전을 해제했다. 북한의 송전 중단 20년 만에 호롱불 시대를 마감할 수 있었던 것이다. 정부는 계속해서 15개의 화력발전소, 19개의 수력발전소, 2개의 원자력발전소를 건설, 전력난을 해결했다.

생일을 맞은 이승만 초대 대통령의 부인 프란체스카 여사를 청와대로 초청하여 식사를 함께 하면서 축하하는 육영수 여사. 1967. 6. 15

포플러 나무를 안고 있는 모습. 박 대통령은 불가능한 일이라고 판단된 산림녹화를 밀어붙여 금수강산을 되찾았다.
1965. 3. 4

"조국 근대화의 신앙으로 일하고 또 일했다"

"먼 훗날 우리 후손들이 오늘에 사는 우리 세대가 그들을 위해 무엇을 했고, 또 조국을 위해 어떤 일을 했느냐고 물을 때, 우리는 서슴지 않고 조국 근대화의 신앙을 가지고 일하고 또 일했다고 떳떳하게 대답할 수 있게 합시다."

- 1967년 연두 기자회견에서

"지금 우리 앞에는 새로운 역사의 여명이 밝아오고 있습니다. 그것은 빈곤 아닌 번영의 역사이며 의타(依他) 아닌 자립의 역사이며, 분단 아닌 통일의 역사입니다. 이것은 정녕 중흥이 약동하는 전진의 역사입니다."

- 1967년 개천절 경축사에서

올해는 '건설의 해'

"지난해에는 두 차례의 선거를 비롯, 북괴 무장간첩의 준동과 70년래의 한발 등 여러 가지 어려운 일들이 많았습니다. 그처럼 부산한 가운데서도 수출은 3억 6천만 달러를 돌파하고 우리경제는 10%라는 높은 성장을 지속했습니다.

한 과제가 해결되면 새로운 과제가 태동하여 일을 할수록 더욱 크고 많은 일거리가 산적됨으로써 이미 이룩한 성과의 혜택을 누리기보다는 새로운 과제의 중압 앞에 영일(寧日) 없이 일해야 하는 것이 오늘의 현실입니다. 그것은 우리의 후손에게 값진 유산을 남겨주기 위한 사명의 수행입니다.

나는 여기서 올해를 '건설의 해'로 정하고, 자신과 희망을 가지고 인내와 용기로써 위대한 전진을 계속할 것을 온 국민에게 간곡히 호소하는 바입니다."

– 대통령 신년사

신년 휘호. 농업과 공업을 함께 발전시키자는 뜻을 담았다.

정초를 맞아 해병여단을 방문한 박 대통령. 1968. 1. 5

북한 무장공비 31명, 청와대를 습격

1월 21일 밤 9시 50분쯤 북한 특수공작 집단인 124군 소속 무장 공비 31명이 국군 복장으로 위장, 서울 서대문구 자하문 쪽에서 청와대를 향해 침입했다. 이들은 긴급 출동한 합동 수색대와 교전을 벌여, 1명이 생포되고 나머지는 군경 합동수색대에 의해 대부분 사살되었다. 이 교전에서 종로경찰서 최규식(崔圭植) 총경이 순직하고 민간인 이용선(李容瑄) 씨 등 6명이 피살됐으며, 경찰관 3명과 민간인 1명이 부상했다.

일당은 1월 16일 한국군 26사단 마크가 부착된 국군 복장에 개머리판을 접을 수 있는 AK소총과 수류탄으로 무장하고 황해도 연산에 있는 부대를 출발했다. 이들은 다음날 밤 8시 미2사단 지역의 정면을 포복으로 접근하기 시작, 철책선 철조망을 절단기로 제거하고 휴전선을 넘었다. 이들 일당은 시간당 10km씩 주파하는 급속 산악 행군을 하면서 청와대를 향해 달리다 자하문에서 군경 합동수색대와 마주쳤다.

박정희 대통령은 총성이 여러 차례 울린 시각인 21일 밤 10시 15분께 청와대로 달려온 김성은 국방장관에게 "김 장관, 내가 감기에 걸려 약을 먹고 자다가 일어났는데 말이야. 거 참, 이놈들이 여기까지 쳐들어올 줄 누가 생각이라도 했겠소. 고약한 놈들. 뭐 못하는 짓이 없구먼" 하고 말하더란 것이다. 두 사람은 모두 전쟁을 겪은 군인 출신이어서 그런지 수행하던 경호원들이 보아도 무척 대담했다고 한다.

대통령을 암살할 계획이었다고 말하는 생포된 북한 무장공비 김신조.

"청와대 까러 왔다!"

채원식(蔡元植) 치안국장과 〈중앙일보〉의 손석주(孫石柱) 사회부 기자, 장홍근(張洪根) 사진부 기자가 홍제동 파출소에 도착한 지 얼마 안 되어 30사단 군인들이 민가 부근에서 생포한 공비 한 명을 파출소로 끌고 들어왔다. 여러 사람이 공비의 허리춤과 윗옷을 잡고 있었기에 국방색 군복 상의는 몇 군데 단추가 떨어져 나가고, 검은 목면바지는 앞 단추가 열린 채 무릎까지 흘러내린 상태였다. 몇 평 안 되는 파출소는 일순간 사람들로 붐볐다. 소속을 알 수 없는 군인, 경찰, 중정요원들로 북적거렸다. 서로가 서로를 모르는 상황에서 손 기자가 공비에게 고압적인 자세로 말을 걸었다.

-너, 이름이 뭐야. 나이는?

"김신조(金新朝)다. 스물일곱 살이다."

-주소와 계급은?

"군관(장교)이고 함경북도 청진시 청암구 청암동 3반에 가족이 살고 있다."

-남파 목적이 뭐냐?

"청와대를 까러 왔다. 21일 밤 8시에 공격을 개시해 5분 만에 끝낸 후 청와대 차를 뺏어 타고 문산 방면으로 도망하기로 했다. 이것이 잘 안되면 비봉 쪽으로 달아나기로 했다. 그러나 지휘자의 잘못으로 뿔뿔이 흩어지고 말았다.

-몇 명이 왔어?

"31명이 국군복장을 하고 왔는데, 1명은 대위, 2명은 중위, 3명은 소위 계급장을 달고 나머지는 사병 복장을 하고 왔다."

-넘어온 게 언제냐?

"16일 평양에서 출발했다."

-무기는?

"수류탄, 장총, 권총이다. 1인당 수류탄 10개와 탄알 300개씩을 가져왔다. 우리는 결사대 훈련을 받았으며 모두 군관이다."

-현재 기분은?

"모든 것이 끝났다. 이젠 겁도 안 난다."

손 기자는 김신조의 윗옷 주머니에서 '지식인들이여 언론 출판활동을 위해 싸우라'는 내용의 삐라를 발견했다. 잠시 후 김신조는 앰뷸런스에 실려 방첩대로 끌려갔다.

-조갑제 지음 『박정희』 9권에서

서울시내가 내려다 보이는 북악산 기슭에서 북한 무장공비 1명이 수색대에 의해 사살됐다.

미 해군 정보수집함 '푸에블로호' 피랍

북한 124군 부대의 청와대 습격사건이 좌절된 이틀 뒤인 1월 23일 새벽, 북한은 원산 앞 공해상에서 전파 감청 활동을 하던 미 해군 정보수집함 푸에블로호를 4척의 무장 초계정과 2대의 미그 전투기를 동원해 원산항으로 납치하는데 성공했다. 피납 당시 이 배에는 장교 6명, 수병 75명, 민간인 2명이 타고 있었다. 이 사건은 위기국면을 극복하고 반격을 가하려던 한국의 입장을 유보시켰다.

1월 23일 미국은 일본에서 베트남으로 남진하던 핵 추진 항공모함 엔터프라이즈호와 3척의 구축함을 동해로 회항시켜 원산만에 대기토록 명령했다. 1월 24일 딘 러스크 국무장관은 상원외교위원회에서 "일종의 전쟁행위로 규정지을 수 있다"고 발언했다. 이날 본스틸 유엔군사령관은 김성은 국방장관을 만나 이런 요지의 얘기를 했다고 한다.

"우리 미국은 이번엔 가만 안 있겠다. 지금까지 북한이 한국에 숱한 도발을 해오고 미군도 피해를 보았지만 지금과 같은 경우는 참을 수 없다. 이것은 미국의 방침인데, 원산항을 포함한 몇 개의 군사시설에 폭격을 가할 계획이다."

이날 오후 김 장관은 청와대로 들어가 박 대통령에게 이 같은 사실을 전했다. 귀를 기울이고 있던 박 대통령은 "아! 기분 좋다. 이거 한번 때려 부셔야 한다. 김 장관, 우리도 준비합시다." 전군에 비상이 걸렸다.

-조갑제 지음 『박정희』 9권에서

끌려가는 푸에블로호 승조원들.

"참는 데도 한계가 있다!"
- 경부고속도로 기공식 치사에서

2월 2일 서울 원지동에서 열린 경부고속도로 기공식에 참석한 박 대통령은 치사 도중 1·21사태에 대해 처음 언급했다. 그는 "아무리 우리국민이 자유와 평화를 사랑하고 남북통일을 전쟁수단에 호소하지 않는다하더라도 은인자중하는데도 한계가 있다는 것을 엄숙히, 그리고 분명히 북괴에게 경고한다"고 말했다.

그는 또 "아무리 통일이 시급한 문제라 할지라도 동족이 피를 흘리는 전쟁수단에 의한 통일방안은 생각할 수 없다"면서 "북괴의 어떠한 도발행위에도 놀라지 말고 즉각적인 반격을 가하며, 굳게 뭉쳐 싸우면서 건설하는 국민이 되는 것이 바로 통일을 쟁취하는 길"이라고 밝혔다. 박 대통령은 처음으로 '싸우면서 건설하자' '일면 국방, 일면 건설'이란 구호를 사용했다.

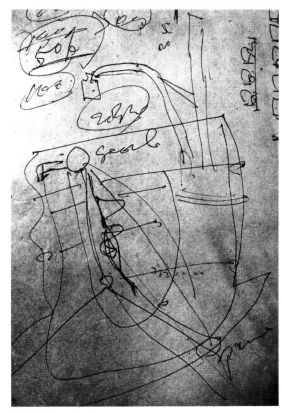

최초의 고속도로망 구상도라고 할 수 있는 박 대통령의 스케치.

경부고속도로 기공식 발파 버튼을 누르는 박 대통령. 1968. 2. 1

사격하는 대통령, 부인에게도 가르쳐

2월 11일 일요일 오후 3시경 박정희 대통령은 청와대에서 육영수 여사와 함께 신관 지하에 있는 경호실 사격장으로 향했다. 25m 길이의 5개 사로(射路)가 마련된 이곳에서 박 대통령은 권총과 카빈소총을 번갈아 가며 사격했다. 육영수 여사에게도 총 다루는 법을 가르쳐주며 사격을 시켰다. 이날 평균 80점을 기록한 박 대통령은 "이만하면 나도 급할 때는 싸울 수 있겠어"라며 웃음을 지어 보였다. 청와대비서실은 대통령의 사격하는 장면을 촬영해 이날 언론사에 배포했다. 5·16 후 대통령이 태릉사격장을 찾을 때마다 사격 안전요원으로 곁에 서서 보좌했던 서강욱(徐康旭 대한사격연맹 부회장 역임) 씨의 회고.

"5·16 직후 박 의장이 군 출신 장관들을 대동하고 태릉사격장을 찾았을 때 곁에서 처음 보았습니다. 박 의장의 사격자세는 일품이었습니다. 총을 든 손끝의 흔들림이 없었고, 목표를 노려보는 눈매하며 총을 잡고 방아쇠를 당기는 자세는 그때까지 제가 만나본 역대 장성들 중 최고였습니다. 사격 후 표적지를 보면 흑점 안에 모두 명중되어 있었습니다. 다른 장성들은 표적지에도 명중시키지 못한 사람들이 태반이었지요. 저는 대통령이 사격하는 사진을 신문에서 보고 대통령이 행동을 통해 국민의 안보의식을 고취시키고 있구나 하고 생각했습니다."

청와대 경호실에 마련된 실내사격장에서 사격 연습을 하는 모습. 1968. 2. 11

소총을 들어 보는 육 여사. 1968. 7. 13

"향토예비군 250만 무장시키겠다."

박정희 대통령은 124군 부대의 청와대 습격기도, 미 해군 정보수집함 푸에블로호 피랍사건 등 북한의 계속적인 도발행위에 대비, "금년 안에 무기공장을 완성하여 250만의 재향군인을 무장시키겠다"고 말했다. 그는 이날 경남 하동역에서 열린 경전선(慶全線) 개통식에서 치사를 통해 "모든 국민은 공산주의자들과의 싸움을 군과 경찰에만 맡긴다는 안이한 태도를 버리고 앞장서서 스스로 간첩색출의 눈과 귀가 되어야 한다"고 강조했다.

약 30분 동안의 즉석연설에서 박 대통령은 "모든 국민의 협력을 조직화하기 위해 향토방위법을 만들어 제대장병들이 무기를 그대로 가지고 귀향, 주말이나 1개월에 몇 번씩 사격훈련을 하도록 하여 이들이 자기고장에 침입한 무장공비 섬멸의 제1차적인 역할을 맡도록 하겠다"면서 "싸우면서 경제건설에 힘쓰는 자세가 필요하다"고 말했다. 그는 이날 치사의 마지막을 '전우 작사 이희목 작곡'의 「예비군가」를 인용하며 끝냈다.

"역전의 전우들이 다시 뭉쳤다 / 총 들고 건설하며 보람에 산다 / 예비군 가는 길엔 승리뿐이다."

같은 날 국방부는 3군 및 해병대 장병들의 제대조치를 당분간 중지했다. 또한 이날 현재 제대 특명이 난 장병들에게도 명령을 취소, 현 소속 부대에서 복무토록 했다고 밝혔다.

향토예비군 250만 명을 무장시키겠다는 내용의 2월 8일자 신문기사.

경남 밀양의 삼랑진역과 전남 광주의 송정리역을 잇는 경전선(慶全線) 개통식에 참석한 박 대통령. 1968. 2. 7

한 달 반 만에 향토예비군 창설

대전 공설운동장에서 열린 향토예비군 창설식. 1만여 명의 향토예비군을 비롯 남녀 시민 15만 명이 참석했다. 1968. 4. 1

향토예비군 창설식에서 각도 예비군 대표와 직장 부녀 대표에게 카빈 소총을 수여하는 박 대통령. 1968. 4. 1

존슨 대통령, 한국 달래느라 밴스 특사 급파

푸에블로호 피랍사건으로 원산항 공습 등 강경노선을 취할 것 같던 미국은 공습을 할 경우 베트남전 외에 소련과 중공의 지원을 받는 북한과의 전쟁 등 두 개의 전쟁에 휘말릴 수 있다는 우려 때문에 굴욕적일 수밖에 없는 대북 협상 쪽으로 방향을 선회했다. 이 같은 결정은 무장공비 침투사건으로 울분에 차 있던 박 대통령과 한국군 수뇌부를 격앙시켰고, 자주국방 의지를 불태우게 했다.

푸에블로호를 둘러싼 미국과 북한의 비밀회담이 시작되자, 한국정부는 청와대 기습사건을 거론하기 위해 한국도 참여하는 공개 군사정전위 회담을 강력히 요구하는가 하면, 한국만의 독자적인 무력보복을 천명하는 등 미국정부를 압박했다. 이에 존슨 대통령은 사이러스 밴스 특사를 한국에 보내 북한에 억류 중인 푸에블로호 승무원 송환을 위한 미국의 노력을 양해해줄 것을 요청했다.

이 과정에서 한국은 미국으로부터 1억 달러의 추가 군원과 향토예비군의 무장, 국군 장비 현대화의 일환으로 M16 지급, 한미 연례 안보협의회 개최 및 한미방위조약 개정 등을 얻어낼 수 있었다.

한국을 달래기 위해 청와대를 찾은 밴스 미 특사. 1968. 2. 4

평양 폭격 가능한 팬텀기 1개 대대

2월 8일 국방부에서 김성은 국방부장관은 본스틸 유엔군 사령관과 한 시간 반 동안 요담했다. 이때 본스틸 사령관은 한국군 예하부대에 파견된 미 군사고문단으로부터 수집한 추가 군원 1억 달러의 사용계획서를 들고 왔다. 받아보니 대부분이 미군에 제공한 병기의 부품 도입비로 잡혀 있었다. 김성은 장관의 회고.

"북한을 유사시 응징하려면 적어도 F-4D 팬텀기 정도는 보유해야만 했습니다. 1억 달러면 팬텀 1개 대대(18대)가 보유 가능한 액수였지요. 저는 이것을 요구했습니다. 따져보니 7천만

달러가 들더군요. 나머지 3천만 달러를 각 군에 나눠주어 부속품 및 보수비용에 쓰도록 전용하자고 했더니 본스틸 장군이 펄쩍 뛰는 겁니다. 정 필요하다면 생산이 중단된 F-100기종을 하라고 권합디다. 끝내 우겼지요. 이 문제는 시간을 끌며 줄다리기를 하다 결국 관철되었습니다."

팬텀 편대는 이듬해 대구공항에 도착함으로써 비로소 한국공군도 평양을 폭격할 비행기를 갖추게 됐다.

박 대통령이 F-4D 팬텀기 비행부대 창설식에 참석한 뒤 도입된 팬텀기를 살피고 있다. 1969. 9. 23

북 남침에 한미 즉각 공동 행동
호놀룰루서 박정희-존슨 정상회담

박정희 대통령과 존슨 미 대통령은 4월 18일 호놀룰루에서 정상회담을 갖고 "북괴에 의한 이 이상의 침략행위는 평화에 대한 가장 중대한 위험을 조성할 것"이라고 선언하고 "이러한 사태가 발생할 경우 양국 정부는 한미상호방위조약에 의거, 그 위험에 대처하기 위해 취할 행동을 즉각적으로 결정할 것"에 합의했다.

두 대통령은 이날 오전 10시부터 오후 1시까지 2차 단독 정상회담을 가진 뒤 공동성명을 발표, 이같이 선언했다. 양국 대통령은 "한국군 장비의 현대화와 대(對)간첩작전 강화를 위한 미국의 군사원조문제를 검토했다"고 말하고 "이런 문제를 검토하기 위해 5월에 워싱턴에서 한미 국방장관회담을 연다"고 밝혔다.

한미 정상회담은 오하우 섬 동쪽 끝에 있는 미국 기업인 고 헨리 J. 카이저 씨의 별장에서 열렸다. 1968. 4. 18

충무공-세종대왕 동상 제막

박정희 대통령이 광화문 네거리에서
거행된 충무공 이순신 장군 동상 제막식에
참석, 제막된 동상을 올려다 보고 있다.
1968. 4. 27
위 사진은 1967년 9월 19일 동상 건립
기공식에서 선보인 조감도.
박 대통령이 동상을 세워 헌납하는
것으로 적혀있다.

박정희 대통령 내외가 덕수궁 중화전
앞 잔디밭에 세워진 세종대왕 동상
제막식에 참석했다. 동상은 이화여대
김경승(金景承) 교수의 작품이다.
1968. 5. 4

일 하 며 싸 우 고 싸우면서 건설하자.

대구—부산간 고속도로 기공식에 참석하여
지시를 내리는 박 대통령. 1968. 5. 11

여의도 개발현장을 시찰하는 모습. 1968. 4. 30

JP, 공화당 탈당하여 박정희 3선 길 터주어

한밤중인데도 취재진이 몰려든 서울 청구동의 김종필 씨 자택.
김 씨는 이날 두문불출하며 2층 서재에 칩거했던 것으로 전해졌다.

김종필 공화당 의장은 5월 30일 공화당을 탈당하고 모든 공직을 떠나 정계 일선에서 은퇴하겠다는 뜻을 밝혔다. 그는 이날 공화당 당무회의에서 "수일 안에 본인의 신상에 관해 생애의 가장 중대한 결심을 발표하겠다. 본인이 없더라도 박정희 총재를 잘 모셔달라"고 말했다고 김재순(金在淳) 대변인이 전했다.

김 당의장은 이날 오후 조시형(趙始衡) 청와대 정무수석비서관을 청구동 자택으로 불러 의장직 사퇴서를 박정희 총재에게 전해달라고 맡겼다. 그가 관계했던 보이스카우트 총재, 동상건립 위원장, 기능올림픽 위원장, 5·16민족상 이사장 등 모든 비정치적 공직에서도 물러나기 위해 사표를 제출했다.

그가 이런 결심을 하게 된 직접적인 동기는 밝혀지지 않았다. 하지만 측근인 김용태(金龍泰) 의원이 한국국민복지회를 조직, 사실상 자신을 다음 대통령후보로 추대하려는 움직임을 보였다가 당에서 제명된데 큰 충격을 받았고, 이와 관련하여 후계자 경쟁으로 내연(內燃)하던 주류와 비주류 간의 갈등에서 비롯된 것으로 관측되었다.

김종필 공화당 의장의 탈당과 정계 은퇴 소식을 1면
머리기사로 보도한 5월 31일자 〈조선일보〉.

중동부 전선을 시찰 중 전시된 병기와 장비를 직접 점검하기도 했다. 1968. 5. 30

강원도 쌍용시멘트 동해 공장을 시찰하는 박 대통령.
박충훈 경제기획원장관, 김정렴 상공장관과 김성곤,
백남억, 김진만 의원 등이 수행했다. 1968. 5. 23

서소문 슈퍼마켓 개점식에 참석한 박 대통령 내외. 1968. 6. 1

에디오피아 셀라시에 황제 내한

에디오피아 하일레 셀라시에 1세가 한국을 방문했다. 비 때문에 환영식은 공항 2층 대합실에서 열렸다. 1968. 5. 18

김수환 대주교와 환담을 나누는 육영수 여사. 1968. 6. 14

브린디지 IOC위원장이 청와대를 예방했다. 1968. 6. 27

호주, 뉴질랜드 방문

호주 방문 환영식에서 의장대를 사열하는 모습. 1968. 9. 16

뉴질랜드 홀리오크 수상의 영접을 받는 박 대통령. 1968. 9. 20

뉴질랜드 해밀턴시 론스톤 목장 시찰 중 근혜 양이 송아지를 어루만지고 있다. 1968. 9. 21

주민등록제도 도입

박정희 대통령이 11월 21일 오전 11시 종로구 자하동사무소에 나와 증명사진 3장을 내고 지문을 찍은 뒤 주민등록증을 발부받았다. 번호는 110101-100001(사진)

51회 생신을 맞아 국무위원들의 축하를 받았다. 1968. 9. 30

쌍용시멘트 공장 준공식에 참석. 1968. 10. 31

제주도 개발

해방 후 제주도는 다른 지방과 달리 비극적 시련과 크나큰 고난을 겪게 되었다. 1948년에는 남한 단독정부 수립을 위한 국론을 모으는 과정에서 4·3폭동이 일어나 삽시간에 전 도민을 죽음과 공포의 도가니 속으로 몰아넣었다.(…)

(4·3사태는) 발생 6년 6개월 만에 종식되었다. 때문에 제주도 주민의 소득은 전국 평균의 절반 수준에도 미치지 못하였다. 또한 항만, 전기, 수도, 위생 등 각종 사회기반시설도 지극히 부진하였고, 옛날 그대로의 마을길을 제외하고는 제주도를 일주하는 자갈길이 유일한 도로였다.

1961년 9월 박정희 최고회의 의장은 초도순시 차 처음으로 제주도를 방문하였는데, 체재일정을 연장해가면서 제주도의 실정을 샅샅이 살핀 후 관광개발, 축산, 감귤재배를 진흥시켜 제주도를 개발할 것을 결심했다.

이어 박 의장은 가장 시급한 해상교통의 개선책으로 악천후에도 제주해협을 쉽사리 드나들 수 있는 대형 여객선 투입을 약속하고, 63년 10월 12일 제주~부산 간에 890톤의 역사적인 도라지호를 취항시키고, 두 달 앞서 514톤의 가야호를 제주~목포 간에 운항시켰다.

1961년 9월 21일 착공된 제주~서귀포 간의 제1횡단도로(5·16도로)는 착공 2년 만에 완공, 개통되었다. 이 도로는 제주도의 경제발전과 관광개발의 촉진제 역할을 했을 뿐 아니라, 4시간 30분이나 걸리던 제주와 서귀포 간의 자동차 운행시간을 1시간으로 단축시켜 제주도를 1일 생활권으로 만들었다.

박 대통령이 제주도개발과 관련해서 가장 고심했던 것은 물 문제의 해결이었다. 매년 2, 3회 제주도를 시찰하며 고심하던 박 대통령은 1966년 6월, 어승생(御乘生)지역의 수원개발을 결심하고 이를 강력히 추진했다. 해발 900m의 한라산 서쪽에 위치한 어승생과 구구곡(九九谷)의 샘물을 둑으로 막아 취수하고, 이 물을 아래쪽에 건설되는 저수지에 도수로를 통해 내려 보내 저수하여, 여기서 각 가정에 송수한다는 것이 박 대통령의 구상이었다.

박 대통령은 지하수 개발에 관한 정부의 전문 인력과 장비를 제주도로 총동원시켜 일을 추진했다. 대성공이었다. 제주도 방방곡곡의 물 문제가 일거에 해결된 것이다. 박 대통령은 제주도민의 소득증대 사업으로 축산과 감귤재배에 역점을 둔 결과, 제주도의 축산과 감귤재배는 관광과 더불어 3대 소득사업의 하나가 되었다.

-김정렴 회고록 『아, 박정희』에서

제주도 포도당 공장 준공식 참석 뒤 공장을 둘러보는 박정희 대통령. 1968. 11. 1

제주도에서 구자춘 지사로부터 상황보고를 받았다.
오른쪽은 양정규 의원, 김학렬 경제기획원장관. 1968. 11. 1

'국적(國籍) 있는 교육' 국민교육헌장 반포
"우리는 민족중흥의 역사적 사명을 띠고 이 땅에 태어났다."

우리나라의 교육이 지향해야 할 이념과 근본 목표를 세우고, 민족중흥의 새 역사를 창조할 것을 밝힌 교육지표인 국민교육헌장이 12월 5일 반포되었다.

박 대통령은 6월에 권오병(權五柄) 문교장관에게 각계각층의 의견을 총망라하여 교육장전(教育章典)을 제정하도록 지시했다. 문교부에서는 헌장 제정을 위하여 26명의 기초위원(起草委員)과 48명의 심의위원을 선정하였다. 박준규(朴浚圭)·이만갑(李萬甲)·김성근(金聲近)·정범모(鄭範謨)·이규호(李奎浩)·박희범(朴喜範) 등이 제출한 논문을 토대로 하여 대학교수 20명을 초청, 3회에 걸친 초안 작성 준비회가 마련되었다.

7월에는 청와대에서 대통령 주재로 제1차 심의위원회를 개최하였으며, 박종홍(朴鍾鴻)·이인기(李寅基)·유형진(柳炯鎭) 등이 헌장 초안을 다듬었다. 이 헌장을 국회에 제출하기 전까지 대통령이 주관한 전체회의 4회, 국무총리가 주관한 소위원회의 4회가 개최되었다. 11월에는 정기국회 본회의에서 만장일치로 통과되었으며, 12월 5일 대통령이 직접 선포하기에 이르렀다. 그러나 1994년 김영삼 정권 시절 이 교육헌장이 독재정권을 정당화하는데 사용되었다는 이유로 사실상 폐지했다.

12월 5일 오전 9시 30분 서울 시민회관 대강당에서 국민교육헌장 선포식이 열렸다. 1968. 12. 5

국민교육헌장 전문(全文)

우리는 민족중흥의 역사적 사명을 띠고 이 땅에 태어났다. 조상의 빛난 얼을 오늘에 되살려 안으로 자주독립의 자세를 확립하고, 밖으로 인류 공영에 이바지할 때다. 이에 우리의 나아갈 바를 밝혀 교육의 지표로 삼는다.

성실한 마음과 튼튼한 몸으로 학문과 기술을 배우고 익히며, 타고난 저마다의 소질을 개발하고, 우리의 처지를 약진의 발판으로 삼아, 창조의 힘과 개척의 정신을 기른다. 공익과 질서를 앞세우며 능률과 실질을 숭상하고, 경애와 신의에 뿌리박은 상부상조의 전통을 이어받아, 명랑하고 따뜻한 협동 정신을 북돋운다.

우리의 창의와 협력을 바탕으로 나라가 발전하며, 나라의 융성이 나의 발전의 근본임을 깨달아, 자유와 권리에 따르는 책임과 의무를 다하며, 스스로 국가 건설에 참여하고 봉사하는 국민정신을 드높인다.

반공 민주 정신에 투철한 애국 애족이 우리의 삶의 길이며, 자유세계의 이상을 실현하는 기반이다. 길이 후손에 물려줄 영광된 통일 조국의 앞날을 내다보며, 신념과 긍지를 지닌 근면한 국민으로서, 민족의 슬기를 모아 줄기찬 노력으로 새 역사를 창조하자.

광화문, 41년 만에 제자리 찾아

일본 강점기에 겨레의 비운을 안고 경복궁 구석으로 이전된 지 41년 만에 광화문이 정문 제자리에 복원되어 12월 11일 오전 박정희 대통령을 비롯한 문화계 인사들이 참석한 가운데 문을 열었다.

국립국악원 악단이 「무령지곡」(武寧之曲)을 연주하는 가운데 거행된 복원 준공식에서 박 대통령이 한글로 '광화문'이라고 친히 쓴 현판을 관계관들과 함께 제막했다.

광화문은 1395년에 세워졌다가 임진왜란 때 불탔다. 그 후 대원군에 의해 중건됐으나 1927년 일제가 총독부 청사를 신축하면서 건춘문(建春門) 북쪽으로 옮겨진 뒤 6·25전쟁 당시 지붕 몸체부분이 완전히 파괴되었다.

41년 만에 제자리에 복원하면서 박 대통령이 한글로 쓴 현판으로 대체되었다. 그러나 이 '광화문'은 노무현 정권 때 시멘트로 지어졌다는 등의 이유로 헐리고 다시 한자로 쓴 '光化門' 현판을 달아 복원했다. 1968. 12. 11

"시간이 없다. 자주국방만이 우리의 살 길이다."

박 대통령은 김정렴 당시 비서실장으로부터 미 7 사단뿐만 아니라 앞으로 5~6년 사이에 모든 미군을 한국에서 철수한다는 계획이 추진 중이라는 보고를 받고 한참 동안 말이 없었다고 한다.

김정렴 비서실장의 회고록에 의하면, 잠시 침묵이 흐른 뒤 박 대통령은 "미국 측 방침에 일희일비하는 처지를 빨리 초월해야 한다. 자주국방만이 우리가 살길이다. 자주국방에는 막대한 내·외자가 소요되므로 경제가 잘 되어야 하며, 첨단 정밀무기는 고가이므로 외화는 신종 고성능 무기 도입에만 충당하고 전통적 기본무기는 하루 빨리 국산화해야 한다"고 지시했다고 한다.

주한미군 완전철수가 앞으로 5~6년 후에 일어난다고 가정한다면 시간이 촉박하다. 그래서 박 대통령은 앞으로 2~3년간이 국가안보상 중대한 시기라고 했다. 2~3년 사이에 방위산업을 육성하고 국군의 현대화를 끝내야 한다는 뜻이었다.

- 오원철 전 청와대 경제2수석의 홈페이지에서

박 대통령의 1968년 연설 모습. 이듬해에 쓴 '싸우면서 건설하자'는 휘호처럼 조국 수호에 대한 의지가 그 어느 때보다 강한 시기였다.

'일면 국방, 일면 건설'

"금년은 우리민족이 정체와 굴욕을 박차고 조국 근대화를 향해 전진을 시작한 1960년대를 결산 짓는 해이며, 또한 민족중흥을 기약하는 대망의 70년대를 준비하는 해이며, 제2차 5개년 계획의 3차 연도로서 우리민족에 있어서는 실로 역사적으로 중대한 해가 되겠다.

그러나 그에 앞서 보다 더 중요한 것은 금년이야말로 우리 모든 국민이 '싸우며 건설하자'는 각오와 신념을 더욱 굳건히 하고 '일면 국방, 일면 건설'에 우리 민족의 저력을 발휘할 해인 것이다."

– 신년사에서

처음 실시되는 서울 시내 중학교 무시험 추첨 광경. 추첨기를 돌려 나온 번호에 따라 해당 학교에 입학하게 된다. 1969. 2. 6

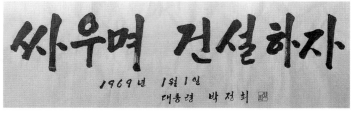

신년 휘호.

세 자녀(근혜, 근영, 지만)가 눈 쌓인 청와대 뒤뜰에서 눈사람을 만들며 노는 모습을 박 대통령이 찍었다. 1969. 1. 31

연두 기자회견에서 3선 개헌 여운 남겨

박정희 대통령은 1월 10일 청와대에서 연초 기자회견을 갖고, 자주국방 태세의 강화와 경제의 지속적인 고도성장 및 경제체질의 개선이 새해의 시정 방침이라고 밝혔다.

박 대통령은 이를 위해 ①예비군의 장비강화 ②어민 소득증대 사업의 추진 ③수출증대 ④전략산업의 육성 ⑤전력(電力)개발과 수송력 강화 ⑥중소기업의 육성에 행정력을 집중시키겠다고 말했다.

박 대통령은 또 개헌에 대해 "특별한 사유가 없는 한 임기 중에는 고치지 않아야겠다는 것이 내 심경"이라고 말하면서도 "꼭 개정할 필요가 생긴다 하더라도 연말이나 내년 초에 다루어야 하지 않겠느냐"고 말함으로써 개헌 논의의 여지를 남겨두었다.

연두 기자회견에 세 손가락을 펴보이며 새해 시정방침을 설명하고 있다.

정부는 가정의례에 있어 허례허식을 일소하고 의식절차를 간소화하여 건전한 기풍을 조성하기 위해 1월 16일 가정의례준칙에 관한 법률을 제정하였다. 이 때 결혼 청첩장, 부고장, 결혼피로연 등이 일체 금지되고 장례도 3일로 제한되었다. 가정의례준칙에 서명하는 모습. 1969. 3. 3

국토통일원 발족

국토통일원이 3월 1일 남산 자유센터에 마련된 새 청사에서 발족됐다.

박정희 대통령은 이날 유시를 통해 "통일원은 관민(官民)을 망라한 통일역량 집결의 모체가 돼야한다"고 말했다. 신태환(申泰煥) 통일원장관은 "민족의 지상과업인 조국통일을 위해 전 직원이 전력을 다 할 것"을 다짐했다.

자유센터에 마련된 신청사에서 거행된 통일원 개원식에 참석한 박 대통령이 국토통일원 현판을 걸고 있다. 왼쪽이 신태환 장관. 1969. 3. 1

여주 서북쪽 90고지에 마련된 VIP 관망대에서 정일권 국무총리, 찰스 H. 본스틸 유엔군 사령관과 함께 한미합동 Focus Retina 공수작전을 참관했다. 1969. 3. 17

남산터널 제2호선 기공식에 참석하여 발파 버튼을 누르고 있다.
1969. 4. 21

24회째 맞는 식목일에 서울 영등포구 등촌동 입구에서 제2한강교에 이르는
김포가도에 가로수로 수양버들을 심었다. 1969. 4. 5

무허가 판잣집을 철거하고 그 위에 건립한 금화시민아파트 준공식에 참석해 단지를 둘러보는 박 대통령. 1969. 4. 21

충무공 이순신 탄신 424돌을 맞아 아산 현충사 중건 준공식에 참석한 뒤 활터에서 활을 쏘는 박 대통령. 1969. 4. 28

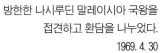

방한한 나시루딘 말레이시아 국왕을
접견하고 환담을 나누었다.
1969. 4. 30

당인리발전소 5호기 준공

우리나라 최대의 발전기인 당인리 발전소 5호기가 4월 25일 준공되었다. 시설용량 25만kw인 5호기는 아주토건이 시공, 99억 원을 들여 20개월 만에 준공된 것으로 이 발전기 하나만으로 서울지구 전력수요의 8할을 공급하게 된다.

당인리 화력발전소 5호기를 시찰하는 박 대통령 내외. 1969. 3. 29

방한한 구엔 반 티우 베트남 대통령 내외가 청와대를 예방했다. 1969. 5. 27

중앙청 홀에서 열린 만찬회에서 티우 대통령과 담소하는 모습. 가운데가 이효상 국회의장. 1969. 5. 27

"울산공업단지 외곽에 방책을 구축하라."

울산공업단지 조성지를 시찰 중 "북괴 무장공비가 울산공업단지를 목표로 침투해올 가능성이 있으며 따라서 단순히 보초병의 경비에만 맡기지 말고
공업단지 외곽 전체를 연결하는 방책을 구축하라"고 지시했다. 1969. 5. 9

호남지역 공업화를 강력히
추진하라는 박 대통령의 지시를
1면 톱 사이드 기사로 다룬
〈조선일보〉. 1969. 6. 4

호남 공업화 강력 추진

박정희 대통령은 6월 3일 호남정유공장 준공식에서 치사를 통해 "호남고
속도로가 내년에 기공되고 이것이 부산까지의 남해안고속도로와 이어지
면 여수지방은 좋은 항구와 더불어 울산에 못지않은 공업단지가 이루어질
것"이라고 말했다.

박 대통령이 밝힌 호남 공업화 구상의 내용은 첫째, 여수에 33만 톤 규모
의 비료공장을 1975년까지 세운다. 둘째, 대규모 시멘트 공장과 나프타 분
해공장, 화학섬유 및 농수산물 가공공장을 적극 유치하여 광주와 전주, 군
산 등지와 연결하는 호남공업지대를 형성한다는 것이었다.

이를 위해 ①920만 달러의 호남정유 차관으로 여수항 축항공사 ②호남
선 복선 계획을 1973년까지 완료 ③호남고속도로를 1972년까지 완공 ④여
수화력발전 제1호기와 제2호기를 1971년도와 1973년도에 각각 완공 ⑤공
업용수 개발을 적극 추진할 것-이라고 밝혔다.

권농일을 맞아 농촌진흥청 시험 논에서 4H클럽 청소년들과 함께 모심기를 했다.
1969. 6. 10

춘궁기 해결하고 농촌의 과학화 이뤄

박정희 대통령은 재임 중 농촌 잘 살기운동을 경제개발의 최중점 사업으로 추진했다. 이로써 보릿고개, 절량농가, 초근목피로 불리던 농촌의 춘궁기(春窮期)를 해결하고, 과학화를 통해 가난했던 농촌을 잘 사는 마을로 변모시켰다.

우리나라 첫 추기경 김수환

교황 요한 바오로2세는 3월 28일 천주교 서울교구장 김수환(金壽煥) 대주교를 추기경으로 임명했다고 AP통신이 보도했다. 주한교황청 대사 히뽈리토 로톨리 대주교는 신부관에 이 사실을 정식으로 통보했다. 서울교구 이문근(李文根) 부주교는 "한국교계에 이제껏 없던 경사"라며 동료신부들에게 이 사실을 전했다.

박 대통령 내외가 청와대에서 김수환 추기경을 반갑게 맞았다. 오른쪽 끝은 이효상 국회의장. 1968. 7. 1

울산공업단지에 있는 한국알루미늄 공장 준공식에 참석. 한국알루미늄은 연산 1만 5천 톤의 알루미늄 괴를 생산하는 국내 최초의 알루미늄 공장이다. 첫 생산된 알루미늄 판에 사인펜으로 기념 휘호를 적는 박 대통령. 1969. 7. 3

우유소비량 62년 100g,
80년엔 108배로 늘어나

축산흥농
1969년 9월 22일
대통령 박정희

한독 낙농시범목장 준공식에 참석해 젖소를 만지며 활짝 웃는 박 대통령. 1969. 10. 11

양산목장을 시찰하는 모습. 1969. 5. 8

축산 진흥 기틀 마련

박 대통령은 1961년 집권하면서부터 식량의 자급자족과 함께 축산 진흥을 서두를 것을 강조했다. 그 결과 국민 1인당 육류 소비량이 1962년에 2.7kg, 우유 소비량이 100g이던 것이 1980년도에는 육류가 11.3kg으로 늘었고, 우유는 10.8kg으로 무려 108배나 증가되었다. 이는 영도자의 축산 진흥에 대한 확고한 신념과 탁월한 지도력의 결과이다.

– 이근상(李根常) 전 농촌진흥청 축산시험장장

3선 개헌, "국민투표로 신임 묻겠다!"
-부결되면 즉각 퇴진

박정희 대통령은 7월 25일 전국 신문 TV 라디오를 통해 특별담화를 발표, "개헌문제를 통해 나와 나의 정부에 대한 신임을 묻겠다"면서 "개헌안이 국민투표에서 통과될 때는 곧 나와 나의 정부에 대한 신임으로 간주하고, 부결될 때는 국민으로부터 불신임을 받고 있는 것으로 간주하고 나와 나의 정부는 즉각 물러나겠다"고 선언했다. 일본의 주요 신문들은 박 대통령이 개헌에 대해 처음으로 의사를 명확히 했으며, 이제 그의 3선 출마는 확실해졌다고 논평했다.

청와대 대접견실에서 특별 담화를 발표하는 박정희 대통령. 1969. 7. 25

내외신 기자들로 북새통을 이룬 회견장 광경. 1969. 7. 25

'현 대통령에 한해 3선 허용' 개헌안 발의

공화당은 7월 28일 당무회의에서 현 대통령에 한해서만 3선까지 할 수 있도록 하는 내용의 개헌안을 마련하고 박 대통령의 재가를 얻었다.

윤치영(尹致瑛) 당의장서리, 백남억(白南檍) 정책위의장, 오치성(吳致成) 사무총장, 김택수(金澤壽) 원내총무, 장경순(張坰淳) 국회부의장, 김성곤(金成坤) 재정위원장은 이날 오전부터 4시간에 걸친 당무회의를 끝낸 뒤 청와대를 방문, 개헌에 관한 당무회의 결정을 보고했다. 한편 김종필 전 공화당의장도 청와대를 방문하고 나온 뒤 개헌에 대해 회의적인 태도를 보인 구주류 의원들을 설득하기 시작했다.

7월 29일 밤 3선 개헌 발의를 위한 공화당 의원총회 도중 이후락, 김형욱 두 사람의 퇴진을 요구하는 의원들의 요구사항을 박 대통령에게 전달하기 위해 영빈관을 나서는 장경순 국회부의장(왼쪽)과 김성곤 재정위원장. 1969. 7. 29

유진오 총재, "개헌안 국회서 부결될 것 확신한다."

유진오 신민당총재는 7월 29일 박 대통령의 7·25담화를 반박하는 기자회견을 갖고 "3선 개헌은 절대로 국회를 통과하지 못하고 실패로 돌아갈 것을 확신하며, 따라서 국민투표의 기회는 없을 것"이라고 강조했다.

그는 또 "박정희 씨는 신임과 3선 개헌을 결부시켜 국민을 현혹, 위협했는데 신임과 3선 개헌과는 아무 관계가 없다"고 주장하고 "집권당 안에서도 개헌에 반대하는 의원이 많기 때문에 현재로서는 개헌 반대세력이 개헌 저지선인 59명을 훨씬 앞서고 있다"고 밝혔다.

강연장까지 도보로 행진하고 있는
유진오 신민당 총재. 1969. 6. 18

화곡아파트 준공식에 참석한 박 대통령 내외. 1969. 8. 9

경인고속도로 최종 구간 개통식에 참석한 정일권 국무총리. 1969. 7. 21

경부고속도로 공사현장. 1969. 8. 14

인간, 달에 서다

인류 최초의 달 착륙에 성공한 아폴로 11호의 두 비행사 닐 암스트롱과 에드윈 올드린이 달에 성조기를 꽂는 역사적 순간. 1969. 7. 20

국립중앙공보관에서 열린 아폴로
11호 달착륙 실황 사진 및 모형
전시회 개막식에 참석, 포터 주한
미 대사의 안내로 전시장을 둘러보는
박 대통령. 1969. 8. 18

닉슨과 두 차례 정상회담, 방위공약 준수 공동성명

박정희 대통령과 닉슨 대통령은 8월 23일 새벽 샌프란시스코 세인트프란시스호텔에서 두 차례 한미 정상회담을 열고, 주한미군의 계속유지 및 한미방위조약에 의거한 미국의 대한(對韓) 방위공약을 재확인하는 공동성명을 발표했다.

　두 대통령은 미국의 대외군원 감소방침에도 불구하고 한국군 장비개선이 시급함과, 연간 1억 6천만 달러 선의 현 군원수준이 계속되어야 한다는 데 합의했다.

정상회담을 마친후 공동 기자회견을 하는
양국 대통령. 1969. 8. 22

기내에서 이야기를 나누는 박정희 대통령 내외. 1969. 8. 25

세인트프란시스호텔에 특별히 마련된
대통령실에서 비공개 회담을
마치고 난 다음 사진 기자들에게
나란히 포즈를 취한 양국 정상.
1969. 8. 22

만찬장에 들어가기 전 두 정상 내외가
포즈를 취했다. 1969. 8. 22

'3선 개헌 거당적 추진' 공화당 전당대회

공화당은 8월 30일 오전 10시 장충체육관에서 임시 전당대회를 열고, 3선 개헌의 거당적인 추진과 박정희 총재의 신임을 재확인했다. 3천102명의 전국 대의원을 비롯하여 일반 내빈, 당원 등 8천여 명이 모인 이날 대회는 윤치영 당의장서리와 박 총재의 연설을 들은 다음 '개헌을 통한 국민 신임 획득' 등 5개 항목의 결의문을 채택했다.

3선 개헌을 거당적으로 추진키로 한 전당대회에서 당원들과 구호를 외치며 만세를 부르는 박 대통령.

공화당 임시전당대회가 열린 장충체육관에는 박 대통령의 대형 초상화가 걸린 가운데 3선개헌의 거당적인 추진을 결의했다. 1969. 8. 30

일요일 새벽의 기습, 국회 제3별관서 3선 개헌안 변칙통과

9월 14일 새벽 2시 50분, 야당의원 몰래 본회의장을 국회 제3별관 3층 특별위원회실로 옮긴 공화당은 개헌안과 국민투표법안을 변칙적으로 기습통과시켰다. 공화당은 이날 야당의원들이 본회의장에서 농성, 정상적인 표결이 불가능해지자 이같이 장소를 옮긴 것이다. 이날 개헌안 통과에는 새벽회의에 참석한 공화당, 정우회, 무소속의원 122명이 가표를 던졌다.

회의는 새벽 2시 25분 이효상 국회의장의 사회로 열려 먼저 본회의장 변경결의를 한 뒤 미리 배치된 6개의 기표소에서 일제히 개헌안에 대한 투표를 개시, 10분 만에 완료했다. 투표가 끝나자 즉각 개표에 들어가 2시 43분 집계가 끝났으나, 이 의장이 지금이라도 야당의원들에 통고할 것을 종용하며 선포를 늦추고 있다가 2시 50분 가결을 선포했다. 개헌안이 가결되자 즉각 국민투표법안도 상정, 제안 설명만 듣고 토론 없이 만장일치로 통과시켰다.

공화당은 모든 것을 끝낸 뒤 야당의원들이 농성중인 본회의장에 이 사실을 통고, 2시 53분께 신민당 김상현(金相賢)의원이 고함을 지르며 제3별관으로 달려와 투표함을 부수고 의자를 뒤엎으며 통곡했다.

개헌안이 통과된 직후 제3별관에 달려온 김상현 의원이 투표함을 뒤집어 엎었다. 1969. 9. 14

투표하는 공화당 의원들. 1969. 9. 14

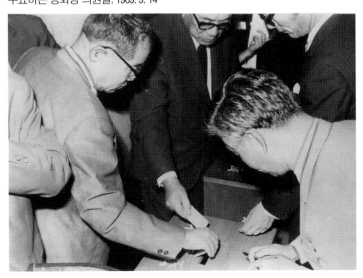

개헌안의 통과를 선포하는 순간.

청주에 들러 정해식 충북도지사로부터 도정보고를 받고
영동의 지하수 공사비, 보은의 하수도 공사비, 청주지역
도로 및 인도 포장 공사비 등을 국고에서 지원하는 방안을
강구하라고 지시했다. 1969. 9. 3

김해 수해지역 시찰에 나서 열차편으로 현지에 도착했다.
뒤에 김택수 의원이 따라 내리고 있다.
오른쪽은 이상열 경호실 수행과장. 1969. 9. 17

박 대통령 내외가 경부고속도로 오산~천안간
개통식에 참석해 테이프를 잘랐다.
1969. 9. 29

개통식에서 샴페인 한 병을 도로에 뿌리며
" 경부고속도로는 가장 싼 값(1km당 약 1억 원)으로
가장 빨리 이룩한 대 예술작품"이라며 감회에
젖은 박 대통령. 1969. 9. 29

현충사를 시찰하는 박 대통령 내외. 1969. 9. 29

착공 7년 6개월 만에 남강댐 완공

남강댐 준공식이 10월 7일 오후 진주 판문동에서 박정희 대통령을 비롯, 김학렬 경제기획원, 조시형(趙始衡) 농림, 이한림 건설, 신태환(申泰煥) 통일원장관과 건설관계자, 현지주민들이 참석한 가운데 열렸다. 낙동강의 홍수를 막고 농공업용수를 공급하면서 1만 2천kw의 발전도 겸하는 이 다목적댐은 진주 판문동과 진양군 나동면 사이를 길이 975m, 높이 21m의 둑으로 연결하고 11km의 인공 방수로(放水路)와 10km의 방파제를 만들었다. 착공 7년 6개월만의 완공이었다.

남강 다목적 댐의 수문이 박정희 대통령의 손으로 처음 열렸다. 오른쪽 끝이 이한림 건설부장관, 왼쪽 끝은 구태회(具泰會) 공화당 의원. 1969. 10. 7

농어촌 전화(電化) 사업, 모든 농가에 전기 가설 시작

박 대통령이 농민을 위하여 실시한 사업 중에서 가장 큰 업적은 전국의 모든 농가에 전기를 가설해준 것이다. 박 대통령이 심혈을 기울인 사업으로 만 15년 동안 계속되었다. 이를 위해 투입된 자금은 926억 원으로, 경부고속도로 건설비 약 400억 원의 2배가 넘는 금액이다. 박 대통령은 1964년 말 서독을 방문했을 때 서독 농민들이 사는 모습을 보고 크게 자극을 받아 돌아오자마자 농어촌 전화사업, 즉 전기 가설사업을 전개했다.
- 오원철 지음 『박정희는 어떻게 경제강국 만들었나』 (동서문화사)에서

남강 다목적 댐 전경. 1969. 10. 7

3선 개헌안 가결

현 대통령에 한해 3선을 허용하는 3선 개헌안이 10월 17일 국민투표에서 압도적 다수표를 얻어 가결되었다. 중앙선관위의 공식 개표결과에 의하면 찬성이 755만 3천589표로 투표수 대비 65.1%를 기록했으며, 반대는 363만 6천369표로 31.3%에 머물렀다. 이로써 3선 개헌안은 압도적으로 가결, 확정되고 박정희 대통령은 국민들로부터 신임을 획득했다.

박 대통령은 국민투표에서 개헌안이 가결된 뒤 담화를 발표, "국민 여러분이 다시 전폭적인 지지로 이 정부를 신임해준데 대해 깊이 감사드린다"면서 "나는 다시 새로운 기분으로 국민 여러분의 여망에 부응하기 위한 국정쇄신에 노력을 다할 것"이라고 다짐했다

한국과학기술원(KIST) 준공

한국과학기술원(KIST) 준공식이 10월 23일 박정희 대통령을 비롯하여 김학렬 경제기획원장관, 김기형 과학기술처장관, 코스반조 유솜 처장 등 내외인사 300여 명이 참석한 가운데 홍릉에 자리 잡은 연구소 광장에서 열렸다. 박 대통령은 치사에서 "KIST가 과학한국의 산실(産室)이 되어 줄 것"을 당부했다.

1965년 박 대통령과 존슨 미 대통령의 공동성명에 따라 66년 2월에 설립된 KIST는 67억 원을 투입, 8만 3천 평 대지에 총건평 1만 2천 평의 건물을 완공했다.

과학기술의 '집현전' 설립

"나는 평소 우리가 살 길은 기술개발 밖에 없다고 생각합니다. 이미 한 말이지만 이번의 연구소(KIST) 사업만은 내가 직접 돌봐주어야 하겠습니다."
"그 옛날 세종대왕께서는 학자들을 집현전에 모아 놓고 한글을 만드셨지만, 우리도 이제 이 연구소에 유능한 과학자들을 모아서 연구하고 기술을 개발해야겠어요."

나는 대통령이 과학기술 진흥에 관해 얼마나 깊은 관심과 희망을 걸고 있는지를 그의 이런 이야기를 통해서도 헤아릴 수 있을 것 같았다.

- 전상근 지음 『한국의 과학기술 개발』(삶과꿈)에서

과학 대통령 박정희

"나는 KIST가 자리를 잡는 데 가장 큰 역할을 한 사람은 박 대통령이라고 생각한다. 설립 후 3년 동안 적어도 한 달에 두 번씩은 꼭 연구소를 방문해 연구원들과 대화를 나눠 연구소의 사회적 위상을 높여 주었고, 건설 현장에 직접 나와 인부들에게 금일봉을 주는 등 각별한 신경을 써주었다. 그리고 장관들의 반대에 부딪칠 때마다 방패막이가 되어 주었다.

국가원수가 자주 연구소에 들른다는 것이 미치는 영향은 상상할 수도 없을 정도로 컸다. 연구소에서 연구하는 사람들의 사기가 극도로 올라가는 것은 당연한 일이고, 연구소를 지원하는 정부 관리의 사고나 행동이 완전히 달라진다."

- 최형섭 회고록 『불이 꺼지지 않는 연구소』(조선일보사)에서

준공된 한국과학기술연구소. 1969. 10. 23

경부고속도로 천안 - 대전 구간 개통

경부고속도로 천안-대전 간 68.6km 구간이 박 대통령의 시주로 개통됐다.

이로써 서울-대전 구간이 완전히 뚫려 4시간 걸리던 주파 시간이 1시간 50분으로 단축됐다.

고속도로 건설 반대론자들

건국 이래 최대 토목공사로 지칭되던 경부고속도로 건설은 내로라하는 건설관계자와 야당의원, 경제학자, 언론 등 대부분이 불가능하다고 반대를 하였다.

자동차도 없는 나라에 고속도로가 웬 말이냐. 놀러 다니는 사람한테나 좋은 일 시키는 거지. 전 국민이 대대손손 빚에 허덕일 거다. 나라를 팔아먹는 매국노와 다를 것이 없다. 돈 내고 길 다니라는 게 말이 되느냐. 사람은 못 다니고 자동차만 다닌다니, 이거 차 안 가진 국민들을 차별하는 것 아니냐. 그 많은 돈을 들여 새 도로를 내느니, 기존도로를 보수하는 편이 합리적이다.

당시 박대통령은 "하면 된다"고 하면서 주위의 반대를 무릅쓰고 불가능을 가능으로 만들었다.

-장원재(張源宰) 숭실대학교 문예창작학과 교수·축구 칼럼니스트

경부고속도로 천안-대전 간 개통식에 참석한 박 대통령. 1969. 12. 10

박정희 대통령이 전북 전주에서 열린 향토예비군 갑호 비상 동원훈련을 시찰하며 동원 예비군과 얘기를 나누고 있다. 1969. 11. 12

양지의 집에서 일선 장병에게 보낼 위문대를 만들고 있는 육영수 여사. 1969. 12. 3

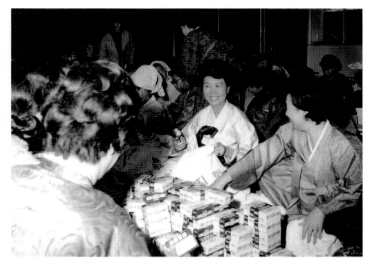

청와대에서 디오리 하마니 니제르 대통령과 무궁화 대훈장 및 니제르공화국 최고훈장을 서로 주고받았다. 1969. 10. 28

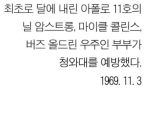

최초로 달에 내린 아폴로 11호의
닐 암스트롱, 마이클 콜린스,
버즈 올드린 우주인 부부가
청와대를 예방했다.
1969. 11. 3

생가를 방문해 큰형님 동희 옹에게 담뱃불을 붙여주는 모습. 1969. 10. 8

아우가 대통령이 돼도 늘 지게를 등에 지고 살아온 농부

아우가 장군이 되거나 대통령이 되어도 박 대통령의 맏형 박동희 옹은 늘 흰 바지저고리에 지게를 등에 지고 살아온 변함없는 농부였다. 아우에게 누가 될까봐 마을에 들어오는 전기조차도 맨 나중에 가설토록 했다.
박 대통령은 1968년 고향집 형님이 중태에 빠지자 주치의를 내려 보냈다. 그것이 박 옹이 누린 특혜라면 특혜였다. 서울구경 한 번 안 가고 논밭에서만 살아온 고향집 지킴이었다. 박 옹은 아우의 첫 번 대통령 취임식 때도 가지 않았고, 두 번째 취임식 때도 몸이 불편하다는 이유로 총무처장관의 초청을 거절했다.

- 김인만 지음 『임자, 막걸리 한 잔 하세』 (바른길미디어)에서

"전국을 1일 생활권이 되게 하겠다."

박정희 대통령은 1일 신년사를 발표, "70년대에는 완전한 자립경제를 꼭 성취하고 국토통일 방안을 적극적으로 모색, 추구해나가겠다"고 말했다.

"오늘 70년도를 맞이함에 있어 나는 국민들과 함께 다시는 지난날의 불안과 혼란이 우리에게 또 있어서는 안 된다는 다짐을 굳게 한다. 70년대에는 자립경제를 꼭 성취하고 1인당 국민소득은 500달러를 훨씬 넘어야 하며 수출은 적어도 50억 달러를 돌파해야 한다. 또 고속도로의 건설과 국토의 종합적 개발로 모든 곳이 우리의 1일 생활권이 되게 하고 균형 있는 지역개발을 도모하여 도시와 농촌의 격차를 좁혀야 하며, 연간 100억 달러의 물

삼일절 기념식에서 경축사를 하는 모습.

자가 연안 항구를 통해 나가고 들어올 수 있는 항만시설과 해운능력을 갖춰야 한다. 또 농촌에서는 기와로 개량되지 않은 지붕을 찾아볼 수 없도록 하고, 모든 사람들이 일자리를 가질 수 있게 해야 한다."

제주도의 감귤 농장을 돌아본 뒤 "억 개의(수많은) 감귤이 열려 국민들이 고루 먹을 수 있었으면 좋겠다"는 뜻을 담아 쓴 신년 휘호 '억령위민'.

제주화력발전소 준공

준공식에 참석한 박 대통령.
1970. 3. 20

제주화력발전소가 3월 20일 박정희 대통령이 참석한 가운데 준공식을 가졌다. 제주화력발전은 제주도의 종합개발을 뒷받침하기 위해 일본의 동양면화(棉花)회사의 차관 238만 8천 달러와 내자 9억 6천117만 원을 들여 68년 3월에 착공, 예정보다 3개월 앞당겨 이날 준공됐다.

포항종합제철 착공식

우리나라 최초의 종합제철공장인 포항종합제철공장 기공식이 4월 1일 경북 영일군 대송면 동촌동 현지에서 박정희 대통령, 김학렬 경제기획원장관 등이 참석한 가운데 열렸다. 조강(粗鋼) 베이스로 연산 103만 톤 규모의 이 공장은 대일청구권자금 7천300만 달러와 일본수출입은행 차관 5천만 달러 등 총 1억 2천300만 달러의 외자와, 230억 원의 내자를 비롯 도합 600여 억 원을 들여 일본 기술진에 의해 착공되었다.

박 대통령은 이날 치사에서 "공업국가를 건설하기 위해서는 철강, 시멘트, 비료, 전력, 석탄 등 기간산업을 우선적으로 개발하여야 하며 이중에서도 철강공업의 육성이 가장 중요하다"고 말했다.

실패하면 '우향우, 영일만 바다로!'

1969년 12월 포항종합제철 공사현장에서 박태준 사장은 황량한 모래벌판에 사원들을 모아놓고 이렇게 외쳤다. "우리 국민의 혈세로 짓는 제철소입니다. 실패하면 조상에게 죄를 짓는 것이니 목숨 걸고 일해야 합니다. 실패란 있을 수 없습니다. 실패하면 우리 모두 '우향우' 해서 영일만 바다에 빠져 죽어야 합니다."

- 이대환 지음 『박태준』 (현암사)에서

포항종합제철공장 기공식에서 기공 버튼을 누르는 박태준 사장, 박 대통령, 김학렬 경제기획원 장관(왼쪽부터). 1970. 4. 1

호남고속도로 기공식

전북 완주군 도촌면 용정리에서 열린 호남고속도로 기공식(대전-순천)에 참석했다. 왼쪽부터 이한림 건설부 장관, 박 대통령, 장경순 의원, 윤제술 의원. 1970. 4. 15

한강대교 개통식에 참석한 박 대통령 내외. 1970. 5. 6

국립묘지 현충문에 시한폭탄, 박 대통령 암살 시도

대간첩대책본부는 6·25전쟁 기념식 사흘 전인 6월 22일 새벽 3시 50분쯤 북괴 무장공비들이 서울 동작동 국립묘지에 잠입, 현충문에 시한폭탄으로 보이는 폭발물을 장치하려다 실패하여 그 중 1명이 현장에서 폭사하고 잔당은 도주했다고 발표했다.

이 사고로 현충문 후문 중앙부 처마의 서까래 2개와 부연 6개, 기와 20여 장이 파손됐다. 로프를 타고 지붕에 올라가 폭탄을 장치하던 공비 1명은 폭파지점에서 서쪽으로 약 10m 떨어진 잔디 위로 날아가 팔 다리가 잘린 채 죽어 있었다.

군 당국은 현장에서 소련제 권총 1정, 실탄 32발, 4각 모양으로 짠 로프와 보자기, 현금 12만 원 등이 발견됐다고 발표했다.

세 차례 박 대통령 암살 기도

북한에 의한 박 대통령 암살 기도는 드러난 것만 세 차례나 된다. 처음은 1968년 1월 21일에 일어난 북한 대남 특수공작부대(124군 부대)의 청와대 습격사건이다. 대통령 살해를 목적으로 편성된 이 부대는 휴전선을 넘어와 청와대를 200여 미터 앞둔 지점에서 우리 경찰 및 군에 발각되어 교전 끝에 궤멸되었다.

두 번째는 국립묘지 현충문에 시한폭탄을 설치하려다 실패한 사건이고, 세 번째는 1974년 8월 15일 광복절 경축식장에서 벌어진 재일교포 문세광에 의한 저격사건이다. 이 때 박 대통령은 무사했으나 육영수 여사가 흉탄에 맞아 서거했다.

파손된 현충문 사진과 함께 박 대통령 암살 미수사건을 보도한 신문기사. 1970. 6. 23

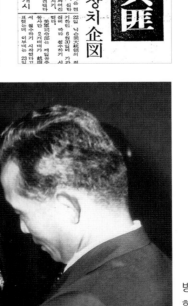

방우영 〈조선일보〉 사장이 한국신문 협회 부회장 자격으로 민주언론 육성에 이바지한 공로로 국민훈장 모란장을 받았다. 1970. 6. 8

경부고속도로 개통, 재임 중 9개 고속도로 건설

경부고속도로가 7월 7일 드디어 개통됐다.

박정희 대통령이 이날 오전 9시 30분 대전 인터체인지에서 대전~대구 간 마지막 완공구간의 개통테이프를 끊음으로써 428km의 경부고속도로가 완전히 열렸다. 테이프 커팅에 이어 박 대통령과 각료 전원, 입법 사법부 요인, 경제계 인사 등 700여 명의 축하객들은 대구까지 152km의 시주(試走)에 들어갔다. 9시 55분엔 금강교 앞 언덕위에 세워진 고속도로 순직자 77명의 위령탑이 박 대통령에 의해 제막됐다.

박 대통령은 이날 대구 공설운동장에서 거행된 경부고속도로 준공기념 시민대회 치사에서 "경부고속도로는 민족의 피와 땀과 의지의 결정(結晶)이며 민족적인 대(大)예술작품"이라고 말하고 "이 도로는 조국 근대화의 상징적 도로이자 남북통일에 직결되는 도로이며, 우리 역사상 가장 거창한 역사(役事)"라고 덧붙였다. 박 대통령은 재임 중 경인, 경부, 호남, 남해, 영동, 동해, 구미, 언양, 부마 등 모두 9개 고속도로를 건설하여 전국을 1일 생활권으로 묶었다.

전장 428km의 서울 – 부산 간의 경부고속도로가 드디어 개통되었다.

대전인터체인지에서 열린 경부고속도로 개통식. 박 대통령 내외와 이한림 건설부장관이 참석했다. 1970. 7. 7

박정희 대통령이 경인고속도로 개통식에서
막걸리를 뿌리고 있다. 1968. 12. 21

"조국 근대화의 길이며 국토통일의 길이다."

1967년 11월 7일, 청와대에서 각료들과 공화당 당무위원들이 참석한 당정협의회의가 열렸다. 경부고속도로 건설 내용은 바로 이 자리에서 주원(朱源) 건설부장관에 의해 보고되었다. 그해 4월 29일 박정희 대통령이 대선 공약으로 경부고속도로 건설을 발표한 이래 7개월 만에 정책으로 구체화된 것이다.

이날 주 장관이 1972년에서 1976년까지 서울~대전 간 고속도로 완성 계획을 브리핑하자 박 대통령이 "재원은 어떻게 마련하나?"고 물었다. 주 장관은 유류세와 자동차세를 도로건설 특별회계로 돌리면 가능하다고 대답했다.

"그렇지, 경제기획원장관, 재무부장관 들었소? 자동차 관련 세금으로 고속도로 닦는 거요. 알겠소?" 박 대통령은 회의에 참석한 두 장관에게 그렇게 지시를 내린 후 한 마디 덧붙였다. "그러면 대전까지 할 게 아니라 아예 부산까지 그으시오!" 428km 경부고속도로의 출발점과 종착점이 결정되던 역사적인 순간이었다.

추풍령에 세워진 경부고속도로 준공 기념비.

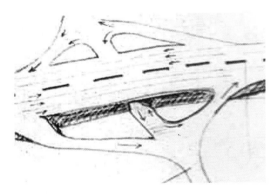

박 대통령이 직접 스케치한 고속도로 계획안.

경부고속도로 준공 기념탑 비문

우리는 세계 고속도로 건설사상
가장 짧은 시간에 이루어진
이 고속도로를 자랑하기 위하여
서울~부산 간 고속도로(428km)의
중간(서울 기점 214.22km)이며 가장 높은
이곳 추풍령(240.5m)에 건설과 번영을 상징하는
높이 30.8m의 탑을 세운다.
서울~부산 간 고속도로는
조국 근대화의 길이며
국토 통일의 길이다.

1970년 7월 7일
대통령 박정희

청와대 집무실이 온통 지도로 덮여

윤영호 전 국가기간고속도로 계획조사단원은 계획과 설계, 시공 등 경부고속도로 건설 전반의 의사결정 과정에 직접 참여한 증인이다. 1967년 육군본부 소속 대령(공병 병과)이던 그는 당시 박 대통령의 호출을 받고 청와대 파견을 나가 전국을 누비며 고속도로 계획노선을 일일이 확인하는 작업을 도맡았다.

그는 "청와대 집무실 벽에는 온통 지도가 가득했고, 박 대통령이 장관과 시·도 지사를 불러 자신이 직접 지도 앞에서 노선을 설명하기도 했다"고 그 시절을 회고했다.

UPI통신의 마이클 켄 기자는 경부고속도로 개통 기사에서 "불사조 한국이 이제 전쟁의 잿더미에서 빠져나가고 있다. 고속도로 건설로 한국은 엄청난 경제발전을 이룰 수 있을 것이다"고 전망했다.

> ### "우리를 미치도록 일하게 만든 대통령, 공사현장에 빈손으로 온 적이 없었다!"
>
> "박 대통령은 5만분의 1 지도에다 서울부터 부산까지 연필로 노선을 직접 그려가며 일일이 지시를 내렸죠. 지형의 높낮이에 따라 노선을 설계하는 게 쉬운 일이 아닌데 말이지요."
> "박 대통령은 절대 현장에 그냥 오는 법이 없었어요. 항상 점퍼나 격려금 같은 선물을 가져와 직원들의 사기를 높여주곤 했지요. 이런 것들이 우리가 미치도록 일하게 만든 힘이 되었습니다."
>
> - 방동식(당시 소령·건설공사 기획담당관)

수시로 고속도로 공사 현장에 내려와 작업지시를 하는 박 대통령. 1968. 7. 9

개통식에 이어 시주하는 대통령 일행. 1970. 7. 7

남산 어린이 회관 개관

어린이들의 꿈의 궁전인 남산 어린이회관이 7월 25일 개관됐다. 육영수 여사, 윤치영 공화당 의장서리, 곽상훈(郭尙勳) 전 민의 원의장, 김성곤 의원, 양택식(梁鐸植) 서울시장 등이 함께 개관 테이프를 끊었다. 박정희 대통령도 정오 무렵 현장에 도착, 전관 을 두루 살폈다.

　19층 매머드 건물로 지어진 회관엔 과학실, 체육관, 오락실, 수영장, 전망대, 도서관, 생활교실, 미술실, 음악실, 공작 공예실, 과학오락실, 천체과학실 등을 두루 갖춰 놓았다.

어린이회관 개관 기념 우표.

어린이회관을 개관하고 창밖으로 서울 시내를 내려다 보는 박 대통령과 곽상훈 전 민의원의장.

무지개극장에서 열린 개관 기념 잔치에 들어가려고 몰려든 어린이와 학부모들.

남산 제1호 터널 개통으로 서울 강남북 간 거리를 3km나 단축시키고 서울 중심부 의 교통량 분산에 큰 보탬이 되었다. 1970. 8. 15

어린이 회관 개관 테이프를 끊는 육영수 여사.

"민주주의와 공산독재, 어느 체제가 더 잘 사는지 경쟁하자."
- 8·15경축사

박정희 대통령은 8월 15일 중앙청 광장에서 열린 광복 25주년 기념식에 참석, 경축사를 통해 평화통일의 기반조성을 위한 접근방법에 관한 구상을 발표했다. 박 대통령은 "북괴가 무장공비 남파 등 모든 전쟁 도발행위를 즉각 중지하고, 소위 무력에 의한 적화통일이나 폭력혁명에 의한 대한민국의 전복을 기도해온 종전의 태도를 완전히 포기하겠다는 점을 명백히 내외에 선언하고, 이를 행동으로 실증할 때"를 전제, "이러한 우리의 요구를 북괴가 수락, 실천하고 있다는 것을 우리가 확실히 인정할 수 있고, 또 유엔에 의해 명백히 확인될 경우 나는 인도적 견지와 통일기반조성에 기여할 수 있으며, 남북한에 가로놓인 인위적 장벽을 단계적으로 제거해 나갈 수 있는 획기적이고 보다 현실적인 방안을 제시할 용의가 있다"고 밝혔다.

박 대통령은 또 "북괴가 한국의 민주, 통일, 독립과 평화를 위한 유엔의 노력을 인정하고 유엔의 권위와 권능을 수락한다면, 유엔에서의 한국문제 토의에 북괴가 참석하는 것도 굳이 반대하지 않을 것"이라고 선언했다. 이에 덧붙여 북괴에 대해 "더 이상 무고한 북한 동포들의 민생을 희생시키면서 전쟁준비에 광분하는 죄악을 범하지 말고 보다 선의의 경쟁, 즉 민주주의와 공산독재의 그 어느 체제가 국민을 더 잘 살게 할 수 있는 여건을 가진 사회인가를 입증하는 개발과 건설과 창조의 경쟁에 나설 용의는 없는가?"고 물었다.

광복 25주년 기념식에서 평화통일에 관한 구상을 발표했다.
1970. 8. 15

박 대통령 내외가 서울역 고가도로 개통식에 참석했다.
1970. 8. 15

'설(說)'이 '현실'로 바뀐 주한미군 감축

포터 주한 미국 대사가 중앙청에 들러 정일권 국무총리를 만난 뒤 나오고 있다. 1970. 7. 8

사이공에서 베트남전 참전국 외무장관 회의에 참석하고 7월 8일 밤 귀국한 최규하 외무부장관은 "지난 5일 사이공에서 있은 로저스 장관과의 회담에서 주한미군 감축에 대한 미국정부의 계획과 희망을 청취했다"고 밝혔다.

그는 "주한미군 감축에 대한 정부의 대책은 지금 밝힐 단계가 아니다"라고 말하고 "이것은 만일 한미 양국이 감축문제에 대한 협의를 할 때 미국정부가 제시한 안을 놓고 충분히 협의를 거쳐 밝힐 문제"라고 지적했다.

이에 앞서 정일권 국무총리는 6일과 8일 두 차례에 걸쳐 포터 주한 미국대사의 예방을 받고 미군감축에 따른 한국방위를 위한 한미 협조체제 강화방안을 논의했다. 이로써 그동안 정부의 강력한 부인으로 '설(說)'의 단계에 그친 주한미군 감축이 움직일 수 없는 현실문제로 바뀌었다.

후손들에게 자랑스런 유산을

"앞으로 10년, 이 시기는 정녕 근대화의 마지막 기회이며 우리가 이 기회를 놓친다면 우리는 영영 낙후와 빈곤의 굴레에서 벗어날 수 없을 것입니다. 우리는 자력개화(自力開化)에 실패했던 100년 전, 우리 조상들의 전철을 다시 밟지 말자는 역사적 자각과 우리의 후손들에게 자랑스러운 유산을 물려주자는 결의를 새로이 하여 이에 착수한 조국근대화의 작업을 기필코 완수하여야 하겠습니다."

－1970년 지역별 해외공관 수출진흥회의 치사에서

미 지상군 일부 철수, 팬텀 비행단 상주
- 애그뉴 부통령 방한

스피로 T. 애그뉴 미국 부통령이 닉슨 대통령의 특사자격으로 8월 24일 오후 특별기편으로 내한했다. 애그뉴 부통령은 도착성명을 통해 "본인이 이곳에 온 목적 중 가장 중요한 것은 한국에 대한 우리의 공약과 관련하여 미국이 귀국의 군사력을 실질적으로 현대화하기 위해 추가 군사원조를 제공할 의도라는 것을 여러분에게 다짐하는데 있다"고 말했다.

그는 또 "닉슨 대통령은 이번 방한에서 상호방위조약에 포함된 약속의 중요성을 여러분께 재확인하도록 본인에게 부탁했다"고 전하고 "한국의 자유를 돕기 위한 우리의 계속적인 노력의 일환으로 지상군 감축 대신 전술전투기 F-4 1개 비행단을 이동하여 한국에 주둔시키기로 결정했다"고 밝혔다.

공식 만찬장으로 입장하는 박 대통령과 엘살바도르 대통령 내외. 1970. 9. 28

애그뉴 미국 부통령을 접견하는 박정희 대통령. 1970. 8. 24

5년만의 여야 영수회담

유진산(柳珍山) 신민당 당수는 박정희 대통령의 초청으로 8월 29일 오전 10시부터 4시간동안 청와대에서 영수회담을 가졌다.

회담에서 두 영수는 ①주한미군 감축을 둘러싼 안보문제 ②애그뉴 미 부통령 방한에 따른 한미관계 ③8·15경축사에서 밝힌 통일 방안 ④유진산 당수의 월남방문 소감 등 국정전반에 관해 광범위하게 협의했다. 이 자리에서 박 대통령은 우선 애그뉴 부통령과의 회담을 중심으로 주한미군 감축문제와 관련, 정부의 입장과 대비책을 설명했다.

공화, 신민 양당은 영수회담 결과에 따라 조만간 중진회담을 열어 선거법개정 등 여야 간에 걸려 있는 현안의 일괄타결을 시도키로 했다.

이날 영수회담은 1965년 7월 한일협정 비준파동 때 박 대통령과 당시의 민중당 대표 박순천(朴順天) 여사가 만난 뒤 처음으로 이루어진 것이다.

박 대통령이 인천제철 준공식에 참석, 관계자의 설명을 듣고 있다. 1970. 10. 6

청와대에서 5년여 만에 이뤄진 여야 영수회담. 1970. 8. 29

박대통령, '기적의 볍씨' 첫 추수

박정희 대통령은 10월 5일, 수원 농촌진흥청 시험 논에서 3부 요인들과 함께 잘 여문 기적의 볍씨 'IR667'을 첫 수확했다.

박 대통령은 이날 벼 베기 대회에서 치사를 통해 "우리나라는 인구의 반이 농촌에 사는 농업국인데 아직까지도 식량의 자급자족을 못한 채 해마다 상당한 식량을 수입하고 있는 것은 부끄러운 사실"이라고 지적, 농민의 자조적인 노력으로 식량증산을 꾀하도록 당부했다.

기적의 볍씨

진짜 '기적의 볍씨'가 나온 것은 1971년이다. 서울대 허문회 교수가 일본·대만 벼를 교배해 만든 통일벼 'IR667'이 그 주인공이었다.

보통 벼는 이삭 당 낱알이 80~90개였지만 통일벼는 120~130개나 됐다. 당시 상황을 논픽션으로 기록한 『라이스 워』(이완주 지음)에는 "석 섬 나던 논에서 통일벼는 닷 섬이 났다"고 적고 있다. 생산량이 40%나 늘어난 것이다.

키가 작고 줄기가 단단해 잘 쓰러지지도 않았다. 덕분에 쌀 자급 달성(76년), 쌀 막걸리 탄생(77년), 대북 쌀 지원(77년) 등이 가능했다. 교육과학기술부와 한국과학기술기획평가원이 국가 연구개발 50년 10대 성과 사례를 발표할 때 '통일벼 개발'은 단연 첫째로 꼽혔다.

다만 푸석푸석한 맛이 흠이었다. 통일벼는 한국인이 좋아하는 찰진 맛이 덜했다. 당시 박 전 대통령은 '통일밥상 시식회'에 참석해 이런 맛 시비를 잠재웠다. 색깔도 밥맛도 좋다며 '박정희'라고 서명해버린 것. 그 다음부터 아무도 통일벼의 밥맛에 대해 시비하는 사람이 없었다. 통일벼는 주곡 자급이라는 위업을 달성하고 90년대 들어 사라졌다.

수원 농촌진흥청 시험 논에서 벼베기를 하는 모습. 1970. 10. 5

유관순 열사 동상 제막식에 참석한 박 대통령 내외. 1970. 10. 12

행주산성 보수공사 준공식 때의 광경. 1970. 11. 10

신사임당 동상 제막식에 참석하여 주
변을 둘러보는 모습. 1970. 10. 4

보수를 마친 도산서원 전경. (사진 오른쪽)
도산서원 보수공사 준공식에 참석한 박 대통령이
환영나온 주민들에 손을 번쩍 들어 답했다. 1970. 12. 8

정부종합청사 준공식에 참석하여
"조국 근대화의 신앙을 가지고 일하고
또 일했다…"고 자신이 직접 쓴 글을
살펴보고 있다. 1970. 12. 23

호남고속도로(대전 - 전주) 개통

박정희 대통령 내외는 12월 30일 호남고속도로 대전-전주 간 개통식에 참석하여 테이프를 끊었다. 박 대통령은 개통식 후 "이리, 전주가 상호 연관성을 가지는 공업도시로 발전할 수 있는 방안을 강구하라"고 이환의(李桓儀) 전북지사에게 지시했다.

박 대통령은 또 이리공업단지 조성작업이 40% 가량 진전되었다는 이 지사의 보고를 받고 "이 지역에 공장을 많이 유치하도록 노력하라"고 당부했다.

호남고속도로 대전-전주 간 개통식에 참석한 박 대통령 내외. 1970. 12. 30

"그 분이 땅이 있습니까,
돈이 있습니까?"

근대화 시대의 대표적인 기업인 정주영은 박정희를 이렇게 말하고 있다.

"그 분이 땅이 있습니까, 돈이 있습니까? 장기 집권할수록 부패하기 쉬운데 우리는 그 정반대의 경우를 그 분에게서 보았습니다. 아울러 통치자가 청렴결백할수록 나라는 더욱 부강해진다는 것도 배웠습니다."

박정희는 정주영에게 '一勤天下無難事'(일근천하무난사= 한결같이 부지런히 일하면 세상에 어려울 것이 없다)라는 휘호를 써준 일이 있다. 또 정주영은 자택 거실에 '淸廉勤'(청렴근)이라는 내용의 대통령 휘호를 걸어놓고 있었다면서 그 휘호를 설명했다.

"평소 그 분의 생활태도나 정치가로서의 신념이 나타나있다고 생각합니다. 그 분은 사리사욕으로 장기 집권한 것도 아닙니다. 나라는 부강시키고 기업도 성장시켰지만 자손에게는 남긴 것이 없지 않습니까. 오로지 나라와 민족을 위해 일한 것입니다."

– 김인만 지음 『임자, 막걸리 한 잔 하세』에서

지방의 공사현장을 시찰하며
지시를 내리는 모습.

새해를 맞아 청와대가 공개한 대통령 내외 사진.

혼란없는 안정속에
중단없는 전진을

1971년 1월1일
대통령 박정희

신년휘호.

박 대통령은 신해(辛亥)년 새아침 9시부터 11시30분까지 3부 요인과 외교사절, 여야 정치인, 군 지휘관 및 일반인들의 하례를 받았다. 1971. 1. 1

"북괴가 오판할지 모른다."

박 대통령은 신년사를 통해 "모든 전쟁준비를 완료하고 초조하게 무력 적화통일의 기회만을 노리는 북괴가 정세를 오판한 나머지 또다시 6·25동란과 같은 참화를 일으킬 가능성이 많다는 것을 고려한다면, 올해부터 앞으로 2, 3년간이 국가안보상 중대한 시기가 될 것"이라고 예상했다. 그런 다음 "그러나 나는 이 시기가 결코 위기라고 보지 않으며, 이것은 우리가 언젠가 한 번은 겪어야 할 하나의 시련이며 이 정도의 시련은 우리의 자주적인 노력으로 능히 극복할 수 있어야 하고, 또 그렇게 할 수 있다고 굳게 믿는다"고 말했다.

주월 한국군 단계적 철수 검토

박정희 대통령은 1일 중앙청 제1회의실에서 연두기자회견을 갖고 "북괴는 닉슨 독트린과 결부시켜 이 지역에 힘의 균형이 깨어지고 우리에게 허점이 생겼다고 판단할지 모른다"고 경고하면서 "앞으로 2~3년이 우리 안보를 위한 시련기가 될 것이니만큼 최악의 경우에 대비하는 만반의 준비를 갖추어야 한다"고 강조했다.

박 대통령은 또 "주월 한국군의 철수는 월남정부, 참전국들과 협의하여 단계적으로 실시할 것을 검토 중에 있다"고 주월 한국군 철수문제에 대해 처음으로 언급했다.

박 대통령은 이밖에 ①3차 5개년 계획에서는 농업개발에 집중투자하고 수출의 획기적 증대와 중화학공업에 역점을 두겠다. ②국토개발을 위해 국토의 획기적 재편성을 단행하겠다. ③물가안정을 위해 정부미를 6천500원 선에서 계속 방출하겠다는 등 국정전반에 관한 질문에 답변했다.

연두기자회견을 갖고 "주월한국군 철수문제를 비롯, 국정 전반에 관해 언급하는 박 대통령. 1971. 1. 11

연두기자회견이 끝난 뒤 중앙청 A홀에서 기자들과 다과를 나누면서 환담했다. 이 자리엔 국무위원과 공화당 당무위원도 참석, 성대한 파티처럼 되었다. 1971. 1. 11

KAL기 납북(拉北) 모면, 공군기 출동 저지

1월 23일 오후 1시 7분 승객 65명을 태운 대한항공(KAL)소속 F-27기가 수류탄을 터트리며 위협하는 괴한 1명의 납북협박을 받았다. 그러나 조종사의 '납북 중'이라는 보고를 받고 긴급 출동한 공군 F-5A기의 유도와 저지를 받아 1시간 11분만인 2시 18분 강릉 북쪽 53km지점인 고성군 현내면 초도리 해안에 동체(胴體) 착륙했다.

범인 김상태는 기내에서 수류탄 세발을 터뜨리며 덤벼들었으나 착륙 직전 보안관 최천일(27) 씨의 총에 맞아 사망했다. 난투 과정에서 부상당한 수습 조종사 전명세 씨도 서울로 이송 도중 숨졌다. 또한 부조종사와 스튜어디스 등 4명이 중상을, 승객 12명이 경상을 입었다.

수습 조종사 전명세 씨 빈소를 찾아 문상하는 박 대통령. 1971. 1. 24

강원도 고성에 동체착륙한 KAL 여객기. 1971. 1. 23
왼쪽은 KAL기 납치를 다룬 〈조선일보〉 1면. 1971. 1. 24

미 7사단 2만 명 철수, 고별식 참석

한국 주둔 미국 제7사단 고별식 장면. 이에 앞서
최규하 외무장관과 포터 주한 미국대사는 2월 6일
①보병 7사단을 철수하고 보병 2사단을 후방으로
배치하며 전방은 한국군이 담당한다.
②연례 안보협의회를 개최한다. ③한국군의 현대화를
지원한다는 공동성명을 발표했다. 1971. 3. 27

쌍안경으로 한·미군의 프리덤 볼트 작전을 참관하는 모습.
1971. 3. 5

서울대를 동숭동에서 관악산 기슭으로 옮기다

서울대학교 종합캠퍼스 기공식이 4월 2일 신림동 관악산 기슭에서 거행됐다. 박정희 대통령과 민복기 대법원장 등 8천여 명이 참석한 가운데 열린 기공식에서 박 대통령이 발파 스위치를 눌렀다.

박 대통령은 치사에서 "지난 60년대는 강렬한 교육열과 국민적 투자로 국가발전에 기여할 수 있는 무한한 저력과 가능성을 입증했다"고 말하고 "우리는 커다란 국력의 여유를 교육에 재투자함으로써 과학과 문화와 정신면의 신풍을 일으키고, 통일과 중흥을 위해 겨레의 슬기와 힘을 길러나갈 민족의 대학을 키울 수 있는 새로운 시점에 다다랐다"고 강조했다.

한심석(韓沁錫) 서울대총장은 "종합캠퍼스 기공은 서울대가 학문의 대전당으로 발전할 새로운 전기가 되며, 민족문화를 꽃피울 위대한 터전을 마련하는 점에서 온겨레의 감격"이라고 밝혔다.

관악캠퍼스 기공식에 참석, 이훈섭 건설본부장으로 부터 설명을 들었다. 오른쪽 끝부터 홍종철 문교장관, 양택식 서울시장, 이 본부장, 박 대통령, 대통령 뒤 가려진 사람이 한심석 서울대 총장. 1971. 4. 2

충남 금산의 칠백의총 보수 정화 준공식에 참석해 기념식수를 하는 모습. 박 대통령은 재임 중 현충사 제승당, 낙성대, 행주산성, 윤봉길 유적 등 많은 국난 극복 유적을 보수 정화했다. 1971. 4. 13

서울 지하철 1호선 기공

서울 지하철 1호선이 4월 12일 오전 10시 시청 앞 광장에서 박정희 대통령 내외와 양택식 시장, 시민 학생 등 3만여 명이 주시하는 가운데 기공됐다. 박 대통령과 양 시장이 단상에 마련된 버튼을 누르자 대한문 앞에 세워진 5개 파일이 땅을 뚫기 시작, 지하철 건설작업의 첫 고동이 울려 퍼졌다. 1호선 구간은 서울역~청량리 사이의 9.54km. 73년 말 완공돼면 두 지점을 18분에 달려 통근과 통학의 새로운 교통수단으로 등장하게 됐다.

서울지하철 기공식에 참석한 대통령 내외. 1971. 4. 12

양택식 서울 시장의 안내로 지하철 1호선 3공구 공사현장을 시찰했다. 1971. 7. 16

박 대통령, 세 번째 임기에 도전

공화당은 3월 17일 서울 장충체육관에서 대통령 후보지명 전당대회를 열어 제7대 대통령선거에 내세울 당의 후보로 박정희 총재를 만장일치로 지명했다. 이로써 박 총재는 자신의 세 번째 대통령 임기에 도전할 채비를 갖추었다.

박 총재는 후보지명 수락연설에서 "이번 선거야말로 단순한 집권의 문제가 아니라 우리가 피땀으로 이룩한 10년 각고(刻苦)의 토대 위에서 보다 큰 발전과 번영을 이룩하느냐, 아니면 또다시 지난날의 불행과 고통의 함정으로 전락하느냐 하는 중흥의 성패를 판가름하는 것"이라고 지적, "다시 한 번 허리를 졸라매어 개발의 양광(陽光)이 미치지 못한 그늘진 응달구석에 근대화의 광열(光熱)을 불어넣을 수 있는 번영의 균형화 단계로 나가자"고 역설했다.

공화당 제7대 대통령 후보로 지명된 뒤 수락 연설을 하는 박 대통령. 1971. 3. 17

민주공화당 전당대회에 참석한 박 대통령 내외. 1971. 3. 17

제7대 대통령 선거 지원
유세에서 박정희 후보 지지를
호소하는 김종필 공화당 부총재.
1971. 4. 12

거리에 나붙은 선거 벽보 박정희, 김대중, 박기출,
성보경, 이종윤, 진복기, 김철 등이 입후보했다.

대구 수성관광호텔에서 대통령선거를
취재 중인 내외신 기자 120여 명을
위해 리셉션을 베풀고 기자들과
파안대소하는 박정희 후보. 1971. 4. 16

춘천 유세장에서 박정희 후보
지원차 참석한 김종필 씨가 육영수
여사에게 신문으로 접은 모자를
씌워주고 있다.

박정희 - 김대중, 대도시에서 치열한 '집권공방'

박정희 후보의 대전 유세 장면.

김대중 후보의 부산 유세.

"이제 그 따위 놈의 선거는 없어!"

제7대 대통령선거에 나선 박정희 후보는 선거일을 이틀 앞둔 4월 25일, 서울 장충단공원에서 마지막 유세를 가졌다. 이 자리에서 그는 이렇게 말했다.

"유권자 여러분, 오늘 이 자리에서 분명히 밝히거니와 내가 이런 자리에 나와서 여러분에게 '나를 한 번 더 뽑아주시오' 하고 정치 연설을 하는 것은 이것이 마지막이란 사실을 확실히 말씀드립니다."

유세가 끝난 뒤 박 대통령은 동훈(董勳) 비서관과 이런 대화를 나누었다.

"장충동에서의 내 연설 잘 들었겠지?"

"예, 이게 마지막 유세라고 하시는 말씀이 감명 깊었습니다."

"무슨 소리야? 내가 한 말은 '이제 다시는 여러분에게 표를 달라는 말은 하지 않겠습니다'였다고…."

동훈 비서관은 "이 말이 언중유골(言中有骨)이구나" 하는 생각이 뇌리를 스쳤다. 이때 박 대통령이 탁자를 탁 치면서 "이제 그 따위 놈의 선거는 없어!"하고 내뱉는 말에 섬뜩한 느낌이 들었다고 한다.

대구 유세. 1971. 4. 17

전주 유세. 1971. 4. 25

청주 유세. 1971. 4. 21

박정희 후보 내외가 장기영 공화당 종로지구당 위원장과 함께 투표하기 위해 궁정동 농아학교에 자리한 신교-궁정 투표소로 들어가고 있다. 1971. 4. 27

투표하는 박정희 후보 내외. 1971. 4. 27

선거일인 4월 27일 밤 공화당사에 들러 김종필 당의장 등 간부들과 함께 개표 상황을 보고 받고 웃음 짓는 모습. 1971. 4. 27

제7대 대통령에 당선

공화당의 박정희 후보가 제7대 대통령으로 당선이 확정되었다. 박 후보는 4월 27일 밤 첫 개표 때부터 리드, 계속 폭을 넓혀 28일 오후 6시에는 당선권인 580만 표를 넘어섰다. 약 97%의 개표가 완료된 29일 새벽 2시에는 박 후보가 616만 782표, 신민당의 김대중 후보는 521만 4천591표를 얻어 94만 6천191표 차이로 박 후보의 당선이 확정되었다.

박정희 후보의 당선 소식을 전하는
〈조선일보〉 지면. 1971. 4. 29

당선이 거의 판명된 28일 아침 충남 아산 현충사에서 열린 충무공 탄신 426주년 기념행사에 참석했다. 오른쪽이 노산 이은상 씨. 1971. 4. 28

제1회 대통령컵 아시아축구대회에서 시축하는 모습. 오른쪽이 장덕진 대회위원장. 박 대통령은 170여 만 원짜리
순금 우승배를 장 위원장에게 전달했다. 1971. 5. 2

민주공화당 제8대 총선 전국구
공천자들을 접견했다.
유봉영(劉鳳榮), 백두진(白斗鎭),
이도선(李道先) 씨의 얼굴이 보인다.
1971. 5. 7

대통령 당선 되자마자 8대 총선 지원유세

제8대 총선 전북 진안군 지원 유세에 나선 박 대통령. 1971. 5. 11

총선 전라남도 지원 유세에 나선 모습. 1971. 5. 11

총선 충주 음성 지원 유세에서 촌로와 악수를 나누었다. 1971. 5. 11

7월 3일 태릉골프장에서 대통령
취임 축하 사절로 내한한 애그뉴
미국 부통령과 라운딩 전에
스윙 연습을 하고 있다. 1971. 7. 3

김종필 총리가 박 대통령 취임을
축하하기 위해 내한한 사토 일본
총리를 접견했다. 1971. 7. 1

'가난한 농촌의 아들로 태어난' 3선 대통령

중앙청 메인 홀에서 열린 취임 축하연에서 참석자들과 함께 건배하는 박 대통령. 박 대통령 왼쪽부터 애그뉴 미국 부통령, 키엠 베트남 수상 부인, 빌라 레알 필리핀 하원의장. 1971. 7. 1

7월 1일 취임선서를 함으로써 박 대통령은 집권 3기의 첫발을 내디뎠다. 이날 취임사에서 그는 "가난한 농촌의 아들로 태어나 동족상잔의 비극적인 시대에 살면서 나는 자나 깨나 이 땅에서 가난을 몰아내고 남북의 부모형제가 얼싸안고 재회의 기쁨을 누릴 통일조국의 실현을 희구하여 왔다. 5천만 우리 민족이 삼천리 금수강산 이 땅 위에서 자유와 번영과 평화를 누려보자는 나의 이 열망은 더욱 진하고 뜨거워짐을 절감한다. 어찌 이것이 나 혼자만의 소망이겠는가! 남녘에 살거나 북쪽에 살거나 수륙만리 이방에 살거나, 내 조국 내 민족을 사랑하는 우리 국민 누구나의 가슴 속에 타오르고 있는 민족의 염원이 아니겠는가! 우리 함께 단결하고 분발하여 전진해 나가자. 이 소망, 이 염원이 우리들의 피땀 어린 자주적 노력으로 활짝 피어나는 날, 그 날은 바로 위대한 한국의 횃불을 온 누리에 밝히는 민족 성전의 축제일이 될 것을 나는 확신한다"고 다짐했다.

이날 오후 2시 중앙청에서 베풀어진 취임식에는 3부요인과 사토(佐藤) 일본 총리, 애그뉴 미국 부통령 등 59개국 173명의 경축사절과 각계대표, 시민 등이 참석하여 취임을 축하했다.

중앙청에서 열린 취임식에서 선서를 하는 박 대통령. 1971. 7. 1

보릿고개 넘어온 길, 자나 깨나 농민 생각

박 대통령은 혁명 초부터 1979년 10월 26일 서거할 때까지 18년 여의 집권기간 중 '수출주도의 공업화정책'과 더불어 '농민이 잘 사는 정책'을 경제정책의 2대 지주로 삼고 경제면에서의 '민족 중흥과 조국 근대화'를 꾸준히 추진해 나갔으며, 자나 깨나 어떻게 하면 농민이 더 잘 살 수 있는가를 사색하고 구상하고 실천해 나갔다.

"절망과 기아선상에서 허덕이는 민생고를 시급히 해결한다"고 혁명공약으로 다짐한 박 대통령은 당시의 극심한 농어촌 고리채가 농민의 생활안정과 농촌 경제의 성장발전에 있어서 암적인 존재임을 직시하고, 농촌경제 재건을 위한 첫 조치로 5·16 혁명 후 10일 만인 1961년 5월 25일 고리채 정리를 단행하였다.

또 그로부터 16일 만인 6월 11일에는 "복지국가를 이룩하기 위하여 전 국민이 민주주의 이념아래 협동 단결하고 자립 자조 정신으로 향토를 개발하며 새로운 생활 체제를 확립하자"는 취지아래 '재건국민운동에 관한 법률'의 제정·공포와 더불어 국민 재건운동이 전개되었다.

즉 농어촌 고리채 정리는 '춘궁기'니 '절량농가(絶糧農家)'니 '초근목피(草根木皮)'니 하는 농어촌의 절대적 빈곤을 없애기 위한 혁명적 수단이었으며, 국민재건운동은 수천 년의 숙명적인 체념과 실의 속에 빠져 있는 농어촌을 자립 자조정신으로 자각, 분기시켜 농어촌을 구제해 보려는 일대 국민정신 개조운동의 주창이었다.

– 김정렴 지음 『한국경제정책 30년사』 (중앙일보사)에서

권농일 기념 행사로 충북 청원군 강외면 오송리 벼 집단재배 시범단지에서 대통령을 비롯 3부 요인과 농민 대표들이 참석한 가운데 모내기를 했다. 이날 처음으로 우리 기술진이 개발한 개량종인 통일벼를 심었다. 1971. 6. 1

통일벼 신화 "쌀 없으면 자립도 없다."

벼 집단재배 시범단지에서 열린 벼 베기 행사에 참석해 통일벼를 수확하였다.
1971. 9. 27

'아무리 좋은 구경도 식후경'이란 옛말과 같이 국민의 식량이 부족하면 이것이 걸림돌이 되어 조국 근대화를 위한 어떤 사업도 이루어질 수 없기에 국민의 먹거리인 주곡의 자급달성에 대한 박정희 대통령의 강한 의지와 집념은 매우 높았다. 따라서 주곡의 자급달성을 위한 다수성 품종 및 재배기술의 개발연구 및 보급사업은 조국 근대화를 위하여 먼저 이루어져야 할 가장 중요한 기간사업으로 강력히 추진되었다.(…)

박 대통령은 원래 농촌에서 태어나 어려운 환경 속에서 성장하며 교육을 받은 지도자였기에 주곡인 벼 품종에 대한 이해와 관심이 높았다. 박정희 대통령이 국가재건최고회의 의장이던 1961년 11월 9일, 의장실에서 그 당시 육종 개발된 벼 신품종에 대한 결과를 농사원장(지금의 농촌진흥청장)이었던 정남규 박사가 보고하였다. 보고 내용을 들은 박 의장은 보고된 벼 신품종 3개 중에서도 가장 우수한 수원 152호의 품종 이름을 '재건(再建)'으로 직접 명명하였다.

이후 1971년 2월 5일, 부총리 겸 경제기획원 장관 김학렬 씨, 농림부장관 김보현 씨, 그리고 경제분야 각부 장관이 모두 참석한 회의에서 당시 농촌진흥청장 김인환 박사로부터 획기적 다수확 벼 신품종 '통일(統一)'의 육종연구 결과에 대한 보고를 받은 박 대통령은 회의에 참석하였던 40명 모두를 참여시켜, 통일벼 쌀로 지은 밥의 색깔, 차진 정도 및 밥맛에 대한 검정평가를 즉석에서 실시하였다.

이 자리에서 실시된 통일벼 밥맛 검정결과를 보면, 참여한 40명 중 밥 색깔을 보통으로 평가한 인원수는 69%, 밥의 차진 정도를 보통으로 평가한 인원수는 46%, 밥맛을 보통으로 평가한 인원수는 67%를 차지함으로써 좋다(28%)와 나쁘다(5%)로 평가한 것보다 가장 많았다.

이 때 박정희 대통령은 "밥 색깔은 좋다." "차진 정도는 보통이다." "밥맛은 좋다."라고 평가조사표에 직접 서명을 했다. 또한 "배가 고프면 보리밥도 달게 먹는 현실인데 통일벼는 획기적 다수확 품종이면서도 밥맛이 보통 이상인 쌀밥이므로 아주 잘한 일"이라고 강조하면서 내년(1972년)부터 농가에 확대 보급할 것을 지시했다.

－박래경(朴來敬) 전 작물시험장장

박 대통령 내외 수해지구 시찰 위문

박 대통령이 충남 부여지구
수해 상황을 돌아보고 있다. 1971. 8. 3

육영수 여사는 양지회 회원들과 함께 서울 영등포구 봉천동, 사당동 일대의 수재
민들에게 옷 800점, 라면 50상자, 학용품 등을 전달하며 위문했다. 1971. 7. 18

한국에 처음 그린벨트 지정

서울 외곽에 우리나라의 첫 그린벨트(greenbelt)가 지정되었다. 도시의 무질서한 확산을 방지하고, 도시주변의 자연환경을 보전하여 도시민의 생활환경을 확보하기 위해 7월 30일부로 박 대통령이 취한 획기적 조치였다.

개발제한구역 내에서는 건축물의 신축·증축, 용도변경, 토지의 형질변경 및 토지분할 등의 행위를 규제했다. 다만 건설교통부 장관, 도지사, 시장, 군수 등의 승인 또는 허가를 받아 구역설정 목적에 위배되지 않는 한도 안에서의 개발행위는 가능하도록 했다.

이듬해 8월에는 수도권 개발제한구역이 2배로 확대되어 서울의 광화문을 중심으로 반경 30km 이내의 6개 위성도시를 총망라한 68.6㎢지역이 지정되었다. 그린벨트는 이밖에도 부산·대구·춘천·청주·대전·울산·마산·진해·충무·전주·광주·제주 등 13개 도시로 점차 확산되었다. 그러나 그 후 특히 김대중 정부 이후에는 정부가 앞장서 그린벨트를 해제해 주택을 짓고 산업단지를 건설하겠다고 나섬에 따라 그린벨트 지정제도는 사실상 사라진 셈이다.

전국적으로 번지고 있는 송충이를 잡기 위해 공무원, 학생들이 동원된 가운데 대학생 봉사반원들이 태릉에서 송충이를 잡는 모습. 1971. 6. 5

윤주영 문화공보부장관이 무령왕릉 내부를 플래시를 비춰가며 살펴보고 있다. 오른쪽은 김원룡 국립박물관장. 1971. 7. 12

백제 무령왕릉 발굴

공주 송산리 고분군에서 7번째 발견된 고분이 백제 무령왕(武寧王)과 왕비의 능으로 밝혀졌다. 7월 7일 처음으로 발굴되었으며, 발견된 지석에 의해 축조연대가 드러남으로써 삼국시대 고고학 편년연구에 기준자료가 되었다.

이곳에서는 국보로 지정된 금제관식, 금제뒤꽂이, 금제 귀걸이 등을 포함하여 모두 2천900여 점의 많은 유물이 출토되었다. 윤주영(尹胄榮) 문공부장관은 7월 12일 허련(許鍊)문화재관리국장, 김원룡(金元龍) 국립박물관장과 함께 발굴현장을 답사했다.

세계를 놀라게 한 닉슨의 중국 방문 발표

닉슨 미국 대통령은 7월 15일(미국시간) 저우언라이(周恩來)의 초청을 수락, 1972년 5월 이전에 중국을 방문할 계획이라고 발표했다. 닉슨은 7월 9일부터 11일까지 사흘 동안 헨리 키신저 안보담당 특별보좌관이 베이징을 방문하여 저우언라이와 회담을 가진 자리에서 자신의 방중(訪中)이 결정되었다고 밝혔다.

닉슨은 자신의 중국 방문이 "지구상의 현 세대의 평화뿐 아니라 다가오는 세대의 평화를 위해 계획된 것"이라면서 "영구적인 세계평화를 성취하려는 우리의 노력에 커다란 발전이 될 것"이라고 강조했다.

전 세계의 매스컴들은 '충격' '전혀 예상치 못한 일' '우리 세대에서 가장 극적인 사건'이라는 제목 아래 대대적으로 보도했다.

닉슨 대통령과 키신저 특별보좌관이 닉슨의 중공 방문을 발표하기 위해 기자회견장으로 들어가고 있다. 1971. 7. 16

닉슨 미국 대통령의 중공 방문 수락 소식을 전하는 7월 17일자 국내 신문.

최두선 한적총재, 남북 이산가족 찾기 제의

최두선(崔斗善) 대한적십자 총재는 8월 12일 오전 10시, 남북의 이산가족 찾기운동을 구체적으로 협의하기 위해 가까운 시일 안에 남북적십자 대표가 한자리에 마주앉아 회담할 것을 북한 적십자사에 제의했다.

최 총재는 이날 성명을 통해 "4반세기에 걸친 남북 간의 장벽은 온갖 민족비극의 원천이며, 특히 남북으로 갈린 이산가족들의 비극은 금세기 인류의 상징적 비극이라 아니할 수 없다"고 지적하고 "남북 적십자 대표회담의 절차상의 문제를 협의하기 위해 늦어도 오는 10월 안으로 제네바에서 예비회담을 개최할 것"을 제의했다.

최 총재는 "이산가족의 비극은 남북 간의 장벽이 해소됨으로써 완전히 종식될 것이나, 이것이 단시일 내에 이룩되기 어려운 현실 하에서 적어도 1천만 남북한 이산가족들의 실태를 확인하고 이들의 소식을 알려주며 재회를 알선하는 가족찾기 운동만이라도 우선 전개해야겠다"고 말하고 "우리의 제의에 대해 북한적십자사가 방송, 통신망 또는 국제적십자사를 통해서나 여타 가능한 방법으로 그 의사를 우리에게 전달하여 줄 것을 희망한다"고 촉구했다. 최 총재는 본회담 장소문제에 대해 "이는 서로 합의할 문제라고 보며 우리로서는 서울이고 평양이고, 또 제3국의 어떠한 장소에서도 회담할 용의가 있다"고 말했다.

내외신 기자들 앞에서 남북회담을 제의하는 최두선 대한적십자 총재. 1971. 8. 12

분단 26년만의 첫 남북 대면, 판문점서 1차 예비회담

남북에 흩어진 이산가족을 찾아주려는 남북 적십자대표들의 역사적인 첫 예비회담이 9월 20일 오전 11시 판문점 중립국감독위원회 회의실에서 열렸다. 회담에서는 ①판문점 공동경비구역 안에 양쪽의 '회담사무소'를 설치하고, 두 곳을 잇는 직통전화를 가설한다. ②앞으로 예비회담은 계속 중립국감독위원회 회의실에서 한다. ③2차 예비회담 일자는 연락사무소를 통해 논의한다는 등 3개항에 합의했다.

56분 동안 공개된 회담에서는 신임장 제시와 회담대표 소개, 양측 대표의 인사에 이어 본격적인 회담에 들어갔다.

예비회담 대표

대한적십자사

▲수석대표 김연주(金鍊珠-한적 보건부장 겸 섭외부장)

▲교체대표 박선규(朴善圭-한적 충남지사장)

▲대표 정홍진(鄭洪鎭-회담사무국 운영부장)

▲대표 정희경(鄭喜卿-이화여고 교장, 한적 청소년지도위원)

▲대표 정주년(鄭炷年-회담사무국 대변인)

북한적십자사

▲단장 김태희(북적 서기장 겸 문화연구위원회 부위원장)

▲부단장 김덕현(북적 보도부장)

▲단원 이종학(북적 참사)

▲단원 조명일(북적 문화선전부장)

▲단원 서성철(북적 문화선전부 부부장)

판문점에 설치된 남북간 직통전화 개통식. 한적 사무국 최동일(崔東日) 씨가 메시지를 북한에 보내는 것을 최두선 총재가 지켜보고 있다. 1971. 9. 22

남북 직통전화로 첫 통화

남북 적십자사는 9월 20일의 제1차 예비회담 합의에 따라 22일 판문점 공동경비구역 내의 '자유의 집'과 '판문각'에 각각 연락사무소를 개설했다. 그리고 두 곳을 잇는 약 70미터 선의 직통전화를 개통, 28분 동안 통화를 했다.

대한적십자사의 최동일(崔東日) 씨와 북적 연락사무소 비서장 최봉춘(崔逢春)이 한적 김연주 수석대표의 메시지, 북적 손성필의 축하문을 서로 낭독했다.

판문점에서 열린 남북적십자 제1차 예비회담. 1971. 9. 20

5·16 광장 개설식, 지금은 여의도 공원

박정희 대통령이 서울 여의도 5·16 광장 개설식에 참석, 준공 테이프를 끊었다. 5·16 광장은 10월 1일 국군의 날에 첫선을 보이는 것을 시작으로 각종 국가적인 행사 및 야외 전시장 음악당 등으로 쓰였다. 1971. 9. 29 (이 광장은 김대중 정권 시절 조순 서울시장에 의해 광장을 없애고 여의도공원으로 바뀌었다.)

정릉과 세검정을 연결하는 북악터널이 개통되었다. 1971. 9. 10

서울 홍릉에 있는 과학기술연구원에서 개막된 미국산업기계전시회에 참석한 박 대통령. 1971. 10. 18

울산공업단지를 시찰하면서 울산공과대학을 방문, "학생회관을 내가 지어주겠다" "5·16재단 등 여러 곳으로부터 장학기금 협조를 받아 주도록 하겠다"면서 깊은 관심을 보였다. 1971. 10. 30

경북도청에서 열린 전국 시장 군수 비교행정회의에 참석한 뒤 영일군 기계면 문성동의 새마을 모범부락과 포항제철을 시찰했다. 1971. 9. 17

"학원질서 파괴자 추방하라."

박정희 대통령은 10월 15일 "학원질서를 파괴하는 모든 주모학생을 학원에서 추방하라"고 내각에 지시했다. 박 대통령은 이날 '학원질서 확립을 위한 특별명령'을 발표, "학생들의 여하한 불법적 데모, 성토, 농성, 등교거부 및 수강방해 등 난동행위도 용서할 수 없으며, 이를 주도한 학생들을 전원 색출하여 학적(學籍)에서 제적하라"고 지시하고 "경찰이 학원 내에 들어가서라도 치안유지에 만전을 기할 것이며, 군(軍)도 절차에 따라 문교부장관, 내무부장관, 각 지방장관의 요청이 있을 때는 적극 협조하라"고 당부했다.

김성진 청와대 대변인이 9개 항의 학원질서확립을 위한 특별 성명을 낭독하고 있다. 이날 서울 일원에 위수령이 발동되었다. 서울대학교 등 8개 대학에 군대가 진주했고 무기휴업령이 내려졌다. 1971. 10. 15

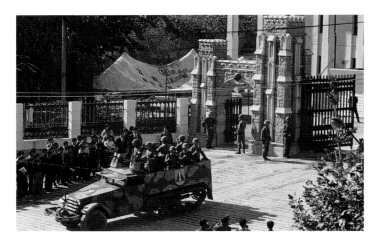

10월 23일 박정희 대통령은 유재흥 국방장관과 서종철 육군참모총장에게 학원질서가 확립된 대학에는 군 병력을 철수시키라고 지시, 이날 오후부터 각 대학의 주둔군이 철수하였다. 사진은 고려대학교에서 장갑차가 철수하는 장면. 1971. 10. 23

8개 대학에 무기휴업령

문교부는 박 대통령의 학원정상화를 위한 특별명령이 내려진 뒤인 15일 오후 5시 서울대학의 문리대, 법대, 상대 등 3개 단과대학과 고려대, 연세대, 서강대, 경희대, 성균관대, 외국어대, 전남대에 무기 휴업령을 내렸다.

심창유(沈昶裕) 문교부차관은 "학원사태가 학생들의 집단시위로 군이 치안을 맡아야 하는 등 도저히 학업을 계속할 수 없는 형편에 놓여 있으므로 학원기능이 정상화 될 때까지 부득이 휴업령을 내리게 됐다"고 밝혔다.

서울 일원에 위수령(衛戍令) 발동

양택식 서울시장은 15일 박 대통령의 특별명령이 내려진 직후 위수령 제12조에 의거 군 당국에 병력지원을 요청했다. 양 시장은 "작금의 학생들이 학원내외를 막론하고 그들의 본분을 망각하여 성토, 데모 등으로 사회질서를 문란케 하여 경찰병력만으로는 사회질서 확보가 어렵다고 보고 군 당국에 병력을 요청했다"고 말했다.

출동한 군 병력은 서울대학 문리대 등 8개 대학에 진주했으며 데모 주동학생 색출에 나섰다.

기능공에 '조국 근대화의 기수' 칭호

병기(兵器)란 초정밀 가공품으로 100분의 1mm의 정밀도를 요구한다. 그러나 당시 우리나라에서 가공할 수 있는 한계는 10분의 1mm 정도였다. 과거 식민지시대부터 일본인들은 "한국인은 정밀가공을 할 소질이 없다"고 평해왔다. '정직'하게 작업해야 '정밀'한 제품을 만들 수 있는데 이 정성, 정직, 정밀 정신이 한국인에게는 없다는 것이었다.

이를 해결하기 위하여 시범 공업학교를 설립하기로 했다. 일본인 교사를 초빙해서 일본식대로 교육과 실습을 시켰다. 정신교육이 중요하다고 생각해서 군대식으로 교육시켰다. 그래서 해결하였다. 이 학교가 금오공업고등학교였다.

그 후 100분의 1mm를 가공할 수 있는 '정밀기능사'를 양성하기 위해 각 도에 하나씩 기계공업고등학교를 설립하여 금오공고와 같은 개념으로 교육시켰다. 박 대통령은 이들 공업고등학교에 「조국 근대화의 기수」라는 휘호를 내리는 동시에 "하면 된다. 우리도 할 수 있다"면서 분발을 촉구했다.

이들 학생들은 '조국 근대화의 기수'라는 자부심을 갖고 기술 연마에 나섰다. 그 결과 졸업 때에는 모두 정밀기능사 자격을 획득했다. 졸업 후 이들은 방위산업에 취업하여 병기를 생산함으로써 국가 방위에 이바지하였다. 정밀가공까지 할 수 있는 기능사였기 때문에 어떠한 기술도 습득할 수 있었다.

그 증거로서 각 분야의 선수들이 국제기능올림픽에 출전하여 매해 종합우승을 했다. 우리 민족은 기능면에서 세계 최고의 소질을 갖고 있다는 사실이 증명된 것이다. 중동에 진출한 '조국 근대화의 기수', 병기 생산 및 중요 기간산업에 종사하는 '조국 근대화의 기수'들은 모두 공업고등학교 출신이었으며, 18세의 어린 소년들이었다. 이들이야말로 우리 민족의 희망이요, 소중한 자원이었다. 정부는 전국의 공업고등학교에서 이들 조국 근대화의 기수를 매해 5만 명씩 양성해나갔다.

- 오원철 지음 『박정희는 어떻게 경제강국 만들었나』에서

박 대통령이 부산의 한독기술학교를 시찰하면서 학생을 격려했다. 1971. 11. 1

영동고속도로 첫 구간 개통

로널드 레이건 미국 특사를 접견하는
모습. 1971. 10. 16

박 대통령이 경부고속도로 상의
신갈분기점에서 서울–원주 간
영동고속도로 개통식에 참석해
테이프를 끊었다. 1971. 12. 1

국가비상사태 선언

박정희 대통령은 12월 6일, 현 시국이 국가비상사태임을 선언했다. 박 대통령은 이날 오전 청와대에서 국무회의와 국가안전보장회의 연석회의를 열어 그 의결을 거쳐 ①정부의 시책은 국가안보를 최우선으로 하고 ②일체의 사회불안을 용서치 않으며 ③최악의 경우 국민이 향유하고 있는 자유의 일부도 유보할 결의를 가져야 한다는 선언을 윤주영 정부대변인을 통해 발표했다.

이 선언은 그밖에 ①언론은 무책임한 안보논의를 삼갈 것 ②모든 국민은 안보상 책무수행에 자진 성실할 것 ③모든 국민은 안보위주의 새 가치관을 확립할 것 등을 촉구했다.

박 대통령은 이날 선언에서 중공의 유엔가입을 비롯한 국제정세의 급변과 북괴의 남침 준비상황을 예의 주시, 검토해본 결과 한국이 '안전보장상 중대한 차원의 시점'에 처해 있으며, 정부와 국민이 혼연일체가 되어 이 비상사태를 극복할 결의를 새로이 해야 한다고 밝혔다.

박정희 대통령의 국가비상사태 선언을 보도한 신문 호외를 받아든 시민들. 1971. 12. 6

국가비상사태 선언을 보도한 신문 지면.

해방 후 첫 민방공(民防空) 훈련

해방 후 처음으로 민방공훈련이 12월 10일 오전 10시부터 2시간 동안 서울, 인천, 춘천 등 3개 도시에서 일제히 실시됐다. 훈련은 적기 4대가 공습, 이를 퇴치할 때까지 경계, 공습, 화생방훈련, 경보해제 순으로 40분간 진행됐다.

　박 대통령은 이날 치안국 민방공사령부 중앙통제실에 들러 브리핑을 받고 훈련상황을 지켜봤다.

박 대통령이 참관한 가운데 벌어진 수도권 방어 시범 훈련. 1971. 12. 17

처음 실시된 민방공 훈련. 1971. 12. 11

대연각호텔 화재, 최악의 참사

12월 25일 성탄절 아침, 서울 시내 한복판인 충무로의 22층짜리 대연각호텔에서 세계 호텔 화재사상 최악의 참사가 일어났다. 불은 오전 9시 50분경 1층 커피숍 주방 안에 세워 둔 프로판가스통이 폭발, 근처에 있던 가스레인지에 인화되면서 일어난 것으로 밝혀졌다.

불은 건물 바닥에 깔린 나일론 카펫과 목조시설 등으로 인해 걷잡을 수 없이 번졌다. 소방차만으로는 인명구조가 불가능해 대통령 전용헬기를 비롯하여 육군항공대와 공군, 미8군 헬기까지 동원되었다. 화재로 인해 호텔 투숙객을 비롯하여 내외국인 165명이 사망하고, 47명이 부상했다.

대연각호텔에는 고층건물 건축 시 권장해온 옥상 헬리포트 시설이 없었으며, 고층건물임에도 불구하고 차고를 제외하고는 스프링쿨러 시설이 전혀 없었던 것이 피해를 크게 한 결정적 원인으로 지적되었다. 마땅히 탈출구가 없는 호텔에서 사람들은 위층으로만 대피했고, 구조를 기다리다 못해 뛰어내리는 참혹한 현장이 생중계 중이던 텔레비전 취재팀의 카메라에 포착되어 시청자들에게 큰 충격을 안겨주기도 했다. 화재는 불이 난 지 10시간이 지나서야 간신히 불길이 잡혔다.

대연각호텔 화재 현장. 1971. 12. 25

165명의 생명을 빼앗아간 대연각호텔 화재 현장에 나온 박 대통령.
김현옥 서울시장으로부터 상황 설명을 듣고 있다.
대통령의 지시로 대통령 전용 헬기 2대가 구조 작업에 동원됐다. 1971. 12. 25

'대통령에 비상대권' '국가보위법' 새벽3시 전격통과

공화당은 12월 27일 새벽 3시 국회 제4별관 2층에 있는 외무위원회 회의실에서 법사위와 본회의를 잇달아 열고, 공화당의원 111명과 무소속의원 2명이 출석한 가운데 박 대통령에게 비상대권을 부여하는 '국가보위에 관한 특별조치법안'을 3분 만에 원안대로 통과시켰다. 박 대통령은 이날 오후 이 법을 국무회의 의결을 거쳐 공포했다.

국회 외무위 회의실에서 국가보위특조법안의 통과를 선언하는 백두진 국회의장. 1971. 12. 27

국회 제4별관 2층 외무위원회의실에서 대통령에게 비상대권을 부여하는 국가보위특별조치법이 통과되었다. 변칙통과 후 별관 외벽엔 국가보위법 무효를 주장하는 플래카드가 내걸렸다. 1971. 12. 27

태릉 사격장에서 열린 사격대회에 참가, 카빈 소총 10발을 쏘았는데
첫발은 과녁에 달린 풍선줄을 끊었고 나머지 9발은 모두 과녁 흑점을 꿰뚫었다.
박 대통령은 사인첩에 백발백중이라고 쓰고 만족한 웃음을 지었다. 1971. 8. 28

사격하는 대통령

1·21 사태와 푸에블로호 사건이 발생한 지 20여 일 째가 되던 1968년 2월 9일은, 한국정부가 단독으로 무력 보복을 준비하는 등 대미(對美) 시위를 지속하는 데 대해 미국 측이 M16 소총 지급 및 추가 군원 1억 달러 제공과 함께 한국 측을 설득키 위해 미 대통령의 특사 파견을 서둘러 제의해온 시점이었다.(…)

2월 11일 일요일 오전 8시, 사이러스 로버트 밴스 미 대통령 특사가 미 공군 특별기 편으로 김포공항에 도착했다. 그는 짤막한 도착 성명을 통해 "박정희 대통령을 만나 북괴 만행으로 빚어진 최근 한국 사태에 관한 협의를 기대한다"고 밝힌 뒤 헬기 편으로 미8군 사령부로 떠났다.

이날 오후 3시경, 점퍼 차림의 박 대통령은 청와대에서 육영수 여사와 함께 박종규 경호실장의 안내를 받으며 청와대 신관 지하에 있는 경호실 사격장으로 향했다. 25m 길이의 5개 사로(射路)가 마련된 이곳에서 박정희 대통령은 군용 권총과 카빈 소총을 번갈아 가며 사격했다. 육영수 여사에게도 총을 다루는 법을 가르쳐주며 사격을 시켰다. 이날 평균 80점을 기록한 박 대통령은 "이만하면 나도 급할 때는 싸울 수 있겠어"라며 웃음을 지어 보였다. 청와대 비서실에서는 대통령의 사격하는 장면을 촬영해 이날 각 언론사에 배포했다.

－조갑제 지음 『박정희』 9권에서

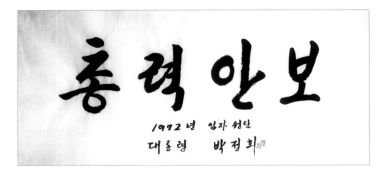

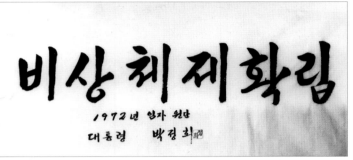

신년휘호.

신년을 맞아 언론에 배포된
박 대통령 내외 사진.

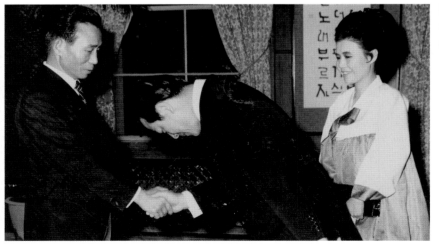

청와대에서 김종필 국무총리
내외로부터 신년 하례를 받는
박 대통령. 1972. 1. 1

"총력 안보체제 확립하자."
- 신년 연두회견

박정희 대통령은 1월 11일 "우리의 국력을 총동원, 국가안보체제를 이룩하는데 총력을 다해야겠다"고 강조하고 "이는 우리가 무력 북진통일이나 전쟁을 도발하려는 것이 아니고 생존을 위한 정당한 행위"라고 말했다. 박 대통령은 이날 오전 10시 김종필 국무총리를 비롯한 국무위원과 백남억(白南檍) 공화당 의장 등 당무위원 전원이 배석한 가운데 중앙청 제1회의실에서 가진 연두기자회견에서 이렇게 말했다.

박 대통령은 "우리가 지향하는 평화통일의 첫길은 북괴로 하여금 무력사용을 포기케 하고 이를 전 세계에 약속토록 하는 것"이라고 밝히고 "그 유일한 길은 우리의 국력을 집약하여 북괴로 하여금 전쟁도발을 못하게 하는 것이며, 총력 안보체제를 다져나가는 것이 평화통일을 앞당기는 길로 본다"고 강조했다.

연두기자회견을 하면서 주먹을 쥐어보이는 박 대통령. 1972. 1. 11

박 대통령 내외가 서울대학교 각 단과대학 수석 졸업자 14명을 접견하며 활짝 웃고 있다. 1972. 2. 23

울산에 대단위 조선소 착공

세계적 규모의 대단위 조선소 건설 기공식이 23일 오후 2시 울산 미포동 현장에서 박 대통령이 참석한 가운데 거행됐다. 현대건설(회장 정주영) 계열의 이 대단위 조선소는 정부의 중화학공업 건설계획에 포함된 최대 규모의 수출전략산업으로, 영국과 프랑스, 스페인 등 유럽 각국의 혼성차관 5천14만 5천 달러와 내자 74억 원을 들여 73년 말 완공했으며, 40년이 지난 현재에는 세계 최대의 조선소가 됐다.

세계 10대 조선국이 되게 한 박 대통령

"벌써 8년 전(1978년 현재) 이야기입니다. 나는 조선사업을 하기 위하여 사업계획을 추진 중이었습니다. 그 당시 막대한 외자 구득난 문제, 각종 선형(船型)·조선(造船) 기술 문제, 해외시장에서의 경쟁적인 선박판매 문제 등 너무나도 어려운 고비가 많아서 나는 박 대통령을 찾아뵙고 어려움이 너무도 많아 바라시던 조선사업의 추진계획을 포기할 수밖에 없다고 말씀드린 바 있습니다. 그 당시 박 대통령께서는 나의 부족한 의지와 심약(心弱)함을 못마땅하게 생각하시는 표정이었습니다. 잠시 후 박 대통령께서는 '한 번 시작한 일은 어떠한 어려움이 있더라도 불굴의 정신으로 극복하여야지 도중에 중단하는 기업가가 되어서는 국가에도 도움이 될 수 없는 것이요'하면서 저에게 용기와 의지를 북돋우어주셨습니다. 그 당시 현대조선은 모든 사람들이 부정하고 의아해했는데도 그 분만이 가능성을 내다보시고 격려해 주시어 오늘날 한국이 세계 10대 조선국이 되게 하신 것입니다."

– 정주영의 글 『대통령만이 격려한 조선사업』에서

울산 현대조선소에 들러 정주영 현대조선 회장으로부터
설명을 듣고 있다. 1973. 7. 3

국산병기 시사회(試射會)

박정희 대통령은 1971년 12월에 만든 국산병기의 시제품 시사회를 참관했다. 이날 시사회에서 박 대통령은 대전차 지뢰 폭파를 쌍안경으로 보고 있었다. 고물탱크 밑에 파묻어 놓은 지뢰가 터지자 불기둥이 솟았다. 그 순간 내빈석에서 보니 무슨 검은 물체가 '휙'하는 소리를 내면서 날아오는 것이 아닌가.

모두 '악'하면서 몸을 움츠렸다. 그 물체는 내빈석을 넘어 날아가 버렸다. 모두 '휴'하고 안도하는데 방위산업과 중화학공업 담당 수석비서관 오원철(吳源哲)의 발밑으로 '탁'하면서 떨어지는 게 있었다. 쇳조각이었다. 유재흥(劉載興) 국방장관이 '중지!'라고 외쳤다. 그러자 박 대통령은 가라앉은 목소리로 "순서대로 진행하세요"라고 말했다.

시사회가 끝난 뒤 박대통령은 81mm박격포 쪽으로 가서 포신 윗부분을 몇 번이나 쓰다듬었다. 오 수석이 보니 꼭 귀여운 자식의 뺨을 어루만지는 것 같았다. 그는 더 이상 치하는 필요없다고 느끼며 눈시울이 뜨거워지는 것을 참을 수 없었다고 한다.

－조갑제 지음 『박정희』 10권에서

북에 4대 군사노선 포기 요구

3월 30일 육군사관학교 졸업식에서 박정희 대통령은 유시를 통해 "최근 잇단 북괴 평화공세의 위장성(僞裝性)을 폭로하고, 그들이 진정으로 평화통일을 원한다면 무력 적화통일의 야욕을 포기하고 남북적십자회담의 한적 측 제의를 조속히 수락, 이를 실증하라"고 촉구했다.

박 대통령은 북괴가 실증해야할 선결조건으로 ①전 국토의 요새화(要塞化), 전 인민의 무장화 등 4대 군사노선의 강행으로 표시되고 있는 무력적화통일의 즉각 포기 ②비무장지대 안에 구축해놓은 모든 군사진지의 즉각 철거와 8천800명의 무장군인 및 무기를 즉시 철수시킬 것 ③무장간첩의 남파를 즉각 중지하고 이들 무장간첩을 훈련해온 모든 비정규 특수부대를 완전해체할 것 ④불법 납치된 KAL기와 그 승무원, 승객 및 무고히 납북된 어부와 어선을 즉각 송환할 것 ⑤하루속히 대한적십자사의 제의를 수락할 것 등 5개 항목을 제의했다.

전방부대에서 열린 국산병기 시험발사 행사장에서
시제품을 살펴보는 모습. 1972. 4. 3

135차례나 이어진 수출진흥확대회의

박 대통령은 매월 열리는 수출진흥확대회의를 중심으로 수출진흥을 위한 종합시책을 추진했다. 이 회의에는 대통령 이하 관계장관, 경제단체장, 금융기관장, 우량기업체 대표, 대학교수 등이 참석했다. 이 자리에서 상공부장관이 품목별 수출실적과 계획, 그리고 문제점을 보고한 뒤 토론을 벌였다.

박 대통령은 재임기간 18년 가운데 14년 간 135차례나 참석하여 회의를 주재했다. 이와 병행하여 경제기획원에서 주관하는 월간 경제동향보고회의에도 서거 전까지 빠짐없이 참석, 경제를 챙겼다.

박 대통령은 국가경영전략의 기본을 수출제일주의로 정하고, 수출을 신앙처럼 밀어붙였다. 마치 군사작전과 흡사했다. 총사령관은 대통령 자신이고, 작전참모는 상공부장관, 실제로 수출에 임한 것은 수출 연관업체, 그 중에서도 최전선에서 싸운 것은 여자 단순 기능공(1960년대)과 남자 단순 기능공(1970년대)이었다.

박 대통령은 1964년 11월 30일, 꿈에 그리던 그해 수출목표 1억 달러가 달성되자 다음해로부터 시작되는 1965년의 시정목표를 수출, 증산, 건설의 해로 정했다. "우선 수출을 하라, 모자라면 증산을 해라. 그래도 부족하면 공장을 더 건설하라"는 뜻으로 밀어붙였다. 이 같은 시정목표는 그 뒤로도 몇 년 동안 계속되었다.

수출진흥확대회의는 1966년부터 시작하여 해외시장의 수출 정보를 수집함은 물론, KOTRA 및 모든 해외공관의 외교관들을 수출시장에 투입하고 상황을 점검했다. 또한 우수 수출기업과 기업인을 선정하여 표창했다.

그 결과 1967년에 3억 달러를 돌파한 수출실적이 1970년 말 10억 달러, 1977년에 100억 달러를 돌파하고 수출주도 정책을 편지 50년만인 2011년 세계에서 8개뿐인 무역 1조달러 클럽에 대한민국의 이름을 새겨 올렸다.

수출진흥확대회의 장면.

24시간 수출만 생각했던 대통령

박정희 전 대통령은 1965년부터 '월례 수출진흥확대회의'를 열어 직접 수출을 챙겼다.

월별 수출액이 차트로 보고되고 수출이 잘되고 있다는 보고가 행해지면 대통령의 얼굴이 밝아지고, 반대의 상황이 펼쳐지면 금세 얼굴이 어두워졌다. 때문에 관계자들은 수출액을 늘리기 위해 직접 기업들을 찾아다니며 독려했고, 때로는 바이어들의 주문이 있기 전에 우선 외국에 나가있는 현지법인에 물건을 보내놓고 그것을 수출로 잡는 일도 있었다.

그런데 회의가 있을 때마다 재계 대표들은 자금과 세금 타령을 하는 것이 예사였다. 요컨대 "재무부 장관이 도와주지 않기 때문에 수출이 안 된다"는 말투였다. 이럴 때마다 나는 피고의 입장에서 물가안정을 위해 통화긴축이 불가피함을 설명하느라고 애를 먹었다.

박 전 대통령은 이 자리에서는 아무 말도 하지 않고, 일어서면서 나보고 청와대로 들어오라는 것이었다. 청와대에 들어가자 박 전 대통령은 재무부의 고충을 모르는 바 아니나 기업의 호소를 들어주는 방법이 없겠느냐 하는 것이다.

"남 장관, 쥐어짜지만 말고…."

두 손으로 빨래 쥐어짜는 시늉을 하는 대통령에게 물가안정을 위한 긴축 정책이 얼마나 어려운 것인가를 설명하고, 일본에서는 긴축 재정정책을 펴다가 암살당한 대신이 있었다는 말까지 했다. 그러나 "장단기 대책을 강구하겠습니다"하고 그 자리를 물러 나왔다. 24시간 수출만을 생각하는 대통령이 이 지구상에 또 있을까 생각하면서….

-남덕우 전 총리의 회고

수출은국력의총화

1971년 2월 1일
대통령 박정희

"새벽종이 울렸네. 새아침이 밝았네"

새마을운동이 불붙기 시작하면서 전국 곳곳에서 "새벽종이 울렸네. 새 아침이 밝았네" 노랫소리가 울려 퍼졌다. 그 소리가 시끄러워서라도 농민들이 늦잠 못 자고 곡괭이 들고 뛰쳐나올 수밖에 없을 지경이었다. 이 노래도 박 대통령이 작사 작곡했다고 하는데, 충분히 그럴 수 있다고 생각한다.

박 대통령이 피아노도 쳤다. 일본 강점기에 초등학교 선생님 하려면 피아노든 그림이든 두루두루 웬만큼 해야 한다.

– 방우영(方又榮) 지음 『나는 아침이 두려웠다』(김영사)에서

박 대통령이 72년 4월 26일 친필로 쓴 첫 새마을운동 기획서(사진 위)와 직접 작사 작곡한새마을 노래 악보(사진 아래).

새마을정신 휘호. 1972. 2. 1

한운사의 「잘 살아보세」와 '박정희'

50대가 넘은 세대의 한국인이라면 지금도 귀에 생생할 「잘 살아보세」라는 노래의 작사가는 한운사(韓雲史)이다. 그는 국가재건최고회의 박정희 의장 측 인사로부터 5·16 1주년 기념예술제에서 부를 수 있는 노래의 가사를 하나 써달라는 부탁을 받았다고 한다. 그런데 당시 군사정권의 목표가 국민이 잘 살도록 한다는 것이라는 생각이 들어서 보통사람들이 쉽게 이해할 수 있도록 「잘 살아보세」의 가사를 지었다는 것이다.

그 후 줄곧 '인간 박정희'의 행로를 지켜본 한운사는 "세계 역사 속에서도 그런 인물은 드물다. 가난한 집안에서 태어나 가난이 뼛골에 사무쳐 온 그가 국민이 세 끼 밥을 먹도록 만들었다"면서, 박 대통령이 우리 곁을 떠나는 날 슬픔이 치밀어 한없이 울었다고 털어놓기도 했다.

청도군 새마을 사업장.

제주도민들이 새마을운동으로 도로 확장공사를 하는 모습. 1972

청도군 운문면 방음동 새마을사업 현장. 1972. 3. 24

경기도 양주군 수동면 수산 2리 새마을부락 작업현장을 찾아
부녀자들을 격려하는 육 여사. 1972. 4. 28

불국사 경내를 돌아보다 구경 온
어린이들과 한 때를 즐기고 있다.
1972. 6. 18

어린이 잔치가 벌어진 남산
어린이회관 음악당에 들른
육영수 여사. 1972. 5. 5

"나무 베는 사람은 애국심을 논할 자격이 없다!"

4월 5일 경기도 용인군 구성면 청덕리에서 열린 제27회 식목일 기념식에서 박 대통령은 "나무 베는 사람은 애국심을 논할 자격이 없다"며 도벌단속을 강화하라고 지시했다.

50년대 후반 우리나라 나무 총량(입목 축적량)은 6천만㎥에 지나지 않았다. 전쟁으로 산이 망가지고 사람들이 나무를 베어 땔감으로 썼기 때문이다. 1955년 한해에만 산림의 17%가 아궁이 속 땔감으로 사라졌다는 계산도 있다.

모든 국민이 나서서 헐벗은 민둥산에 나무를 심은 것은 1960~70년대다. 산림청이 만들어진 1967년 한해에만 14억 그루를 심었다. 연료를 석탄으로 바꾼 효과가 컸다. 정부는 1964년부터 도시 지역에 본격적으로 연탄을 공급했고 아궁이 개조 캠페인을 벌였다. 1960년 290만 톤이던 민간 석탄 사용량은 1970년 990만 톤으로 늘었다. 석탄 700만 톤에 해당하는 나무가 부뚜막을 피해 살아남았다는 말이다. 북한의 나무 심기는 70년대 이후 석유 부족과 전력난으로 땔감용 나무를 마구 베어내면서 헛수고가 됐다.

서울 근교의 산에 올라보면 울창한 나무 사이에 숨은 계단식 축대를 보고 놀랄 때가 있다. 30년, 40년 전 돌과 흙을 쌓아 사방공사를 했던 흔적이다. 우리의 부모, 형님 세대가 땀 흘리며 심은 나무숲 사이로 우리는 등산을 즐기고 있다. 40년 전 그때 우리는 굶은 배를 움켜쥐고 산에다 나무를 심었다. 앞장 선 지도자가 있었고 뒤따르는 국민이 있었다.

식목일 기념식에 참석 한 뒤 조림현황판을 살피는 박 대통령. 1972. 4. 5

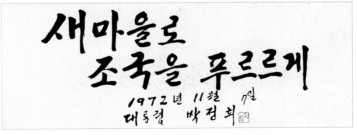

전투비행단을 방문,
국산 폭탄운반 및 장착장치를
살펴보고 있다. 1972. 5. 25

"청산가리도 가져갑니다." 이후락 정보부장 평양 밀행(密行)

1972년 3월 28일.

중앙정보부 간부 정홍진(鄭洪鎭·대외직명은 남북적십자회담 사무국 운영부장)은 이날 판문점을 통해서 북한으로 들어갔다. 그는 3박 4일간 머물면서 북한 노동당 조직부장 김영주(金英柱·김일성의 동생. 일본군 통역 출신)를 만나 이후락 정보부장의 방북에 합의하고 왔다.

1972년 4월 26일.

박 대통령은 이후락(李厚洛) 정보부장의 평양행에 앞서 이날 '특수지역 출장에 관한 대통령 훈령'을 하달했다. 박 대통령이 직접 작성한 훈령 요지다.

[조국통일은 궁극적으로 정치적 회담을 통한 평화적 통일이어야 한다. 4반세기 동안 정치·경제·사회·기타 분야에서 상이한 제도 하에 놓여 있는 남북의 실정을 직시하고 통일 문제는 제반 문제의 해결을 통하여 이뤄져야 한다. 현재 진행 중인 남북한 적십자회담을 촉진시켜 인도적 문제의 조속한 해결을 보도록 할 것이며, 경제·문화 등 비정치적 문제를 풀어나가면서 정치적 문제로 이행하고, 비현실적 일방적 통일방안의 선전과 상호비방 및 무력사용을 하지 않는다.]

1972년 5월 2일.

이날 오전 10시 이후락 부장은 평양으로 출발하기 앞서 인사차 청와대로 왔다.

박 대통령은 적지로 들어가는 이 부장 일행의 안전을 보장한다는 각서를 북측으로부터 받도록 하고, 진행과정을 미국 CIA에 알려주도록 했다. 남북한은 평양에서 서울로 연락이 가능하도록 평양-서울 간 임시전화선을 개통시켰다. 이후락 부장은 윗저고리 주머니를 가리키면서 "미국 CIA와 협조는 잘 되고 있습니다. 그것도 여기 준비해갑니다"라고 했다. 북한에서 유사시에 자결하기 위해서 청산가리를 준비했다는 것이었다.

이후락은 5월 5일 오전 전화연락에서 "어제 밤에 김일성과 만났다"고 알려 왔다.

– 조갑제 지음 『박정희』 10권에서

김일성을 만난 이후락.
1972. 5. 5

"평양에 갔다 왔습니다." 7·4 남북공동성명 발표

이후락 중앙정보부장은 7월 4일 오전 10시 중앙정보부에서 기자회견을 갖고 "박 대통령 각하의 명을 받고 평양에 갔다 왔다"고 밝히고 북한과 남북통일에 관한 원칙에 합의했다는 '7·4 남북공동성명'을 발표했다. 이 부장은 자신의 평양방문 이후 북한의 박성철(朴成哲) 부수상도 비밀리에 서울을 방문했었다고 밝혔다.

이 부장은 5월 2일부터 5일까지 평양을 방문, 김일성 수상과 김영주 조직지도부장과 두 차례 비밀회담을 가졌으며, 김영주 부장을 대리한 박성철 부수상도 5월 29일부터 나흘간 서울에 와 박 대통령을 예방하고 이 부장과 회담했다고 밝혀 세상을 깜짝 놀라게 했다.

이날 발표된 남북공동성명에서 조국통일 원칙에 대해 ①통일은 외세의 간섭 없이 자주적으로 해결한다. ②통일은 평화적 방법으로 실현한다. ③사상과 이념, 제도의 차이를 초월하여 우선 하나의 민족으로서 민족적 대단결을 도모해야 한다는데 합의했다.

이후락이 평양에서 돌아온 즉시 북한 잠행에 관해 보고를 했는데 박 대통령의 반응은 싸늘했다. 한마디로 합의한 문안이 마

7·4 남북공동성명을 보도한 〈조선일보〉 호외. 1972. 7. 4

땅치 않았던 것이다. 평화통일은 좋으나 북한의 인민회의가 공식적으로 채택해놓은 평화통일 3대 원칙을 그대로 받아쓴 것에 지나지 않았고, 자유민주주의 원칙에 대해 전혀 언급이 없었기 때문이었다.

이후락 중앙정보부장이 남북공동성명을 발표하고 있다. 1972. 7. 4

7·4성명 후 첫 번째로 판문점에서
열린 제1차 남북조절위원회 남측
대표 이후락 중앙정보부장과 북측
제2부상 박성철이 악수하고 있다.
가운데 김치열 중앙정보부 차장,
유장식(柳章植) 북한 노동당 조직
지도부 부부장의 모습이 보인다.
1972. 10. 13

평양 제2차 남북조절위원회의에 참석
한 최규하 남북조절위원의 방북을
환영하는 북측 소녀. 1972. 11. 2

제1차 남북적십자회담 대표단이
평양 옥류관 만찬에 참석했다.
오른쪽 환하게 웃는 사람이 남측
대표 이범석. 1972. 8. 31

평양서 남북적십자회담 역사적 개막

이산가족을 찾아주기 위한 역사적인 남북적십자회담은 8월 30일 오전 10시 평양 대동강 동편에 자리 잡은 대동강회관에서 열렸다. 회담은 북적 김태희(金泰熙) 단장의 개회선언으로 시작되었다. 회담에 임하는 양측의 기본입장을 밝히는 한적 이범석 대표와 북적 김 단장의 개회연설이 있은 다음, 본회담의 합의문서에 양측 수석대표가 서명하여 교환했다.

합의문서에서 양측 대표들은 자주적이며 평화적인 남북통일과 무력행사의 포기 및 긴장완화를 골자로 한 남북공동성명의 정신과 인도주의적인 적십자정신에 입각, 남북으로 흩어진 가족들의 고통을 덜어주기 위한 노력에 최선을 다할 것을 다짐했다.

회담이 끝나고 한적 대표단은 오후 평양대극장에서 가극 「피바다」를 구경했으며, 밤 8시에는 북적 중앙위원회가 공식 초청한 옥류관 만찬에 참석했다.

역사적인 남북적십자회담 본회의 개막을 보도한 〈조선일보〉 지면.

북한 내각청사에서 베풀어진 만찬회. 이범석 한적 수석대표(가운데)의 오른쪽에 북한 제2부수상 박성철(朴成哲), 왼쪽에 북한노동당 중앙위원 겸 당 비서인 김중린(金仲麟)이 앉아있다. 뒤 오른쪽에 조덕송(趙德松) 한적 자문위원이 서 있다. 1972. 8. 31

두 번째 헌정중단, 10·17 비상사태 10월 유신(維新) 선언

박정희 대통령은 10월 17일 오후 7시를 기해 전국에 비상계엄령을 선포하고, 대통령 특별선언을 통해 국회해산 등 헌법의 일부 기능을 정지시켰다. 특별선언은 ①1972년 10월 17일 오후 7시를 기해 국회를 해산하고 정당 및 정치활동의 중지 등 현행 헌법의 일부 조항의 효력을 정지시킨다. ②일부 효력이 정지된 헌법조항의 기능은 비상 국무회의에 의해 수행되며, 비상 국무회의 기능은 현행 헌법의 국무회의가 수행한다. ③비상 국무회의는 72년 10월 27일까지 조국의 평화통일을 지향하는 헌법 개정안을 공고하며, 이를 공고한 날로부터 1개월 이내에 국민투표에 부쳐 확정시킨다. ④헌법 개정안이 확정되면 개정된 헌법 절차에 따라 늦어도 금년 연말 이전에 헌정질서를 정상화시킨다는 내용으로 되어있다.

박 대통령은 이날 오후 6시 청와대에서 긴급 국무회의를 주재, 이 같은 자신의 결단을 직접 국무위원들에게 피력했으며, 노재현(盧載鉉) 육군참모총장을 계엄사령관으로 하는 비상계엄령 선포를 의결했다.

김성진 청와대 대변인은 "박 대통령의 결심에 의해 약 2개월간 헌법 일부조항의 효력을 일부 정지시키는 이번 선언은 남북대화를 뒷받침하며, 격변하는 국제정세에 능동적으로 대처해가기 위해 민족진영의 대동단결을 촉구하면서 민족 주체세력의 형성을 촉진키 위한 일대 전기를 마련하기 위한 것"이라 말하고 "연말까지는 새로운 국회의원, 대통령선거 및 의회 구성을 포함한 헌정질서가 정상화될 것"이라고 밝혔다.

김성진 청와대 대변인이 이른바 10월유신이라 이름 지워진 박정희 대통령의 특별선언 및 계엄령 선포를 발표하고 있다. 1972. 10. 17

전국에 비상계엄령 선포를 보도한 〈조선일보〉 지면.

계엄포고 제1호를 발표하는 노재현 계엄사령관. 1972. 10. 17

"국력의 조직화, 능률의 극대화로 한국적 민주주의를…."
통일주체국민회의 신설, 대통령 간선(間選) 등 유신헌법 확정

비상 국무회의는 10월 27일 오전, 전문 및 12장 126조 부칙 11조의 헌법 개정안을 의결, 이날 자로 공고했다.

이 개헌안은 전문 및 본문에서 조국의 평화통일 지향의사를 분명히 했으며, 국민의 주권적 수임기관으로서 통일주체국민회의를 신설하고, 이 회의에서 대통령을 간접 선출토록 했다. 대통령의 임기는 6년이며, 대통령은 ①긴급조치권 ②국회해산권 ③국회의원 3분의 1의 통일주체국민회의에 대한 추천권 ④중요정책의 국민투표 회부권 등을 갖는다.

박 대통령은 개헌 담화문을 통해 "나는 개헌안 공고에 즈음하여 이 땅 위에 한시바삐 우리의 실정에 가장 알맞은 한국적 민주주의가 뿌리를 내려 올바른 헌정질서를 확립하게 되기를 진심으로 기원한다"면서 "우리는 지금 세계사적인 일대 전환점에서 평화통일의 길을 넓히고 다져나가야 할 중대한 민족적 사명을 부여받고 있으며, 이 사명을 완수하기 위해서 무엇보다도 먼저 국력배양을 가속화하고 이를 조직화해야하겠다"고 말했다.

박 대통령은 또 "우리는 무슨 일이 있더라도 우리의 힘, 즉 국력을 길러야하겠다"면서 "우리가 이 힘을 기르기 위해서는 모든 면에서 안정을 이룩하고 능률을 극대화해나가야 한다"고 강조했다.

박정희, 양날의 선택

요사이 많은 사람들이 박 대통령은 경제에는 성공했지만 민주주의에서는 실패했다고들 말한다. 심지어는 박 대통령 아래서 장관을 지냈던 이들조차 공개적으로 중화학공업화와 유신 개혁을 별개의 문제처럼 이야기한다.

나는 이렇게 말한다. 중화학공업화가 유신이고, 유신이 중화학공업화라는 것이 쓰라린 진실이라고…. 하나 없이는 다른 하나도 존재할 수 없었다. 한국이 중화학공업화에 성공한 것은 박 대통령이 중화학공업화가 계획한 대로 정확하게 시행되도록 국가를 훈련시켰기 때문이다. 유신이 없었다면 대통령은 그런 식으로 국가를 훈련시킬 수가 없었을 것이다.

이런 사실을 무시하는 것은 비양심적이다.

– 김형아 지음, 신명준 옮김 『박정희의 양날의 선택』 (일조각)의 '오원철 인터뷰'에서

유신헌법 확정을 보도한
신문 지면. 1972. 11. 22

개헌안을 심의하기 위해 박정희
대통령 주재로 청와대에서 열린
비상국무회의. 1972. 10. 27

자유경제체제에서는 상상 못할 '8·3 사채동결' 조치

박 대통령은 8월 3일, 헌법상의 대통령 비상긴급조치권에 의거 「경제의 안정과 성장에 관한 긴급명령」을 선포하여 자유기업 경제 하에서는 상상하기도 어렵고 국내외를 통하여 전무후무한 사채 동결조치를 단행하였다. 긴급조치의 골자는 기업과 사채 권자의 모든 채권·채무관계는 1972년 8월 3일 현재로 무효화 되고 새로운 계약으로 대체된다는 것이다.

채무자는 신고한 사채를 3년 거치, 5년 분할상환 조건으로 상 환하되 이자율은 월 1.35%로 하는 한편 사채권자가 원하면 출 자로 전환할 수 있게 하였다. 한국은행의 조사에 따르면 1971 년의 우리나라 기업들이 쓰고 있던 사채의 가중 평균금리가 월 3.84%였으므로 긴급조치에 의한 월 1.35%의 조정 사채금리로 기업의 사채이자 부담은 일시에 약 3분의 1로 경감되었다.

특히 사채에 관한 정확한 통계는 그때나 지금이나 없다. 그 당 시 사채규모는 600억 내지 1천억 원, 많아야 전경련이 주장하는 1천800억 원 선으로 추계했는데, 실제로 신고된 기업의 사채는 그 당시 통화량의 약 80%에 해당하는 3천456억 원에 달했다.

이와 같은 막대한 사채에 대한 이자가 일시에 약 3분의 1로 경감되고 사채의 기한도 3년 거치, 5년 분할상환으로 조정되었 기 때문에 당시 심각하게 염려되었던 기업의 연쇄 부실화와 금 융위기를 미연에 방지할 수 있었고, 70년대 초에 들어와 7.8%대 로 떨어졌던 성장률이 1973년에는 무려 14.1%에 달하는 등 경 제침체를 극복함으로써 그 후의 제1, 2차 오일쇼크를 감내해내 는 잠재력을 구축하였다.

- 김정렴 지음 『한국경제정책 30년사』 (랜덤하우스 코리아)에서

사채동결 긴급재정명령(8·3 조치)에 관한 기자회견을 하는 경제부처 장관들. 왼쪽부터 남덕우 재무부장관, 태완선 경제기획원장관, 이낙선 상공부장관. 1972. 8. 3

"보릿고개 몰아내듯 가뭄 없는 농토를 물려주자."
전천후 영농 돼야 … 4대강 유역 개발 본격 추진

1967, 68년 2년 연속 미증유의 가위 살인적이라고 할 만큼 극심한 한발이 계속되어 쌀농사는 대흉작이었다. 1968년 8월 26일 박 대통령은 농림부에 다음과 같은 친서를 보냈다. "우리는 조상과 선대들이 '천재는 불가항력이요 농사는 하늘이 지어주는 것이다'는 체념과 무기력 속에 하늘만 바라보며 요행을 바라던 수치스러운 유산을 청산할 때가 왔다. 이 땅에서 '보릿고개'를 몰아내듯이 '가뭄'을 몰아내야 한다."

박 대통령은 이어 같은 해 8월과 11월에 훈령 22, 23호를 통하여 항구적인 한해대책을 위한 '농업용수 개발지침'을 시달하였다.(…) 이러한 지시에 따라 정부는 1967, 68년의 극심했던 영남지방의 한해를 겪고 난 뒤 1968년 12월에 지하수개발 위주의 농업용수 개발계획을 확정하고 강력히 추진하기 시작했다. 이 노력의 결과 1968년부터 1971년까지 수리안전답의 비율을 1967년도의 58%에서 1971년도에는 81%까지 제고시켰다.

이 농업용수 개발사업은 제3차 경제개발 5개년 계획기간(1972~76)에 중점적으로 실시되었다. 특히 농업용수 개발사업에 대일(對日)청구권자금과 외국차관도 사용하라는 대통령의 지시에 따라 이 기간 중 우리나라 농업개발 사상 일대 전기가 되는, 즉 "전천후 농업이 돼야 농민이 잘 살 수 있다"는 취지 아래 한강·금강·영산강·낙동강 등 4대강 유역에 대한 용수 활용계획과 대단위 종합개발사업이 본격적으로 추진되었다.

– 김정렴 지음 『한국경제정책 30년사』에서

국내 최대의 소양강 다목적 댐 담수식에 참석한 뒤 인공호수에 물이 들어차는 광경을 보고있다. 이 댐으로 수도권 상수도 용수와 공업용수 공급, 발전 등 직접적 효과는 물론 매년 되풀이 되는 한강 중하류 유역의 홍수 피해를 줄일 수 있게 되었다. 1972. 11. 25

벼 베기 행사에 참석한 박 대통령. 1972. 9. 29

박성철 등 북한 측 조절위원 만나

박정희 대통령은 12월 1일 저녁 6시, 남북조절위 1차 회의에 참가한 북한의 박성철 부수상 등 평양 측 조절위원들의 예방을 받고 35분 동안 환담했다. 박 대통령은 이어 이들에게 만찬을 베풀었다. 이 자리에는 이후락 공동위원장 및 장기영(張基榮), 최규하(崔圭夏), 강인덕(康仁德), 정홍진(鄭洪鎭) 위원과 김정렴(金正濂) 비서실장이 참석했다. 박성철 부수상은 5월말에도 박 대통령을 예방했었다.

박 대통령은 그들에게 이렇게 말했다. "남북이 평화적으로 통일되어야 한다는데 찬성한다. 상비군을 줄이고 서로가 건설에 힘을 쏟는다면 훌륭한 나라를 만들 수 있다. 해방 직후 북한에는 스탈린 거리니 붉은 군대니 하는 말을 쓴다는 얘기를 듣고 북한이 소련의 속국이 된 줄 알았다. 여건이 성숙되면 김일성 주석을 만나겠지만 지금은 그런 여건이 되어 있지 않다."

박정희 대통령을 예방해 악수를 나누는 박성철 부수상. 박 부수상의 서울 잠행은 이후락 중앙정보부장의 방북에 대한 답례의 의미를 가진 것이었다. 1972. 12. 1

제4공화국 출범, 간선으로 8대 대통령 당선

박정희 대통령 내외가 8대 대통령 취임을 축하하는 연회에서 건배하며 활짝 웃었다. 1972. 12. 27

제8대 대통령 취임 선서.
육영수 여사와 근혜, 지만 두 자녀가
지켜보고 있다. 1972. 12. 27

8대 대통령 취임 축하 피로연에
참석한 각료들. 1972. 12. 28

유신과 중화학공업, 박정희의 양날의 선택

도대체 박정희는 누구인가. 반대자를 폭력으로 억압하고 자유로운 정치체제를 요구하는 국민의 갈망을 억누른 독재자인가. 아니면 포항제철과 경부고속도로 건설에 밤잠을 설치며 경제발전을 위해 온 몸을 던진 국가 지도자인가.

호주국립대 아시아-태평양학 대학원 정치·사회변동학과 교수인 저자(김형아)는 찬양과 비판을 넘어 박정희를 통합적으로 바라볼 것을 주문한다. 그는 박정희 찬양론자가 내세우는 한국의 경제발전이라는 공(功)이 비판론자가 주장하는 유신독재라는 과(過) 없이는 이루어질 수 없었다고 말한다. "박정희의 중화학공업과 유신은 한쪽 없이는 나머지 한쪽도 존립할 수 없는 '양날의 칼'(double-edged sword)이었다"는 것이다.

저자는 박정희가 중화학공업을 추진한 까닭을 당시 한미관계에서 찾고 있다. 1968년 한 비밀문서에는 비무장지대(DMZ)에서 총격전으로 1주일에 평균 32명이 죽는다는 기록이 있다. 이런 상황에서 닉슨 대통령은 일부 주한미군을 철수했고, 카터 대통령 역시 미군을 추가로 철수하려 했다. 박정희는 미국이 베트남을 포기한 것처럼 한국도 포기할 수 있다고 생각했다. 중화학공업은 자주국방정책의 일환이었다.

진보와 보수를 망라한 국내와 국외 자료, 관련자들에 대한 광범위한 인터뷰를 통한 저자의 주장은 설득력이 강하다. 저자의 독특한 이력도 신뢰를 준다. 저자는 1974년 유신체제가 싫어 홀로 한국을 떠나 31년간 호주에서 살며 국적도 바꿨다. 그는 기자와의 인터뷰에서 박정희에 대해 객관적인 태도를 유지하기 힘들었음을 고백했다. 그는 "책을 쓰면서 처음엔 박정희에 대해 사정없이 비판하는 글을 몇 시간씩 쓰다 이성이 돌아오면 지우기를 또 몇 차례나 했다"면서 "하지만 자료를 토대로 학문적으로 접근하면서 그 당시가 '양날의 칼'을 쓰지 않을 수 없는 시대였음을 이해하게 됐다"고 말했다. 지난해 영국에서 출간한 『Korea's Development under Park Chung Hee』의 한국어판 『유신과 중화학공업, 박정희의 양날의 선택』이다.

-이한수, 〈조선일보〉 기자의 서평에서

"새해엔 유신이념 구현, 유신질서 정착시키겠다."

1일 신년사를 통해 박정희 대통령은 "나는 지난해의 모든 일중에서도 가장 으뜸가는 것이 바로 10월 유신이었다고 믿는다"고 회고하고 "따라서 새해에는 무슨 일이 있더라도 유신과업을 계속 과감하게 수행하여 유신이념을 착실히 구현하고, 유신질서를 굳건히 정착시켜 나가겠다"고 다짐했다.

박 대통령은 유신헌법에는 국민의 정치적 자유를 보장하고 있으나 "그렇다고 해서 이것이 지난날처럼 자유를 빙자한 무질서와 민주를 빙자한 비능률을 그대로 허용하고 용납하겠다는 것은 절대로 아니다"고 지적하면서 "국회가 진실하고 원숙해질 때 비로소 우리나라의 정치도 안정되고, 정치가 안정되어야만 경제도 계속 고도성장을 유지해 나갈 수 있다"고 말했다.

신년 휘호.

1973년 새해를 맞는 박정희 대통령 내외.

'중화학공업화' '전 국민의 과학화' 선언

박정희 대통령은 1월 12일 우리나라 역사상 큰 획을 긋는 연두기자회견을 했다. 이 회견에서 그는 '중화학공업화 선언'과 '국민의 과학화 선언'을 했던 것이다.

"우리나라 공업은 이제 바야흐로 중화학공업시대에 들어갔습니다. 따라서 정부는 이제부터 중화학공업 육성의 시책에 중점을 두는 중화학공업정책을 선언하는 바입니다. 또 오늘 이 자리에서 우리 국민들에게 내가 제창하고자 하는 것은, 이제부터 우리 모두가 '전 국민의 과학화' 운동을 전개하자는 것입니다. 과학기술의 발달 없이는 우리는 절대 선진국가가 될 수 없습니다. 80년대에 가서 우리가 100억 달러 수출, 중화학공업 육성 등의 목표를 달성하기 위해서는 범국민적인 과학기술의 개발에 총력을 집중해야 되겠습니다."

박 대통령은 80년대까지 전국 각 해안지방에 공업단지를 새로 조성하여 ①제2종합제철 및 종합석유화학 공업단지 ②대단위 공업단지 및 전자부품단지 ③100만 톤 급의 조선소 1, 2개 ④마산과 같은 수출자유지역 2개를 세우겠다고 말했다.

연두기자회견에서 박 대통령은 "정파를 초월한 유신내각을 구성할 용의가 있다"고 밝히기도 했다.
1973. 1. 12

"임자, 100억 달러 수출하자면 무슨 공업을 육성해야 하지?"

1972년 5월 30일, 중앙청 홀에서 무역진흥 확대회의가 개최되었다. 회의가 끝나면, 새로 수출하기 시작한 상품 전시회가 열린다. 이날 자동차 부품도 전시되었는데, 당시까지만 해도 주력 수출 상품은 섬유제품 등 경공업 제품이었기 때문에 기계제품이 수출된다는 점에서 박 대통령의 관심을 끌었다.

이날 오후 박 대통령이 불러서 서재로 갔더니 "차 한 잔 들지"하며 집무용 의자에서 일어나 방 중앙에 놓여 있는 소파 쪽으로 가서 앉는 것이었다. 그리고는 "오 수석!"하고 말을 꺼냈다. 이런 경우는 박 대통령의 기분이 아주 좋을 때이다. "오늘 무역확대회의의 보고를 들으니 수출은 계속 늘고 있더구먼. 그 이유는 새로운 수출 상품이 계속 개발되고 있기 때문이라는 것을 오늘 전시회를 보고 실감했어"하고는 갑자기 내 눈을 쏘아보더니 "임자! 100억 달러 수출하자면 무슨 공업을 육성해야 하지?"라는 질문을 던지는 것이었다. 나는 바짝 긴장했다. 예사로운 질문이 아니라는 것을 직감했다. 국가 기본정책에 관한 질문이고, 어떤 의미에선 통치이념에 관한 자문이다. 나는 박 대통령을 바라보았다. 그러면서 두 가지 생각을 했다. 첫째는 "지금 박 대통령은 무슨 생각을 하고 있는 것일까?"라는 점이었다. 최고 결정권자를 최측근에서 보필하는 참모는 결정권자의 주된 관심사와 목표를 정확히 파악해서 정확한 건의를 간단명료하게 제시할 수 있어야 한다고 나는 생각하고 있었기 때문이다.

박 대통령은 지난 2월 20일 '1980년도의 수출 목표'를 55억 달러로 확정지은 바 있다. 그런데 불과 3개월 후인 지금에 와서 왜 갑자기 '100억 달러 수출'을 생각하게 되었을까? 더구나 100억 달러를 어느 해에 수출해야한다는 목표 연도도 분명치 않다. '100억 달러 수출'이라는 사실만이 필요한 것이다. 그렇다면 분명히 수출 증대라는 면보다는 고차원적인 목적이 있다는 것을 직감할 수 있었다. 둘째는 100억 달러 수출이라는 숫자에 대한 생각이었다. 100억 달러 수출이라면, 업종 한두 개를 육성한다고 해서 달성되는 액수가 아니다. 그보다는 더 큰 테두리에서 생각해야 한다. 중화학공업화 선언이 탄생되는 순간이다.

- 오원철 지음 『박정희는 어떻게 경제강국 만들었나』에서

유신체제 스타트, 원내 여당 이원적으로

박정희 대통령은 3월 8일 정일권 국회의장, 백두진(白斗鎭) 유신정우회 대표, 이효상 공화당 당의장과 김종필 국무총리 등으로 유신헌정 체제의 골간을 세웠다.

박 대통령은 원내 여당을 이원적으로 운영키로 결정, 통일주체국민회의에서 선출된 73명의 의원으로 공화당과는 별도의 교섭단체인 유신정우회를 구성했다.

서울 운니동 수운회관에 새로 마련한 유신정우회 사무실을 방문. 친필로 쓴 유신정우회 현판을 백두진 유정회 회장과 함께 다는 모습. 1973. 6. 17

박정희 민주공화당 총재가 이효상 민주공화당 의장 서리에게 임명장을 수여했다. 뒤에 길전식 사무총장이 서 있다. 1973. 3. 8

청와대에서 9대 국회 정일권 의장과 김진만 부의장의
예방을 받고 환담했다. 1973. 3. 13

김종필 국무총리에게 임명장을
수여하는 박 대통령. 1973. 3. 14

민복기 대법원장에게 임명장을
수여했다. 1973. 3. 14

베트남 휴전 조인, 12년 전쟁 끝나

미국과 베트남 그리고 월맹과 월남 임시혁명정부(베트콩) 등 베트남전쟁의 4개 당사자 외무장관들은 1월 27일 오후 7시와 11시 45분 두 차례에 걸쳐 개선문이 내다보이는 파리 국제회의센터 메인 살롱에서 12년 전쟁을 종식시키기 위한 휴전협정에 정식 조인했다. 이로써 비극의 땅인 베트남에는 28일 오전 9시를 기해 이 협정이 발효, 모든 적대행위가 중지됐다.

베트남전 휴전 조인을 알리는 신문 보도. 1973. 1. 28

닉슨 미국 대통령의 특사인 알렉산더 헤이그 대장을 접견하는 박 대통령.
이날 특사로부터 베트남 평화 협상의 합의 내용 등 진전상황에 대한
상세한 보고를 받았다. 1973. 1. 21

주월 한국군 돌아오다, 8년만의 개선

월남에서 개선한 이세호 주월한국군
사령관으로부터 귀국 보고를 받았다.
1973. 3. 20

서울운동장에서 열린 파월장병
개선 환영식에서 유재흥 국방장관,
이세호 주월 한국군 사령관과 함께
사열하는 박 대통령.

박 대통령 내외가 51회 어린이날을
맞아 두 어린이와 함께 서울 성동구
들판 22만 평 위에 세워진 어린이
대공원 개막 테이프를 끊었다.
1973. 5. 5

청와대에서 유고슬라비아
사라예보에서 열린 세계탁구
선수권대회 여자 단체전에서 우승,
코르비용 컵을 쟁취한 이에리사,
박미라, 정현숙 선수 등을 접견,
치하했다. 1973. 4. 25

정수기술훈련원 건축 현장을 시찰하는
육영수 여사. 1973. 4. 27

남해도와 육지를 잇는 남해대교 준공식에 참석, 개통 테이프를 끊고 장예준
건설부장관, 최치환 의원 등 관계자와 함께 남해 대교를 건너가고 있다. 1973. 6. 22

방위성금으로 건조한 최초의 국산 경비정 학생호에 시승. 1973. 4. 10

육영수 여사는 양지회가 경복궁 경회루에서 노인 1천 여 명을
초청하여 베푼 경로잔치에서 할아버지 할머니들을 위로했다.
1973. 6. 8

리틀엔젤스 무용단의 청와대 예방.
1973. 3. 16(사진 아래 왼쪽)
여의도 5·16광장에서 전도대회를 갖기위해
내한한 빌리 그레이엄 목사를 접견,
성경책을 선물로 받았다.
1973. 5. 26(사진 아래 오른쪽)

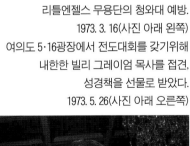

유진산 신민당수와 두 번째 영수회담

두 번째 박정희-유진산 회담은 6월 21일 오전 11시 30분 청와대에서 2시간 15분 동안 단독으로 이루어졌다. 이 회담에서는 이틀 후에 발표될 '6·23외교선언'에 대한 박 대통령의 상세한 설명이 있었다. 유 당수는 외교선언을 전폭적으로 지지하였으며, 국회의 지지결의에 신민당이 적극 참여하겠다고 언약했다.

회담의 거의 모든 시간이 외교선언 관계에 충당되었으나, 정치문제에 관한 논의도 이루어져 유 당수의 요구로 정당추천 투표 참관인 제도를 부활시키기로 합의했다. 유 당수는 3년 전인 70년 8월 29일 박 대통령과 영수회담을 가진 적이 있다.

통일주체국민회의 대의원 일동을 접견하는 박 대통령. 1973. 3. 20

유진산 신민당 당수가 박 대통령을 예방했다. 1973. 6. 21

할슈타인 원칙 지양한 6·23선언

박정희 대통령은 6월 23일 '평화통일외교정책에 관한 대통령특별성명'을 발표했다. 박 대통령은 이 성명에서 7개항의 정책을 선언, "국제연합의 다수 회원국의 뜻이라면 통일에 방해가 되지 않는다는 전제 하에 우리는 북한과 함께 국제연합에 가입하는 것을 반대치 않으며, 국제연합 가입 전이라도 대한민국 대표가 참가하는 유엔총회에서의 한국문제 토의에 북한이 같이 초청되는 것을 반대하지 않는다"고 말했다.

박 대통령은 이날 오전 10시 중앙청 제1회의실에서 전국에 방송된 기자회견을 통해 이같이 밝힌 다음 "그러나 7개 정책 중 대북한 사항은 통일이 성취될 때까지 과도적 기간 중의 잠정조치로서, 결코 우리가 북한을 국가로 인정하는 것이 아님을 분명히 해둔다"고 못 박았다.

해방 이후 오랫동안 견지해온 우리나라의 유엔정책은 대한민국이 한반도에서 유일한 합법정부라는 입장에서 북한의 유엔가입을 반대해 왔고, 북한이 국제기구에 참여하는 것을 막아왔다. 따라서 유엔총회에서의 한국문제 토의에서 남북대표 동시 초청안을 봉쇄해왔던 이른바 '할슈타인 원칙'을 지양키로 한 것이다.

실로 '1민족 1국가 1정부'론에서 북한을 국가로는 인정하지 않으나, 북한에 정부가 존재한다는 현실을 인정한 '1민족 1국가 2정부'론으로 코페르니쿠스적 일대 전환을 도모한 셈이었다.

북한에 UN 동시가입을 촉구

"북한당국이 진실로 평화통일을 원하고 있다면 우리와 함께 국제연합에 가입함으로써 평화통일 의사를 내외에 명백히 표시하라." 박 대통령은 8월 15일 오전 10시 서울 장충체육관에서 열린 제28주년 광복절 기념식에 참석, 이같이 말하고 "우리의 이 같은 주장을 끝내 외면한다면 이것은 북한당국이 아직도 폭력과 무력에 의한 적화통일의 망상을 버리지 않고 있다는 것을 입증할 뿐 아니라, 민족의 양심을 배반하는 행위라고 밖에 볼 수 없을 것"이라고 말했다.

박 대통령은 "남북이 다 같이 유엔에 가입한다고 해서 그것이 결코 분단을 영속화하고 통일을 저해하는 것이 아니다"고 전제, 남북한의 유엔 동시가입은 긴장완화와 남북대화의 기본원칙인 민족적 신뢰의 회복 증진에 기여하는 것일 뿐 아니라, 세계평화에도 이바지하는 길"이라고 강조했다.

건국 이후 '대한민국이 한반도에서 유일한 합법정부'라는 견지에서 북한을 국가로 인정하지 않았으나 6·23 선언을 통해 북한에도 정부가 존재한다는 현실을 인정했다(왼쪽). 이렇게 대북한 정책을 전환한 뒤 광복절 경축식에서 북한에 유엔 동시가입을 촉구했다(오른쪽).

포항종합제철 준공, 중화학공업 선언의 첫 결실

조강(粗鋼) 연산 103만 2천 톤의 포항종합제철공장 준공식이 7월 3일 오후 2시 박정희 대통령을 비롯한 내외귀빈이 참석한 가운데 거행되었다. 박 대통령은 이날 치사에서 "경부고속도로 건설비용의 약 3배인 내자 1천200억 원을 투입한 이 공장은 역사 이래 단일사업체로서는 우리나라에서 가장 큰 공장이지만 1천만 톤 공장이 있는 선진국에 비교한다면 이것은 바로 우리의 출발"이라고 말하고 "앞으로 이 공장을 76년까지 260만 톤, 79년까지는 700만 톤 규모로 확장하는 한편, 이와 병행해서 1천만톤 규모의 제2종합제철 건설을 계획하고 있다"고 밝혔다.

포항제철은 박정희 대통령의 지휘 아래 모래밭으로 달려간 박태준과, 개발 연대의 경제 사령탑 김학렬이라는 쌍두마차가 일으켜 세운 감동의 드라마이다. 1969년 6월 경제부총리로 취임한 김학렬은 집무실 흑판에다 '종합제철 건설'이라고 쓴 뒤 퇴임할 때까지 지우지 말라고 일렀다.

그는 정예 인력으로 '종합제철 건설 전담반'을 구성하고, 그들에게 "해가 떠도 종합제철, 달이 떠도 종합제철만 생각하다가 일이 안 되면 한강에 빠져 죽으라"고 닦달했다. 그 덕에 불가능해보였던 포철 건설자금을 확보해 기공식을 거행할 수 있도록 했다.

포철 준공식에 참석한 뒤 박태준 사장(왼쪽)과 함께 공장시설을 시찰했다. 1973. 7. 3

포철 신화(神話), 연출 박정희, 주연배우 박태준

포항종합제철이 준공된 지 3년 후인 1976년 5월 31일, 제2기 설비 확장공사가 완공되어 제2고로(高爐) 화입식(火入式)이 박 대통령이 참석한 가운데 거행되었다. 내·외자 2천 638억 원을 들인 2기 설비의 준공으로 포철의 시설 규모는 조강 기준 연산 103만 톤에서 260만 톤으로 늘어났다.

포철은 이후 꾸준히 설비를 늘려 포항제철소와 광양제철소 등 2개의 일관제철소를 보유할 정도로 성장했다. 2002년 3월에는 회사 이름을 포스코(POSCO)로 바꾸었다.

연간 조강 생산량은 포항, 광양 합쳐 총 2천953만 톤을 기록하여 세계 4위에 올랐다. 광양제출소의 생산량은 단일 제철소로는 세계 최대 규모로, 한국 경제발전의 원동력이 되었다.

포철 제2고로 화입식에 참석하여 태양열로 잡은 원화(元火)를 넣어 불을 당기는 박 대통령. 1976. 5. 31

"각하! 이제 마쳤습니다!"

각하! 불초(不肖) 박태준, 각하의 명을 받은 지 25년 만에 포항제철 건설의 대역사를 성공적으로 완수하고 삼가 각하의 영전에 보고를 드립니다. 포항제철은 '빈곤타파와 경제부흥'을 위해서는 일관제철소 건설이 필수적이라는 각하의 의지에 의해 탄생되었습니다. 그 포항제철이 바로 어제, 포항, 광양의 양대 제철소에 조강생산 2천100만 톤 체제의 완공을 끝으로 4반세기에 걸친 대장정을 마무리하였습니다.

"나는 임자를 잘 알아. 이건 아무나 할 수 있는 일이 아니야. 어떤 고통을 당해도 국가와 민족을 위해 자기 한 몸 희생할 수 있는 인물만이 이 일을 할 수 있어. 아무 소리 말고 맡아!"

1967년 9월 어느 날, 영국출장 도중 각하의 부르심을 받고 달려온 제게 특명을 내리시던 그 카랑카랑한 음성이 지금도 귓전에 생생합니다. 그 말씀 한마디에, 25년이란 긴 세월을 철(鐵)에 미쳐, 참으로 용케도 견뎌왔구나 생각하니 솟구치는 감회를 억누를 길이 없습니다.(…)

각하를 모시고 첫 삽을 뜬 이래 지난 4반세기 동안 연 인원 4천만 명이 땀 흘려 이룩한 포항제철은 이제 세계의 철강업계와 언론으로부터 '최고의 경쟁력'을 지닌 철강기업으로 평가받고 있습니다. 그러나 이것이 어찌 제 힘이었다고 할 수 있겠습니까? 필생의 소임을 다했다고 생각하는 이 순간, 각하에 대한 추모의 정만이 더욱 새로울 뿐입니다.

"임자 뒤에는 내가 있어. 소신껏 밀어 붙여봐" 하신 한마디 말씀으로 저를 조국 근대화의 제단으로 불러주신 각하의 절대적인 신뢰와 격려를 생각하면서 다만 머리 숙여 감사드릴 따름입니다.(…)

삼가 각하의 명복을 빕니다. 부디 안면(安眠)하소서!

1992년 10월 3일 불초 태준(泰俊) 올림

박태준의 박 대통령 묘소 참배문.

이범석(李範錫) 남북적십자회담 남측 대표가 판문점에서 북측 대표단의 전송을 받고 서울로 돌아왔다.
평양회담에서 북측은 대한적십자사가 제의한 추석 성묘단 교환 제의를 거절했다. 1973. 7. 13

3군사령부 창설식에서 월남전에서
개선한 이세호 대장에게 부대기를
수여했다. 1973. 7. 3

청와대 집무실에서 로저스 미
국무장관과 1시간 20분 동안 단독
요담을 가진 박 대통령. 1973. 7. 19

육영수 여사는 서울적십자병원 봉사실에서
대한적십자사 부녀봉사대원과 함께 재해민
구호를 위한 옷가지를 만들었다. 1973. 7. 11

모스크바 차이코프스키 음악제에서 피아노 부문 2위로
입상한 정명훈 군에게 은관문화훈장을 수여하고 명훈 군의
부모 정준채(鄭俊采) 이원숙(李元淑) 씨와 명화, 경화 양 등
7남매에게 오찬을 베풀었다. 1973. 7. 15

김대중 씨 도쿄에서 피랍
실종 닷새 만에 서울 자택에

8월 8일 오후 1시반경 일본 도쿄 그랜드팔레스호텔에서 실종됐던 신민당 전 대통령후보 김대중 씨가 약 129시간만인 13일 밤 서울 마포구 동교동 자택에 나타났다. 오른쪽 아랫입술과 왼쪽 눈썹 위가 터져 피가 맺혔고, 오른쪽 아랫다리에 상처가 있으며, 양손을 붕대로 감은 김 씨는 몹시 피로한 표정을 지으며 실종경위를 설명했다.

그는 "8일 오후 호텔에서 약 6, 7명의 건장한 청년들에게 납치, 자동차로 5, 6시간 달린 뒤 배편으로 11일 오전 한국근해에 도착, 13일 밤 10시 20분쯤 붕대로 눈을 가린 채 집 근방에 내려주어 돌아왔다"고 말했다.

"사전에 알지도, 지시한 바도 없다."
김종필, 다나카에 '유감' 표명

11월 2일 김종필 국무총리는 다나카 일본총리와 만나 '김대중 사건'이 일본 수도인 도쿄에서 발생했고, 피해자와 가해자가 모두 한국인이라는 점과, 이 사건으로 물의를 야기한 점에 대해 일본정부와 국민에게 유감의 뜻을 표했다. 김 총리는 또 박 대통령의 친서와 다나카 총리의 답례친서를 교환함으로써 이 사건을 일단락 지었다.

박 대통령은 자신이 지시한 바도 없고 사전에 알지도 못한 이 사건으로 정적을 납치했다는 오해를 받아 대내외적으로 도덕성이 크게 손상되었으며, 육영수 여사가 흉탄에 서거하는 1974년의 '문세광 사건'이 발생하는 원인의 하나가 되었다.

동교동 자택에서 기자회견하는 김대중 씨. 1973. 8. 13

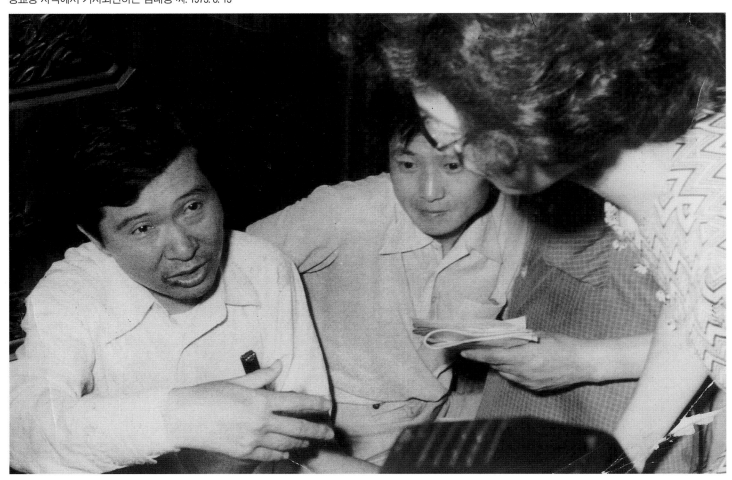

일본총리 관저에서 다나카 총리와 만난 김종필 총리. 1973. 11. 2

최고(最古)로 추정되는 천마도(天馬圖) 발굴

우리나라에서 가장 오래된 것으로 추정되는 묵화(墨畵)가 8월 23일 경주시 황남동 155호 고분의 유물함에서 출토됐다. 이 그림은 가로 1m, 세로 70cm의 두꺼운 가죽에 백마(白馬)를 그려 넣었고, 주위엔 10여 개의 연화(蓮花)로 보이는 무늬가 굵은 붓으로 그려져 있다.

이제까지 삼국시대 그림으로는 벽화만 있었을 뿐 묵화로 가죽에 그린 것으로는 최초의 발견이다. 또 연화모양의 무늬가 그려져 있어 155호 고분의 연대를 밝히는데 핵심적인 자료가 될 것으로 학계에선 기대했다.

경주 천마총 발굴 현장을 순시하는 박 대통령. 1973. 9. 24

소양강 다목적 댐 완공

제2차 경제개발 5개년계획의 일환으로 조성된 소양강 다목적댐이 완공됐다. 내외자 269억 7천800만 원을 들여 착공한지 6년 반만에 완공을 보았다. 1973. 10. 15

박 대통령이 73년 8월 15일 작성한 것으로 돼 있는 '4대강 유역 개발사업 진도 현황'이라는 글이 적힌 메모.

정수직업훈련원 시찰

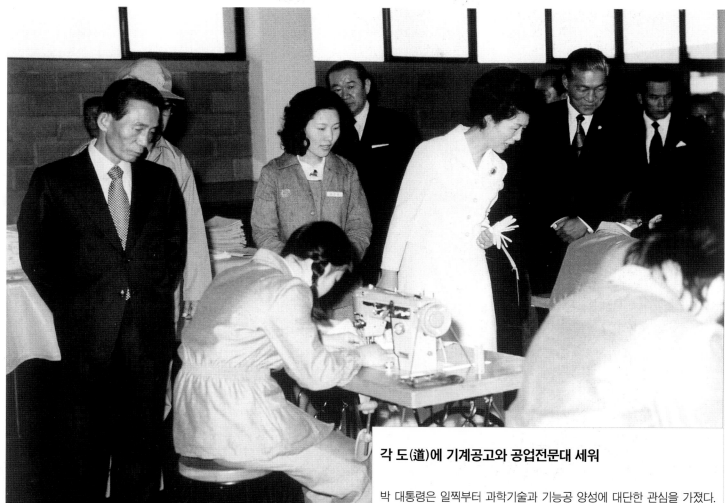

박정희 대통령 내외는 서울 보광동에 새로 세워진 정수직업훈련원 개관식에 참석,
원생들의 실습장면을 돌아 보았다. 1973. 10. 17

각 도(道)에 기계공고와 공업전문대 세워

박 대통령은 일찍부터 과학기술과 기능공 양성에 대단한 관심을 가졌다.
이런 관심 아래 각 도에 하나씩 기계공고와 공업전문대학을 세우도록 했
다. 현재의 공업발전은 그 때 박 대통령이 계획하고 발전시킨 전문인력 수
급계획에 힘입은 바 크다.

　　박 대통령은 지방 출장을 가면 대개 기계공고의 실습실에 들러 정밀도
연마연습을 하는 학생들을 격려하고, 그들의 애로사항을 물어서 반드시
해결하곤 했다.

　　1970년대 말 박 대통령과 정주영 현대그룹 회장이 연말 모임에 함께 자
리한 적이 있었다. 이 자리에서 박 대통령이 정 회장에게 "중동에서 당신
덕택에 국위를 선양하게 됐다"고 치하하자 정 회장은 "각하, 제가 외국말
을 잘 합니까? 외국인에 비해 능력이 더 있습니까? 우리나라 기술자가 외
국 기술자보다 더 우수합니까? 다 기능공 덕택이죠"라면서 공을 기능공들
에게 돌렸다. 박 대통령은 이에 "그래, 맞아! 맞아!"하면서 미소를 띠고 공
감을 표했다.

- 오원철 전 청와대 제2경제수석비서관의 회고

호남·남해고속도로 개통식

박 대통령이 전주와 부산을 잇는 호남·남해 고속도로 개통식에 참석 개통 테이프를 끊었다. 이 고속도로는 경인, 경부, 호남(대전-전주), 영동(서울-원주) 고속도로에 이어 건설된 우리나라 다섯 번째 고속도로이다. 이 도로의 개통으로 1천 km의 순환고속도로가 형성되어 전국을 1일 생활권으로 묶게 되었다. 1973. 11. 14

박 대통령이 서울 성북구 성수동과 청담동을 잇는 영동대교 준공식에 참석했다. 이 다리의 준공으로 한강을 가로지르는 교량은 모두 7개가 되었다. 길이 850m, 폭 21m 6차선이다.

쌀의 자급을 달성하게 해준
기적의 볍씨 재배지에서 작황을
살피는 모습. 1973. 11. 15

"김일성은 내가 상대한다"

"김일성이 살아 있는 한 대한민국은 안심할 수 없다. 3김은 김일성을 상대하기엔 아직 멀었다. 김일성은 내 손으로 직접 다뤄야 한다. 나 아니면 상대하기 힘들다."

이러한 신념을 가지고 있었다고 믿어진다. 박 대통령도 김일성체제가 빨리 끝나기만을 손꼽아 기다렸다. 그러나 기대와 달리 김일성이 우상화를 통해 통치기반을 강화하자 "김일성은 죽을 때까지 내가 상대한다"는 결심으로 3선 개헌과 10월 유신 장기독재의 길을 선택한 것이 아닌가 하는 생각이 든다. 마침 월남이 공산화되고 닉슨 대통령이 주한 미군 1개 사단을 철수한 데 이어, 한국에서 전체 미군을 철수한다고 해 국가 위기가 고조된 때이기도 했다.

박 대통령 생전에 늘 "역사의 심판을 받겠다"는 말을 자주 했다. 그것은 곧 김일성과 대결해서 승리한 다음 역사의 심판을 받겠다는 의미였다. 박 대통령은 국민과의 타협 대신 역사와의 대결을 선택한 셈이다. 7·4 공동성명이 발표되면서 남북 해빙 무드가 조성됐을 때 이후락 중앙정보부장이 북한에 다녀와 반공법 개정을 암시하는 발언을 했다. 박 대통령이 그 소식을 듣고는 "공산주의자들을 어떻게 믿어. 이후락이가 미쳤구먼" 하면서 이후락 부장을 책망하셨다.

– 이석제 지음 『각하, 우리 혁명합시다』 (서적포)에서

"10월 유신은 특정 정권만을 위한 것이 아니다!"

"총화유신의 새아침이 밝았다"는 서두로 시작하는 신년사에서 박정희 대통령은 "10월 유신은 결코 한 정권이나 특권계층만을 위한 것이 아니요, 안정과 번영, 그리고 평화통일을 바라는 민족적 염원을 성취하기 위한 민족사적 소명(召命)에 의한 것"이라고 말하고 "따라서 지금은 주저하고 회의할 때가 아니라 헌신적으로 참여하고 용기 있게 실천할 때"라고 강조했다.

박 대통령은 "돌이켜보면 지난 한 해 동안 유신과업을 수행하는 과정에서 무리와 착오가 없지도 않았다"면서 "그러나 정부는 앞으로 국민과 대화를 통해 보다 더 밀접한 일체감을 갖고 유신체제를 유지, 발전시켜 나가면서 이 같은 착오를 시정하는데 결코 주저하지 않을 것"이라고 다짐했다.

청와대가 언론사에 신년용으로 배포한 대통령 내외 사진과 신년 휘호.

재야인사들, 유신에 저항

윤보선, 백낙준, 김수환, 이인, 유진오, 함석헌 김재준, 장준하 씨 등 재야인사 15명은 정상적인 민주주의 체제로의 회복을 내용으로 한 건의서를 12월 31일 박정희 대통령에게 제출했다고 발표했다. 이들은 건의서에서 ①국민의 기본권을 철저히 보장할 것 ②3권 분립 체제를 재확립할 것 ③공명선거에 의한 평화적 정권교체의 길을 열 것 등을 주장했다.

대통령 긴급조치 제1, 2호 선포

박정희 대통령은 1월 8일, 헌법 53조에 의한 대통령 긴급조치권을 발동하여 ①대한민국 헌법을 부정, 반대, 왜곡 또는 비방하는 일체의 행위 ②헌법의 개정 또는 폐지를 주장, 발의, 제안 또는 청원하는 일체의 행위 ③유언비어를 날조, 유포하는 일체의 행위 ④이상의 행위를 권유, 선동, 선전하거나 방송, 보도, 출판, 기타방법으로 타인에게 알리는 일체의 언동을 금한다고 발표했다. 대통령 긴급조치는 이날 오후 3시 청와대에서 열린 국무회의 의결을 거쳐 오후 5시부터 시행됐다.

긴급조치 선포를 알리는 〈조선일보〉 지면.

박 대통령이 청와대에서 긴급조치권을 발동한 뒤 이에 의해 설치된 비상고등 군법회의 재판장에 임명된 이세호 육군대장에게 임명장을 수여했다. 1974. 1. 8

개헌 논의금지를 알리는 신문사 벽보판을 착잡한 심정으로 바라보는 시민들. 1974. 1. 8

남북한 불가침협정 제의

박정희 대통령은 1월 18일 오전 연두회견에서 남북한의 불가침협정 체결을 북한에 제의했다. 박 대통령은 이 불가침협정에는 ①남북한이 절대로 무력침략을 하지 않겠다는 것을 만천하에 약속하고 ②내정간섭을 절대로 하지 말며 ③어떠한 경우에도 휴전협정의 효력은 존속되어야 한다는 내용이 포함되어야 한다고 밝혔다.

박 대통령은 "이것이 성실히 준수된다면 한반도엔 평화가 정착될 것이며 평화통일이 될 때까지는 대화, 교류, 협력을 통해 통일의 기반을 다져 나가자"고 말했다. 중앙청 제1회의실에서 김종필 국무총리를 비롯한 국무위원, 대통령특별보좌관 및 수석비서관, 이효상 당의장서리, 백두진 유정회 회장도 참석한 가운데 열린 회견에서 박 대통령은 "북한이 주장하는 평화협정은 ①외군철수 ②남북병력감축 ③군비경쟁중지 등 휴전협정을 없애자는 것으로, 자칫 잘못하면 평화라는 어휘에 현혹될지 모르나 그 내용은 우리의 국방력을 약화해서 무장해제 해놓고 적당한 기회에 무력으로 적화통일을 하려는 속셈"이라고 지적했다.

남북한 불가침협정을 제의하는 대통령 연두 기자회견 내용을 다룬 신문 보도. 1974. 1. 19

중앙청 제1회의실에서 김종필 총리를 비롯한 전 국무위원, 대통령 특보와 수석 비서관, 이효상 공화당의장서리, 백두진 유정회 회장이 참석한 가운데 열린 연두기자회견.

서울시내 주요 대학, 유신철폐 데모 긴급조치 4호 발동

4월 3일 밤 10시 대통령 긴급조치 4호를 선포한 박정희 대통령은 학생의 정당한 이유 없는 수업 또는 시험거부와 학교 내외의 집회, 시위, 성토, 농성 등 행위에 대해 5년 이상 징역이나 사형에 처하도록 했다. 또한 문교부장관은 긴급조치 4호를 위반한 학생에 대한 퇴학, 정학처분이나 학생단체의 해산, 그리고 이 조치 위반자가 소속된 학교의 폐교처분을 할 수 있도록 했다.

이 조치는 전국 민주청년학생총연맹과 이에 관련된 단체를 조직하거나 가입, 고무, 찬양하는 등의 일체의 행위를 금하고, 이미 이에 위반하는 행위를 한 자가 8일까지 수사기관에 자진 출두할 때는 처벌을 면제하도록 했다.

신직수(申稙秀) 중앙정보부장이 이른바 '민청학련' 사건의 중간 수사발표를 보도한 〈조선일보〉 1974년 4월 26일자 1면. 도례종 등 소위 인민혁명당의 지령을 받아 대한민국을 정복하고 노농(勞農)정권을 수립하려 획책했다는 것이 혐의내용. 군법회의는 이철(李哲) 등 7명에게 사형, 나머지 22명에 무기 15년 이상의 징역형을 선고했으나 38년이 지난 2012년의 재심에서 모두 무죄가 선고됐다.

인천항 제2도크 준공

인천 내항(內港) 전체를 하나의 도크로 만드는 인천항 선거(船渠)공사가 착공 8년 만에 완공되었다. 준공식은 5월 10일 오후 2시 박정희 대통령 내외를 비롯, 태완선 부총리, 이낙선 건설부장관 등 정부인사와 해운 건설업계 기업인, 공사관계자, 3만여 인천시민이 참석한 가운데 월미도 갑거(閘渠)현장에서 열렸다.

이날 박 대통령은 거대한 갑문의 시동을 위해 컨트롤타워에 설치된 스위치를 누름으로써 5만 톤급 갑실에 머물러 있던 라이베리아 선적의 신디호(3만 톤)가 참석인사들의 박수를 받으며 서서히 인천항으로 진입해 들어갔다. 이로써 인천항은 동양 최초이며 세계에서는 크기로 네 번째인 거대한 대규모 롤링게이트 식 갑문을 갖춘 초현대식 항만시설로 우리나라 해운발전에 크게 기여하게 됐다.

아산, 남양만 방조제 준공

금강·평택지구 농업개발사업의 핵심시설인 아산과 남양 2개 방조제(防潮堤)가 착공 2년 3개월 만에 완공, 5월 22일 오전 평택군 현덕면 권관리 현장에서 박정희 대통령이 참석한 가운데 준공식을 가졌다.

박 대통령은 이날 치사를 통해 "정부는 이 방조제의 건설을 계기로 여기에 대단위 공업기지를 건설하기 위한 종합적인 계획을 세워 나가고 있다"고 말했다. 박 대통령은 "이에 대비해서 동력자원을 개발하고 아산만 입구에 또 하나의 거대한 방조제와 갑문시설을 만들어 25만 톤급 초대형 선박도 내해를 자유롭게 출입할 수 있도록 하기위한 웅대한 항만건설계획을 검토 중이다"고 밝혔다.

충남 아산군 인주면과 경기도 평택군 현덕면을 잇는 아산방조제는 길이 2.56km, 높이 17m, 윗너비 16m, 밑너비 168m의 거창한 구조물로 이 둑 안쪽에 1억 4천만 톤의 농업용수를 담은 동양 최대의 인공 담수호(2천800정보)가 형성됐다. 아산둑보다 북쪽에 자리 잡은 남양방조제는 인근 4천850정보의 논에 물을 댈 수 있게 됐고, 2천252정보의 농토가 새로 생겼다.

인천항 제2도크 관제탑에서 갑문을 시동하고 난 뒤 항내를 둘러보는
박 대통령 내외. 1974. 5. 10

박정희 대통령이 정소영 농림장관의 안내로 방조제 준공식장에 들어서고 있다.
1974. 5. 23

착공 8년 만에 팔당댐 준공

경인(京仁)지방에 전력과 생활용수를 공급하게 될 팔당수력발전소(댐)가 5월 24일 준공됐다. 시설용량 8만kw 규모인 팔당수력발전소는 66년 6월에 착공된 이래 그동안 외자 1천408만 달러와 내자 140억 원을 들여 약 8년 만에 완공됐다. 소양강 및 화천(華川)수력에 이어 우리나라에서 세 번째로 큰 시설이다.

높이 32m, 길이 574m 크기의 팔당댐은 남한강과 북한강이 합류되는 지점에서 6km 떨어진 하류를 가로막아 한강수계의 수문 역할을 담당하게 됨으로써 앞으로 경인지방에 하루 128톤의 생활용수를 공급하고 연간 3억 8천만kw의 전력을 발전하게 되었다. 박정희 대통령은 이날 준공식 치사에서 "81년까지 대청, 합천, 여주댐 등 8개의 새로운 댐을 건설하고 4개의 원자력발전소를 건설할 것이며 77년 말까지에는 250만 호 농가에 전기를 끌어들여 농촌 전화(電化) 100%를 달성할 계획"이라고 말했다.

박 대통령은 "팔당댐 완공으로 한강하류 서울-경인지구가 매년 겪던 홍수를 방지케 되었으며, 이들 지역에 공업용수를 무제한 공급하고 깨끗한 상수도 용수와 김포평야에 대한 농업용수 등 풍부한 수자원을 갖게 됐다"고 밝히고 "팔당댐은 관광자원으로 개발할 여지가 있으며 인공호수는 내수면 양어장으로 개발할 여지가 많다"고 강조했다.

유조선 아틀란틱호 명명식

박정희 대통령은 6월 28일 "정부가 추진 중인 중화학공업 육성 계획이 순조롭게 진행되어 80년대 초에 제1단계 계획이 완성되면 우리는 당당한 중화학공업국가로서 수출 100억 달러 중 50억~60억 달러는 중화학공업 제품이 차지할 것"이라고 말했다.

박 대통령은 이날 울산 현대조선소에서 열린 25만 9천 톤급 대형 유조선 2척의 명명식에 참석, 이같이 소개했다.

울산현대조선소에서 열린 대형 유조선 아틀란틱 바론호 명명식 치사를 통해 제2종합제철소의 착공을 서두르라고 지시한 박 대통령. 1974. 6. 28

박 대통령이 팔당댐 준공식이 끝난 뒤 팔당호 주변을 육영수 여사에게 설명해 주고 있다. 1974. 5. 24

팔당댐.

조선호텔에서 열린 조찬기도회에
참석한 박 대통령 내외. 오른쪽은
정일권 국회의장. 1974. 5. 2

육 여사는 강원도 춘성군 신북면 산천리에서 열린
전국새마을 양잠대회에 참석해 뽕따기와
누에치기의 시범을 보였다. 1974. 5. 28

명장 강감찬 장군 출생 유적지를 성역화한 낙성대(落星垈) 준공식에 참석,
경내를 둘러보고 있다. 1974. 6. 11

대통령 저격 모면, 육여사 피격 운명

8월 15일 오전 서울 장충동 국립극장에서 거행된 제29회 광복절 기념식전에서 박정희 대통령이 경축사를 낭독하던 중 괴청년 1명으로부터 저격을 당했으나 무사했다. 그러나 육영수 여사가 머리 부분에 총상을 입고 이날 오전 10시 40분부터 서울대학교병원에서 수술을 받았으나 오후 7시 운명했다고 김성진 청와대 대변인이 발표했다.

박 대통령과 자녀들, 그리고 육인수(陸仁修) 국회문공위원장, 장덕진(張德鎭) 농수산부 차관 등 친족들이 육 여사의 임종을 지켜보았다. 향년 49세. 육 여사의 유해는 오후 8시 병원을 떠나 청와대에 안치되었다.

저격범은 경호원들에 의해 현장에서 즉각 체포되었으며, 일본여권을 지닌 조총련 소속의 재일교포 문세광(文世光)으로 밝혀졌다.

육 여사의 서거를 애도하는 인파가 청와대에 연일 쇄도하였다. 육 여사의 국민장 영결식은 8월 19일 오전10시, 중앙청 광장에서 각국 조문사절과 내외인사 3천여 명이 참석한 가운데 엄숙하게 거행되었다. 유해는 이날 오후 국립묘지에 안장되었으며, 묘비는 100일 탈상 하루 전인 11월 21일에 제막되었다.

국립극장에서 육영수 여사 저격 후 범인은 계속 무대로 달려오면서 연단 쪽을 향해 제5탄을 발사했다. 이 총알은 무대 뒤에 걸린 대형 태극기로 날아갔다.

문세광, 검열 받지 않고 들어오다

문세광의 총격을 피해 박 대통령이 연단 아래로 몸을 낮추자 경호실 수행계장 박상범과 수행과장 이상열(왼쪽)이 호위하는 모습(사진 위). 총을 맞고 쓰러진 육 여사를 단상의 사람들이 보살피고 있다(아래). 1974. 8. 15

문세광은 국립극장 맨 뒷줄에 약 10분간 앉아 박 대통령의 연설을 듣고 있었다. 이윽고 그는 저격을 결심하고 허리춤에 질러 두었던 권총을 뽑아 배 밑으로 옮기는 순간 젖혀 두었던 공이치기가 격발되어 한 발이 발사되었다. '퍽' 하는 소리를 내면서 총탄은 문의 왼쪽 허벅지를 관통했다.

이때의 녹음테이프를 들어 보면 박 대통령의 연설 사이로 '퍽' 하는 소리가 잡히지만 연설은 계속되었다. 공교롭게도 이때 박 대통령은 북한 측에 대해서 불가침조약을 제의하고 있었다.

"나는 오늘 이 뜻 깊은 자리를 빌어서 조국통일은 반드시 평화적인 방법으로 이루어져야 한다는 것을…" 하는 순간 '퍽' 소리가 난다. 문은 허벅지에 오발을 하자마자 놀라서 복도에서 안으로 세 번째 자리를 박차고 일어나 통로로 나와 연단을 향하여 뛰어갔다. 통로 쪽 자리엔 경찰관들이 앉아 있었으나 아무도 문을 제지하지 않았다. 박 대통령이 "다시 한 번 강조하면서, 우리가 그동안 시종…"이라고 할 때 달려가는 문을 본 청중의 "와~" 하는 함성과 함께 '탕' 하는 제2탄 발사음이 들린다.

이 총탄은 박 대통령이 연설하던 연대(演臺)를 맞추었다. 문은 6초 동안 11.85m를 뛰어와서 20m 떨어진 박 대통령을 향해서 쏜 것인데 맞히지 못했다. 문은 제3탄의 방아쇠를 당겼으나 불발이었다. 제4탄을 쏘려고 하니 박 대통령의 모습이 보이지 않았다. 박 대통령은 방탄연대 뒤에서 몸을 낮추어 버린 것이다. 문은 오른쪽으로 시선을 돌려 18.2m 떨어진 곳에 앉아 있던 육영수 여사를 향해서 총을 쏘았다. 총탄은 육 여사의 머리를 관통했다. 문은 제 5탄을 쏠 때 청중 이대산 씨가 발을 걸어 넘어지면서 방아쇠를 당겼다. 총탄은 연단 위 태극기에 맞았다. 문은 넘어진 상태에서 체포되었다.

-조갑제 지음 『박정희』 11권에서

"하던 얘기 계속 하겠다"며 연설 마친 박 대통령

2분 만에 연대 위로 박 대통령이 몸을 드러내자 장내에서는 함성과 박수 소리가 터져 나왔다. 오전 10시 26분 20초. 박정희 대통령은 예의 그 카랑카랑한 목소리로 "여러분, 하던 얘기를 계속하겠습니다"라고 운을 떼었다. 당황하거나 겁먹은 모습은 전혀 아니었다. 10여 초간 아무 말 없이 연설문을 바라보던 박 대통령은 중단했던 기념사의 위치를 정확히 찾아내 "다시 한 번 우리가 원하는 평화통일의 기본원칙을 명백히 하고자 합니다. 그 원칙의 첫 번째는…"이라면서 연설하기 시작했다.

연설문을 다 읽은 박 대통령은 "감사합니다!"라면서 연대 뒤로 한 발 물러나 고개 숙여 인사를 했다. 우렁찬 박수가 터져 나왔다. 자신의 의자로 되돌아가던 박 대통령은 밑에 떨어진 육 여사의 핸드백과 고무신을 주우려고 몸을 숙였다. 양택식 서울시장이 재빨리 몸을 숙여 고무신과 핸드백을 먼저 주워 경호원들에게 건네주었다. 의자에 앉은 박 대통령은 조상호(曺相鎬) 의전수석을 불러 뭔가를 지시했다.

장내 아나운서의 말에 따라 성동여자실업고 학생들이 일어나 광복절 노래를 부르기 시작했다. 학생들은 동요된 표정 없이 노래를 불렀다. 자리에서 일어난 박 대통령은 3부요인 등과 악수를 나누고 무대 뒤로 퇴장했다. 평소의 모습 그대로였다(아래 사진).

-조갑제 지음 『박정희』 11권에서

문상객 받는 대통령 가족

문상객과 인사를 나누는 가족들
(박 대통령으로부터 오른쪽으로
둘째 딸 근영 양, 아들 지만 군.
조카사위인 김종필 국무총리 내외.
1974. 8. 16

육영수 여사를 떠나보내며 애도하는
박정희 대통령.

육영수 여사 국민장 엄수

박 대통령이 청와대 정문 뒤에서 운구 행렬이 경복궁을 돌 때까지 지켜보고 있다. 이 장면은 김성진 청와대 대변인이 뒤에서 직접 촬영한 것이다. 1974. 8. 19

국민장 날 광화문 일대에 운집한 100만 애도 인파 (왼쪽 사진)와 육 여사 초상을 앞세운 운구행렬.

청와대 신관 일반 빈소에 분향하려고 몰려든 조문객들이 경복궁 담을 따라 끝없이 늘어서 있다.

청와대 당국은 장사진을 이룬 조문객 때문에 150명을 한 조로 하여 대표자가 분향하고 나머지는 묵념만 하도록 했다.

국립묘지에서 분향한 뒤 눈물을 닦는 박 대통령. 근혜, 지만 군이 지켜보는 가운데 장모 이경령 여사가 눈물을 닦고 있고, 처남 육인수 씨가 두 손을 맞잡고 서 있다. 1974. 8. 21

다나카 총리의 친서를 가져온 시이나 특사

9월 19일 시이나 에쓰사부로(椎名悅三郎) 특사는 가네마루 신(金丸信) 의원 등 9명의 수행원과 함께 일본항공(JAL)을 타고 서울에 왔다. 그는 오전에 국립묘지로 가서 육영수 여사의 묘지에 참배한 뒤 오후 3시 박 대통령을 방문했다.

이 자리에서 시이나 특사는 다나카 가쿠에이(田中角榮) 총리의 친서를 전했다. 다나카 총리는 친서에서 사건의 철저한 조사와 재발방지, 그리고 한국 정부의 전복을 기도하는 범죄행위의 단속 등을 약속했다. 시이나 특사는 아래와 같은 요지의 사과와 설명을 했다.

"범행 준비가 일본에서 이뤄진 점에 대해서 책임을 느끼고 충심으로 유감스럽게 생각한다. 본 사건의 중대성에 비추어 강력한 수사체제를 갖추어 전력을 다하여 수사를 진행하고 있으며, 한국 측과 협력하여 철저한 수사를 함으로써 진상규명에 노력함과 동시에 그 결과에 따라서 범법자에 대하여는 엄정히 처벌할 방침이다."

문세광 사건을 사과하기 위해 방한한 시이나 일본 특사(가운데)가 박정희 대통령 앞에서 고개를 숙였다. 우시로쿠 주한 일본대사(맨 왼쪽)가 배석했다. 1974. 9. 19

8월 19일 저녁 다나카 일본 총리의 조문을 받고 있는 박정희 대통령.

드디어 지하철 시대 개막

서울지하철과 수도권 전철이 8월 15일 드디어 개통됐다. 이날 오전 11시 청량리 지하철역에서 개통식을 갖고 첫 열차 108호가 서울역까지 운행에 들어갔다.

이날 개통식에는 국립극장에서 있은 광복절 기념식 도중 저격사건이 발생, 박 대통령은 개통식에 참석치 못했다. 대신 정일권 국회의장, 민복기 대법원장 등이 개통 테이프를 끊었다.

서울지하철 1호선(서울역~청량리)이 개통되어 우리나라에서도 드디어 지하철 시대가 열렸다. 1974. 8. 15

서울형사지법 8부 심리로 열린 육영수 여사 살해사건 결심공판에서 검찰은 범인 문세광에게 사형을 구형했다. 1974. 10. 14

북한 남침용 땅굴 발견

유엔군사령부는 11월 15일, 북한군이 비무장지대 중앙을 구획하고 있는 군사분계선 남쪽 1000m까지 불법적인 지하터널을 구축했으며, 이를 발견한 유엔군 소속 민정경찰에게 총격을 가해왔다고 발표했다.

유엔군 측은 터널을 조사한 결과 폭이 약 91cm, 높이 1.22m 가량 되는 콘크리트 구조물이었고, 안에는 220V 전선과 60W짜리 전등이 가설되어 있었으며, 터널 안에서 흙을 파내는 협궤도와 차량이 발견되었다고 밝혔다.

서종철 국방부장관은 다음날 "북괴가 드디어 비무장지대 밑으로 땅굴을 파고 두더지 작전을 감행하기에 이르렀다"고 지적한 뒤 "앞으로 적절한 시기에 적절한 조치를 취하겠다"고 말했다. 정부 대변인 이원경 문공부장관은 "정부는 북한 공산집단이 비무장지대에 지하터널을 구축해놓은 사실을 중시하며, 이와 같은 명백한 침략행위를 즉각 중지하라"고 경고했다.

신문에 실린 조립식 콘크리트로 구축된 북한의 남침용 땅굴. 작업용 손수레로 필요 물자를 운반했던 것으로 보인다.
1974. 11. 15

포드 미 대통령 방한

한국을 방문한 포드 미국 대통령을 맞이하는
박 대통령. 1974. 11. 22

주한 미 2사단을 방문한 포드 대통령이 임시가설된 노천식당에서 파카 차림으로
1인당 400원짜리 부페식 점심을 먹고 있다. 그는 영내 들판에 선채로
햄버거를 들었고, 양파를 한웅큼 맨손으로 집어들었다. 1974. 11. 23

"주한미군 감축 없다." 피침 땐 즉각 지원 약속

박 대통령과 포드 미 대통령의 정상회담.
김동조 외무장관(왼쪽 끝)과
키신저 국무장관(오른쪽 끝)이 배석했다.
1974. 11. 22

청와대 집무실에서
국정을 구상하는 박 대통령.

이제는 슬퍼하지 않겠다고 몇 번이나 다짐했건만….

이제는 슬퍼하지 않겠다고
몇 번이나 다짐했건만 문득 떠오르는 당신의 영상
그 우아한 모습, 그 다정한 목소리, 그 온화한 미소
백목련처럼 청아한 기품 이제는 잊어버리려고 다짐했건만
잊어버리려고 하면 더욱더 잊혀지지 않는 당신의 모습
당신의 그림자, 당신의 손때, 당신의 체취
당신이 앉았던 의자, 당신이 만지던 물건, 당신이 입던 의복,
당신이 신던 신발
당신이 걸어오는 발자국 소리
"이거 보세요."
"어디 계세요."
평생을 두고 나에게 '여보' 한 번 부르지 못하던
결혼하던 그날부터 24년 간 하루같이
정숙하고도 상냥한 아내로서 간직하여 온
현모양처의 덕을 어찌 잊으리
어찌 잊을 수가 있으리.

- 박 대통령이 육 여사 서거 후 지은 시.
  1974. 9. 4

"분열 일 삼으면 북한의 재침 자초할 것"

박정희 대통령은 1일 신년사를 통해 새해의 3대 기본시책 방향으로 ①국가의 안전보장 ②불황의 극복 및 국민생활의 안정 ③ 공존공영의 사회풍토를 제시하면서, 특히 "지금 우리가 당면하고 있는 중대 시국을 올바로 인식치 못하고 여론의 분열만 일삼게 된다면 국가안보는 또다시 정권투쟁의 제물이 되어 북한 공산주의자들의 재침을 자초하는 비극을 낳게 될 것"이라고 강조했다.

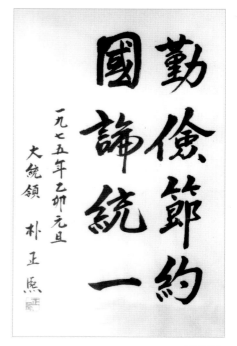

신년휘호.

중앙청 제1회의실에서 열린 연두 기자회견. 박 대통령은 "북괴의 남침위협이 없어지지 않는 한 현행 헌법을 고쳐서는 안되겠다는 것이 나의 소신!"이라고 밝혔다. 1975. 1. 14

"북한 위협 있는 한 개헌 안 해!" 한국의 유엔 가입 방해 말라

"북한 공산주의자들이 남한을 적화통일하겠다는 폭력혁명 기도를 포기, 북으로부터의 남침위협이 없어지기 전까지는 현행 헌법을 고쳐서는 안 된다는 것이 나의 소신이다. 유신헌법은 72년 10월 국민투표에 의해 국민의 압도적 지지를 받은 것으로 일부의 비난처럼 몇몇 사람들의 자의(恣意)로 이루어진 것이 아니라 국민적 동의와 국민적 정통성을 부여받고 있다."

박정희 대통령은 1월 14일 오전 10시부터 2시간 40분 동안 중앙청 제1회의실에서 열린 연두기자회견에서 이같이 주장했다. 또 북한이 유엔가입을 끝내 반대한다면 한국만의 가입을 방해하지 말 것 등 5개항을 촉구했다.

청와대에서 국민투표 실시에 관해 특별 담화를 발표하는 박 대통령. 1975. 1. 23

유신헌법 찬반 국민 투표 실시 국민 73%가 유신헌법 찬성

박정희 대통령은 1월 22일 오전 특별담화를 발표, 현행헌법에 대해 찬반을 묻는 국민투표를 실시하겠다고 선언하고 국민투표안을 공고했다.

박 대통령은 방송을 통해 직접 중계된 담화에서 이번 국민투표는 비단 현행헌법에 대한 찬반투표일뿐 아니라 대통령에 대한 신임투표로 간주, 만일 국민들이 유신체제의 역사적 당위성을 인정하지 않고 현행 헌법의 철폐를 원한다면 그것을 대통령에 대한 불신임으로 여기고 즉각 대통령직에서 물러날 것이라고 밝혔다.

박 대통령은 "제반 여건에 비추어 북으로부터의 위협이 완전히 없어질 때까지는 결코 현행헌법을 철폐해서는 안 된다는 것이 나의 소신"이라고 거듭 강조하고 "따라서 국민투표를 실시하여 주권자인 국민들에게 직접 물어 보기로 결심했다"고 말했다.

2월 12일에 실시된 국민투표 결과 유권자의 79.8%인 1천340만여 명이 투표하고, 투표자의 73.1%가 찬성하는 것으로 나타났다. 이로써 유신체제는 그대로 유지되며, 박 대통령도 국민의 신임을 얻은 것으로 매듭지어졌다.

국민투표 개표 현장을 시찰하는 모습. 1975. 2. 12

기시 전(前) 일본 총리 등 접견

청와대를 예방한 기시 노부스케
(岸信介) 전 일본 총리 일행을
접견하고 다과를 함께하며 환담했다.
1975. 2. 14

강원도청을 연두순시하고 귀경하는
길에 청량리에서 서울역까지 지하철을
탔다. 왼쪽부터 박 대통령, 박준규
공화당 정책위의장, 정소영 농수산부
장관, 유기춘 문교부장관. 1975. 3. 26

철원 동북방에서 북한 제2땅굴 발견

철원 동북방 DMZ 안에서 북한의 남침용 제2 땅굴이 발견되었다. 이 곳 땅굴은 폭과 높이가
각각 2m로 시간당 3만의 병력이 통과할 수 있는 규모이다. 1975. 3. 19

蔣介石 총통의 서거를 전하는
4월 6일자 신문기사.

긴급조치 7호, 고려대에 휴교령

박정희 대통령은 4월 8일 헌법 53조에 의거한 대통령 긴급조치권을 발동, 고려대학교에 대해 휴교를 명하고 교내에서의 일체의 집회시위를 금하는 내용의 대통령 긴급조치 7호를 선포했다. 서종철(徐鍾喆) 국방부장관은 이 조치에 따라 "질서유지를 위해 군대동원이 필요하다"며 고려대에 이날 군대를 진주시켰다.

김성진 청와대 대변인은 "최근의 인도차이나 정세는 우리나라 안보와 직접적인 관련을 갖는 것으로, 그런 위기가 언제 우리에게 비화할지 모르는 상황에서 몇몇 대학의 학생들은 이런 위급한 국가안보상의 현실을 올바로 인식치 못하고 국민총화를 저해하는 행위를 자행했다"고 말했다. 그러나 유신에 대한 저항은 그치지 않고 학계와 종교계를 중심으로 구속자 석방을 요구하는 등 각계각층의 반 유신 투쟁이 잇달았다.

북의 도발 가능성 고조

서종철 국방부장관은 5월 30일 "적의 어떠한 도발에도 대처할 수 있는 임전태세를 갖추고 있으며 총력안보태세로 단숨에 적을 섬멸할 것"이라고 말했다.

서 장관은 이날 제2차 방위성금 헌납액 발표에 즈음한 담화문을 통해 "북괴는 전술항공 작전기지와 각종 포진지의 대부분을 휴전선 가까이 배치하는 한편 많은 전쟁물자를 비축하는 등 전쟁준비와 결정적 시기 포착에 광분하고 있다"면서 "근간의 인지(印支)사태에 고무된 김일성이 중공과 루마니아 등을 왕래하는 것으로 보아 군사적 도발 가능성이 더욱 고조되고 있다"고 지적했다.

휴교령이 내려진 고려대학교 정문 앞에 군인들이 총을 들고 서서 등교를 막았다. 1975. 4. 8

월남 패망, 공산군 사이공 무혈 입성
박 대통령 일기 "지키지 못하면 다 죽어야 한다."

4월 30일, 월맹 탱크가 사이공의 월남 대통령 관저인 독립궁 철문을 부수고 들어가 월맹 깃발을 올리고 있을 때 박정희 대통령은 중앙청에서 수출진흥확대회의를 주재하고 있었다. 그는 이 자리에서 이렇게 말했다.

"월남이 무조건 항복하는 과정을 똑똑히 목격했을 줄 압니다. 그동안 월남에서 반정부 운동을 하던 인사들이 지금 피란길을 걸으면서 과연 무엇을 생각하고 있는지 궁금합니다.(…)

월남의 반정부 인사들이 공산주의자가 아니라면 지금 피란길을 걷고 있으면서 그들 자신의 행동을 반성하고 있는지 어떤지 궁금합니다. 앞으로 공산치하에서 그 반정부 인사들이 지금까지 했던, 인권과 자유를 달라는 그 주장을 계속 할 수 있을지 주의 깊게 지켜봅시다."

이날 밤 박정희 대통령은 비장한 일기를 남겼다.

"월남공화국이 공산군에게 무조건 항복. 참으로 비통함을 금할 수 없다. 한때 우리 젊은이들이 파병되어 월남 국민들의 자유 수호를 위하여 8년간이나 싸워서 그들을 도왔다. 연(延) 파병 수

30만 명, 이제 그 나라는 멸망하고 월남공화국이란 이름은 지도상에서 지워지고 말았다. 참으로 비통하기 짝이 없다.

자기 나라를 자기들의 힘으로 지키겠다는 결의와 힘이 없는 나라는 생존하지 못한다는 엄연하고도 냉혹한 현실과 진리를 우리는 보았다. 남이 도와주려니 하고 그것만을 믿고 나라 지키겠다는 준비를 갖추지 못하고 있다가 망국의 비애를 겪는 역사의 교훈을 우리 눈으로 보았다.(…)

충무공의 말씀대로 '필사즉생(必死卽生) 필생즉사(必生卽死)'다. 이 강산은 조상들의 과거 수천 년 동안 영고성쇠를 다 겪으면서 지켜오며 이룩한 조상의 나라이다. 조국이다. 우리가 살다가 이 땅에 묻혀야 하고 길이길이 우리의 후손들에게 물려주어서 지켜가도록 해야 할 소중한 땅이다. 영원히 영원히 이 세상이 끝나는 그날까지 지켜가야 한다. 저 무지막지한 붉은 오랑캐들에게 더럽혀서는 결코 안 된다. 지키지 못하는 날에는 다 죽어야 한다. 죽음을 각오한다면 결코 못 지킬 리 없으리라."

대통령궁을 부수고 진입하는 월맹군 탱크.(사진 왼쪽)
미 대사관 옥상에서 필사의 마지막 탈출을 하는 광경.(사진 위)

억류된 이대용 공사의 구출을 엄명

면담일지에 따르면, 김동조 외무장관은 4월 30일 오후 5시 31분부터 6시 25분까지 박 대통령에게 월남 교민 철수상황을 보고한 것으로 되어 있다. 이때 김 장관은 김영관 대사를 비롯한 공관원들과 교민들이 무사히 철수했다고 보고한 듯하다. 이 자리에서는 이런 대화가 오고 갔다고 전한다.

박 대통령: "김 대사가 들어오거든 즉시 다른 곳에 대사로 내보내시오."

김 장관: "현재로서는 자리가 나지 않습니다."

박 대통령: "거 왜 있잖아요. 한병기(韓丙起, 칠레 대사)를 불러들이고 그쪽으로 보내면 되지 않소."

마침 그 하루 전에 박 대통령은 일시 귀국한 사위 한병기 대사를 청와대로 불러 저녁식사를 함께 했었다. 다음날 이대용(李大鎔) 공사가 일본대사관을 통해 김동조 외무장관 앞으로 보낸 구출요청 전문(電文)이 박 대통령에게 보고되었다. 화가 난 대통령은 김 대사의 귀임인사를 받지 않았다. 김 대사는 도의적 책임을 지고 대사직을 사임했다. 박 대통령은 이대용 공사 일행을 구출해올 것을 정보부 등 관계기관에 강력히 지시한다.

-조갑제 지음 『박정희』 11권에서

공산화 된 베트남에 억류된 지 1천809일만에 극적으로 자유의 몸이 되어 김포공항에 도착한 이대용 공사. 1980. 4. 12

북한이 남침해 오면 그들은 자멸
월남 패망 하루 전날 대국민 담화

박정희 대통령은 4월 29일 오전 "만약 북한 공산주의자들이 오판해서 무모한 남침을 해 온다면 오직 그들에게 자멸이 있을 뿐이라는 것을 분명히 알아야 할 것"이라고 경고하고 "국민들은 안보태세를 강화하기 위해 총화단결하고 국론을 통일해야 한다"고 호소했다.

박 대통령은 이날 라디오와 텔레비전 방송망을 통해 전국에 중계된 특별 담화에서 이같이 말하고 "만약 북괴가 전쟁을 도발해 오더라도 서울은 절대로 철수해서는 안 되며, 전 시민과 정부가 끝까지 남아 사수하고 대통령도 시민들과 같이 수도를 사수하겠다"는 결의를 밝히면서 "국민은 정부와 군을 믿어주기 바란다"고 당부했다.

박 대통령은 "국민은 우리가 단결만 하면 어떠한 적의 공격도 능히 저지 격멸할 수 있는 충분한 힘을 보유하고 있다는 것을 믿고 필승의 신념을 가져야 한다"고 강조하고 "우리에겐 막강한 60만 국군과 주한미군이 있으며, 잘 훈련되고 반공정신이 투철한 270만 향토예비군이 있고, 반공정신으로 무장되고 애국심에 불타는 3천400만 국민이 있다"고 말했다.

담화를 발표하는 박 대통령. 1975. 5. 8

박 대통령이 중앙정보부에서 재야 원로, 여야 정치 지도자 등 각계 인사 105명과 만나 오찬을 같이 하면서 시국 문제를 논의했다.
사진 왼쪽부터 허정, 박 대통령, 이갑성, 백낙준 씨. 1975. 5. 19

김영삼 총재와 2시간 단독 요담

사회 각계각층과의 대화에 이어 박 대통령은 5월 21일에는 김영삼 신민당 총재와 청와대에서 2시간 동안 긴박한 안보와 시국문제에 관해 중점적으로 논의했다. 박 대통령과 김 총재는 요담이 끝난 후 김성진 청와대 대변인을 통해 "현하 미증유의 난국에 처하여 이를 극복하기 위해서는 여야가 다 함께 국가적 차원에서 노력을 기울여야 한다는 데 의견을 같이했다"고 발표했다.(…)

(박 대통령은) 미국 정보기관과 우리 국방 당국의 최신 군사정보에 의한 북의 남침준비 및 전진 이동상황과 김일성의 특이동향 등을 소상히 김 총재에게 알리고, 만약 북이 남침해 왔을 때는 한·미 양국 대통령이 승인한 '서울 사수 7일 또는 9일 격퇴작전'의 내용도 설명하였으며, 월남 내부의 국론분열이 월남패망의 최대 이유 중의 하나였던 점에 비추어 국가적 차원의 초당적 총력안보와 총화단결을 요청하였다.

김 총재는 초당적 총력안보에 적극적으로 협력할 것을 확약하되 신민당의 당론인 조속한 시일 내의 민주회복을 강조하였다.

-김정렴 지음 『아, 박정희』에서

청와대에서 김영삼 총재와 만나 악수를 나누는 박 대통령. 1975. 5. 21

휴전선 부대 시찰

박정희 대통령은 5월 23일 휴전선을 방어하고 있는 국군 3개 부대를 방문하고 부대장으로부터 북한군 동향과 정세보고를 들은 뒤 우리 측 주요진지의 포진상황 등 다각적인 검토와 지시를 내렸다.

박 대통령은 이 자리에서 "월남 패망을 계기로 아시아의 여러 나라들이 공산주의 세력의 팽창을 원치 않고 있으면서도 확고한 대책을 세우지 못하여 불안해하고 있다"면서 "그러나 우리나라는 확고부동한 반공자세로 아시아에 있어서의 반공의 햇불이 되어야 하며 이 반공의 햇불이 불멸의 것으로 길이 빛나기 위해서도 철통같은 자주국방 태세가 갖추어져야 한다"고 말했다.

전방부대 지휘관들을 격려하는 모습. 1975. 5. 25

전방부대를 시찰하고 있는 박 대통령, 김종환 중장, 이세호 대장, 서종철 국방부장관이 수행했다. 1975. 5. 25

최전선에 배치된 한국군 부대를 시찰하고 근무태세를 점검했다. 1975. 5. 23

사이공 함락 직전 북한 기갑사단 휴전선 집결

북한은 사이공 함락에 앞선 마지막 2주간에 2개 기갑사단을 휴전선 비무장지대로 집결시켰다고 〈뉴욕타임스〉가 5월 22일 보도했다. 이 신문은 한국 소식통을 인용, 북한이 대남 특공대 침투를 목적으로 비무장지대 밑으로 땅굴을 팠으며, 음향탐지기에 의해 이 같은 땅굴이 17개나 발견되었다고 보도했다.

〈뉴욕타임스〉는 인도차이나에서 미국의 지지를 받던 두 정권이 무너진 후, 맹방에 대한 공약에도 불구하고 미국의 전쟁 개입에 미국인들이 찬성하지 않는 것으로 북한이 믿고 있는 것 같다고 덧붙였다.

최전방 부대를 시찰한 박 대통령이 부대장의 설명을 들으며 쌍안경으로 적진을 살피고 있다. 1975. 6. 3

대통령 영애인 박근혜 양이 부산시 음성나환자 자립촌인 계림농장에 들러 주민들과 얘기를 나누고 있다. 1975. 4. 23

'남침하면 북의 심장부 강타', 한미 국방장관 경고

슐레진저 미 국방장관은 5월 18일 "나는 북한이 한미방위조약에 도전해서 전쟁을 도발할 위치에 있다고 생각하지 않는다"면서 "만약 북이 도전해올 경우 월남전에서 미국이 감행했던 정도를 넘어서는 대규모 폭격도 하나의 방법으로 고려될 수 있다"고 말했다.

미국의 전국 네트워크인 ABC TV의 '문제와 해답' 프로그램에 나온 슐레진저 장관은 "북이 전쟁을 도발할 경우 월남에서처럼 10년씩 주둔하면서 싸울 것인가?"라는 질문에 "우리가 월남에서 배운 한 가지 교훈이 있다면 그것은 적 병력의 심장부를 직접 공격하지 못하고 적의 공격에 대응하는데 시간을 허비하는 식의 보조적인 군사작전이 결코 효과적이지 못하다는 것이었다"고 답했다.

그러나 그는 "미국의 반격이 정확히 어떤 것일 수 있느냐, 또 미국이 압도적인 힘으로 즉각 반격할 것이냐 하는 문제는 지금으로서는 밝힐 수 없다"고 말했으나 북한이 도발할 경우 단시간에 적의 심장부를 공격한다는 새로운 군사작전의 가능성을 내비쳤다.

한편 서종철 국방부장관도 5월 30일, 제2차 방위성금 헌납액 발표에 관한 담화문을 통해 "적의 어떠한 도발에도 대처할 수 있는 임전태세를 갖추고 있으며, 총력 안보태세로 단숨에 적을 섬멸할 것"이라고 강조했다.

박정희 대통령은 서울 성동구 어린이 대공원에 세워진 어린이회관 개관식에 참석, 회관내부를 어린이들과 함께 돌아보면서 오전 한나절을 보냈다. 1975. 10. 1

영일지역 특수 사방공사 5년 만에 완수

1960년대 중반까지 박 대통령의 산림녹화정책의 중점은 사방사업이었다. 1962년 사방사업법의 제정, 같은 해 가을의 사방사업 교육을 위한 전국 삼림기술자대회 개최, 1963년 2월 ~ 64년 12월까지의 '녹화촉진 임시조치법'에 의한 국민강제 부역명령 발동과 더불어 산림예산의 대부분을 사방사업에 배분하였다. 이 결과 1962년 당시 37만ha로 집계된 요(要) 사방지 중 약30만ha에 대해 사방사업을 1964년 말까지 일단 끝내는 성과를 거두었다.(⋯)

그러나 난공사 지구로 특수공법과 많은 사업비가 소요되는 지구는 70년대 초까지도 손을 못 댄 채 방치되어 있었다. 이 중 가장 난공사 지구이며 면적 또한 가장 넓은 지역이 영일지역이었다. 경상북도 영일군 흥해읍 오도리 뒤의 완전히 발가벗은 여러 개 산을 포함한 4천500여ha의 광대한 지구는 마침 국제항공노선 바로 밑에 위치해 있었다. 즉 일본에서 서울을 향하는 국제여객기가 동해를 지나 막 한국본토에 도달했을 때 한눈에 들어오는 지역이 완전히 발가벗은 영일지구로서, 우리나라 삼림의 최대 치부였으며 해외여행을 다녀온 모든 사람들이 안타까워하는 지역이었다.

박 대통령은 1973년 난공사 중의 최대 난공사인 영일지역의 사방사업에 성공한다면 여타 난공사 지구는 거뜬히 해결되며 또한 내한하는 외국인의 나쁜 첫인상을 없앨 수 있다는 점에서 국내 사방기술진의 기술과 창의를 총동원해서 영일지구의 사방사업에 착수할 것을 지시하였다.

박 대통령을 수행하여 현지에 가 보았더니 나무는 물론 풀 한포기 없는 완전히 벌거벗은 꽤 높은 산들로 연결되어 있는 광대한 지역이었다. 산에는 흙이 전연 없고 전부 왕모래가 표면을 덮고 있어서 걸어 올라가기도 힘들 뿐 아니라 어느 정도 올라갔어도 발을 잘못 디디면 주르르 미끄러져 내려오는 특수지역이었다.(⋯)

영일지구는 사방사업이라기보다는 일대 토목공사로서 층층 석조단층을 쌓아 올리는 공사와 평지의 흙을 져서 단층마다 그 위에 성토하는데 많은 인력과 노고와 시간, 그리고 적지 않은 사업비가 소요되었다.

드디어 1977년에 착공한지 5년 만에 이 거창한 사업은 사방 관계공무원들의 피눈물 나는 노고와 박 대통령의 끊임없는 배려와 지원으로 성공적으로 완수되었다. 박 대통령은 준공식에 참석하여 관계공무원들을 표창하고 영일지구의 성공사례를 교훈삼아 여하한 사방공사도 해내자고 일선공무원들을 독려했다.

－김정렴 지음 『한국경제정책 30년사』 에서

경북 영일군 의창읍 오도동 사방사업장을 불시에 시찰하는 박정희 대통령. 이 작업장에 이르는 길은 험난한 산길로 버스는 물론 큰 자동차가 제대로 다닐 수 없어 작업용 지프를 이용해야만 했다. 1975. 4. 18

가봉, 봉고 대통령 내한

가봉국 봉고 대통령을 공항에서 맞이하는 박 대통령과
퍼스트 레이디 역을 맡은 근혜 양. 1975. 7. 5

부산시와 경상남도를 순시하기
위해 부산에 내려와 환영하는
시민들에게 손을 들어 답례하는
모습. 1975. 4. 19

세계 제일의 조선(造船) 강국으로 부상

울산의 현대미포조선, 거제의 대우옥포조선과 삼성죽도조선 등은 최대 100만 톤급 이상의 선박을 건조할 수 있는 조선소이다. 이들 조선소만으로도 우리나라는 세계 제일의 조선 강국으로 급부상했다.

울산 현대조선소.

거제 삼성조선소.

옥포 대우조선소.

깔끔하게 내린 핵개발 포기 명령
슐레진저 미 국방장관의 핵 포기 강요 압력

제임스 슐레진저 국방장관은 8월 26일, 27일 서울에서 열린 한 미 연례안보협의회에 참석했다. 미 국방장관이 이 회의에 참석한 것은 1971년 이후 처음이었다. 슐레진저 장관은 27일 서종철 국방장관과 함께 가진 공동 기자회견에서 중요한 언급을 했다.

"주한미군의 지상군이 막강하므로 핵무기를 쓸 기회가 없겠지만 핵무기를 최후 수단으로 보유하고 있는 것은 사실이다."

이는 박 대통령이 걱정하는 미국의 핵우산이 건재함을 밝히고 핵무기 개발을 포기하도록 설득하기 위한 언명이었다. 27일 오전 11시부터 오후 2시 42분까지 거의 4시간 동안 슐레진저 장관은 청와대에서 박 대통령을 만났다.(…)

슐레진저는 박 대통령과 일종의 선문답을 했다고 한다. 박 대통령은 비밀 핵개발계획을 인정하지 않았고, 슐레진저는 한국의 핵개발 계획을 알고 있다는 이야기를 한마디도 하지 않았다. 슐레진저는 그러나 "박 대통령이 내가 알고 있다는 사실을 눈치챈 듯했다"고 나중에 술회했다. 슐레진저가 이 자리에서 분명히 한 것은 '한국이 핵무기 개발을 강행할 경우 한미관계가 와해될 수 있다'는 암시였다.

이 해 가을과 겨울에 걸쳐서 워싱턴에서는 필립 하비브 동아시아 태평양담당 국무차관보가 함병춘 주미 한국대사를 통해서 압력을 넣었다. 하비브는 스나이더의 전임 한국대사였다. 하비브는 프랑스로부터 재처리 시설을 도입하려는 계획을 취소해줄 것을 요구했다.(…)

유병현 당시 합참본부장은 "박 대통령은 핵무기 개발을 중지하라는 지시를 내릴 때 깔끔하게 했다. 관련 서류나 시설을 숨겨놓고 비밀개발을 계속하라는 식의 지저분한 지시가 아닌 깨끗한 단념이란 느낌을 받았다"고 했다.

- 조갑제 지음 『박정희』 12권에서

슐레진저 미 국방장관, 스나이더 주한 미 대사,
브라운 미 합참의장이 박 대통령을 예방했다. 1975. 8. 28

여의도에 새 국회의사당

135억 원을 들여 6년 1개월만에 신축
준공한 국회의사당. 지하 2층 지상
6층으로 300석의 민의원 본회의장,
100석의 참의원 본회의장을 갖추고
있다. 1975. 9. 1

신축 국회의사당의 준공 테이프를
끊는 민복기 대법원장, 박 대통령,
정일권 국회의장, 김종필 국무총리
(왼쪽부터). 1975. 9. 1

힘없는 반공(反共)은 환상
5·16광장서 국군의날 기념사

1일은 건군 제27주년을 맞는 국군의 날. 여의도 5·16광장에서 이날 오전 10시 박정희 대통령과 근혜 양, 3부요인과 주한외교사절, 24개 우방국으로부터 온 군 지도자 등 모두 40여만 명이 참석한 가운데 성대한 기념식이 거행됐다.

박 대통령은 유시를 통해 "힘의 뒷받침 없이 공산주의자들과 긴장완화를 시도하거나 평화를 바란다는 것은 하나의 환상에 불과하다"고 말하고 "우리가 지금 해야 할 가장 시급한 과제는 힘을 기르는 문제, 즉 국력배양"이라고 강조했다. 박 대통령은 "반공도 구호나 관념만으로는 되지 않고 조직과 훈련이 되어 있어야 실질적인 반공이 되는 것"이라면서 "향토예비군, 민방위대, 학도호국단의 조직도 이러한 목적을 위해 필요한 것이며 10월 유신의 기본이념과 목표도 이런 과업을 완수하기 위하여 민족의 에너지를 총동원하고 국력을 조직화하고 능률을 극대화해서 힘을 기르자는데 있다"고 밝혔다.

박 대통령은 "북한 공산주의자들은 과거도 그러했거니와 앞으로도 그 때 그 때의 국제정세에 편승해서 교묘한 수법으로 위장전술을 쓰거나 거짓 평화선전을 펴고 나올 것"이라고 예상하고 "우리가 아무리 평화를 원하고 긴장완화를 원하더라도 그들의 목적에는 반드시 평화를 위해서가 아니라 침략의 수법으로 악용하려는 저의가 숨어있다"고 지적했다.

박 대통령은 "그들의 이념이나 목표 또는 대남 기본전략은 30년 전이나 지금이나 변하지 않았다"면서 "그들의 잔악한 술책에 다시 우리가 속지 말아야 할 것"이라고 강조했다.

국군의 날 기념식에 참석하여 열병 부대에 박수를 치는 박 대통령과 근혜양. 1975. 10. 1

국군의 날 기념식에서 8인치 자주포, 175밀리 자주포, 어네스트 존 등이 위용을 과시했다. 1975. 10. 1

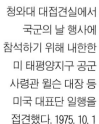

청와대 대접견실에서 국군의 날 행사에 참석하기 위해 내한한 미 태평양지구 공군 사령관 윌슨 대장 등 미국 대표단 일행을 접견했다. 1975. 10. 1

영동-동해 고속도로 개통

영동고속도로 개통식
에 참석하여 테이프를
끊는 박 대통령과
근혜 양. 1975. 10. 14

하늘에서 내려다 본
영동고속도로. 1975. 10. 14

영동고속도로가 개통되어 국토의 동서를 3시간 30분에 주파할 수 있게 되었다. 개통 당시 찍은 컬러 사진. 1975. 10

전자공업과 김완희 박사의 귀국 결심

1968년 3월 7일 김완희(金玩熙) 박사와 함께 방한한 미국 전자산업 전문가 일행은 9일 동안 한국 전자공업의 실상을 살펴보았다. 김 박사는 3월 13일, 이들과 함께 청와대로 박정희 대통령을 예방했다.

그해 4월 18일 박 대통령과 존슨 대통령의 정상회담이 하와이에서 열렸다. 김 박사는 찾아뵙지 못해 죄송하다는 편지로 인사를 대신했다. 5월 초순이 되자 한국 총영사관에서 다음과 같은 내용의 대통령 친서를 보내왔다.

「친애하는 김완희 박사에게!

귀한(貴翰) 감사합니다. 하와이 방문에서 많은 교포들이 따뜻하게 환영해주어 깊은 감명을 받았습니다. 덕택으로 여행을 무사히 마쳤습니다. 7월경에 귀국하신다니 또다시 상봉의 기(機)를 고대하면서 귀 가정에 만복이 깃들기를 축원합니다. 4월 27일 박정희 배(拜)」

김 박사는 7월 8일 귀국하여 15일 저녁 청와대로 들어갔다. 박 대통령이 불도 켜지 않은 컴컴한 집무실에서 혼자 책을 읽고 있었다고 한다. 김기형 과기처장관, 최형섭 KIST 소장, 신동식(申東植) 과학담당 수석비서관이 배석한 가운데 김 박사는 과학기술적 이해와 안목 없이는 전자공업을 제대로 육성할 수 없다는 점을 설명했다.

"전자공업은 정책을 주도하는 사람들이 세계시장을 선점하고 리드해가는 기술을 이해하고 그 진행방향을 짐작하여 정책에 충분히 반영시켜야 합니다. 그러지 않고서는 세계시장에 발을 붙일 수가 없어요. 그런 면에서 박정희란 분을 대통령으로 만난 것은 한국인들로서는 행운이었지요."

환대 속에 청와대를 방문했던 김 박사는 그때까지 박 대통령의 협조 요청에 결심을 굳히지 못했다고 한다. 결심이 선 것은 그날 회식이 끝난 뒤였다.

"자리를 파하고 일어나 떠나려는데 대통령이 현관까지 배웅하러 나오셨어요. 우리가 차에 오를 동안 밤하늘을 올려다보면서 심호흡을 하시더군요. 그리고 차가 떠날 때까지 그 자리에 그대로 서 계셨습니다. 어둠 속에 홀로 선 대통령이 너무나 외로워 보였습니다. 말끝마다 가난한 한국을 부강하게 만들어야 한다고 강조하는 대통령을 도와드려야겠다고 차중에서 결심했습니다."

장충공원에서 열린 한국전자전람회에 참석, 진열된 제품을 둘러 본 박 대통령은 "지금 농가에 흑백 TV가 보급되고 있는 중인만큼 컬러 TV를 너무 서두르지 말라"고 지시했다. 1975. 10. 8

근혜 양이 이호(李灝) 대한적십자사 총재로부터 고 육영수 여사에게 추서된 적십자최고대장 무궁화장을 대리로 전달받았다. 이 자리에는 박 대통령도 참석했다. 1975. 10. 20

함대함(艦對艦) 미사일 시험 발사 성공

해군은 11월 7일 오후 ○○해상에서 함대함(艦對艦) 미사일을 시험 발사하는데 성공했다. 이 미사일 시사(試射)는 국내에서 건조된 신예전투함에 의한 것으로 해군력 중강에 획기적 전기를 가져왔다. 해군전투함과 공군 전투폭격기가 참가한 이날 해공군 합동해상기동연습에는 박정희 대통령이 참석했으며 서종철 국방부장관, 최영희 위원장 등 여야 국회 국방위원 전원, 노재현 합참의장, 각군 참모총장, 스틸웰 주한유엔군사령관 및 각계 인사 등 내외 귀빈들이 참관, 미사일의 뛰어난 성능과 해군장병들의 우수한 기술에 갈채를 보냈다. 훈련 해상은 3m 높이의 파도와 흐린 시정(視程)으로 기상 조건이 나빴으나 신예전투함 승무원들은 먼 거리에서 침투해오는 가상 적함을 탐지, 식별과 동시에 미사일을 발사했으며 미사일은 목표물을 추적, 순식간에 가상 적함을 불기둥으로 만들어 참관자들을 경탄케 했다.

시사된 미사일은 북괴 해군이 보유하고 있는 오사(Osa)나 코마르(Komar)형 함정이 장치한 미사일(스틱스)보다 성능이 월등하게 우수한 것으로 1발당 가격은 약 74만 달러(한화 3억 7천여만 원)이다.

박정희 대통령은 7일 부산 앞바다에서 거행된 밀물2호 작전을 참관한 뒤 "국민들이 기꺼이 방위세를 부담하면서 국방을 위해 힘쓰고 있는데, 오늘 이 작전의 성공은 우리 해군의 전력증강에 획기적인 계기를 마련한 것"이라고 말하고 "이 같은 작전의 성공을 국민에게 널리 알려 자신감을 갖고 더욱 매진할 수 있도록 해줘야겠다"고 말했다.

- 〈조선일보〉 1975년 11월 8일자 기사

함대함 미사일 발사장면을 쌍안경으로 지켜보는 박 대통령. 1975. 11. 7

기계 금속 등 19개 분야 기술자격 검정제도 실시

예고없이 정수직업 훈련원에 들러 곧바로 실습장으로 가 원생들을 격려했다. 박 대통령은 기계 금속 화공 등 19개 분야의 기술자격 검정제도를 실시, 자격 취득자를 우대하도록 했다. 박 대통령은 이밖에 한백, 한독직업훈련원도 설립했다. 1975. 11. 13

부평에 있는 노동청 직업훈련원을 시찰하는 모습. 1975. 11. 25

울산공대에 들러 장발 학생의 머리를 만지며 웃는 박 대통령. 국립대학에 특성화 공대제도를 실시한 그는 부산대 기계공대, 전남대 화공공대, 경북대 전자공대를 각각 설립, 기능인력을 양성했다. 1975. 11. 8

성탄 전날, 최전방 보병초소 참호 시찰

크리스마스 이브에 최전방 보병 초소를 둘러본 뒤 참호를 나서는 박 대통령. 1975. 12. 24

박정희는 오케스트라의 지휘자

스티어즈는 경부고속도로를 닦을 때 박 대통령을 보좌했던 한 기술자의 이야기를 이렇게 소개했다. "박 대통령은 매우 까다로운 사람이다. 나는 그가 오케스트라의 지휘자였다고 생각한다. 그의 지휘봉은 타고 다니던 헬리콥터였다. 그는 헬리콥터를 타고 올랐다 내렸다를 되풀이했다. 어느 날은 지질학자들을 태우고 현장에 와서 왜 터널공사를 하는 데 산사태가 났는가를 묻고, 다른 날엔 유엔의 수리(水理)학자들을 데리고 나타나서 왜 우리 기술진이 수량자료를 잘못 계산했는지 따졌다. 화요일에 해답이 나오지 않으면 그는 목요일에 또 나타났다."

1973년부터 시작된 중화학공업 건설은 그 규모가 경부고속도로 건설에 비교할 수 없을 정도로 컸다. 호주국립대학의 김형아 교수는 박정희의 근대화 전략을 연구한 책에서 박 대통령은 정보수사기관을 국가운영의 지휘봉처럼 이용했다고 썼다. 박 대통령이 유신체제가 제대로 기능할 수 있도록 하는 지휘봉 또는 채찍으로 사용한 기관은 비서실 이외의 중앙정보부·감사원 ·국군보안사·검찰·경찰·경호실이었다. 박 대통령은 이들 기관들을 직접 지휘했고 이 기관들끼리 서로 감시, 견제하도록 독려했다.

– 조갑제 지음 『박정희』 12권에서

남해안고속도로를 공중 시찰한 뒤 공업단지 예정지인 광양만 일대를 배로 시찰하면서 선상에서 작업지시를 내리는 박 대통령.

증산과 절약 통한 자조자립 성취
- 신년사

신년사를 통해 박정희 대통령은 "지금 우리에게 가장 중요하고 시급한 과제는 증산과 절약을 통해 자조자립을 성취하는 것"이라고 강조하고 "우리가 모든 면에서 자립하려면 그 기본은 다름 아닌 국력배양이며, 국력이 막강하게 배양될 때 비로소 평화와 발전과 번영을 기할 수 있다"고 말했다. 박 대통령은 "새해 아침을 맞아 다시 한 번 국력 배양을 위한 우리 국민 모두의 실천적 생활지표를 제시하고자 한다"고 전제, "새해에는 우리 모두가 각 분야에서 낭비를 배격하고 능률을 더욱 극대화해서 국력배양을 가속화하여 자립체제의 달성을 앞당겨 성취해야 하겠다"고 말했다.

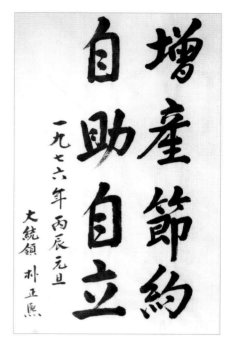

신년 휘호.

육 여사 초상화가 걸려 있는 방에서 세 자녀와 함께 케이크를 자르는 박 대통령.

"영일만서 석유가 나왔다!" 그러나…

박정희 대통령은 1월 15일 "작년 12월초 영일만 부근에서 석유가 나온 것은 사실"이라고 밝히고 "정부는 이달 말이나 내달 초부터 본격적인 매장량 탐사작업을 실시, 앞으로 3~4개월 뒤면 그 결과가 밝혀질 것"이라고 말했다.

박 대통령은 이날 중앙청 제1회의실에서 열린 연두기자회견에서 "우리 기술진에 의해 오랜 탐사와 3, 4개 공(孔)을 시추한 결과 그 중 하나에서 석유와 가스를 발견했다"고 밝히고 "물론 나온 양은 소량이나 처음으로 지하 1천500m에서 석유가 나온 것은 사실이고, 여기서 나온 몇 드럼의 석유를 KIST가 성분 분석한 결과 질이 매우 좋은 것으로 확인됐다"고 말했다.

박 대통령은 또 제주남방 7광구(鑛區)문제에도 언급, 한일 대륙붕문제에 대한 일본 측 비준이 끝나면 한일 양측 기술진이 머지않아 탐사 시추작업을 하리라 본다고 덧붙였다. 그러나 불행하게도 발표와는 달리 석유는 나오지 않았다.

연두기자회견에서 석유가 나왔다는 희망찬 발표를 했다. 1976. 1. 15

왼쪽에 보이는 시추탑은 지하 1천500m까지의 시추작업을 끝낸 상태이고, 오른쪽 시추탑에는 당시 300m까지 파내려간 3천m짜리 시추기가 작동 중이었다. 그러나 석유는 끝내 나오지 않았다. 1976. 1. 15

저우언라이 사망을 보도한 〈조선일보〉. 1976. 1. 9

사우디 주베일 항만 공사 수주, 단일공사론 세계 최대

현대건설(회장 정주영)이 2월 16일 모든 외국 경쟁회사를 제치고 사우디아라비아의 주베일 신항 공사를 수주했다. 공사비 총액은 9억 4천500만 달러, 단일 공사론 세계 최대로 당시 우리나라 예산의 5분의 1에 해당하는 액수였다. 이 수주는 박 대통령과 현대건설의 정 회장, 그리고 사우디 한국대사관의 유양수(柳陽洙) 대사 및 홍순길(洪淳佶) 건설관을 대표로 하는 관계자들이 이뤄낸 장거였다.

공사내용은 호안(護岸)공사, 방파제공사, 안벽(岸壁)공사, 해상 유조선 정박시설 등이다. 결국 이 공사에는 연 인원 250만여 명이 참여했고, 해상구조물을 비롯한 육상장비 46종 1천여 대, 해상장비 21종 200여 대가 투입되었다.

현대건설이 완공한 주베일 신항.

첫 고유모델 '포니'자동차 시판

현대자동차는 2월 29일, 한국 최초의 고유 모델 자동차 포니를 시판하기 시작했다.

포니는 이탈리아의 자동차 디자인회사에서 디자인한 모델로, 울산공장 준공 이후 처음으로 생산된 자동차였다. 한국인의 취향에 맞으면서 내구성이 좋아 국내시장 점유율 60% 이상을 기록하였고, 1984년 단일차종으로 50만대 생산을 돌파하였다.

현대자동차는 포니 이후 1985년 엑셀을 출시하여 국산 자동차로는 최초로 미국에 수출하였고, 1987년과 1988년에 그랜저와 소나타를 각각 출시하여 국내 중대형차 시장을 석권하였다.

1998년에는 기아자동차와 아시아자동차를 인수하여 현대자동차 그룹을 형성했으며, 2012년 현재 40여 계열회사를 거느리고 190여 개국에 수출하는 세계 5위의 자동차 생산회사로 올라섰다.

식목일을 맞아 경기도 시흥군 의왕면 왕곡리 야산에서 나무를 심는
박 대통령과 지만 군. 1976. 4. 5

박 대통령이 가족과 함께 경기도 시흥에서 식목을 마치고 국립묘지의 육영수 여사
묘소로 향하면서 참배객들과 인사를 주고 받았다. 1976. 4. 5

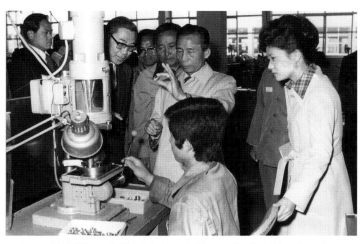

근혜 양과 함께 창원 기계공업기지의 한 공장을 방문해 기능공들이 제작한
부품을 살펴보는 모습. 1976. 4. 10

청와대에서 윤달용(尹達鏞) 재일거류민단 단장 등 42명의
민단 대표를 접견했다. 1976. 2. 6

육군에서 실시한 비정규전 독수리 시범훈련을 참관하는 박 대통령. 1976. 3. 24

뉴질랜드 멀둔 수상 방한

박 대통령과 근혜 양이 중앙청
제1회의실에서 방한한 뉴질랜드
멀둔 수상을 위해 만찬을 베풀었다.
1976. 4. 20

이원홍(李元洪), 문도상(文道祥) 등
해외공보관 일행 40명을 맞아 다과를
베풀며 환담을 나누고 있다.
왼쪽 끝이 김성진 문공부장관. 1976. 3. 9

오죽헌과 칠백의총에서

강릉에 있는 율곡 이이(栗谷 李珥) 선생의 영정을 모신
오죽헌(烏竹軒) 정화 준공식에 참석한 뒤 율곡 선생이
태어난 몽룡실(夢龍室) 옆에 주목 한 그루를 심었다.
1976. 5. 7

포항종합제철 제2설비공사 준공식
참석 길에 잠시 충남 금산 칠백의총에
들러 종용사에 참배하고 경내를
둘러 보았다. 1976. 6. 30

천호대교 준공

천호대교 준공식에 참석, 준공 테이프를 끊은 다음
남부순환도로를 달리면서 서울 외곽지역의 개발
상황과 변두리 시가지 정비사업 등을 시찰했다.
1976. 7. 5

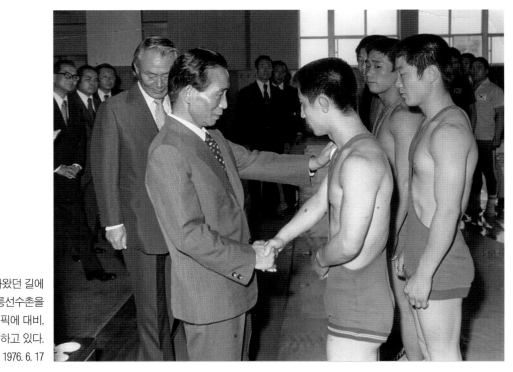

정부 각 부처 대항 사격대회장에 나왔던 길에
김택수 대한체육회장의 안내로 태릉선수촌을
방문한 박 대통령. 몬트리올 올림픽에 대비,
강훈 중인 레슬링 선수들을 격려하고 있다.
1976. 6. 17

미군 장교 2명 판문점에서 피살, 북괴병 30명 도끼 만행

미군 경비장교 2명이 판문점에서 북한군에 의해 무참히 살해됐다. 북한군은 18일 오전 10시 45분쯤 판문점 공동경비구역 유엔군 측 제3초소 부근에 나타나 유엔군 장병들에게 "나무 가지치기를 하지 말라"며 생트집을 잡아 이를 거부한 유엔군 장병들에게 도끼와 쇠꼬챙이, 그리고 도끼자루를 휘둘러 무참히 살해하는 만행을 저질렀다. 이 도발로 보니파스 대위와 마크 바렛 중위 등 미군장교 2명이 살해되고, 한국군 장교 1명과 사병 4명, 미군 병사 4명 등 9명이 다쳤다.

유엔군사령부 발표에 의하면 이날 유엔군 장병 11명은 공동 경비구역에서 나무 가지치기를 하는 5명의 한국 노무자들을 호위하고 있었다. 이때 장교 2명과 수명의 사병들로 구성된 일단의 북한 경비병들이 가지치기를 하지 말라고 생트집, 유엔군 측은 이를 거부하고 작업을 계속했다.

그러자 30여 명의 북한군이 차량을 타고 증원돼 와, 한 북한 장교가 "유엔군 놈들을 죽여라!"고 소리치자 갑자기 흉기를 휘두르며 달려들었다. 현장에 있던 미군과 한국군은 너무 순식간이며, 무방비상태여서 대항할 여유조차 없었다고 한다.

사건현장은 유엔군이 일상적으로 나무의 가지치기를 해왔으며, 양측 인원들이 자유롭게 드나들 수 있는 곳이다. 북한군은 이 도발에서 유엔군 차량 3대도 파괴했다.

갑자기 떼로 몰려들어 유엔군 장병들을 공격하는 북한 경비병들. 하얀 헬멧을 쓴 장병들이 유엔군이다. 1976. 8. 18

전쟁 일보 전… 긴박했던 45분 간의 미루나무 제거 작전

그 어느 작전보다 긴박했던
미루나무 제거 작업.

"미친개한테는 몽둥이가 필요하다."

판문점에서 도끼 만행사건이 발생한 날 밤, 박 대통령은 이런 일기를 남겼다.

"오전 10시 30분경 판문점 비무장지대 안에서 나무의 가지치기 작업 중인 유엔군 장병 11명이 곤봉·갈고리 등 흉기를 든 30여 명의 북괴군의 도전으로 패싸움이 벌어져서 유엔군 장교(미군) 2명이 사망하고, 한국군 장교 1명과 병사 4명이, 미군 병사 4명, 계 9명이 부상을 입는 불상사가 발생하였다.

전쟁 미치광이 김일성 도당들의 이 야만적인 행위에 분노를 참을 길이 없다. 목하 스리랑카 수도 콜롬보에서 개최 중인 비동맹회의에서 주한미군 철수를 위한 정치 선전에 광분하고 있는 북괴가 정치적으로 이용하기 위한 하나의 계획적인 만행이란 것은 분명한 사실이다.

이들의 이 만행을 언제까지 참아야 할 것인가. 하룻강아지 범 무서운 줄 모르는 이들의 이 만행을 언젠가는 고쳐주기 위한 철퇴가 내려져야 할 것이다. 저 미련하고도 무지막지한 폭력배들아, 참는 데도 한계가 있다는 것을 잊지 말지어다. 미친개한테는 몽둥이가 필요하다."

사건 다음날 스틸웰 유엔군사령관이 청와대로 와서 박 대통령에게 워싱턴에서 결정된 보복계획을 보고했다. 이 자리에 배석했던 김정렴 비서실장의 증언에 의하면 그 내용은 이런 것이었다.

"미군이 공동경비구역으로 들어가서 문제의 미루나무를 잘라 버린다. 만약 이때 북한군이 대응공격을 한다면 우리도 즉각 무력으로 대응하여 휴전선을 넘어 개성을 탈환하고 연백평야 깊숙이 진격하여 수도에 대한 서부전선의 근접성을 해결한다."

8월 21일 오전 7시, 한미 호송 차량 23대가 북한 측에 사전 통보 없이 공동경비구역으로 진입했다. 미군 공병대원 16명이 전기톱과 도끼로 미루나무를 베어내기 시작했다. 공동경비구역 안에 북한이 멋대로 설치한 두 개의 바리케이드도 철거했다. 한국군 특공대가 이 작업을 엄호했다.

하늘에는 미군 보병이 탄 20대의 범용(汎用)헬기와 7대의 코브라 공격용 헬기가 굉음을 내면서 선회 중이었다. 상공에서는 B-52 전폭기 편대가 한미 전투기의 엄호를 받으며 선회하고 있었다. 오산에는 중무장한 F-111 편대가 대기 중이었다. 해상엔 미드웨이 항공모함 전대, 판문점 가까운 전선에는 한미 보병, 포병이 방아쇠를 만지고 있었다.

김일성의 '유감표명'

이날 전방의 북한군 부대 통신을 감청한 미군은 "그들이 겁을 먹고 있었다"고 평했다. '돌아오지 않는 다리' 북쪽에서 북한군은 미루나무가 작전 개시 42분 만에 잘려 넘어가는 것을 지켜보기만 했다. 그 20분 후 북한 측 군사정전위 수석대표 한주경 소장이 김일성의 친서를 전달하고자 미국 측 수석대표에게 비밀면담을 요청했다.
김일성이 유엔군 사령부에 편지를 쓴 것은 이번이 처음이었다. 그 내용은 '유감표명'이었다. 미국 측은 이를 사과로 받아들였다.

─ 조갑제 지음 『박정희』 12권에서

북한의 만행을 규탄하는 시민 궐기대회.

박정희 대통령과 영애 근혜 양이
몬트리올 올림픽에서 금메달을 획득한
양정모(梁正模)선수 등 임원 선수
27명을 접견 격려했다. 1976. 8. 19

육영수 여사 묘소에서 박목월 시인이
쓴 전기 『육영수 여사』를 바치고 명복
을 빌었다. 사진은 박목월
시인으로부터 전기를 전달 받는
근혜 양. 1976. 8. 18

근혜 양이 정수직업훈련원 제3기
수료생들을 격려하고 있다.
1976. 9. 1

조총련계 재일동포 모국방문 시작

국모로까지 추앙받던 육영수 여사가 1974년 8·15 경축행사장에서 북한이 보낸 재일조총련 소속 문세광의 저격으로 비명에 간 지 채 1년도 되지 않았던 시점. 당시 중앙정보부 김영광 판단기획국장(전 국회의원)의 최근 회고다.

북한에 대한 적개심이 하늘을 찌르고 있었다. 청와대에서는 수시로 안보회의가 열렸다.

그러던 어느 날 안보회의가 열린 뒤 국수, 그리고 막걸리에 사이다를 탄 '막사이'로 점심을 함께한 자리에서였다. 박 대통령은 유독 김 국장을 꼬집어 안보와 관련해 아이디어가 없느냐고 다그쳤다.

김 국장이 눈치를 보다가 입을 열었다. "문세광 사건을 보복적 관점에서만 생각할 것이 아닙니다." 북한이 조총련 동포에게 한국의 발전상을 왜곡해 허위선전을 일삼고 있으며 그 결과가 문세광 사건이니, 이번 추석에 조총련 동포가 모국을 방문해 성묘하면서 한국의 현실을 직접 볼 수 있도록 하자는 '조총련 모국방문 계획'이었다. 참석자 모두 경악했고, 박 대통령은 부들부들 떨면서 "오늘은 이것으로 마치겠다"고 자리에서 일어났다.

김 국장은 사표를 준비했다. 그런데 며칠 뒤, 박 대통령으로부터 조총련 모국방문 세부계획을 보고하라는 특명이 떨어졌다. 박 대통령은 김 국장의 보고를 40여 분간 말 한마디도 없이 줄담배만 피우며 듣고 있다가 "내가 남편이고, 아이들의 아버지가 아니라 한 나라의 대통령이기 때문에 결심했다"며 계획서에 사인했다.

1975년 9월 추석은 30년 만에 일본에서 찾아온 1천여 명의 조총련 모국방문단으로 전국이 눈물바다를 이뤘고, 이로 인해 민단과 조총련간의 경쟁은 사실 끝나게 된다.

- 〈문화일보〉 윤창중 논설위원(2004년 7월 15일)

근혜 양이 시흥군 의왕면 오전리에 세워진 한국나병연구원 준공식에 참석하여 연구원을 둘러보았다. 근혜 양은 이어 원장실에서 한국 나병퇴치 사업을 위해 1억 2천만 엔을 기증한 일본 보건협력재단의 사사카와(笹川良一)회장과 환담을 나누었다. 1976. 9. 24

추석을 맞아 성묘와 친지 방문을 위해 입국하는 조총련계 재일동포 모국 방문단 일행.

중앙청 제1회의실에서 윤달용 전 민단단장 등 70여 명에게 국민훈장 무궁화장 등 훈장을 수여하고 다과를 베풀며 환담했다. 이 자리엔 근혜 양이 함께 했다. 1976. 9. 17

안동댐 준공, 4대강 유역에 다목적댐 건설 완료

박 대통령은 재정형편의 어려움을 무릅쓰고 전천후농업의 근본 기반이 되는 대단위 다목적댐을 4대강 유역에 건설하기로 결심했다. 북한강에는 기존의 화천과 청평댐 외에 사력(砂礫)댐으로서는 동양최대의 소양강댐을 비롯, 춘천댐·의암댐·팔당댐을 건설하여 100년 만에 한번 올까말까 하는 홍수도 예방할 수 있게 되었다. 남한강에는 80년대 완공을 목표로 1978년에 충주댐 건설에 착수했고, 한강유역 대단위 농업개발사업으로 임진지구사업을 완공시켰다.

금강에는 대청댐(1980년 완공)을 건설했으며, 평택 안성천 하류에는 아산만 방조제를 건설했다. 금강 유역권은 충남북과 전북지방이 거의 망라된 우리나라 중심부를 차지하는 농업지대다.

영산강의 되풀이되는 홍수와 한해 때문에 영산강은 '눈물의 영산강' '한 많은 영산강'으로 일찍부터 불려왔고 수천 년간 호남지방 빈곤의 근본요인의 하나였다. 박 대통령은 타지방보다 극심하게 되풀이되는 영산강유역의 홍수와 한해를 근본적으로 방지하며 생활용수 및 공업용수의 애로도 동시에 해결하기 위하여 제1차, 2차 영산강유역 종합개발에 착수했다.

낙동강의 수자원은 풍요하여 영남지방의 농업용수는 물론 생

안동 다목적댐 전경.

활용수와, 특히 동남해안 일대 공업벨트의 공업용수로서 대단히 중요하다. 박 대통령은 낙동강 지류인 남강댐과 영천댐의 건설에 이어 소양강댐 다음 가는 거대한 안동댐을 다목적용으로 건설했다.

4대강 유역의 수자원을 100% 활용하려면 물론 중소 규모의 댐건설이 계속해서 더 필요하나 4대강 수계의 대부분의 수자원을 활용할 수 있는 주요 댐의 건설을 우선 완료하였다.

한산도 충무공 유적 정화사업
준공식에 참석해 충무공 영정을 모신
충무사(忠武祠)에서 분향하는
박 대통령. 1976. 10. 29

수도승을 닮은 검소한 지도자

서민적이고 검소한 청와대 생활

"박대통령의 민족중흥과 국가번영에 대한 강한 집념, 그리고 조국 통일 의지는 평상시 그의 생활 속에서 읽을 수 있다. 박 대통령의 청와대 사생활은 더 없이 서민적이고 검소하다. 세계 어느 나라 지도자의 생활이 그처럼 검소할 수 있을까 하고 생각해보기도 한다. 혹 기회가 있어 청와대에 가게 되면 처음에는 얼마나 좋은 대접을 받게 될 지 기대도 해보았다. 그러나 혼자서든 몇 사람이 같이 가든 대개가 점심에는 국수며, 저녁에는 그저 우리 모든 가정에서 먹는 된장찌개 정도의 소찬(素饌)이다. 박 대통령의 이러한 서민적인 생활을 직접 보면 그분에 대한 친밀감과 함께 높은 뜻이 피부로 느껴진다."

- 곽상훈(郭尙勳·전 국회의장) '민족중흥에의 집념'에서

집무실의 수도승 같은 대통령

"필자의 인상 중 가장 강렬했던 것 중의 하나가 그분의 집무실에 안내되었을 때의 일이다. 대통령의 집무실이라면 나라의 정사를 다스리는 곳이다. 그러므로 평소에 필자는 으리으리하게 장식된 화려한 사무실을 상상하고 있었다. 그러나 비서의 안내를 받아 필자가 방문한 박 대통령의 집무실은 너무나 간소했다. 이 편에 회의용 테이블이 놓였으며, 저 편 중앙에 박 대통령의 테이블이 놓여 있고, 그 테이블에는 화병 하나 놓여 있지 않았다. 그리고 그것이 전부였다. 이 단조한 집무실에서 국가의 여러 가지 크고 작은 문제들이 처리된다고 생각하니 가슴이 벅차오르는 감동 같은 것을 느끼게 된다. 또한 이 단조로운 테이블에 앉아 있는 그분의 모습은 수도승(修道僧) 같은 인상을 주게 된다."

- 박목월(朴木月·시인) '국민에 대한 애정'에서

저처럼 노심초사하는 정치인이…

"박정희 대통령에 대한 나의 인식과 평가는 두 가지 측면에서 정립된 것이다. 하나는 그의 탁월한 정치 경륜과 철학에 근거한 것이며, 다른 하나는 그의 훈훈한 인간성에서 느껴진 것이다. 나는 한국에서 미8군 사령관으로 재직하는 동안 박 대통령과 공식 비공식으로 자주 만날 수 있는 기회를 가져 왔다. 만날 때마다 그에게서 느껴진 나의 감정은 '자기 조국을 위해 저처럼 노심초사하는 정치인이 있을 수 있을까' 하는 것이었다. 그와 대화를 나누는 사람이라면 누구나 쉽게 그런 느낌을 얻게 될 것이다."

-리처드 스틸웰(전 주한유엔군사령관) '내가 본 박 대통령'에서

평소 담배를 즐겨 피운 박 대통령이 파이프를 입에 문 모습.

"일하고 또 일하는 민족의 위대한 전통을 창조하자."

박정희 대통령은 1일 신년사를 발표, "우리 조상들이 수많은 국난을 극복하면서 5천년의 유구한 민족사를 가꾸어 온 이 강토 위에 중흥의 금자탑을 굳건히 쌓아올리는 일이야말로 우리 세대에게 주어진 역사적 사명"이라면서 "우리의 안전을 지키고 번영을 이룩하는 책임은 바로 우리들 자신에게 있다는 것을 새해 아침에 다시 한 번 깊이 명심하고, 우리 모두 대망의 고도산업국가 실현을 눈앞에 바라보며, 후손과 역사를 생각하는 책임감으로 힘을 모아 일하고 또 일하는 민족의 위대한 전통을 창조하자"고 강조했다.

신년휘호.

박 대통령은 "새해에도 어떠한 난관이나 시련이 닥쳐온다 해도 날로 심해지는 국제경쟁을 뚫고 꿋꿋이 민족의 자존과 나라의 자주를 유지 발전시켜 나가야할 시대적 사명을 우리는 지니고 있다"고 말하고 "이러한 시점에서 우리가 잠시도 잊어서는 안 될 것은 힘에 겨운 전쟁준비와 경제파탄으로 북한동포들을 굶주림 속에 몰아넣고 있는 북한 범죄집단이 우리 국력의 급속성장에 충격과 초조를 가누지 못하여 발악적인 불장난을 저지를 가능성이 농후하다"고 지적했다.

박 대통령과 근혜 양이 1976년 봄 해사 졸업식에 참석키 위해 진해에 내려와 진해 공관을 산책하는 모습이 새해맞이 가족 사진으로 언론에 공개되었다.

북한에 남북 불가침협정 제의

1월 12일 중앙청 제1회의실에서 가진 연두기자회견에서 박정희 대통령은 북괴가 남북한 상호불가침 협정체결에 동의한다면 주한미군 철수를 반대하지 않겠다고 천명했다. 박 대통령은 북한이 진정으로 한반도의 평화적 통일을 원하고 또 미군이 통일의 방해요소라고 생각한다면 이 제의를 받아 들여야 하고, 또 이를 거부할 아무런 이유가 없다고 생각한다고 말했다.

박 대통령은 북한의 식량사정이 어려운 것이 사실이라면 순수한 인도적 입장에서 북한 동포들을 위해 식량 원조를 제공할 용의가 있다고 밝혔다.

남북 불가침협정을 제의하는 대통령 연두 기자회견. 1977. 1. 12

우리 전력(戰力) 북한을 앞지를 단계
방위산업 1978년 말이면 마무리될 것

박정희 대통령은 1월 28일 국방부를 순시한 자리에서 "여러 가지 정보와 상황을 종합평가하여 지금 우리와 북한 공산집단 간의 전력을 비교해보면 동일 수준에 있다고 본다"면서 "물론 부분적으로 그들이 우세한 것도 있고, 또 우리에게 뒤지지 않으려고 계속 발버둥치겠지만 이제부터는 우리가 앞질러 나가는 단계에 왔다"고 밝혔다.

　박 대통령은 "우리나라 방위산업의 근간 분야가 대략 내년 말쯤이면 마무리 지어질 것"이라고 말하고 "우리는 핵을 개발하지 않을 것이며 전투기 개발도 당분간 보류하고 있으나, 나머지 분야는 우리의 두뇌와 역량을 총동원해서 모두를 국산화하여 80년 말까지는 양산(量産) 보급될 것"이라고 전망했다.

MBC-TV 신년특집 프로그램에 출연한 박근혜 양이 새해 소망과 청와대 생활을 얘기하고 있다.

임시 행정수도 건설 계획

아들 지만 군, 육사에 보내

2월 10일 서울시를 순시하는 자리에서 박정희 대통령은 통일이 될 때까지 임시 행정수도를 이전, 건설하는 문제를 구상하고 있다고 말했다. 박 대통령은 서울 인구 억제의 획기적인 해결을 위해 서울에서 고속도로나 전철로 1시간에서 1시간 반 정도면 닿을 수 있는 지점에 인구 몇 십만 가량의 능률적이고 아담한 임시 행정수도를 만들려는 구상을 갖고 있다면서, 예산이 확보되면 추진할 것이라고 밝혔다.

박 대통령은 적의 지상포 사정거리 안에 인구 700만의 수도가 위치하고 있는 것은 큰 문제라면서, 행정수도를 옮길 경우 투기적인 지가(地價)의 부당한 앙등을 막기 위한 제도를 사전에 마련할 계획이라고 말했다. 박 대통령은 서울 고수(固守) 개념은 불변으로, 전쟁이 나면 대통령은 물론 정부의 주요기관이 즉각 서울로 와 사태에 대처할 것이라고 강조했다.

임시 행정수도 건설 계획을 보도한 〈조선일보〉 지면. 1977. 2. 11

지만 군의 육군사관학교 입교식에
참석하여 가족이 함께 포즈를 취했다.
1977. 3. 2

방위산업과 중화학공업 동시 추진

창원공업기지 내 방위산업체를
시찰하는 박 대통령. 1977. 4. 13

창원공업기지 안의 방위산업체
현장에서. 1977. 4. 13

쾌속정에서 파이프를 물고. 1977. 6. 23

핵, 전투기 제외한 모든 병기 1980년에 양산단계 돌입

대량 생산되고 있는 신형 대공화기를 살펴보는 박 대통령. 1977. 4. 13

중부전선 승진기지에서 열린 창군 이래 최대 규모의 화력시범을 참관하며
국군의 정확한 사격술에 박수를 보내는 모습. 1977. 6. 23 (사진 위)
중앙청 앞에 전시된 국산 기계를 둘러보았다. 1977. 5. 31 (사진 아래)

"오 수석은 국보야!"

1977년 박정희 대통령은 창원 기계공단의 방위산업체와 기계공장들을 시찰하고 한국이 현대 공업국가로 탈바꿈하는 모습에 여간 흡족해하지 않았다.

"오늘 저녁은 내가 한턱 내지."

청와대 수석 비서관들은 매우 기분이 좋아진 대통령에게 푸짐한 저녁을 얻어먹었다. 그날 술을 한잔 걸친 박 대통령은 중화학공업과 방위산업을 담당한 경제 제2수석 오원철을 가리켜 이렇게 말했다.

"아무리 봐도 오 수석은 국보야, 국보!"

대통령의 공개적인 찬사에 얼굴이 붉어진 오원철은 참석자들의 부러움을 샀다. 대통령의 신임은 바로 엘리트 관료들을 움직이는 동력이었다.

5·16혁명 16돌을 맞아 청와대 뜰에서 5·16민족상 수상자와 임원들을 위해 마련한 칵테일 파티에서
박종화, 이선근, 이병도, 이은상 씨 등과 환하게 웃는 박 대통령. 1977. 5. 17

김용완 전 전국경제인연합회 회장을 접견하고 국민훈장 무궁화장을 수여했다.
이 자리에는 정주영 전경련 회장이 배석했다. 1977. 5. 31

한국수출산업공단 산하 기업체 소년소녀 근로자들이 공부하는 영등포여상과
대방여자중학교를 차례로 방문하여 애로사항을 묻고 학생과 교직원들을
격려했다. 1977. 4. 19

지만 군의 모교 중앙고 어학관 개관식 참석

박정희 대통령은 6월 1일 서울 중앙중고등학교 개교 69년을 맞아 교내에 신축된 어학관 개관식에 참석, 윤치영, 김용완, 이활(李活), 김봉은(金奉殷), 김한수(金翰壽), 서일교(徐壹教) 씨 등 동창 학부형과 함께 개관 테이프를 끊었다. 3·1운동의 거사모임 장소인 옛 숙직실 옆에 연건평 150평 규모로 세워진 어학관은, 이 학교 출신인 지만 군의 학부형으로서 박 대통령이 시청각 교육기재와 도서를 기증한 것을 계기로 학부형과 동창생들이 모금운동을 벌여 이날 준공되었다.

윤봉길 의사 제행에 참석해
분향했다. 1977. 4. 29

서울 중앙중학교 어학관을 한철우 교장과 함께 살펴보는 박 대통령. 1977. 6. 1

이 충무공 다례에 참석한 뒤 추사 김정호 고택 보수현장에 들러
주민들과 얘기를 나누었다. 1977. 4. 28

카터, 주한미군 철수 일방 발표
박정희, '선 보완 후 철군' 요구

카터 미 대통령은 취임하자마자 주한미군 철수를 맨 먼저 주요정책으로 추진하기 시작했다. 카터는 3월 5일 브레진스키 안보보좌관과 사이러스 밴스 국무장관에게 메모를 내려 보냈다. 요지는 선거 때 공약한 주한 미 지상군의 단계적 철수방침을 재확인하는 것이었다.

그는 또 박 대통령이 정치범과 관련하여 개방적 자세를 취하지 않으면 인권문제와 군사원조는 유동적이 될 것이라면서 공개적으로 한국의 인권문제를 거론하기 시작했다. 그러나 카터 대통령은 주한미군이 언제부터 철수될 것인지에 대해서는 언급하지 않았으며, 지상군이 철수한 뒤에도 미국의 공군지원은 오랜 기간 계속 유지될 것으로 본다고 말했다. 카터 대통령은 3월 9일 이를 일방적으로 발표한 뒤, 그것이 자신의 대선 공약이었음을 강조했다. 이에 대해 박 대통령은 '선(先) 보완 후(後) 철군'을 미국 측에 강력하게 요구했다.

박 대통령은 청와대 소접견실에서 오전 10시 30분부터 3시간 동안 카터 미 대통령이 파견한 브라운 합참의장, 하비브 국무차관, 스나이더 대사, 오더노휴 국무차관보로부터 주한 미 지상군 철수에 관한 미국 측의 입장을 청취했다. 1977. 5. 25

"핵무기 가져가면 우리가 개발하겠다."

5월 22일, 박 대통령은 비서진들과 식사자리에서 이런 이야기를 했다.

"내년에 프랑스에서 장갑차 150대를 도입하고, 가을에는 서해에서 미사일 시험발사도 할 것입니다. 이번에 하비브 국무차관이 오면 핵을 가져가겠다고 으름장을 놓을 텐데, 가져가겠다면 가져가라지. 그들이 철수하고 나면 우리는 핵을 개발할 생각이오."

이 무렵 박 대통령의 대화록을 분석해보면 주한미군 장성들과 교감하면서 카터의 철군을 비판하고 있다는 인상을 지울 수 없다. 주한미군 장성들이 주둔국 대통령 앞에서 자신들의 최고사령관을 비방했다는 것인데, 이로 미루어 박 대통령과 이들은 철군 반대로 보조를 맞추고 있었다는 느낌을 받게 된다.

3월 17일 미 합참은 "1982년 9월까지 3만 2천여 명의 주한 미 지상군 병력 중 우선 7천 명 정도를 철수시키자"는 내용의 건의서를 카터 대통령에게 제출했다. 철수시한을 차기 대통령 임기까지 미루는 지연작전이었다. 하지만 카터는 5월 5일 "4~5년 안에 전 주한 미 지상군을 철수한다"고 결정하고 이를 '대통령 지시각서' 12호에 담아 미 합참에 내려 보냈다.

－조갑제 지음 『박정희』 13권에서

싱글러브 소장, 〈워싱턴 포스트〉와 철군 반대 인터뷰

5월 19일자 〈워싱턴 포스트〉는 주한 미8군 참모장 존 싱글러브 소장 인터뷰 기사를 실었다. 이 회견에서 싱글러브 소장은 "만약 (카터의) 철군 계획대로 4~5년 동안에 주한미군을 철수시킨다면 그 다음에는 반드시 전쟁이 일어날 것"이라고 주장했다.

그는 "지난 12개월간의 정보수집 결과 북한 전력은 계속 증강되고 있는 것으로 드러났다"면서 "(워싱턴의) 정책 입안자들은 3년 전의 낡은 정보 속에 묻혀 있다"고 비난했다. 미8군 참모장의 이런 폭탄 발언이 나오게 된 배경에는 철군을 반대하는 8군사령관 베시 대장의 공작이 있었지 않나 의심할 만한 근거가 있다.

싱글러브 소장.

박 대통령이 이임하는 존 베시 유엔군사령관에게 태극무공훈장을 수여한 뒤 그를 위한 만찬을 베풀었다. 1979. 7. 6

"그는 참으로 외로운 싸움을 벌이고 있었다."
카터 특사 떠나자마자 이철승 대표와 영수회담

한국정부에 대해 주한미군 철군계획을 통고한 카터 미 대통령 특사가 이한하자마자 박정희 대통령은 5월 27일 오후 4시, 이철승 신민당 대표최고위원을 청와대로 초치, 주한미군 철군에 관한 한미 고위회담 내용을 설명하고 야당의 이해를 촉구했다.

이철승 대표는 당시 회담에 대해 "군사 쿠데타의 주동자라는 비판을 받고 있는 박정희 대통령이었지만 그의 안보관은 뚜렷했다. 인권과 미군 철수를 흥정하는 미국의 압력에 그는 참으로 외로운 싸움을 하고 있었다. 나는 대한민국을 세우고 지킨 한 사람으로서 나라의 안전보장을 포기하거나 그것을 볼모로 잡히면서까지 정권싸움을 벌여서는 안 된다는 확고한 신념을 갖고 있었다"고 말했다.

때문에 그는 심지어 '사쿠라'라는 터무니없는 중상모략을 받으면서도 공산위협에 의연하게 대처하는 박 대통령의 입장을 옹호했던 것이다.

-김성진 편저, 『박정희 시대』 (조선일보사)에서

박 대통령이 이철승 신민당 대표 최고의원을 접견하고 있다. 1977. 5. 28

6년 반을 준비한 부가가치세

부가가치세제와 의료보험제도가 7월 1일을 기해 일제히 실시됐다.

1974년 9월 재무부장관에 취임한 김용환 씨는 정부수립 후 가장 중요한 부가가치세 도입을 결심하고 진두에 서서 조직적이고 적극적으로 세제개혁을 추진해나갔다. 1975년 4월 조세심의위원회가 설치되었고, 1976년 1월 19일에는 김용환 장관이 기자회견을 통해 부가가치세 도입의사를 발표하고 1977년 7월 1일부터 실시하기로 확정했다.

부가가치세는 심의과정에서 찬반론이 첨예하게 대립되었다. 그러나 박 대통령은 시기상조를 앞세운 연기론을 제치고, 중심세율을 10%로 하고 당초 방침대로 7월 1일부터 시행하기로 결론을 내렸다. 시행결과 물가인상이 우려했던 것과 달리 무난히 넘어갔고, 세수가 크게 증가하여 우리나라 재정안정과 경제안정에 크게 이바지했다.

-김정렴 지음 『아, 박정희』에서

의료보험제도 시행.

의료복지제도의 신기원을 이룩

우리나라에서는 1963년 처음으로 의료보장제도가 도입되었다. 5·16혁명 후 의료보장제도의 확립은 혁명정부의 중요정책의 하나로서 정희섭(鄭熙燮) 씨가 보사부장관으로 취임한 후 적극적으로 추진되었다. 그러나 1962년 말 당시 1인당 국민소득은 94.4달러였고 국민 1인당 월 의료비지출은 66원 70전이라는 빈약한 실정이었다.

이러한 국민의 경제력, 의료비 지출능력, 그리고 의료실태 등을 고려할 때 의료보험의 도입이 시기상조라는 의견도 있었으나 장기적 견지에서 전체 국민을 대상으로 하는 사회보장입법이 필요하며 그 첫 단계로서 일부 보험 가능한 소득단계에 대한 의료보험만이라도 착수해야 된다는 지배적인 의견에 따라 1963년 12월 '의료보험법'이 입법되었다. 다만 법안의 최종심의과정에서 사회보험의 성격상 가장 중요한 강제성이 그 당시의 경제적 능력이 빈약한 점에 비추어 부득이 임의적용으로 후퇴·수정되었다.(…)

1975년 12월 박 대통령은 일반의 예상을 뒤엎고 김종필 내각을 최규하 내각으로 개편하는 개각을 단행했다.(…) 박 대통령은 신임 신현확 장관에게 의료복지정책을 쓰되 국방력 강화와 경제의 고도성장이 계속해서 요긴한 우리 현실에 비춰 우리 실정에 맞는 건전한 제도를 마련해주기를 특별히 당부하였다.

신현확 보사부장관은 취임하자마자 부하를 시키지 않고 본인이 스스로 각국의 의료보장제도를 철저히 연구·비교 검토하는 한편, 우리나라 실정을 면밀히 조사 파악하여 장차 모든 국민이 의료보장의 혜택을 받을 수 있는 장기적 비전 아래 우리 실정에 적합한 한국식 제도를 창안하여 1년만인 1976년 말에 '의료보호법'과 '의료보험법'을 입법·제정함으로써 우리나라 사회보장제도상 신기원을 이룩하였다.(…)

1977년부터는 의료보호법에 의하여 약 210만 명이 국가보조에 의한 의료서비스를 받게 되었고 이후 전국민에 확대되었다.

-김정렴 지음 『한국경제정책 30년사』에서

박 대통령에 카터 친서 '침략 받으면 신속 지원'

대통령각하

제10차 한미 연래 안보협의회의에서 논의될 주요의제와 관련하여 본인은 주한 미 지상군 철수계획과 대한(對韓) 안보공약에 관한 미국정부의 입장을 각하께 친히 전달해드리고자 합니다. 본인은 주한 미 지상군 철수계획이 미국의 대한 안보공약에 있어서의 어떠한 변화도 의미하는 것이 아니라는 점을 굳게 다짐하고자 합니다.

우리 양국 간의 상호방위조약은 아직까지 완벽한 효력을 갖고 있으며, 대한민국이 무력침략으로부터 방위할 수 있도록 돕기 위하여 미국이 동 조약에 의거한 신속한 지원을 제공할 것이라는 결의는 여전히 확고부동하며 추호도 약화되지 않았습니다.(…) 본인은 향후 4~5년 기간에 걸쳐 있게 될 주한 미 지상군 철수가 한반도에 있어서의 평화를 유지할 수 있도록 서서히, 그리고 조심성 있게 이루어질 것이라는 것을 각하께 다시 한 번 다짐 드리고자 합니다. (…) 우리가 누차에 걸쳐 명백히 한 바 있듯이 미 공군부대, 군사정보 및 병참지원 요청 등은 한국에 무기한 머무르게 될 것입니다. 동시에 우리는 주한 미 지상군이 철수함에 따라 대한민국이 스스로의 방위책임에 있어 더 큰 부분을 부담할 수 있도록 하기 위하여 한국에 대한 실질적인 군사원조—미2사단 장비 이양및 추가 대외군사판매의 승인을 의회로부터 받아내도록 노력할 의향입니다.

각하.

본인은 대한민국 정부와 국민이 그들의 방위책임을 감당하고, 또한 귀국이 이미 이룩하여 놓은 훌륭한 경제성장과 발전의 기록을 지속할 결의가 되어 있다는 것을 알고 있습니다. 우리로서도 한반도에 있어서의 평화와 안전을 유지하기 위하여 귀국과 협조할 결의가 되어 있습니다.

1977년 7월 21일 지미 카터

청와대를 예방한 브라운 미 국방장관이 카터 친서를 박 대통령에게 전달했다. 스나이더 주한 미국대사, 브라운 미 합참의장이 자리를 함께 했다. 1977. 7. 25

제10차 한미안보협의회를 보도한 신문기사. 1977. 7. 25

한미연합사 설치, 핵우산 보호 계속
1978년 내 미군 6천 명 1차 철수

한미 양국은 7월 26일, 이틀 동안의 제10차 연례안보협의회를 마치고 공동성명을 통해 1978년 말까지 주한 미 지상군 6천 명이 철수할 것이며, 미 2사단 본부와 2개 여단은 철수 최종단계까지 한국에 잔류할 것이라고 발표했다.

전문 12개항으로 된 이 공동성명에서 서종철 국방장관과 브라운 미 국방장관은 "미 지상 전투병력 제1진의 철수완료 전에 한미연합사령부를 설치키로 합의했다"고 밝히고 "연합사의 설치가 한반도의 평화와 안전을 유지키 위한 한미공약의 상징이라는 데 유의했다"고 말했다.

공동성명은 이밖에 ①미 공군은 증강되고 해군은 계속 배치되며 ②국방과학기술을 지원키 위해 노력하고 ③철수하는 주한미군이 보유하는 적절한 장비를 무상으로 지원한다고 밝혔다.

브라운 장관은 서 국방장관과 합동으로 가진 기자회견에서 "한국은 미국의 핵우산 보호를 받을 것을 확언한다"고 다짐하고 "한국이 침략 받을 경우 한미상호방위조약에 입각하여 즉각적으로 대응 할 것"이라고 밝혔다.

카터 주장 철회시킨 어려운 교섭

주한미군 문제는 7사단 철수로 끝나지 않았다. 1976년 미국 대통령 선거 운동 중 지미 카터 민주당후보는 주한미군을 철수해야 한다고 느닷없이 주장하고 나서 세상을 놀라게 하였다. 그런데 바로 그 해 여름(1976. 8. 18) 판문점 공동경비구역 내에서 도끼 만행 사건이 발생해서 주한미군은 큰 충격을 받았으며, 그로 인해 남북 간 긴장이 조성되고 있을 때 미국 민주당 대통령 후보의 미군 철수 주장이 나온 것이다. 그런데 그가 대통령이 된 후에는 주한미군을 4, 5년 안에 단계적으로 모두 철수하겠다고 선언하였다(1977. 3. 9). 이와 같이 한편으로는 철군을 주장하면서도 또 한편으로는 미국의 대한(對韓) 방위공약에는 변함이 없다는 메시지를 우리에게 보내와서(박 대통령에 대한 카터 대통령의 서한, 1977. 7. 25) 주한미군이 없는 미국의 방위공약을 과연 어느 정도까지 믿을 수 있을 것인지 공약의 신뢰도에 대하여 한참 동안 의문이 남게 됐다. 그러나 그로부터 2년이 지나 카터 대통령이 방한(1979. 6. 29~7. 1), 박 대통령과 정상회담을 가지게 되었는데 이 교섭 결과 카터 대통령은 그의 원래 주장을 철회하고 결국 주한미군 3천600명만을 감축하는 정도에서 문제를 일단락 지었다. 박 대통령이 서거하기 약 5개월 전의 일이다. 박 대통령은 나라의 안위가 걸려 있는 비상난국을 극복하는 중대한 교섭에서 나라의 안전을 계속 확보하는 마지막 공을 세운 것이다.

- 김영주(金永周) 전 외무부차관의 글,
  〈박정희 대통령 기념사업회 회보〉(2005. 7. 1)에서

서종철 국방장관과 브라운 미 국방장관이 공동 기자회견을 하고 있다.

남해화학 여수공장(7肥) 준공
주곡(主穀) 생산을 위한 비료 자급체제 갖춰

단일 비료공장으로는 세계최대 규모인 남해화학 여수공장(7비) 준공식이 8월 4일 박정희 대통령을 비롯한 3부요인, 주한외교사절 및 현지주민 3천여 명이 참석한 가운데 전남 여천군 삼일면 낙포리 현장에서 거행되었다.

내·외자 2천27억 4천만 원의 건설비로 74년 2월에 착공, 3년 6개월 만에 완공된 이 비료공장은 30만평 대지 위에 10개 단위 공장과 각종 부대시설을 갖춰 요소(尿素)및 복합비료 96만 5천 톤과 암모니아 인산(燐酸) 황산(黃酸) 유안(硫安) 등 기초 화학 원료 46만 7천톤을 생산하게 된다. 남해화학의 가동으로 우리나라의 총생산능력은 종전의 187만톤에서 284만톤으로 크게 늘어나 내수용 230만 톤을 충족시키고도 약 50만 톤이 남아돌아 상당한 수출여력을 갖게 되었다.

박정희 대통령은 준공식 치사를 통해 "우리가 만들어낸 이 대규모 공장은 주곡(主穀) 생산을 위한 비료 자급체제 확립뿐 아니라 특용작물이나 축산을 위한 사료작물의 재배와 초지(草地) 개발과 조림 등을 위해 크게 기여할 것"이라 말하고 "단일 공장으로는 세계 최대급의 규모와 세계 최신의 공정을 자랑하는 이 우람한 공장은 공업한국의 빛나는 이정표"라고 강조했다. 박 대통령은 화약의 원료를 생산 공급하는 국방 기간산업으로서도 중요한 역할을 할 것"이라고 덧붙였다.

7비 준공식에 참석한 박 대통령이
생산된 비료들을 살펴보고 있다.
1977. 8. 4

서울 강남구 삼성동 시립 강남병원 개원식 테이프를
끊은 뒤 "새로 실시되는 의료보험제도가
차질 없이 시행되도록 하라"고 지시했다. 1977. 7. 2

한해 극복의 승전보, 전 농토의 수리안전답화(水利安全畓化)

경북지방의 다단계 양수시설. 가뭄에는 그저 하늘만 쳐다보던 우리 농민들이 "인간의 지혜와 인내력으로 한해(旱害)를 극복하자"는 박 대통령의 독려로 양수기와 방수 호스로 멀리 떨어진 곳까지의 다단계 송수가 당연한 일로 변했고, 수리안전답은 79년 말까지 전체의 87.3%에 달했다. 1977. 8. 5

모교인 배화여고에 세워진 육영수 여사 기념관 개관식에 참석한 뒤 내부를 둘러보는 박 대통령과 근혜 양. 1977. 8. 20

국립박물관에서 전남 신안 앞바다에서 건져 올린 송·원(宋元)대 보물들을 관람하며 최순우(崔淳雨)관장의 설명을 듣고 있다. 1977. 8. 23

리처드 홀브루크 미 국무성 동아시아 및 태평양 담당 차관보를 접견, 베이징 회담 결과를 보고
받는 박 대통령. 왼쪽은 스나이더 주한 미 대사. 1977. 8. 27

우주인 출신 글랜 미 상원의원이 청와대를 예방했다. 1977. 8. 30

미 하원 아스핀 솔라즈 의원(가운데)과 환담을 나누었다. 1977. 8. 31

병인·신미양요 강화(江華)격전지 복원 정화

강화 전적지 정화사업으로 복원된 갑곶돈대(甲串墩臺) 안 포각에 전시된 대형 조선포를
돌아보며 최대 사거리가 600m였다는 이병도, 이선근, 최영희 씨의 설명을 듣고 있다.
박 대통령은 같이 복원된 초지진(草芝鎭), 덕진진(德津鎭), 광성보(廣城堡),
강화서성(江華西城), 고려궁지(高麗宮地) 등을 차례로 시찰했다. 1977. 10. 28

경주에 통일전 세워

박정희 대통령은 9월 7일, 삼국통일의 위업을 기리고 분단된 조국통일의 염원을 실현하는 국민교육도장으로 경주에 세워진 통일전(統一殿) 준공식에 근혜, 지만 군과 함께 참석하여 개관 테이프를 끊었다.

이어서 경주 남산 동쪽 기슭에 세워진 통일전 본당에 모셔진 삼국통일의 주역 태종무열왕, 문무왕, 김유신 장군의 영정에 참배했다. 이 영정들은 김기창(金基昶), 장우성(張遇聖)화백이 그린 것이다.

통일전에 전시된 태종 무열왕과 문무왕의 영정을 바라보는 대통령과 근혜 양. 1977. 9. 7

통일전 준공식에 참석 후 정문을 나서며 도열한 선덕여중고 학생들을 격려했다. 1977. 9. 7

세종대왕 숭모제전 참석

한글날인 10월 9일 박정희 대통령은 경기도 여주군 능서면 왕대리 영릉(英陵)에서 봉행된 제1회 세종대왕 숭모제전에 참석, 분향하고 영릉 경내를 돌아봤다. 박 대통령은 이어 세종대왕기념관 세종전의 개관 테이프를 끊고 기념관에 전시된 세종 어진(御眞)을 비롯한 훈민정음 반포도(頒布圖) 등 기록화와 측우기, 용비어천가, 월인천강지곡 등을 자세히 살펴봤다.

제1회 세종대왕 숭모제전에 참석 분향하고 정화사업이 마무리된 경내를 1시간 동안 돌아봤다. 1977. 10. 9

자연보호운동을 제창

제1회 육림의 날인 11월 5일 오전 박정희 대통령은 서울장충체육관에서 열린 자연보호 범국민운동궐기대회에 참석, 치사를 통해 "나는 오늘 이 시각을 기해서 농촌과 도시, 남녀노소의 구별 없이 우리 국민 모두가 자연보호운동에 적극적으로 참여해 줄 것을 제의한다"고 말하고 "우리 모두가 국토에 대한 지극한 사랑과 정성으로 자연보호를 꾸준히 생활화해 나간다면 우리는 고도 산업국가를 건설하면서도 공해 발생요인을 미연에 방지할 수 있고, 깨끗하고 아름다운 자연환경 속에서 풍요하고 건강한 국민생활을 누리게 됨으로써 하나의 시범을 보일 수 있을 것"이라고 강조했다.

장충체육관에서 열린 자연보호 범국민대회. 1977. 11. 5

자연보호헌장 선포

1978년 10월 5일 서울 세종문화회관에서 선포된 자연보호헌장은 아래와 같다.

인간은 자연에서 태어나 자연의 혜택 속에서 살고 자연으로 돌아간다. 하늘과 땅과 바다와 이 속의 온갖 것들이 우리 모두의 삶의 자원이다. 자연은 인간을 비롯한 모든 생명체의 원천으로서 오묘한 법칙에 따라 끊임없이 변화하면서 질서와 조화를 이루고 있다.

예로부터 우리 조상들은 이 땅을 금수강산으로 가꾸며 자연과의 조화 속에서 향기 높은 민족 문화를 창조하여 왔다. 그러나 산업 문명의 발달과 인구의 팽창에 따른 공기의 오염, 물의 오탁, 농지의 황폐와 인간의 무분별한 훼손 등으로 자연의 평형이 상실되어 생활환경이 악화됨으로써 인간과 모든 생물의 생존까지 위협을 받고 있다.

그러므로 국민 모두가 자연에 대한 인식을 새로이 하여 자연을 아끼고 사랑하며 모든 공해 요인을 배제함으로써 자연의 질서와 조화를 회복 유지하는 데 정성을 다하여야 한다. 이에 우리는 이 땅을 보다 더 아름답고 쓸모 있는 낙원으로 만들어 길이 후손에게 물려주고자 온 국민의 뜻을 모아 자연보호헌장을 제정하여 한 사람의 성실한 실천을 다짐한다.

1. 자연을 사랑하고 환경을 보전하는 일은 국가나 공공단체를 비롯한 모든 국민의 의무다.
2. 아름다운 자연 경관과 문화적, 학술적 가치가 있는 자연자원은 인류를 위하여 보호되어야 한다.
3. 자연보호는 가정, 학교, 사회의 각 분야에서 교육을 통하여 체질화될 수 있도록 하여야 한다.
4. 개발은 자연과 조화를 이루도록 신중히 추진되어야 하며, 자연의 보전이 우선되어야 한다.
5. 온갖 오물과 폐기물과 약물의 지나친 사용으로 인한 자연의 오염과 파괴는 방지되어야 한다.
6. 오손되고 파괴된 자연은 즉시 복원하여야 한다.
7. 국민 각자가 생활 주변부터 깨끗이 하고 전 국토를 푸르고 아름답게 가꾸어 나가야 한다.

자녀들과 함께 금오산 어구에 있는 문화재
'채미정'에 들렀다. 이날 박 대통령이 도립공원을
방문하면서 범국민적인 자연보호 운동의
필요성을 강조한 것이 계기가 되어 이듬해
'자연보호헌장'이 선포되기에
이르렀다. 1977. 9. 5

북한산을 오르며 자연보호운동에 나선
박 대통령. 그는 자신의 행동이 갖는
상징성을 잘 아는 지도자였다.

수출 100억 달러 돌파, 1억 달러 달성한 지 13년 만에

상공부는 12월 22일 현재 잠정 추계한 올 한해 수출실적이 100억 1천600여만 달러로 목표인 100억 달러를 9일 앞당겨 달성했다고 발표했다. 이날 서울 장충체육관에서 열린 수출 100억 달러 달성 기념 '수출의 날' 행사에서 박 대통령은 치사를 통해 "우리가 드디어 수출 100억 달러를 돌파했다"고 선언하고 "민족중흥의 창업 도정(道程)에 획기적 이정표가 될 자랑스러운 이 금자탑을 쌓아 올리기 위해 그동안 우리는 한 덩어리가 되어 일하고 또 일해 왔으며, 자주 자립을 위한 우리 겨레의 집념은 그 어떤 시련도, 도전도 물리칠 것"이라고 힘주어 말했다. 이날 100억 달러 달성은 64년 1억 달러 돌파 13년 만이다.

무역입국.

77년도 최다액 수출업체인 현대조선중공업의 정희영(鄭熙永) 사장에게
60억 달러 수출탑을 수여하고 있다. 1977. 12. 22

탁월한 주식회사 대한민국의 CEO

미국 시사주간지 〈뉴스위크〉는 '한국인이 몰려온다'(The Koreans Are Coming!)라는 특집기사를 통해 "한국인은 미국이나 일본과 같은 공업구조나 국민생활을 누리기 위해 열심히 일하고 있다. 일본인을 게으른 사람으로 보는 세계 유일의 국민이다"고 보도했다. 1977. 6. 6

"박 대통령은 주식회사 대한민국의 CEO 회장이었고, 기업인들은 그 밑의 부문별 사장들이었으며, 관료들은 그를 보좌한 스태프들이었다. 오늘날 우리가 무엇보다 감사해야 할 것은 박정희라는 탁월한 지도자를 만났다는 사실이다. 북쪽의 독재자 김일성, 김정일 부자는 60년간 집권하면서 국민에게 약속했던 '쌀밥에 소고기국'은 고사하고 300만 명씩이나 굶겨 죽임으로써 오늘도 폭정과 빈곤을 이기지 못해 탈북자가 쏟아져 나오는 세계 최빈국 중의 하나가 되게 했다. 그러나 집권 18년간 국민을 '먹이고 입힌' 지도자요, 국민소득 100달러도 안 됐던 가난한 나라에서 국민소득 1만 달러를 이룩할 수 있도록 기초를 닦은 박 대통령, 그분께 누가 감히 돌을 던질 수 있으랴."

– 손병두(孫炳斗) 전 전경련 상근부회장의 말

장충체육관에서 열린 100억 달러 수출 기념식에서 환호에 답하는 박 대통령.

100억 달러 수출 달성의 주역인 근로자들이 기념식을 빛냈다.

전국 새마을지도자 대회

전국 새마을지도자 대회가 12월 9일 오후 2시 전주실내체육관에서 새마을 지도자를 비롯한 7천여 명이 참석한 가운데 열렸다.

박 대통령은 "새마을운동이 우리 농촌에서 불붙기 시작한지 7년, 이 불길은 해를 거듭할수록 거세게 타올라 전국 방방곡곡에 번지고 이제 범국민운동으로 뿌리를 내리게 되었다"면서 "우리 국민정신에 일대 혁신을 가져온 것은 말할 나위도 없고, 정치 경제 사회 등 모든 면에서 정신 혁명의 세찬 바람을 불러일으켜 오늘날 우리가 보는 바와 같이 급속한 변화와 놀라운 발전의 원동력이 되고 있다"고 말했다.

박 대통령은 농촌 새마을운동의 성과에 언급, "금년 말이면 기초마을은 전부 없어지고 호당 140만 원 이상 소득을 올린 자립마을의 수가 전체 3만 5천여 농촌마을 중 약 65%, 그중 200만 원 이상이 2천800개 마을에 이를 것"이라고 밝히고 "74년부터 이미 농가소득은 도시근로자 소득을 앞지르기 시작했을 뿐만 아니라 금년 말 평균 농가소득은 140만 원이 약간 초과될 것으로 추정되며, 이는 당초 목표를 4년이나 앞당긴 것이며 이 추세대로 가면 80년대 초엔 2배가 넘게 될 것"이라고 전망했다.

이리역 폭발사고로 이재민이 수용되어 있는 천막촌을 둘러보는 박 대통령. 1977. 12. 9

청와대 접견실에서 에베레스트 정상을 등정한 김영도(金永棹) 대장 등 18명의 '77한국 에베레스트 원정대원에게 훈장을 수여하고 격려했다. 1977. 10. 11

대구-마산을 잇는 구마고속도로가 착공 18개월만에 완공됐다. 개통 테이프를 끊고 준공사 관계자를 격려한 뒤 84.5km의 새 도로를 시주했다. 1977. 12. 17

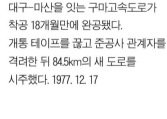

남산타워에 올라 서울 시내의 민방위 훈련 상황을 살펴보는 박 대통령. 1977. 12. 2

일본 후지TV의 사카나이 노부다카 회장과 단독 인터뷰를 가졌다. 1977. 11. 29

청와대 접견실에 국산병기 진열 "우리가 만든 병기들이야!"

그 해도 저물어 가는 12월 16일 드디어 우리가 개발한 병기의 제1차 시제(試製)가 완료되었다. 구상회 박사의 회고를 다시 들어보자.

"시제품이 완성되었다는 보고를 받고 오 수석이 점검 차 ADD로 왔습니다. 그리고는 시제품을 일일이 점검하고는 수고했다고 한 마디 하더니 보완사항을 지시했습니다. 그래서 그날 밤을 새워가며 보완작업을 했습니다. 그런데 다음날 오 수석이 전화로 '즉시 시제품을 트럭에 실어 청와대로 갖고 오라'고 하는 것이 아니겠습니까. 모든 연구원들은 아찔했습니다. 연구원들은 번개사업이 개시된 후 집에는 한번 가보지 못한 상태였습니다. 이발소에도 못 갔고요. 그러니 머리는 길어질 대로 길어졌고, 수염은 덥수룩했습니다. 작업복은 말이 아니었지요. 기름과 땀으로 더러워질 대로 더러워졌고 고약한 냄새까지 풍기는 상태였습니다. 꼭 거지 중에도 상거지 꼴이었지요. 그러나 명령이니 즉시 시제품을 트럭에 싣고 청와대로 갔습니다. 그러나 모두 흐뭇했고 자랑스러웠습니다. 청와대 대접견실에 진열했는데, 잠시 후 대통령이 비서진을 대동하고 진열장으로 내려왔습니다."

빨간 카펫이 깔려 있는 대접견실에는 샹들리에 불빛이 찬란했다. 여기에 국산 초유의 각종 병기가 진열된 것이다. 60mm 박격포, 로켓포, 기관총, 소총류 등이었다. 박격포는 카펫 위에, 총기류는 진열대 위에 놓여 있었다. 새로 칠한 국방색 병기는 병기라기보다는 오히려 예술품이었다. 신응균 소장이 인사를 했다. 박 대통령은 "신 장군, 수고하셨소!" 하며 간단히 인사를 받고는 곧바로 병기 진열대쪽으로 걸음을 재촉했다. 잠시 침묵이 흘렀다. 뒤따라 들어오던 한 수석비서관은 방에 들어서자마자 자기도 모르게 "와" 하고 소리를 냈다. 우리나라에서 처음 제작된 병기를 보고 감동한 나머지 저절로 나온 감탄사였다.

이 순간 박 대통령은 뒤를 돌아보며 소리 낸 사람을 쳐다보았다. 그리고는 환히 웃으면서 자랑스럽다는 듯이 "우리가 만들어낸 병기들이야. 금년도 최고의 크리스마스 선물이다. 우리도 마음만 먹으면 해낼 수 있어. 그리고 우리나라 공업도 이제는 이런 정도로는 발전된 거야"라며 기뻐했다.

-오원철 전 청와대 경제2수석의 홈페이지에서

새 수출목표 달성해 세계 경제대국으로!

1월 27일 중앙청에서 열린 새해 첫 무역진흥확대회의에서 박정희 대통령은 "수출은 국민총화의 표현으로써 국민전체가 한마음으로 뭉치고 협력해야 하는 것"이라 말하고 "올해도 새 수출목표 달성을 위해 정부, 기업인, 기술자, 근로자 및 모든 국민이 일사불란하게 전진해나가자"고 독려했다.

박 대통령은 "정부는 10년 후에 1천억 달러라는 어마어마한 수출목표를 세우고 있으며, 금년에 125억 달러, 81년에 200억 달러를 초과달성토록 되어 있다"면서 "수출이 1천억 달러가 되면 수입도 그와 비슷해져서 2천억 달러의 물자가 들고 나가게 된다. 그러면 우리의 경제규모는 엄청나게 커지고 일거리도 많아져, 그때 우리나라는 당당히 세계경제대국으로 올라설 것"이라고 전망했다.

박 대통령이 쓴 신년 휘호를 옆에서 근혜 양이 지켜보고 있다. 1978. 1. 1

"우리경제, 북한에 10~15년 앞서 있어 이미 결판이 났다."
헬기와 함정 양산체제, 80년대 중반엔 항공기도 생산

중앙청 제1회의실에서 1월 18일 열린 연두기자회견에서 박정희 대통령은 "방위산업 육성으로 헬리콥터의 생산은 이미 시작됐고, 80년대 중반엔 전자병기와 항공기가 국내생산이 되도록 개발능력을 키워 나가고 있다"고 말하고 "각종 병기와 장비의 양산체제를 완비했고, 레이더 사격통제장치, 공대공(空對空)·지대지(地對地)미사일의 개조생산에 착수했으며, 한국사정에 맞는 특수전차의 개발은 물론 각종 해군 함정도 건조, 취역시키고 있다"고 밝혔다.

박 대통령은 한미관계에 언급, "양국 간의 현안으로 다소 잡음이 나고 있으나 쌍방이 서로 호양(互讓)과 협조정신을 발휘해서 노력한다면 조만간 해결될 것"이라 말하고 "한미공동방위체제를 견지하도록 노력하며 철군 보완조치가 차질 없이 실시되도록 노력하겠다"고 강조했다.

박 대통령은 또 "우리가 경제적으로는 북한보다 10~15년을 앞서 있어 이미 결판이 났으며, 우리는 앞으로 10~15년 후면 경제대국이 될 것"이라고 예측했다.

연두기자회견. 1978. 1. 18

새해 연휴 3일 동안 가족과 함께 제주도에서 휴양을 하며 보낸 박 대통령이 제주도를 일주하다가 마을 어귀에서 만난 주민들과 악수를 나누고 있다. 1978. 1. 1

초도순시, 전 분야를 커버하는 실무확인 행정

해마다 정초가 되면 박 대통령은 각 부처와 지방관서를 시찰한다(초도순시라고 했으며 20여 개소에 이른다). 이때 각 부처 및 지방 관서에서는 지난해의 실적과 금년도의 사업계획에 대해 보고하게 된다. 보고 양식은 각 담당 국장이 자기 소관에 대해서 브리핑한다. 각 국별로 하게 되니, 박 대통령으로서는 상세한 내용까지 파악하고 점검할 수 있고, 각 부서의 능력까지도 평가하게 된다.

국장으로서는 이 브리핑 때 자기소신을 밝힐 수 있는 절호의 기회이기도 했다. 한 예로서 당시 공업국장이었던 나는 1965년 초도순시 때를 이용해서 '석유화학 건설'에 대한 건의를 했다. 이것이 우리나라 최초로 '석유화학 건설'의 계기가 되었다. 또한 박 대통령은 지방관서 순시를 이용해서 그 지방에 있는 공장이나 기술자 양성기관을 시찰했다.

그리고 점심에는 지방 유지를 불러 식사를 함께 했는데, 이때 지방 유지들은 지방경제발전을 위해 (공업단지 건설 등) 여러 방면의 건의를 했다. 박 대통령의 통치스타일은 전국과 전 분야를 모두 커버하는 철저한 '실무확인행정'이었다.

-오원철 지음 『박정희는 어떻게 경제강국 만들었나』에서

서울시청 로비에 전시된 서울시 모형도를 보며 구자춘 시장의 설명을 듣고 있다. 1978. 2. 13

경상남도를 순시하기 위해 도청에 들어서는 박 대통령. 뒤에 유비무환이라는 친필 휘호가 걸려 있다. 1978. 2. 25

현신규(玄信圭) 박사에게 5·16민족상

재단법인 5·16민족상 총재인 박정희 대통령은 5월 16일 오전 근혜 양과 함께 청와대 대접견실에서 열린 제13회 5·16민족상 시상식을 주재, 재단이 선정한 현신규 박사(임목육종연구소 고문) 등 12명에게 본상 및 장려상을 수여했다.

박 대통령은 시상식이 끝난 뒤 수상자와 김종필 이사장 등 5·16민족상 임원들과 기념촬영을 한 뒤, 오후엔 경복궁 경회루에서 수상자를 위한 경축연회를 베풀었다.

5·16민족상 학예부문 수상자인 현신규 박사에게 상패를 수여한 뒤 악수를 나누고 있다. 1978. 5. 16

근혜 양이 7일 한국-벨기에 창원직업훈련원 개원식이 끝난 뒤 선반 밀링 용접 등 실습장을 돌아보며 훈련원생을 격려했다. 1978. 6. 7

'팀 스피리트78' 훈련, 11만 명 참가

사상 최대 규모의 '팀 스피리트78' 한미연합작전훈련이 3월 7일 0시를 기해 육해공군 각 작전지역에서 일제히 개시됐다. 이 훈련 엔 한국 육해공군과 주한미군 및 미국 본토와 태평양기지로부터 공수된 2만 2천 명의 증원군 등 모두 11만 명의 병력이 참가했다.

한국 전역에 걸쳐 11일 동안 방어와 반격의 두 단계로 나눠 실 시된 이 작전에는 상륙전을 비롯 도하작전, 특전(特戰)부대 요원 과 중장비 투하, 소해(掃海) 및 대잠함(對潛艦)작전, 고속정작전, 전략폭격, 공중근접지원, 긴급출격 및 비상착륙, 군수지원작전 등 현대전에 필요한 모든 작전이 포함됐으며, 밴스미사일과 F111, B52, A7D, F4 등 최신예 전술 전폭기와 미드웨이 항공모함을 주 축으로 한 미7함대의 기동함대가 총동원됐다.

팀스피리트78. 훈련 첫날 두 곳의 공군기지에서 출동한
신예 전폭기가 가상 적진에 폭탄을 투하하고 있다. 1978. 3. 7

국산 전차(戰車) 양산 시작, 자유진영서 9번째

미군이 보유하고 있는 최신식 M60A1전차와 같은 성능의 국산전차 M48A3, M48A5가 개조 생산되기 시작했다. 이로써 우리나라는 자유진영에서 9번째로 전차를 생산하는 나라가 되었다.

박정희 대통령은 4월 6일 ○○기지의 전차공장을 시찰, 전차생산 제작과정을 일일이 살펴보고 완성된 국산전차의 성능시험과정을 지켜본 뒤 관계자를 격려했다.

이번에 생산된 국산전차는 M60A1과 동일한 화력 및 기동력을 갖고 있으면서도 가격은 그 절반밖에 되지 않으며, 북한이 생산하는 전차보다 월등한 성능을 보유하고 있다.

국산 탱크 제조 과정을 둘러보고 전차장과 악수를 나누는 박 대통령. 정주영 회장이 이를 지켜보고 있다. 1978. 4. 6

스틸웰 전 유엔군사령관의 예방을 받고 환담을 나누었다. 오찬에는 노재현 국방부장관, 서종철 전 국방장관, 문형태 의원이 배석했다. 1978. 3. 6

세종문화회관 개관

박정희 대통령은 4월 14일 서울 세종문화회관 개관식에 참석, 개관 테이프를 끊고 구자춘 서울시장의 안내로 회관내부를 돌아봤다. 박 대통령은 이어 '데크 플라자'(회관의 양 건물 사이에 있는 광장)에서 「文化藝術의 殿堂(문화예술의 전당)」이라고 쓴 친필 휘호탑을 제막했다.

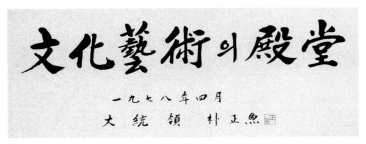

휘호.

서울대 관악캠퍼스 들러

4월 4일 공사졸업식에 참석한 후 서울대학교에 들러 윤천주(尹天柱) 총장으로부터 대학현황을 보고받은 박 대통령이 1979년 공과대학 신축으로 마무리되는 관악캠퍼스 건설과정 등을 점검했다.

근혜 양과 함께 서울대학교 교수회관 옥상에 올라 대학전경을 바라보고 있다. 1978. 4. 4

서울 세종문화회관 데크플라자에서 '문화예술의 전당'이라고 쓴 친필 휘호탑을 제막하는 박 대통령. 왼쪽에 곽상훈 국민회의 운영위원장, 근혜 양, 이효상 공화당 의장 서리, 오른쪽에 이은상 씨, 구자춘 서울시장, 민복기 대법원장, 최규하 총리, 정일권 국회의장. 1978. 4. 14

대덕(大德)연구단지 시찰

4월 19일 박정희 대통령은 대덕연구단지를 시찰, 연구원들을 격려했다. 박 대통령은 이날 연구단지 본부에서 연구소 운영현황과 연구진척 상황을 보고받은 다음, 2시간여에 걸쳐 연구소의 각종 설비를 돌아보고 연구원들을 위해 다과를 베풀었다.

과학 기술인들을 감동시킨 박 대통령의 꿈과 희망

"박정희 대통령은 '청계천 다리 밑에 사는 사람도 거기서 나와 보통의 집에서 살 수 있는, 그런 세상을 만들고 싶다'고 했다. 대덕 단지가 만들어질 즈음 함께 시찰을 갔는데, 근처 언덕에 올라가 아래를 내려다보며 '난 여기 세계적 전자단지를 만들고 싶다'는 포부를 밝히기도 했다. 그런 꿈, 원대한 희망이 나를 비롯한 많은 사람들의 마음을 이끌었다."

-재미 원로과학자 김완희 박사

박 대통령의 과학기술개발 열정

신성철 KAIST 물리학과 교수는 "오늘날 우리나라의 과학기술 발전은 30~40여 년 전 당시 최고통치자였던 박정희 대통령의 미래지향적 혜안과 결단의 산물"이라고 평가했다.

신 교수는 제1차 과학기술 진흥계획 수립(1962~1966), 우리나라 최초의 정부 출연 연구소 KIST설립(1966), 과학기술 행정 주관 부서인 과학기술처 설립(1967), 우리나라 최초의 대학원 중심 이공계 대학 KAIST 설립(1971), 과학기술 담당 수석비서관(제2경제수석 비서) 신설(1971), 대덕연구단지 조성(1973) 등을 실례로 들었다. 박 대통령은 1973년 1월 중화학공업화 선언과 함께 전국민 과학화 운동 전개를 선언하기도 했다.

대덕 연구단지에서 연구원의 설명을 듣는 모습. 1978. 4. 19

남산 3호 터널 개통

남산 3호터널 개통식에 참석, 구자춘 시장(사진 왼쪽 끝)의 안내로 터널을 걸어서 통과했다. 1978. 5. 1

육군사관학교 졸업식에 참석한 박 대통령. 1978. 4. 3

적십자간호학교 강당에서 열린 대한적십자사 수요 봉사회 활동에 참석한
근혜 양. 1978. 2. 8

천지개벽의 농촌주택개량

박정희 시대의 농촌주택 개량사업은 농촌의 주거환경을 천지개벽시킨 사업으로 평가받는다. 1971년 새마을운동을 통해 시작된 농촌주택 개량사업은 농촌의 풍경과 주거환경을 전통적인 농촌의 모습과 단절시켰고, 당시의 변화된 모습은 오늘에까지 그 영향을 미치고 있기 때문이다.

농촌주택개량사업은 새마을운동이 시작된 이래, 1972년 수해로 인해 피해를 입은 수해지역 주택의 복구사업에서 비롯됐다.

박정희 대통령은 상시 방바닥에 물이 배어 나오고 천정에서 물이 새고, 그래서 신을 신은 채 방에 들어가 살 수밖에 없는 상습 수해지역의 아주 열악한 농촌주택 30만 호를 도시형 문화주택으로 개량토록 구상, 강력히 밀어붙였다. 집 지을 설계도는 정부가 마련하고, 집 짓는 노동은 품앗이 형태로 마을주민이 담당케 했다. 이처럼 처음에는 관(官) 주도여서 희망자가 적었으나 80년대에 들어서는 자력으로 주택을 개량하는 농가가 많아졌다.

많은 농민들은 농촌주택개량 사업의 성과를 매우 긍정적으로 평가한다. "처음에는 불만도 많고 그랬지만 지어놓고 보니 보기도 좋고 잘 했다는 느낌이 든다"는 것이다. 한 인터뷰 대상자는 새로운 주택에 불만이 없느냐는 질문에 "부모님 모시고 10여 명의 식구들이 방 3칸짜리 초가에서 살고 있었는데, 방이 6개나 되고 부엌도 입식으로 고친 새집에 무슨 불만이 있겠어?"라고 답하였다. 그만큼 기존 주택의 현실이 열악했기 때문에 새로운 주택을 부정적으로 평가할 이유가 없었던 것이다.

더 중요한 것은 농민들도 도시형 문화주택을 소유함으로써 도시다운 삶을 누리게 되었다는 만족감에서 찾을 수 있다. 한 연구자는 취락구조사업으로 달라진 농촌의 변화에 대해 "지금 나타나고 있는 것으로 보아서는 근대 도시의 신흥주택에서 보기 어려운 문화주택들의 질서정연한 군집(群集)이며, 과연 그 속에 농민들이 거주하고 있을까하는 생각을 갖게 하는 획기적인 변화"라고 적고 있다.

-이승훈 논문 〔1970년대 농촌주택 개량사업〕에서

경기도 내 농촌주택 개량사업 현장을 둘러보며 주민들을 격려했다. 1978. 5. 2

예고없이 김치열 내무장관을 대동하고 경기도 내 용인, 양지, 수원의 농촌주택 개량사업 현장을 시찰했다. 1978. 5. 2

주곡의 자급달성과 녹색혁명 성취

1974년 1월 23일, 박 대통령은 우리나라 주곡의 자급달성을 격려하는 뜻에서 '主穀의 自給達成(주곡의 자급달성)'에 대한 친필 휘호를 주곡증산 관련부서에 내려주었다.

마침 1974년에는 획기적 다수확 품종인 통일벼의 확대보급('74년 : 181ha)에 힘입어 전국 쌀 생산량이 444.5만 톤(3,086.7만 섬)으로서 3천만 섬을 돌파, 1975년부터는 국민의 숙원이었던 주곡인 쌀의 자급자족을 이루게 되었다. 1974년도 쌀 생산량(444.5만 톤)이 1960년대 평균 쌀 생산량(364만 톤)에 비해 22%나 증산되었던 것이다.

이후 농촌진흥청 소속 연구기관인 수원작물시험장, 호남 및 영남작물시험장이 중심이 되고, 각 도 농촌진흥원 및 국제미작연구소의 협력으로 맨 처음 육성된 벼 '통일'품종의 단점을 개선한 '조생통일' '유신' '밀양21호' 등 15품종을 육종 개발하여 보급하였다. 그 결과 1977년에는 통일형 품종들이 전국 벼 재배면적의 55%에 해당하는 66만ha에 보급되어 총 쌀 생산량 600.6만 톤(4,170.6만 섬)을 달성, 드디어 쌀 생산 4천만 섬을 돌파하였다. 또한 단위면적당 평균 수량도 494kg/10a으로 세계 쌀 생산 역사상 최고기록을 수립하게 되었다.

– 박래경·전 작물시험장장

모내기를 돕기 위해 들에 나온 부녀자들과 일일이 악수를 나누는 박 대통령. 경기도 시흥군 과천면 갈현1리.

모내기 후 맨발로 논두렁을 걸어 나오는 모습. 이날 신 품종 밀양21호를 심었다. 1978. 6. 13

오랜 가뭄 끝에 비가 온 날 모내기 현장으로….

100여 명의 청와대 직원들과 함께 경기도 시흥군 과천면 갈현1리로 모심기를 나갔다.
이날 장덕진 농수산부장관, 손재식 경기도지사, 최광수 의전수석비서관 등이 수행했다.
1978. 6. 13

한국정신문화연구원 개원

박정희 대통령은 6월 30일 한국정신문화연구원 개원식에 참석, 치사를 통해 "우리가 이 연구원을 설립하게 된 취지와 목적은 우리 전통문화를 보다 깊이 연구하고 올바로 이해하여 주체적 민족사관을 정립하고, 조상의 빛난 얼과 자주정신을 오늘에 되살려서 새로운 문화창조와 민족중흥에 적극 기여하자는데 있다"고 강조했다. 박 대통령은 "자주정신은 문화 창조력의 원천이며 전통은 바로 문화의 바탕이자 맥락"이라면서 "우리 스스로가 이 나라의 주인이며 역사의 주체라는 자각이 투철해야 훌륭한 문화를 창조할 수 있고 또한 참다운 자주정신은 전통문화에 대한 애착과 긍지에서 우러나는 것"이라고 말했다.

한국정신문화연구원은 정부출연기관으로, 박정희 대통령의 집념의 산물이다. 박 대통령은 70년대의 우리나라는 경제적 발전으로 물질문화는 큰 성장을 이루었으나 정신문화는 크게 뒤떨어졌다는 현실인식 아래 연구원 설립을 서둘렀다.

연구원 설립에는 여러 사람이 관련돼 있다. 우선 대통령의 특별보좌관으로 임명된 박종홍(朴鍾鴻) 서울대 교수가 국민정신연구원의 설립을 건의하였으나 재정 형편상 76년 그가 타계할 때까지는 빛을 보지 못했다. 그 후 대통령에게 역사 강의를 하던 동국대 이선근(李瑄根) 총장이 연구원 설립에 큰 영향을 주어 초대 원장에 임명되기도 했다.

그밖에도 서울대 김태길(金泰吉) 교수, 이영덕(李永德) 한국교육개발원 원장, 황산덕(黃山德) 교수 등이 연구원 설립에 관여했고, 특히 김태길 교수는 연구원 설립 추진단장을 맡기도 했다.

박 대통령이 이날 치사에서 자주정신·자립경제·자주국방을 강조했는데, 이 '3자(自)'를 갖추어야 진정한 자주독립국가 행세를 할 수 있다는 확신 때문이었다. 한국정신문화연구원은 2005년 2월 1일 한국학중앙연구원으로 개칭되었다.

정신문화연구원 장서각 전경.

9대 대통령 당선, 유신2기 정권 출범
유신반대 세력 저항도 드세어져

통일주체국민회의는 7월 6일 서울 장충체육관에서 집회를 갖고 임기 6년의 제9대 대통령으로 박정희 대통령을 다시 선출했다. 대의원 2천581명(사망1, 사퇴1) 가운데 2천578명이 참석하여 토론 없이 무기명투표로 진행된 이날 선거에서 박 대통령은 2천577표(무효 1표)의 절대다수표를 얻어 당선이 확정, 유신 2기 정권이 출범했다.

박 대통령은 이날 오후 청와대를 예방한 곽상훈(郭尙勳) 운영위원장과 김일환(金一煥), 이춘기(李春基) 대의원으로부터 당선통지서를 전달받은 후 "본인을 제9대 대통령으로 선출해주신 통일주체국민회의 대의원과 국민 여러분에게 감사한다"고 임방현(林芳鉉) 청와대 대변인을 통해 당선소감을 밝혔다.

대학생을 비롯한 재야단체의 격렬한 유신 반대 시위가 곳곳에서 벌어졌다.

전방부대를 시찰하다가 경계근무 중인 장병의 등을 두드리는 모습.
1978. 7. 12

고리(古里)원자력 1호기 완공, 21번째 핵발전(核發電)국으로

우리나라 최초의 원자력발전소인 고리원자력발전소 1호기(시설용량 58만 7천kw)가 착공 7년 7개월 만에 준공, 7월 20일 오전 경남 양산군 장안면 고리(古里)현장에서 박정희 대통령을 비롯, 장예준(張禮準) 동력자원부장관 등 3부요인과 관계인사 다수가 참석한 가운데 준공식을 가졌다.

이날 1호기의 준공과 함께 현장에선 시설용량 각각 95만kw인 원자력 5, 6호기의 기공식도 아울러 거행됐다.

외자 1억 7천390만 달러와 내자 717억 4천만 원 등 총공사비 1천560억 7천만 원과 연인원 190만 명을 투입하여 1970년 9월에 착공한 원자력 1호기는 1977년 6월 19일 우라늄 원료에 불이 붙어 핵분열을 시작했고, 이어 8월 20일에는 남덕우(南悳祐) 부총리 등이 지켜보는 가운데 두 번째 시험 송전을 시작했었다.

고리 원자력발전소 준공식에 참석한 박 대통령. 1978. 7. 20

고리 원자력발전소 전경.

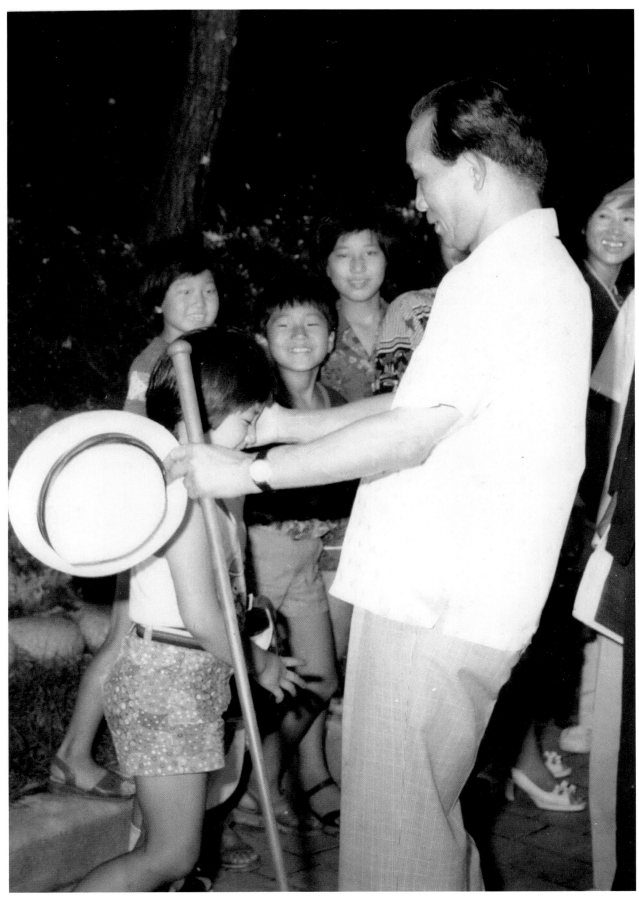

한산도를 찾은
박 대통령이
놀러온 학생들과
함께 즐거운
시간을 보냈다.
1978. 8. 3

지부티공화국, 스와질랜드 왕국 수상 부부 방한

압둘라 모하마드 카밀 지부티공화국 수상 내외를 청와대 정문에서 영접한 뒤 훈장을 수여하기 위해 대접견실로 걸어 들어가고 있다. 1978. 8. 22

내한한 드라미니 스와질랜드왕국 수상 부부와 함께. 1978. 9. 22

종합 우승한 기능올림픽 대표에 훈장

제24회 국제기능올림픽대회에서 종합우승한 선수단 55명을 접견,
훈장을 수여했다. 1978. 9. 23
개선한 선수단이 김포공항을 출발 서울 시내까지 카 퍼레이드를 펼쳤다.
(사진 아래)

큰 영애 근혜 양이 정수직업훈련원의 78년도 수료식 및 입학식에 참석,
신입생과 졸업생을 격려했다. 1978. 9. 20

국산미사일 1호 '백곰' 발사성공
세계 7번째 유도탄 개발국으로

우리 기술진에 의해 중장거리 유도탄이 개발돼 9월 26일 시험발사에 성공했다. 이로써 우리나라는 세계 7번째의 유도탄 개발국이 됐으며, 자주 국방력 강화에 새로운 장을 열었다.

이날 오후 ○○지역 종합시험기지에서 박정희 대통령을 비롯, 이민우(李敏雨) 국회부의장, 정래혁(丁來赫) 의원 등 국회 국방위원들과 노재현 국방, 최각규(崔珏圭) 상공, 최형섭(崔亨燮) 과기처장관, 김종환(金鍾煥) 합참의장, 3군 참모총장, 베시 유엔군사령관, 국내외 보도진 등 100여 명이 참관한 가운데 실시된 시사(試射)에는 장거리 지대지(地對地)유도탄을 필두로 중거리 유도탄, 다연장(多聯裝)로켓, 대전차(對戰車)로켓 등이 첫선을 보였다.

충남 안흥 시험장에서 나이키 허큘리스 지대공 미사일을 빼닮은 대한민국 제1호 미사일 '백곰'이 화염을 내뿜으며 하늘로 솟아올랐다. 1978. 9. 26 아래는 발사 장면을 바라보는 박 대통령.

장거리 유도탄 시험 발사장에 전시된 국산 미사일을 살펴보는 박 대통령. 1978. 9. 26

1978년 9월 26일, 유도탄시대를 연 역사적인 날

드디어 26일 아침. 극도의 긴장과 초조감으로 지샌 밤이었다. 대통령이 도착한 후 곧바로 소장의 인사말, 이경서 박사의 시험계획에 대한 보고, 그리고 시험장 현황과 경계에 대한 필자의 보고가 이어졌다. 모든 보고를 마친 후 시험 책임통제원 김동원 박사의 목소리가 스피커를 통해 힘차게 흘러나왔다.

"시험준비 끝. 초읽기 시작. 발사 120초 전!"

스피커에서는 카운트다운이 계속됐다.

"…10초, 9초, 8초 … 1초, 발사!"

백곰은 불기둥을 뿜으며 하늘을 향해 수직으로 솟아올랐다. 14시 13분 34초. 이경서 박사와 나는 대통령 보고를 마치고 단하에서 경호원과 함께 대기하고 있었다. 이 박사는 얼마나 긴장되고 초조했던지 유도탄을 차마 바라보지도 못한 채 줄곧 땅만 내려다보고 있었고, 내 손을 잡은 이 박사의 손은 땀으로 흥건했다. 발사된 유도탄은 1단 추진기관이 성공리에 분리되고 2단 추진기관이 점화되면서 더욱 가속하다가 얼마 후 시야에서 완전히 사라졌다.

27쌍안경에서 눈을 뗀 후 소장의 설명을 들어가며 모니터를 열심히 들여다보고 있었다. 마침내 유도탄이 OOOkm 떨어진 목표 상공에 도달해 표적

을 향해 수직낙하 중이라는 방송이 나오고, 곧이어 유도탄이 표적지 해면에 낙하하면서 일으킨 물기둥이 탄착지의 중계 카메라에 찍혀 모니터에 나타났다. 시험책임통제원의 "탄착!" 소리와 함께 대통령 이하 단상의 모든 참관인은 박수를 쳤고, 일반 참관인들은 환성을 올리며 만세를 불렀다. 몇 년 동안 밤잠을 설쳐가며 오로지 오늘의 성공만을 기원하던 연구원들은 서로 얼싸안고 울음을 터뜨렸다. 마침내 그렇게도 많은 사람들이 가슴을 졸였던 백곰 공개시험이 성공한 것이다. 1978년 9월 26일, 이 날은 우리나라가 '유도탄 시대'를 연 역사적인 날이었다.

오원철 전 청와대 경제수석의 회고록에는 박 대통령이 이날 다음과 같은 일기를 썼다고 나와 있다.

"금일 오후 충남 서산군 안흥에서는 우리나라에서 처음으로 유도탄 시험발사가 있었다. 1974년 5월 유도무기개발에 관한 방침이 수립된 지 불과 4년 동안 로켓, 유도탄 등 무기 개발을 성공적으로 완성하여 금일 역사적인 시험발사가 있었다.(…) 다 성공적이었다. 그동안 우리 과학자들과 기술진의 노고를 높이 치하한다."

-구상회·전 국방과학연구소 로켓개발실장, 물리학 박사

장거리 유도탄 시험 발사장에 전시된 국산 미사일에 관한 브리핑을 듣는 모습.
1978. 9. 26

박정희 대통령과 근혜 양이 인천에서
열린 제59회 전국체육대회 개막식에
참석한 뒤 귀경길에 인천직업훈련원을
시찰, 원생들을 격려했다. 1978. 10. 12

여의도에서 열린 제9회 전자전람회 및 정밀도 경진대회에 들러 출품된 우수 작품들을 둘러보았다. 1978. 10. 12

종로구 구기동 북한산 계곡에서 청와대 직원들과 함께
자연보호운동을 벌였다. 1978. 10. 14

근혜 양이 청와대를 예방한 사사카와 료이치 일본 선박진흥재단 회장으로부터
나병 기금을 전달 받았다. 1978. 9. 27

등산객과 인사를 나누는 박 대통령. 1978. 11. 14

판문점서 '북한 제3땅굴' 발견

비무장지대 유엔군 측 지역에서 또 하나의 북한 땅굴이 발견됐다고 유엔군사령부가 10월 27일 발표했다. 74년과 75년에 이어 세 번째로 발견된 이 땅굴은 판문점 남쪽 4km, 군사정전위원회 지원을 위한 유엔군 측 전진기지인 키티호크 서남쪽 2km지점까지 파 내려와 있으며, 서울에서 불과 44km 떨어져 있다.

유엔군 측은 6월 10일 이 땅굴의 징조를 발견하고 차단 터널 공사에 착수, 지난 17일 지하 73m에서 관통하는데 성공함으로써 세 번째 땅굴을 확인했다. 화강암층을 아치형으로 판 이 땅굴은 높이 2m, 너비 2m의 규모로 중무장한 병력이 3~4열로 통과할 수 있는 것으로써, 총 길이는 1천635m로 추정된다.

유엔군은 27일 오전 판문점에서 열린 제391차 군사정전위 본회의에서 이 같은 북한의 범죄행위에 대한 모든 증거를 제시하고 항의했다. 유엔군사령부 대변인 로버트 C. 리드 대령은 "이 땅굴은 군사분계선 서쪽 약 1천200m 지점의 북한 측 지역에서부터 시작된 것으로 믿어지며, 한국 쪽으로는 군사분계선 동쪽 435m까지 연장됐다"고 밝히고 "북한에서 월남 귀순한 김만성 씨(당시 39세)가 판문점 부근에서 땅굴작업을 했었다는 말에 따라 이 지역에 대한 탐사작업을 해왔었다"고 밝혔다.

제3의 땅굴 내부. 탐사반은 차단터널을 뚫기 전 시추파일을 박아 땅굴을 발견했다. 땅굴 내부는 계속 물을 퍼내야 할 정도로 물이 괴어 있었다. 1978. 10. 27

한미연합군사령부 발족

한국군과 주한미군을 통합 지휘할 한미연합군사령부 창설식이 11월 7일 서울 용산 유엔군사령부 영내 신축청사 앞에서 거행됐다. 식에는 박정희 대통령과 노재현 국방부장관, 해롤드 브라운 미 국방장관, 존 베시 한미연합군 사령관, 유병현(柳炳賢) 부사령관 등 한미 고위 관계자와 주한 외교사절이 참석했다.

박 대통령은 이날 옥색바탕의 중앙에 미군을 상징하는 별무늬 방패가 도안되어 있고, 그 가운데 한국을 상징하는 태극이 그려진 부대기를 존 베시 사령관에게 수여했다.

브라운 장관은 "연합사의 임무는 전쟁을 억제하기에 충분한 방위력을 유지하고 억제가 안됐을 경우엔 적을 즉각적이고 완전하게 격퇴시키는 것"이라 강조하고 "미국은 한반도에서의 전쟁억제에 대한 자신의 책임을 잘 알고 있다"고 말했다.

박 대통령은 이날 유시를 통해 "최근 미국정부는 그들의 국내사정에 의해 주한 미 지상군을 단계적으로 철수하기로 방침을 세우고, 그 일부는 벌써 실시단계에 들어갔다"고 밝히고 "이 같은 상황과 여건 속에서 오늘 한미연합군사령부의 발족을 보게 된 것은 지상군의 일부 철군에도 불구하고 한반도에서의 전쟁재발을 억지하겠다는 양국의 확고부동한 결의의 표명"이라고 강조했다.

한미연합사 청사는 철근 콘크리트 2층 건물로 신축되었다. 지붕에 기와를 얹어 우리 고유의 미를 가미해 지었으며, 연 1천250평으로 한미 장병 250여 명이 근무하게 된다. 건물은 한국정부의 예산으로 세워졌다.

박 대통령이 베시 사령관에게 한미연합사 부대기를 수여하고 있다. 1978. 11. 7

같은 날 취임, 같은 날 퇴임
'한강의 기적' 도운 김정렴, 남덕우

조국 근대화를 이룩한 박정희 대통령의 부국강병정책을
보좌하며 9년 3개월 동안 비서실장을 역임한 김정렴 씨.

22일 국무회의를 끝으로
물러난 남덕우 경제기획원
장관이 신임 신현확 부총리의
배웅을 받으며 장관실을
나서고 있다. 1978. 12. 22

박 대통령이 청와대에서 신현확 부총리겸 경제기획원장관 등
신임 각료와 김계원 청와대 비서실장, 정상천 서울시장에게
임명장을 수여하고 다과를 베풀었다. 1978. 12. 23

제9대 대통령 취임

취임 선서를 하는 박 대통령. 1978. 12. 27

취임식이 열린 장충체육관. 1978. 12. 27

취임식에서 근혜 양과 함께 국민의례. 1978. 12. 27

경주 보문관광단지
건설 현장을 둘러보는
박 대통령. 1978. 12. 9

임진왜란 때 최초로 의병을 일으켜 왜적을
무찌른 충익공(忠翼公) 곽재우(郭再祐) 장군과
휘하 장수 17명의 위패를 모신 경남 의령의
충의사 유적 정화사업 준공식에 참석.
분향하고 경내를 둘러보았다.
1978. 12. 22

무역진흥확대회의를 주재한 뒤
가랑비가 내리는 가운데
중앙청 앞 뜰에 전시된 국산
수송장비들을 시찰했다.
1978. 10. 28

경인고속도로–통일로 간
포장공사 준공식에 참석한 뒤
행주산성에 들러 권율 장군의
사당 충장사를 찾았다.
1978. 11. 21

박 대통령이 경기도청을 연두순시하고 이어 농촌진흥청에 들러 기적의 볍씨 등
쌀 증산연구에 전념하고 있는 관계자들을 격려했다. 1978. 2. 14

주곡의 자급달성 "이로써 민족의 한을 풀었다!"

주곡의 자급달성은 박정희 대통령의 "하면 된다, 할 수 있다"는 의지와
집념의 소산이었다. 농민, 연구 지도원, 농정 계통 공직자들이 일치단결
해 진력한 결과였다. 3차에 걸친 경제개발 5개년계획이 이를 뒷받침해
주었고, 요원의 불길처럼 전국으로 번졌던 새마을운동도 크게 기여, 이
로써 민족의 한을 풀었다.

- 정소영(鄭韶永) · 전 농수산부장관

'새해는 민족웅비의 분수령'

1월 1일 신년사를 통해 박정희 대통령은 "새해는 약진의 70년대를 마무리하고 민족의 웅비를 기약하는 대망의 80년대를 대비하여 만반의 태세를 갖추어야 할 때"라고 말하고 "만난(萬難)을 헤치며 꾸준히 고도성장을 지속해온 지난날을 차분히 되돌아보면서 내일의 도약을 위하여 우리는 금년을 또다시 값진 한 해로 만들어야겠다"고 강조했다.

박 대통령은 "우리 세대가 굳세게 살아가고 있는 이 시대야말로 유구한 민족사에서 볼 때 역사창조의 천재일우(千載一遇)의 기회요 민족중흥의 분수령"이라고 덧붙였다.

신년휘호.

글라이스틴 주한 미국 대사의 안내로 청와대를 예방한 샘넌 미 상원 군사위 인력인사위원장을 접견했다.
1979. 1. 13

"남북한 당국, 무조건 만나자!"
- 연두기자회견에서 제의

"**어떤 시기나** 어떤 장소에서, 또는 어떤 수준에서도 남북한 당국이 만나 아무런 전제조건 없이 허심탄회하게, 어떻게 하면 이 땅에 동족상잔의 비극을 막고 5천만 민족의 번영을 이룩할 것인가, 그리고 또 어떻게 하면 평화적 통일을 이룩할 것인가 하는 제반 문제를 논의하기 위해 대화를 가질 것을 촉구한다"고 박정희 대통령이 1월 19일 제의했다.

박 대통령은 이날 청와대 영빈관에서 가진 연두 기자회견에서 "북한당국은 이 제의를 민족적 염원에 부응하여 수락할 것을 촉구한다"고 말하고 "분단된 국토의 재통일과 민족적 재결합은 우리의 피할 수 없는 민족적 소명"이라고 강조했다.

연두기자회견하는 박 대통령. 1979. 1. 19

2월 1일자로 정승화 대장을 육군참모총장에 임명했다. 이세호 전 총장은 이 날로 예편했다. 정 신임총장이 청와대에서 보직 신고를 하고 있다. 박 대통령 오른쪽이 노재현 국방장관, 김계원 비서실장, 최광수 의전수석비서관. 1979. 2. 1

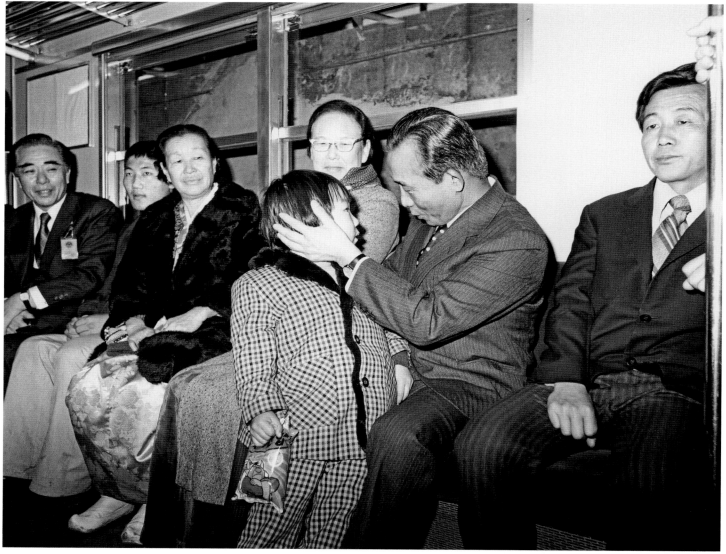

강원도청 연두 순시를 마치고 귀경하는 박 대통령이 성북역서 시청앞까지 서울지하철을 타고 오면서 동승한 어린이의 볼을 어루만지며 귀여워하고 있다. 1979. 2. 20

국방부와 과학기술처를 연이어 순시하고 난 뒤 전시된
국산 병기를 살펴보았다. 1979. 2. 8

청와대 영빈관에서 유럽 주재 공관장 14명
내외를 접견했다. 1979. 3. 19

과학기술을 반석위에 올려 놓은 '과학기술 대통령' 박정희

박 대통령은 우리나라 과학기술을 반석 위에 올려놓은 과학기술 리더십의 표상이자 '위대한 지휘자'였다.

한용택 KIST원장은 "먹고 살기도 어려운데 먼 미래를 보고 과학기술에 투자한다는 것은 지도자로서 대단히 어려운 결단이었을 것"이라며 "박 대통령은 이런 점에서 KIST 설립과 대덕연구단지 조성 등 우리나라 근대 과학기술체계를 훌륭하게 구축한 과학기술 대통령"이라고 평가했다.

"박 대통령이 손수 키웠던 KIST가 해외두뇌 유치의 저수지가 되고, 일종의 '펌프 프라이밍 효과'를 일으켜 세계 과학기술 인력수급의 역사에서 전무후무할 대한민국 과학기술 인재 폭발의 기록을 세웠습니다. 한국 최초의 '메가 사이언스 프로젝트'라 할 원자력개발, 특히 1970년대 미국의 콤 독트린 이후 원자력 폐기물 재처리 연구에 이르는 원자력 독립을 위한 의욕은 지도자의 고집과 과학기술과의 관계를 극명하게 보여주는 대표적 사례라 하겠습니다. 통신과 반도체의 경우도 마찬가지입니다."

-김진현·대한민국역사박물관 건립위원회 위원장, 전 과학기술처장관

박 대통령이 대덕연구단지에 있는 한국표준연구소에 들러 표준광학 온도계에 관해 설명을 듣고 있다. 1979. 2. 22

아래는 80년대 대덕연구단지 전경. 오른쪽은 2004년의 모습.

박 대통령이 경기도 동부지역에서 펼쳐진 팀스피리트
79훈련에 참가중인 주한 미2사단의 그레인지 사단장 등
미군 지휘관을 격려하고 있다. 1979. 3. 10

5·16혁명 18주년인 16일 청와대에서 5·16민족상 수상자 10명
을 시상하고 다과를 베풀었다. 이날 안전보장부문 장려상을
받은 전두환 장군이 근혜 양과 함께 포즈를 취했다.
근혜 양 왼쪽이 장경순 국회부의장. 1979. 5. 16

발트하임 유엔 사무총장을 접견. 1979. 5. 5

세네갈 레오폴드 세다르 상고르 대통령 내외가 방한하여
김포공항에서 환영식이 열렸다. 1979. 4. 22

박정희 대통령이 대통령 경호실 행사에서 노태우 차장보와 악수를 나누고 있다.
박 대통령의 얼굴 그림자에 가려진 이가 전두환 경호실 차장보.
당시 육군 소장이던 두 사람은 나중에 차례로 대통령이 되었다.
노태우 차장보 왼쪽은 배정도 행정차장보.

헨리 키신저 전 미국 국무장관을 접견하는 박 대통령. 1979. 5. 12

육군사관학교 졸업식에 참석하여 졸업생들과 일일이
악수를 나누었다. 1979. 4. 3

카터 미 대통령 방한, 김포서 첫 대면 5분
- 박 대통령, 정상회담서 45분간 일방 '안보강의'

1979년 6월 29일 카터는 도쿄에서 7개국 경제 정상회담을 마치고 김포로 들어오게 되어 있었다. 김포 지역의 안개로 착륙이 늦어져 영접 나간 박 대통령은 거의 두 시간을 기다려야 했다. 보도진에 둘러싸인 채 박 대통령과 악수만 나눈 카터 대통령은 시동을 걸고 대기 중이던 미 해병대 헬기를 타고 회오리바람만 남긴 채 동두천 미군부대로 떠났다.(…)

6월 30일 여의도 광장에서 환영행사를 같이 하고 청와대로 들어온 두 대통령은 제1차 정상회담에 들어갔다. 미국 측에서는 밴스 국무장관, 브라운 국방장관, 브레진스키 안보보좌관, 글라이스틴 대사, 베시 주한미군사령관이 배석했다. 한국 측에선 최규하 총리, 박동진 외무장관, 노재현 국방장관, 서종철 안보특보, 김용식 주미대사, 김계원 비서실장, 그리고 통역을 맡은 최광수 의전수석 비서관이 배석했다.

박 외무장관은 한미 간에 사전에 협의한 회담진행 방식을 미리 박 대통령에게 보고해두었는데, 회담은 처음부터 이상하게 흘러갔다. 박 대통령은 회담을 어떻게 진행하겠다는 것을 설명하여 상대방의 양해를 구하는 관례를 무시하고, 곧 바로 주한미군 철수 문제를 꺼냈다.(…)

박 대통령은 자신이 메모해둔 종이를 꺼내 놓고 일방통행식이고 강의조의 발언을 시작했는데, 이것은 통역시간을 포함해 45분간 진행되었다. 배석했던 글라이스틴 대사는 이를 '장황하고 딱딱한 연설조의 주장'이었다고 표현했다.(…) 김용식 대사가 보니 카터 대통령은 펜을 들고 메모지에 무엇인가 쓰는 자세를 취했는데 경청하는 것 같지 않았다.

박 대통령은 자신의 발언에 열중하여 카터의 불쾌감을 느끼지 못하는 듯했다. 느꼈다고 하더라도 약 3년간 카터의 인권정책과 철군계획으로 속이 상할 대로 상해 있었던 그로서는 하고 싶은 이야기를 쏟아놓아야 할 판이었다. 박 대통령은 손가락으로 탁자를 '탁탁' 치면서 '안보강의'를 계속했는데 이는 스트레스를 받으면 나오는 행동이었다.(…)

박 대통령의 연설조 발언이 끝나자 카터도 반격을 시작했다.

"인구도 많고 경제력도 우세한 한국은 왜 북한이 군사력의 우위를 점하도록 허용했는가"라고 공박했다. 한미관계의 정상화를 목표로 했던 회담이 바야흐로 설전장이 될 판이었다.(…)

단독회담을 하고 나오는 두 대통령의 표정은 밝지 않았다. 카터 대통령은 청와대를 떠나면서 미국대사 관저로 향하는 자신의 차에 밴스·브라운·브레진스키 그리고 글라이스틴 대사를 태웠다. 그는 즉시 글라이스틴 대사를 힐난했다.(…) 욕을 실컷 먹은 글라이스틴은 카터에게 물었다.

"박 대통령이 무엇을 해주기를 기대하는가?"

카터는 두 가지를 주문했다. '한국이 국방비 지출을 국내총생산(GDP)의 6%까지 높일 것'과 '괄목할 만한 인권신장 조치 약속을 받아 내라'는 것이었다.(…)

7월 1일 박 대통령은 밴스 국무장관에게 방위비 지출을 GDP의 6%로 올릴 것을 약속하고, 카터 대통령의 인권에 관한 생각을 '이해한다'고 말했다. 카터 대통령이 그날 오후 이한 인사차 박 대통령을 찾아왔을 때도 실속 있는 대화가 오고 갔다. 먼저 카터 대통령은 "방위비 증액 요구를 받아들여준 데 대해서 감사하고, 워싱턴으로 돌아가면 주한미군의 계속 주둔에 대한 박 대통령의 희망을 고려해 '만족할 만한' 결론을 내겠다"고 약속했다.

이는 박 대통령이 오랫동안 고대하던 말이었다.

-조갑제 지음 『박정희』 12권에서

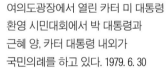

여의도광장에서 열린 카터 미 대통령
환영 시민대회에서 박 대통령과
근혜 양, 카터 대통령 내외가
국민의례를 하고 있다. 1979. 6. 30

카터와의 첫 대면.
김포공항 트랩 밑에서 악수를
나누는 모습을 뒤따라 내려온
딸 에이미 양이 지켜보고 있다.
1979. 6. 29

환영 카퍼레이드를 펼치는 양국 정상. 로잘린 여사와 딸 에이미 양이 동승했다. 1979. 6. 30

카터와의 악연

두 대통령이 여의도광장에서 열린 시민환영대회에서 환호하는 시민들에게 손을 들어 답례하고 있다. 1979. 6. 30

1974년부터 국내 인권문제가 한미 간에 주요 의제로 대두되었다. 밴스 전 미 국무장관은 그의 회고록에서 "한국문제가 제기될 때마다 인권문제가 거론되었으나 중무장한 북한군과 한미연합군과의 끊임없는 대치는 잠재적 도발점을 항상 지니고 있었으며, 서울에서 불과 35마일 떨어진 곳에 주민에 대한 절대적 통제가 가해지고 자유라고는 찾아볼 수 없는 곳이 존재한다는 것을 염두에 두지 않을 수 없다"고 밝히고 "몇몇 비판자들은 우리가 인권창달에 단호하지 않다고 비판하고 있으나, 나는 엄밀하고 조심성 있는 균형이 필수적이며 그 균형은 반드시 유지되어야 한다고 생각했다"고 밝히고 있다. 밴스와 같은 생각은 카터 정권이 들어 설 때까지, 즉 역대 존슨과 닉슨, 포드 정권시절 미국정부의 한국인권 시비에 대한 기준이었다.

박 대통령은 미국이 내정간섭적인 태도로 한국의 인권문제에 용훼해오는 것을 못마땅해 했다. "한국사람인 내가 우리 국민의 인권을 더 아끼고 존중하지, 외국사람인 미국인이 왜 그러는 지 모르겠다"면서 우리나라의 체제문제와 인권문제를 결부시켜 내정간섭을 하려는데 대해 몹시 불쾌해했다.

-김정렴 지음 『아! 박정희』에서

카터 미 대통령은 방한 즉시 휴전선에서 20km 떨어진 미2사단 캠프 케이시에서 하룻밤을 묵었다. 다음날 아침에는 병영에서 병사들과 조깅을 했다.
1979. 6. 30

온산 공업단지 시찰

온산공업단지에 들러 풍산금속, 한이석유 등 14개 입주업체 공사관계자와
종업원들을 격려했다. 1979. 8. 31 (사진 위)
박 대통령이 예고없이 경기도 반월공단을 방문했다. 1979. 7. 25 (사진 아래)

서울 종로구 북악산 계곡에서 청와대
비서실 직원들과 자연보호운동을
벌이는 모습. 1979. 10. 8

방한한 리콴유 싱가포르 수상을
접견하고 훈장을 수여했다. 1979. 10. 19

삽교천 방조제 준공식 참석, 그리고 그 날 밤…

10월 26일 오전 10시, 충남 아산만에서 삽교천 방조제 준공식이 거행되었다. 우리나라는 식량이 부족하여 봄철 춘궁기에는 초근목피(草根木皮)로 겨우겨우 연명하는 사람이 많아 식량증산이 매우 중요한 과제의 하나였다. 그래서 박 대통령은 식량증산을 위해 농업용수개발, 경지정리, 비료와 농약의 증산, 종자개량, 농산물의 가격지지 등 각종 증산정책을 종합적으로 강력히 추진하였다. 농업용수개발을 위해 4대강 유역 종합개발계획을 수립하고 가능한 전국의 크고 작은 모든 저수지와 방조제, 그리고 지하수 개발에 이르기까지 연차계획을 세워 추진하였는데 삽교천 방조제사업 역시 그 일환이었다.

삽교천 방조제는 2만 4천700정보의 농경지를 개발하고 여기에 농업용수를 공급하기 위한 사업으로 4년여에 걸친 공사를 마치고 이날 준공식을 하게 된 것이다. 이 사업은 당시로서는 매우 크고 중요한 것이었고 특히 박 대통령의 전천후농업을 실현하기 위한 구상의 하나였기 때문에 준공식에 대통령이 직접 참석하였고, 나는 이 사업의 주관부서인 농수산부장관으로서 이날 행사를 주관하였다.

－이희일(李熺逸)・전 농수산부장관

삽교천 방조제 배수 갑문이 최초로 열리는 순간. 왼쪽 끝에 서서 버튼을 누르는 노인은 박 대통령이 즉석에서 초청한 마을 원로 이길순 옹이다. 박 대통령 오른쪽은 이희일 농수산부장관. 이 사진이 박 대통령의 마지막 공식 사진이 되었다. 1979. 10. 26

박정희 대통령 유고(有故), 권한대행에 최규하 총리

정부대변인 김성진(金聖鎭) 문공부장관은 10월 27일 새벽 4시 10분 "1979년 10월 26일 23시에 긴급히 소집된 임시국무회의는 박정희 대통령의 유고(有故)로 인하여 국가의 안전과 사회질서의 유지를 위해 10월 27일 새벽 4시를 기해 전국(제주도 제외)에 비상계엄을 선포키로 의결했다"고 밝히고 "비상계엄사령관엔 육군참모총장 정승화(鄭昇和) 육군대장을 임명했다"고 발표했다.

김 장관은 유고내용은 밝히지 않고, "이 발표는 대통령권한대행 최규하 국무총리 이름으로 발표되는 것이며, 정부는 헌법 제48조 규정에 의해 최규하 국무총리가 대통령의 권한을 대행하여 수행하게 되었음을 79년 10월 26일 23시에 열린 임시국무회의에 보고했다"고 말했다.

중앙청 기자실 흑판에 발표문을 써 내려가고 있는 김성진 문공부 장관. 1979. 10. 27

대통령 유고를 보도한 10월 27일자 〈조선일보〉 1면.

전국에 비상계엄 선포

비상계엄 선포에 관한 호외. 1979. 10. 27

대통령의 유고를 발표하는 김성진 문공부장관. 1979.10. 27

"국군 장병은 일치단결하여, 국가보위의 대임을 완수할 것"을
다짐하는 국가비상시국 결의문을 발표하는 노재현 국방장관,
오른쪽이 정승화 계엄사령관. 1979. 10. 28

박정희 대통령 서거(逝去), 김재규의 총탄에 맞아

박정희 대통령이 26일 오후 7시 50분 김재규(金載圭) 전 중앙정보부장이 쏜 총탄에 맞아 서거했다. 향년 62세. 김성진 문공부장관이 27일 오전 7시 20분 발표한 내용은 다음과 같다.

"박정희 대통령은 10월 26일 저녁 6시께 시내 궁정동 소재 중앙정보부 식당에서 김재규 중앙정보부장이 마련한 만찬에 참석하시어 김계원(金桂元) 청와대비서실장, 차지철(車智澈) 경호실장, 김재규 정보부장과 만찬을 드시는 도중에 김재규 부장과 차지철 경호실장 간의 우발적 충돌사고가 야기되어 김재규 부장이 발사한 총탄에 맞아 10월 26일 오후 7시 50분께 서거하셨습니다.

박정희 대통령은 총탄을 맞은 직후 김계원 실장에 의해 급거 서울 군(軍)병원으로 이송됐으나 병원 도착 직후 운명하신 것으로 군 서울병원장이 진단했습니다. 그리고 차지철 경호실장을 포함한 5명이 사망했으며, 김재규 중앙정보부장은 지금 계엄군에 의해 구속 수사 중입니다.

정부는 박정희 대통령각하를 애도하는 온 국민의 뜻을 받들어 국장(國葬)을 거행하기로 결정했습니다. 국장에 관한 구체적 사항은 추후 발표할 예정이며, 국민 모두는 국장기간 중 조기를 달고 다 같이 경건하게 애도의 뜻을 표합시다."

朴正熙大統領 逝去

○故 朴正熙 대통령

車智澈 警護室長과 말다툼하던
金載圭 前情報部長이 쏜 銃彈에

金前部長 구속 車실장등 5명도 死亡

26日 저녁 7시50분에
宮井洞情報部식당서

동요말고 團結로 難局 ㅈ

外勢의 事態 악용 ㅈ

박정희 대통령 서거를 보도한 10월 28일 〈조선일보〉 1면.

비상계엄이 선포된 가운데 중앙청에 탱크를 앞세운
계엄군이 주둔했다. 1979. 10. 27

계획된 범행, 박 대통령에 총탄 3발

대통령 시해사건을 수사해온 계엄사 합동수사본부는 28일 오후 중간발표를 통해 "이번 사건은 김재규 전 중앙정보부장이 사전에 계획한 범행"이라고 밝혔다. 계엄사 합동수사본부장인 전두환(全斗煥) 육군소장이 이날 오후 4시 국방부 제1회의실에서 가진 내외신 기자회견에서 밝힌 중간 발표내용은 다음과 같다.

"지난 10월 26일 19시 50분 서울특별시 종로구 궁정동 소재 중앙정보부 식당에서 빚어진 역사적인 비극의 발단은 김재규가 은연중 계획하여 자행된 범행이었음이 수사결과 드러났다. 합동수사본부가 수사한 바에 의하면 김재규는 평소 대통령께 건의하는 정책에 대해서 불신을 받아왔고, 자신의 모든 보고나 건의가 차지철 경호실장에 의하여 제동을 당하였을 뿐 아니라 평소의 개인적인 감정으로 양인의 감정대립이 격화되어 있었고, 업무진행상의 무능으로 수차에 걸쳐 대통령으로부터 질책을 받았으며, 이로 인하여 최근 요직 개편설에 따라 자신의 인책 해임을 우려한 나머지 범행을 저지른 것으로 밝혀졌다.

10월 26일 16시 30분경 차 경호실장으로부터 궁정동 중앙정보부 식당에 대통령께서 가실 것이라는 연락을 받고 만찬을 준비하여, 동일 18시 20분경부터 대통령, 김 비서실장, 차 경호실장과 동석하여 만찬을 나누면서 대화중에 차 경호실장과 김재규 전 정보부장간에 업무에 관한 심한 의견충돌로 사전에 계획한 대로 박 대통령과 차 실장을 시해키로 결심하고, 18시 50분경 동실을 나와서 중정(中情) 의전실장 박선호(朴善浩), 중정부장 수행비서관 박흥주(朴興柱)에게 '내가 오늘 해치울 테니까 실내에서 총소리가 나면 밖에 있는 경호실 경호관들을 해치워라'는 임무를 정확히 부여하고, 자신은 2층 집무실로 올라가서 보관중이던 권총을 오른쪽 허리에 꽂고 다시 실내로 돌아와 동석하자, 식사도 하지 않고 계속 차 실장이 오만불손하게 업무진행의 무능성을 비난하자 묵묵히 듣고 있다가 19시 30분경 동실을 다시 나와 박선호를 불러서 차질 없이 준비가 완료되어 있는지 정확히 확인한 후 19시 35분경 다시 입실하여, 소지했던 권총으로 차지철 경호실장을 향하여 욕설을 퍼부으면서 1발을 발사하고,

다시 1발을 대통령께 향하여 발사하고 나서 또 다시 양인을 향하여 2발씩 발사하였다.

김재규 전 부장이 첫발을 발사하는 총성이 나자 이것을 신호로 박흥주, 박선호, 중정부장 경호원 이기주(李基柱), 동 유성옥(柳成玉), 동 김태원(金泰元) 등은 2개조로 나누어, 박흥주는 이기주와 유성옥을 지휘하여 주방에 있던 경호실 경호관 김용태(金溶太), 동 김용섭(金鏞燮)을 사살했고 경호실 경호관 박상범(朴相範)에게 중상을 입혔으며, 박선호는 김태원과 같이 경호처장 정인형(鄭仁炯), 경호부처장 안재송(安載松)을 사살함으로써 현장에 있던 대통령 경호원 전원을 사상케 하였다.

김재규 전 부장이 사용한 총은 38구경 리볼버(미제 스미스웨슨), 정보부 직원들이 사용한 총도 38구경이며, 김태원만 M16을 사용하였는데 M16으로 정인형, 안재송, 김용태, 김용섭에 대해 확인사살을 하였다.

동석하였던 비서실장으로부터 이 전모를 제보 받은 계엄사령관 정승화 대장은 즉시 범인 김재규를 구속 수사하도록 지시하여 합동수사본부에서 연행, 계속 죄상을 수사 중에 있다."

국방부 회의실에서 수사 중간 발표를 하는 전두환 계엄사 합동수사본부장. 1979. 10. 29

궁정동 시해 현장에서의 현장 검증. 1979. 11. 7

김재규가 궁정동 현장에서 시해 상황을 재현하고 있다. 1979. 11. 7

최규하 대통령 권한대행은 27일 오전 중앙청 제1회의실에서 국가비상시국에 관한
특별담화문을 발표, 국민에게 애국심과 지혜와 단결을 호소했다. 1979. 10. 27

시해사건이 일어난 궁정동의 정보부 안가.

대통령의 해진 혁대, 도금이 벗겨진 넥타이 핀

1979년 10월 26일 저녁 경복궁 앞 국군병원에서는 이미 시체가 된 박정희를 놓고 이런 일들이 벌어지고 있었다. 필자의 『내 무덤에 침을 뱉어라!』에서 인용한다.

두 정보부 경비원 유성옥과 서영준은 허리에 권총을 차고 있었다. 그 권총을 일부러 보이면서 둘러선 군의관과 위생병들에게 "꼭 살려야 해요"라고 위협조로 말했다. 정규형 대위는 이우철 일병에게 심장마사지를 하라고 지시했다.(…) 한 20분간 응급 소생법을 실시했으나 결과는 회생불능이었다.

정 대위는 "도저히 안되겠습니다"라고 했다. 송계용 소령이 "돌아가셨습니다"라고 곁에 버티고 있는 두 감시자에게 이야기했다. "이 사람이 누구십니까." 송 소령의 물음에 두 감시자는 대답이 없었다. 며칠 뒤 군의관 정규형 대위는 합수부에서 조사를 받을 때 "얼굴을 보고도 왜 각하인줄 몰랐는가"란 질문에 대해서 이렇게 답했다.

"병원에 들어왔을 때는 얼굴에 피가 묻어 있었고 감시자들이 응급 처지 중에도 자꾸 수건으로 얼굴을 덮었습니다. 그리고 시계가 평범한 세이코였고 넥타이핀의 멕기가 벗겨져 있었으며 혁대도 해져 있었습니다. 머리에 흰 머리카락이 약간 있어 50여 세로 보았습니다. 이런 여러 가지 사실로 미루어 각하라고는 상상도 할 수가 없었던 것입니다."

-조갑제(趙甲濟) 조갑제닷컴대표

소복 차림의 근혜 양이 아버지 영전에 분향하고 있다. 1979. 10. 28.

최규하 대통령 권한대행 내외가 영전에 분향, 조문했다. 1979. 10. 27

김영삼 신민당 총재의 조문. 1979. 10. 28

중앙청 앞에 마련된 대형 분향소는 눈물을 흘리는 조문인파로 가득찼다.
1979. 10. 30

조문객을 맞는 근혜 양과 지만 군.

태극기로 덮인 아버지의 관을 지켜보는 근혜 양.

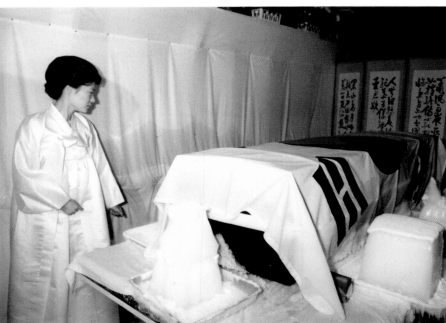

아버지에게 영원한 작별 인사를 하는 지만 군.

조화로 뒤덮인 운구차량.

국장 영결식에서 헌화, 분향하는 유족들. 오른쪽부터 근혜, 지만, 근영. 1979. 11. 3

故 朴正熙 大統領 閣下 國葬

謹弔 · 國葬

국장 운구 행렬. 1979. 11. 3

오열하는 연도의 시민들. 1979. 11. 3

국장 영결식에 참석한 종교 지도자들.
1979. 11. 3

국장이 진행되고 있는 영결식장 단상
의 가족들. 1979. 11. 3

삼우제에 헌화하는 근혜 양. (사진 위)
삼우제에 참석하기 위해 묘소로
향하는 여권 인사들. 사진 앞쪽
오른쪽부터 장경순 국회부의장,
정일권 국회의장, 박준규 공화당의장,
태완선 유정회 회장과 뒤에 최영희
전 국방장관이 보인다. 1979. 11. 5
(사진 아래)

5일에 있은 삼우제에 유족과 함께 최규하 권한대행 내외가 묘소를 찾았다.
오른쪽부터 근혜, 한사람 건너 지만 생도, 그 뒤에 근영 양이 서 있다.
오른쪽 묘비는 비석이 마련될 때까지 임시로 나무에 새겨놓은 것. 1979. 11. 5

박 대통령과 육 여사가 나란히
안장된 묘역 앞에 수많은 조문객이
밀려들었다.

석학들이 보는 박정희 대통령

"**박정희의** 역사적 큰 공헌은 그의 뛰어난 지도력 하에 한국을 저개발의 농업국가에서 고도로 성장시켜 공업국가로 변모시킨 것이다."

-앨리스 암스덴(Alice H. Amsden) MIT 정치경제학과 석좌교수

"박정희는 조국 근대화에 대한 확고한 철학과 원대한 비전을 바탕으로 제도적 개혁을 단행하였다. 매우 창의적이며 능률적이었다."

-카터 에커트(Carter Eckert): 하버드 동아시아학과 석좌교수

"아시아에서 위기에 처한 나라를 구한 위대한 세 지도자로 일본의 요시다 시게루와 중국의 덩샤오핑, 그리고 한국의 박정희를 꼽고 싶다. 박정희는 오직 일에만 집중하고 평가는 훗날의 역사

에 맡겼던 지도자이다."

-리콴유(李光耀): 싱가포르 초대 총리(1959~1990)

"박정희가 없었다면 오늘날의 한국도 없다. 박정희는 헌신적이었고 개인적으로 청렴했으며 열심히 일했다. 그는 국가에 일신을 바친 리더였다. 터키의 아타튀르크, 중국의 덩샤오핑, 한국의 박정희는 매우 비슷하다. 모두 군인 출신으로 근대화를 이루어 냈다. 엄청난 애국심과 강한 비전을 가지고 경제 발전을 이루어 냈다."

-에즈라 보겔(Ezra Vogel): 하버드대 명예교수

"한국은 그냥 발전한 게 아니라 로켓처럼 치솟았다."

-한국의 근대사를 지켜본 한 외국 기자의 말

김포군 고촌면에서 모내기를 한 후
손발을 닦으며 웃는 모습.
1979. 5. 23

미국 시사주간지 〈뉴스위크〉의 표지에 실린
박 대통령의 사진.

가난의 슬픈 유산을 청산하고 현대 공업국가로의 도약에 성공

돌이켜보면 어른께서는 이 나라 이 겨레가 빈곤과 체념 속에서 혼미를 거듭하고 있을 때 감연히 일어나셔서 우리 겨레에게 결정적인 동기와 전기를 마련하여 새로운 출발로 이끌어 주셨습니다. 그것은 곧 조국근대화란 뚜렷한 목표의 제시였으며 겨레의 잠자던 잠재력을 일깨우는 일이었습니다. 그것은 민족의 각성과 의욕의 환기로써 잃었던 의지를 되세워 국민 각자의 가슴에 내일에의 모든 가능성에 과감히 도전하는 새로운 분발의 불꽃을 점화시켜준 일이었습니다.

조국근대화란 국가 영위의 합리화요 과학기술화요 산업화요 공업화며 자유화요 민주화이며, 나아가서는 국제화요 복지화라고 어른께서는 갈파하셨습니다. 이러한 미덕은 그것들이 확고하게 뿌리를 내려 토착화하고 생활화 될 수 있는 토양이 없이는 생성할 수 없다고 믿으시고, 그 토양의 조성을 위해서는 무엇보다도 절대빈곤을 이 땅에서 추방하고 우리의 전근대적인 의식구조를 개선해야 된다고 하셨습니다.

근대화의 기조(基調)는 민족의 얼이 밑바탕이 되어야 하며, 민주화나 국제화를 위해서도 세계인이 되기 이전에 확고한 한국인이 되어야 한다고 민족적 심근(心根)과 주체성을 강조하셨습니다. 또한 항시 공산침략의 위협을 받고 있는 우리의 현실로서는 근대화란 곧 생존을 위한 부국강병을 뜻한다고도 지적하셨습니다.

이러한 어른의 국가 최고 관리철학은 국민의 절대적인 신뢰와 지지의 밑바탕이 되어 영도자와 온 겨레가 한 덩어리로 뭉칠 수 있는 결집력과 응고제가 되었습니다. 그리하여 우리나라는 마침내 전 국민이 한결같이 창의하고 땀 흘리고 노력한 결과, 가난의 슬픈 유산을 청산하고 현대적 공업국가로서의 경제적 도약을 이룩하는데 성공하였습니다.

- 김종필 · 전 국무총리 '박정희대통령 7주기 추도사' 에서

제 2 부 1917~1960
파란만장한 세월을 누비다

짧은 교단(敎壇)
긴 군문(軍門)의 길

하계 휴양지인 진해 앞바다 저도에서
출입기자들과 담소 중 활짝 웃고 있는
박 대통령. 1977. 8. 11

나의 소년시절

이 글은 박정희 대통령이 청와대 출입기자였다가 대통령 공보비서관이 된 김종신(金鐘信) 씨의 요청으로 어린 시절을 회상하여 직접 쓴 글이다. —박정희 대통령 인터넷 기념관에서 옮김

아버지 박성빈(朴成彬).

어머니 백남의(白南義).

나는 1917년 음력 9월 30일(양력으로는 11월 14일) 경상북도 선산군 구미면 상모동에서 태어났다. 당시 아버지는 46세, 어머니는 45세였으며 7남매 5형제의 막내둥이로 태어났다. 가족상황은 아래와 같다.

부친 박성빈(46세), 모친 백남의(45세), 장남 박동희(22세), 2남 박무희, 장녀 진실누님(귀희), 3남 박상희, 4남 박한생, 2녀 박재희(순희), 5남 박정희.

내가 날 당시 백형 동희 씨는 22세였고, 그 아래로는 대략 3~4세 터울이었다. 이때 위로 두 형은 결혼하고, 큰 누님은 칠곡 은(殷)씨 문중으로 출가하여 내가 나던 같은 해에 딸을 낳았다.

어머니께서는 만산에 딸과 같은 해에 임신을 했다고 해서 매우 쑥스러워하셨다고 하며, 나를 낳으면 이불에 싸서 부엌에 갖다 버리려고 했다고 가끔 농담을 하셨다.

내가 태어난 상모동이란 마을은 원래 이곳 사람이 모래실이라고 불러 왔다. 이 곳은 우리 외가 수원 백씨들이 대대로 살아왔는데, 조선조 초엽 수양대군이 조카 단종을 폐위시키고 찬탈을 했을 때 벼슬을 버리고 이 고장에 내려와서 살면서 단종을 사모하는 뜻에서 모로실〔慕魯谷 : 노산대군(魯山大君)을 사모한다는 뜻〕이라고 불렀다고 한다.

이는 어릴 때 약목에 계시는 외조부께서 이야기하는 것을 들은 기억이 있다. 상모동이란 마을은 1910년대 우리나라의 농촌을 그대로 상징하는 가난한 마을이었다. 이 마을에는 선산 김씨 수 호(數戶)가 그중에서도 가장 부유한 축이었고, 기타는 거의가 한량없이 가난한 사람들만이 90여 호가 6개 소(小)부락군으로 나누어서 옹기종기 모여살고 있었다.

우리 집은 원래 조부 대까지 성주 철산이란 고장에서 살다가, 아버지가 약목 수원 백씨 문중으로 장가 와서 어머니와 결혼을

하게 된 후 약목으로 이사를 왔다고 한다. 약목에서도 여러 곳에 이사를 다녔던 모양인데, 어릴 때 어머니께 들은 이야기가 지금은 잘 기억이 나지 않는다. 선친께서는 소시(少時)에 무과 과거에 합격하여 효력부위(效力副尉)라는 벼슬까지 받은 바 있으나, 원래 성격이 호방한데다가 당시 조선조 말엽 척도정치와 부패정치에 환멸도 느끼고 반항도 하여, 20대에는 동학혁명에도 가담하였다가 체포되어 처형 직전에 천운으로 사면되어 구명을 하였다고 한다.

어릴 때 어머니께서 가끔 이야기를 하시면서 "그때 아버지가 처형되었더라면 너는 이 세상에 태어나지도 않았을 것이다"고 옛이야기 하는 것을 들었으나, 그때는 어리고 철이 없어서 그 이야기 내용을 잘못 알아들었고 또 자세히 물어보지도 못했다. 동학란이 1895년경이니까 선친께서 나이가 22~23세경이라고 짐작이 된다.

그 후부터 선친께서는 가사에 관심이 적고 호주(好酒)로 소일하면서 이래저래 가산도 거의 탕진을 하게 되니 가세가 나날이 기울어지고, 하는 수 없이 외가의 선산인 상모동의 위토(位土)를 소작하기로 외가의 양해를 얻어 상모동으로 솔가하여 이사를 하게 되었다.

이 해가 바로 내가 태어나기 전 해인 1916년이다. 지금 상모동에 있는 집은 그 당시 아버지가 손수 형님들과 같이 흙벽돌로 지었다고 한다. 이 집은 6·25 전쟁 당시까지도 옛 모습으로 복구하고, 안채는 초가로 가건물을 백형이 지었다가 5·16 후 지금 있는 안채를 다시 건립하였다.

지금 있는 사랑채 큰방은 내가 이 세상에 처음으로 고고의 소리를 내며 태어난 산실이다. 상모동에 와서는 약 1천600평 정도의 외가의 위토를 소작하면서 근근이 양도(糧道)는 유지가 되고, 형들이 성장하여 농사를 돕게 되니 생계는 약간씩 나아졌다. 아버지는 거의 가사에 무관심하고 출타하는 일이 대부분이었으므로 집안 살림을 꾸려나가는데 어머니의 고생이 이만저만 아니었다.

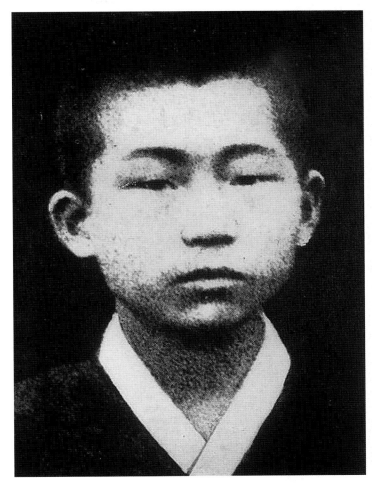

구미 공립보통학교 6학년 때의 박정희

어머니는 어려서 양가의 규수로 태어나서 출가 전까지는 고생이라고는 별로 모르고 자랐으나 출가 후는 계속된 고생 속에서 우리 형제 7남매를 남 못지않게 키우시느라고 모든 것을 바치셨다. 이러한 생활 속에서도 어머니는 나의 셋째 형 상희 씨를 구미보통학교에 입학시켜 공부를 시키셨다. 그 당시 이 마을에서 보통학교를 다니는 학생은 상희 형 하나뿐이었다. 내 나이 9세가 되던 해 아버지와 어머니는 나를 구미보통학교에 입학시켰다.

이때 형은 벌써 졸업을 했다. 우리 동리에서는 3명이 보통학교에 입학을 했다. 다른 두 아이는 나보다도 나이가 몇 살 위이고, 입학 전에 교회에 다니면서 신학을 약간 공부한 실력이 있다고 해서 처음부터 3학년에 입학하고 나는 1학년에 입학을 했다. 상모동에서 구미읍까지는 약 8km, 시골서는 20리 길이라고 불렀다. 1926년 4월 1일이라고 기억한다.

오전에 4시간 수업을 했으니까 학교 수업 개시가 8시라고 기억한다. 20리 길을 새벽에 일어나서 8시까지 지각하지 않고 시간에 대기는 여간 고생이 아니었다. 시간이 좀 늦다고 생각되면 구보로 20리를 거의 뛰어야 했다. 동리에 시계를 가진 사람이 아무도 없으니 시간을 알 도리가 없고, 다만 가다가 매일 도중에서 만나는 우편배달부를 오늘은 여기서 만났으니 늦다 빠르다 하고 짐작으로 시간을 판단한다.

또 하나는 경부선을 다니는 기차를 만나는 지점에 따라 시간이 빠르고 늦다는 것을 짐작하기도 한다. 그러나 가끔 기차 다이어가 변경되면 엉뚱한 착오를 낼 때도 있다. 그러나 봄과 가을은 연도의 풍경을 구경하면서 상쾌한 마음으로 학교에 다니는 것이 기쁘기만 하였다. 여름과 겨울은 고생이 이만저만 아니다.

여름에 비가 오면 책가방을 허리에 동여매고 삿갓을 쓰고 간다. 아랫도리 바지는 둥둥 걷어 올려야 한다. 학교에 가면 책보의 책이 거의 비에 젖어 있다. 겨울에는 솜바지 저고리에 솜버선을 신고 두루마기를 입고 목도리와 귀걸이를 하고 눈만 빠끔하게 내놓고 간다. 땅바닥이 얼어서 빙판이 되면 열두 번도 더 넘어진다. 눈보라가 휘몰아치면 앞을 볼 수가 없다. 시골 논두렁길은 눈이 많이 오고 눈보라가 치면 길을 분간할 수가 없게 되기도 한다.

사곡동 뒤 솔밭길은 나무가 우거지고 가끔 늑대가 나온다 해서 혼자서는 다니지를 못했다. 어느 눈보라가 치는 아침에 이곳을 지나다가 눈 위에서 늑대 두 마리가 서로 희롱하는 것을 보고 겁을 집어먹어, 마을아이 셋이 집으로 되돌아오고 학교를 가지 못했다. 그 이후에도 그곳을 지날 때는 언제든지 늑대가 나오는 것 같은 생각이 들어서 눈이 동그랗게 되어서 서로 아무 말도 않고 앞만 보고 빨리 빨리 지나가곤 했다. 그런데 이 솔밭이 해방 후에 고향에 돌아와 보니 나무 한 그루 없이 싹 벌목을 하여 뻘건 벌거숭이산이 되어 있었다.

그러나 학교 다니는 나보다도 더 고생을 하는 분이 어머니다. 시계도 없이 새벽 창살을 보시고 일어나서 새벽밥을 짓고 도시락

박정희가 태어난 생가 옆으로 풀짐을 나르는 큰 형 박동희의 모습.
허리를 굽히고 있어 상대적으로 집이 크게 보인다.
사진 우측에 살짝 보이는 방문이 박정희가 쓰던 공부방이다.

을 싸고 다음에 나를 깨우신다. 겨울에 추울 때는 세숫대야에 더운 물을 방안에까지 들고 와서 아직 잠도 덜 깬 나를 세수를 시켜 주시고 밥을 먹여 주신다. 눈도 덜 떨어졌는데 밥이 먹힐 리 없다. 밥을 먹지 않는다고 어머니한테서 꾸지람을 여러 번 들었다.

아침밥을 먹고 있으면 같은 동네의 꼬마 친구들이 삽짝 곁에 와서 가자고 부른다. 어머니는 같이 가게 하기 위하여 그 애들을 방안으로 불러들여 구들목에 앉히고 손발을 녹이도록 권하신다. 밥을 먹고 채비를 차리고 나면 셋이 같이 새벽길을 떠난다. 아직 이웃집에서는 사람들이 일어나지도 않은 새벽길을, 얼어붙은 시골길을 미끄러져가며 뛰어간다.

망태골 밭두렁 길을 뛰어가다가 뒤를 돌아보면 청녕둑(집 앞에 있는 산 이름) 소나무 사이에 우리들을 보내놓고 애처로워서 지켜보고 서 계시는 어머니의 흰옷 입은 모습이 희미하게 보인다. 학교에서 돌아오는 시간이 늦어도 어머니께서는 늘 그 장소에 나와 계시거나, 더 늦을 때는 동네 어귀 훨씬 밖에까지 형님들과 같이 나오셔서 "정희 오느냐!" "정희야!" 하고 부르시면 "여기 가요!"하고 대답하면서 집으로 돌아간다. "왜 좀 일찍 오지 이렇게 늦느냐!"하며 걱정을 하시면서 어머니는 자기가 두르고 온 목도리를 나에게 또 둘러 주신다. 뛰어왔기 때문에 땀이 나서 춥지도 않은데 어머니가 자꾸만 목에다 둘러주시는 것이 귀찮게 여겨질 때도 있었다.

집에 돌아가면 구들목 이불 밑에 나의 밥그릇을 따뜻하게 넣어 두었다가 밥을 다 먹을 때까지 어머니는 상머리에 앉아서 지켜보신다. 신고 온 버선을 벗어보면 흙투성이다. 어머니는 밤에 버선을 빨아서 구들목 이불 밑에 넣어서 말린다. 내일 아침에 또 신고 가야 하기 때문이다. 하루 종일 얼었다가 저녁을 먹고 온돌방에 앉으면 갑자기 졸음이 오기 시작한다. 숙제를 하다가 그대로 엎드려 잠이 들어버린다. 어머니가 억지로 나를 깨워서 소변을 보게 하고 옷을 벗겨서 그대로 재우면 곤드레가 되어 떨어져자 버린다.

나의 나이 9세에서 15세까지 6년 동안을 이렇게 지냈다. 학교에 가지고 간 도시락이 겨울에는 얼어서 찬밥을 먹으면 나는 흔히 체해서 가끔 음식을 토하기도 하고, 체하면 때로는 아침밥을 먹지 않고 가기도 하였다. 이럴 때는 하루 종일 어머니는 걱정을 하신다. 그러나 그 당시 시골에는 소화제라고는 아무 것도 없었다. 며칠 동안 밥을 먹지 못하면 이웃집에 침쟁이 할아버지가 있었다. 거기에 가서 침을 맞았다. 이상하게도 그 침을 맞으면 체증이 낫는 것 같았다. 나의 왼손 엄지손가락 뿌리에는 지금도 침을 맞은 자국이 남아서 빨갛게 반점이 남아 있다. 이 반점을 보면 지금도 어머니 생각과 이웃집 침쟁이 할아버지가 생각난다.

우리 형제들이 다들 체구가 건장하고 신장도 큰 편인데 나만이 가장 체구가 작은 것은 이 보통학교 시절에 원거리 통학으로 신체발육에 큰 지장을 가져오지 않았나 생각된다. 한없이 평화스럽지만 가난한 나의 고향, 가끔 학교에 가져가야 할 용돈이 필요하면 어머니가 한 푼 두 푼 모아두신 1전짜리 동전, 5전, 10전짜리 주화를 궤짝 구석에서 찾아내어 나에게 주신다. 한 달에 월사금(月謝金)이 그 당시 돈으로 60전이었다. 매월 이것을 납부하는 것이 농촌에서는 큰 부담이었다. 특히 우리 집 형편으로는 큰 부담이었다. 어머니께서는 한 푼이라도 생기면 나의 학비를 위해서 모아두신다. 때로는 쌀을 몇 되씩 팔아서 모아두신다. 계란 1개가 1전이었다고 기억이 난다. 계란도 팔면 모아두신다. 형들이 달라면 없다하시고 알뜰히 모아두신다.

어머니는 담배를 좋아하셨다. 때로 담배가 떨어져도 나의 학비를 위해 모아두신 돈을 쓰실 생각은 아예 안하신다. 때로는 학교에 가져가야 할 돈이 없으면 계란을 떨어진 양말짝에 몇 개 싸서 주신다. 이것을 가지고 가서 학교 앞 문방구점에 가면 일본인 상점 주인이 계란을 이리저리 흔들어 보고 상한 것 같지 않으면 1개 1전씩 값을 쳐서 연필이나 공책과 교환하여 준다. 이 계란을 들고 가다가 비 온 날이나 땅이 얼어서 빙판이 된 날 같은 때는 미끄러져 넘어지면 계란이 팍삭 깨어져 버린다. 이런 날은 하루 종일 기분이 언짢다. 집에 돌아와서 어머니에게 말씀드리면 계란 깨었다는 꾸지람은 한 번도 하신 적이 없다. "딱하지!

넘어져서 다치지나 않았느냐"하고 걱정하실 뿐이다.

어느 늦은 봄날이었다. 보통학교 2~3학년 시절이라고 기억이 난다. 20리 시골길을 왕복하니 배도 고프고 봄날이라 노곤하기 그지없었다. 집에 돌아오니 정오가 훨씬 넘었다. 삽짝에 들어서니 부엌에서 어머니께서 혼자 커다란 바가지에 나물밥을 비벼서 드시다가 "이제 오느냐! 배가 얼마나 고프겠느냐" 하시며 부엌으로 바로 들어오라고 하시기에 부엌에 책보를 든 채 들어가 보니, 어머니께서는 바가지에 비름나물을 비벼서 막 드시려다가 내가 돌아오는 것을 보시고 같이 먹지 않겠느냐 하시기에 같이 먹었다. 점심때가 훨씬 넘었으니 시장도 하지만 보리가 절반

이상 섞인 밥에 비름나물과 참기름을 놓고 비빈 맛은 잊을 수 없는 별미다. 나는 요즈음도 가끔 내자(內子)에게 부탁하여 비름나물을 사다가 비빔밥을 만들어 먹어보곤 한다.

엄동의 추운 겨울에는 저녁을 먹고 나면 가족들이 한 방에 모인다. 세상사 여러 가지 이야기에 시간 가는 줄을 모른다. 아버지와 형들이 한 방에 모여 있으니 아버지가 계신고로 형들은 담배를 피우지 못한다. 아버지께서 눈치를 알아차리시고 슬그머니 사랑방으로 내려가신다. 형들에게 담배를 마음대로 피우도록 자리를 비워주는 셈이다. 밤이 늦어지면 이야기도 한물가고 모두들 밤참 생각이 난다. 어머니께서 홍시나 곶감을 내어놓으

박정희 대통령의 보통학교 졸업사진. 사진 가운데 앉은 이가 김득명 담임선생이고, 박정희는 뒤에서 두 번째 줄 오른쪽 끝에 서 있다. 박정희와 절친했던 이준상은 뒷줄 오른쪽 끝에서 네 번째이다.

실 때도 있고, 때로는 저녁에 먹다 남은 밥에다가 지하에 묻어 둔 배추김치를 가져와서 김치를 손으로 찢어서 밥에 걸쳐서 먹기도 한다. 이것이 시골 농촌의 겨울밤의 간식이다. 가끔은 묵을 내는 때도 있다.

칠곡군 약목에 계시는 외삼촌이 가끔 오신다. 어머니의 바로 아래 남동생이다. 한학자이며 약목에서 서당을 차려놓고 동리 아이들에게 한문을 가르쳤다. 아버지와는 처남매부 간이라 유달리 다정하면서도 두 분이 다 고집이 센 분이라 옛날 이야기하다가 때로는 서로 언쟁을 할 때도 있다. 어릴 때 이것을 옆에서 본 나는, 저렇게 연세가 많고 점잖은 분들이 저런 문제를 가지고 저처럼 서로 고집을 피우는가 하고 우습기도 하고 따분할 때도 있다. 외삼촌은 나를 무척 사랑해주시고 귀여워해주셨다.

수원 백씨, 문벌도 좋고 한학에도 조예가 깊었으나 우리나라 봉건시대의 전형적인 유림이라 성미가 퍽 깐깐한 분이었다. 성명은 백남조, 과거에는 가세도 넉넉한 편이었으나 말년에는 이래저래 소유 토지도 대부분 처분하고 퍽 곤란한 편이었다고 기억된다. 외숙모도 퍽 다정한 분이었고, 어머니와 가끔 외가에 가면 나를 위해서 여러 가지 정답게 해주신 분이었다. 이제는 아버지, 어머니, 외삼촌, 외숙모 다 타계하시고 한 분도 생존해 계시지 않으니 옛이야기가 되고 말았다.

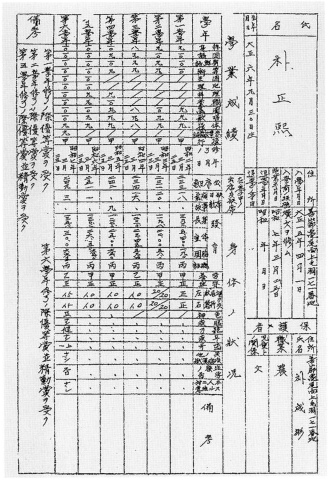

박정희가 쓰던 앉은뱅이 책상. 셋째 형 박상희가 쓰던 것을 물려 받았으며 가로 88cm, 세로 53cm의 크기로 현재 생가에 보존되어 있다.

구미초등학교에 보관되어 있는 박정희의 성적표. 만점(10점)이 많고 특히 역사, 지리, 산술, 조선어 성적이 좋다. 6학년 때 성적은 13개 과목 중 체조와 가사실습(9점)만 빼고 나머지 모두 만점이었다.

대구사범 재학 시절 고향에서 어머니와 함께 찍은 사진.
1920년 개교한 구미보통학교는 박정희가 1932년 대구사범에 입학할 때까지
단 한 명의 합격자도 내지 못했다.

대구사범학교 시절

박정희는 1932년 4월 8일 대구사범에 입학하여 5년간 수학한 뒤에 1937년 3월 25일 졸업하였다. 대구사범 입학시험에서는 100명 중 51등으로 합격했으나 1학년 석차는 97명 중 60등으로 내려갔다. 2학년 때는 83명 중 47등으로 약간 올라갔다가 3학년 때는 74명 중 67등, 4학년 때는 73명 중 73등, 5학년 때는 70명 중 69등을 했음이 밝혀졌다. 이 성적표가 그의 시대에 공개되지 않았던 것도 '꼴찌 출신 대통령'이란 구설수를 차단하기 위해서 였을 것이다.

대구사범 졸업앨범에 게재된 박정희.

대구사범 5년은 박정희가 만 15세에서 20세에 걸친 인격형성 기였다. 사회생활을 하는 데 있어서 평생 동안 소용이 될 인격의 틀뿐 아니라 인맥의 그물을 만들어 주었다.

교련주임 아리카와 중좌, 조선어 교사 김영기, 한문 교사 염정권, 교육학 교사 박관수와 김용하(대우그룹 김우중 회장의 선친), 동기생 서정귀(전 호남정유 회장), 황용주(전 문화방송사장), 권상하(전 대통령 정보비서관), 조증출(전 문화방송 사장), 왕학수(전 부산일보 사장), 이성조(전 경북교육감), 김병희(전 인하대학장), 장병엽(납북, 전 서대문경찰서장).

이런 사람들은 박정희와 도움을 주고받으면서 사교성이 없는 그를 따뜻한 인간관계 속에 머물게 한다. 박정희를 육영수와 맺어준 것도 한 기 후배인 송재천이었다. 박정희에게 있어서 대구사범이 가져다준 가장 큰 축복은 꼴찌로의 추락이었을 지도 모른다. 그는 음지와 양지를 다 같이 경험해봄으로써 인간차별을 하지 않게 되고 인정의 기미를 파악하여 바닥 민심을 읽을 수 있는 눈치 같은 것, 그리하여 그들을 움직일 수 있는 방법을 터득했을 것이다.

－조갑제 지음 『박정희』 1권에서

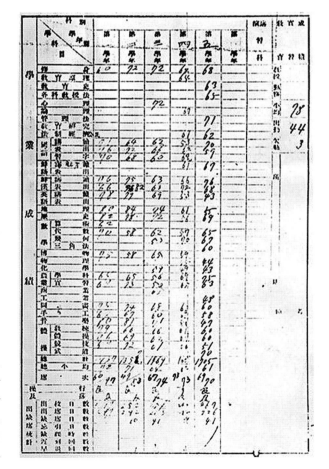

박정희의 대구사범 시절 성적표. 대구사범 5년 중 3년간 그는 꼴찌권을 맴돌았다. 품행 평가도 '양'이 4번, '가'가 한 번이었다. 그는 군사, 체육 관련 과목은 뛰어났다. 이 성적표는 그의 집권기간에는 공개금지가 되어 있었다.

童謠

春雨

二年二組　朴正熙

一、雨が降ります雨が降る
川邊の柳の芽をぬらし
お池の水に餬をかいて
しと〳〵〳〵としめやかに。

二、雨が降ります今雨が降る
村の畑に雨が降る
若い小麥のやせた葉が
見る〳〵中にぐんぐん伸びる。

おくれ時計

三年一組　朴己龍

古里の村の眞中に

2년 2조(組) 박정희 학생이 쓴 동요
'봄비(春雨)'와 축구부 활동 사실이 수록된
〈교우회지(校友會誌)〉 1호와 3호.

金剛山 一万二千峯, 너는世界에名山!
아! 네몸은 아름답고 森嚴함으로
天下에일홈을 떨치는대,
다갈은 三千里 剛山에 사는우리들도
마갈이 천비사니 果然, 비에합하야 머리를둑
수엇다, 金剛山아, 우리도 奮鬪하야
너와함께 天下에 빗난하게!
溫井里에서
正熙 씀.

박정희가 대구사범 3학년 때 금강산을 여행하면서
해금강에서 찍은 사진. 앞에서 세 번째 줄의 오른쪽
네 번째가 박정희. 위의 글은 금강산을 여행하면서 쓴
것으로 그의 친필로는 가장 오래된 글이다.

대자연

정원에 피어난
아름다운 장미꽃보다도
황야의 한 구석에 수줍게 피어 있는
이름 없는 한 송이 들꽃이
보다 기품 있고 아름답다.

아름답게 장식한 귀부인보다도
명예의 노예가 된 영웅보다도
태양을 등에 지고 대지를 일구는 농부가 보다
고귀하고 아름답다.

하루를 지내더라도 저 태양처럼
하룻밤을 살더라도 저 파도처럼
느긋하게, 한가하게
가는 날을 보내고 오는 날을 맞고 싶다.

-대구사범학교 5학년 때인 1936년에 발간된 〈교우회지〉 제4호에 실린 박정희의 시

대구사범 시절의 검도 포즈.
그의 성적표 취미 난에는 '검도'라고
적혀 있었고, 사격과 나팔,
육상에 뛰어난 성적을 나타냈다.

대구사범 5학년 때의 기념사진.
앞줄 왼쪽에서 두 번째가 박정희, 세 번째는 우등생 이정찬이다.
두 학생은 기숙사에서도 한 방을 썼다.

박정희(오른쪽)는 이영원(가운데, 교사를 거쳐 의사), 김국진(초등학교 교장 역임)
과 함께 4기생의 나팔수였다. 이 세 명은 일반훈련은 받지 않고 나팔 부는 연습을
했고, 등교와 소등 등을 알리는 신호 나팔을 불었다. 이들이 메고 있는 38식 소총은
5연발이었다. 이 사진은 4기생 앨범 위원장을 지낸 이정찬 집에 보존되어 왔다.

문경보통학교 교사 시절

1937년 4월 1일 문경 서부공립심상소학교(문경보통학교) 교사로 부임한 박정희는 여학생들에게 인기가 있었다. 박정희 오른쪽에 있는 강신분은 "선생님은 워낙 착실하여 일본인 교사들과도 원만한 사이였다"고 회상했다.

1939년 봄의 어느 토요일 오후, 당시 6학년이던 정순옥(뒷줄 왼쪽에서 두 번째)과 4명의 여학생들이 하숙집으로 박정희를 찾아가 "선생님, 놀러가요!"하면서 졸랐다. 학생들에게 자상했던 박정희는 "그래, 가자!"면서 집을 나섰다. 학교 앞 잣밭산 아래 벚꽃이 활짝 핀 곳에 이르자 사진사가 "할인해줄 테니 찍으라"고 권했다. 그 동안 따라온 학생들이 점점 늘어났다. 박정희가 "너희들도 이리 와 같이 찍자"며 기념사진을 촬영했다.

1940년도 졸업앨범에 나오는
박정희(가운데)는 2년 전과 달리
다른 선생들처럼 머리를 빡빡
밀었다. 일제는 전시(戰時)생활
자세를 명분으로 공무원들에게
머리깎기를 강요했다.

문경보통학교 부임
첫 해(1937년)에 촬영한 교직원
일동의 사진. 뒷줄 왼쪽부터
박정희, 김 모(某), 김현태(급사).
앞줄 왼쪽부터 조익영,
아리마(교장), 가토 히로시,
스즈키 시치로. 원내는
정진행(직원, 사진 아래)과
유 모 교사.

"공부 잘 해 굳센 조선여성이 되어달라."

박정희는 문경공립보통학교에서 3년간(1937~1940년) 교사로 근무하면서, 대구사범에서 배운 전인교육을 어린 학생들을 상대로 실천하려고 했고, 김영기 등 조선인 교사들로부터 배운 민족혼의 중요성을 학생들에게 심어주려고 했다. 1962년에 작성된 『이낙선 비망록』에서 제자 정순옥의 회상기를 발췌한다.

글이라 하기엔 부끄럽습니다만 20년 전 은사로 모셨던 선생님을 지금 이 나라 영도자로 모시게 되니 기쁨과 두려움을 금할 길 없어 어린 시절 제자로 돌아가서 기쁘고 슬펐던 추억을 몇 가지 더듬어보겠습니다. 선생님께서 저의 학교에 부임하셨을 때 저는 소학교 4학년이었습니다. 어느 일요일 동무들 몇 명이 저의 집을 찾아와 새로 오신 선생님께 가보자고 하기에 선생님 하숙집을 찾아갔습니다.

어린 호기심에 선생님 방안은 얼마나 장치가 잘되어 있나 하고 방안을 살펴보았습니다. 선생님 책상 위에 커다란 액자 하나가 걸려 있었습니다. 그 사진에 배가 불룩 나오고 앞가슴 양편에 단추가 주룩 달려 있는 외국 사람이었습니다. 우리들은 저 사람이 누구냐고 물었습니다. 선생님은 영웅 나폴레옹이라면서 그의 전기를 자세히 이야기하여 주셨습니다.

4월 어느 날 봄 소풍을 가게 되었습니다. 우리는 선생님과 점심을 먹고 노래를 부르고 즐겁게 놀고 있는데 한 아이가 물에

빠져죽는다고 고함을 치는 소리가 들렸습니다. 그 순간 박 선생님은 깊은 물속으로 뛰어들었습니다. 저희들은 선생님이 죽는다고 고함을 치며 다른 5, 6명의 선생님들과 함께 둑에서 벌벌 떨고 있는데 한참 만에 박 선생님이 다 죽은 아이를 물속에서 건져내었습니다. 선생님은 그 아이에게 인공호흡을 시켜 물을 토하게 하니 그제서야 깨어나는 아이를 보니 선생님이 하느님 같이 고마웠습니다. 저희들이 졸업한 후 선생님은 학교를 떠나시게 되었습니다. 어느 날 동생 편에 박 선생님께서 학교를 그만두시고 떠나신다는 말을 듣고 너무나 섭섭하여 선생님을 뵈러 학교로 갔습니다. 선생님은 어디로 가신다는 말씀은 안하시고 가서 편지를 해주겠다고만 말씀하셨습니다. 선생님은 또 "너희들에게 꼭 마지막으로 부탁할 말은 공부 잘하여 씩씩하고 굳센 조선여성이 되어 달라는 것이다"고 하셨습니다.

저희들은 선생님을 다시는 못 뵈올 줄 알고 울었습니다. 얼마 후 선생님께서 저희들에게 편지를 보내주셨는데 봉투에 만주군관학교라고 적혀 있었습니다. 선생님의 편지 구절에는 언제나 "공부 잘하여 훌륭한 사람이 되어다오. 올해도 풍년이 들어 잘 살 수 있도록 기원한다"는 말씀이 있었습니다. 그런 선생님이 우리의 영도자가 되신 것은 우연이 아니옵고, 이런 훌륭하신 선생님의 제자라기에는 너무나 부끄러운 것뿐입니다.

악기 연주에 소질이 있어 종종 동료교사들과 공연을 하기도 했다. 오른쪽 가운데가 박정희.

만주 군관학교 - 일본육사 시절

박정희는 1939년 10월 만주 목단강성에 있는 만군 관구사령부 내 장교구락부에서 만주국 육군군관학교 제2기 시험을 치렀다. 시험과목은 수학, 일본어, 작문, 신체검사 등이었다. 다음해 1월 4일자 〈만주국 공보〉에 '육군군관학교 제2기 예과생도 채용고시 합격자 공보'가 실렸다. 박정희는 240명 합격자(조선인이 11명 포함된 만주계) 가운데 15등, 이한림은 봉천에서 시험을 치렀는데 20등이었다.

박정희가 문경을 떠날 때는 많은 유지들과 학부모, 학생들이 버스정류장에 나와서 전송했다. 박정희는 고향에 들렀다가 3월 하순에 구미역 북행선 플랫폼에서 어머니와 헤어졌다. 칠순 나이의 어머니가 박정희의 옷자락을 붙들면서 "늙은 어미를 두고 왜 그 먼 곳에 가려고 하느냐?"고 했다. 노안에 눈물이 맺히는 것을 뒤로 하고 박정희는 기차에 올랐다. 박정희가 뒤돌아보니 어머니는 흰옷 그림자가 보이지 않을 때까지 손을 흔들고 있었다.

박정희는 1940년 4월에 만주제국 육군군관학교에 제2기생으로 입교했다. 제2기생은 만계 2백40명, 일계 2백40명으로 구성되었다. 조선인 11명은 만계에 포함되었다. 박정희의 동기생은 이한림, 김묵, 이재기, 이섭준, 이병주, 이상진, 안영길, 강창선, 김재풍, 김원기였다. 만주군관학교 1~7기생 출신 한국인들은 48명. 그들 중 10명 정도는 5·16 지지세력으로 분류된다. 이와 비슷한 인원이 좌익으로 기울어 여순 14연대 반란사건을 전후한 숙군 수사 때 제거되었다.

좌익과 우익이 공존하고 교차한 만주군관학교 인맥의 한가운데 있었던 것이 두 세계를 다 경험한 박정희였다. 만군 인맥은 끈끈한 인간관계에 바탕을 둔 강력한 결속력으로 유명했다. 이런 단결력과 함께 그들은 사회와 국가를 건설하고 개혁하겠다는 정치성향이 강했다.

박정희가 발길을 내디딘 당시의 만주는 '동양의 서부'였다. 야망에 불타는 군인과 관료들, 만주철도회사 조사부와 같은 세계 최대의 두뇌집단, 관동군, 만주군, 팔로군, 장제스군, 마적, 김일성 계 빨치산, 첩자, 아편 밀매자, 사기꾼 등 갖가지 모습의 인간 군상이 5족(일본족, 조선족, 한족, 만주족, 몽골족)과 뒤엉켜 사는 이 넓은 대지에서 기회를 찾아 나름대로의 꿈을 펴려고 좌충우돌하고 있었다.

좋게 말하면 용광로요, 나쁘게 표현하면 쓰레기통이고, 시궁창이었다. 야만, 음모, 살인, 방화, 벼락출세, 떼돈벌기 등 비일상적인 사건이 일상적으로 일어나던 만주는 박정희를 단련, 오염, 고무시키면서 안개처럼 그를 감싸게 된다.

만주군관학교 재학 중 겨울방학을 맞아 자신이 교사생활을 했던 문경보통학교를 찾아 정문 앞에서 기념촬영했다. 왼쪽이 박정희이고, 그 옆은 하숙동기 허동식, 오른쪽은 하숙집 아들 임창발이다.

박정희가 만주군관학교 졸업식에서 우등상을 받는 사진. 이 사진은 1942년 3월 24일자 〈만주일보〉에 실렸다.

만주군 예비소위.

일본 육사 3학년 생도 박정희.
선산 출신 후배인 김익교(당시 일본 주오中央대학생, 왼쪽),
김숙교(당시 고교생)와 함께 찍은 사진이다.

일본 육사 시절의 기념사진.
앞줄 맨 오른쪽이 박정희. 만주군관학교
2기 졸업생 가운데 성적이 우수한
조선인 생도 11명이 일본 육사로
유학가게 되었는데, 박정희와 이한림,
이섭준, 김재풍이 뽑혔다.

조선경비사관학교에 들어가다

조선경비대 사관학교 2기생 시절의 박정희.

박정희는 1946년 9월 24일 조선경비사관학교 제2기생으로 입학했다. 만주군관학교, 일본육사에 이은 세 번째의 사관학교였다. 입시경쟁률은 2대1, 입학생은 263명이었다. 중국군, 만주군, 일본군에서 장교로 근무한 경력자가 35명이었다. 나이 분포는 20세에서 30대 초반까지, 평균연령은 22.3세였다.

2기생들은 나이와 경력의 차이가 가장 큰 생도들로 꼽힌다. 박정희는 당시 29세로서 나이나 경력 면에서 최상층부에 속했다. 생도대는 2개 중대로 편성되었고 중대장은 조병건(당시 20세), 오일균(당시 21세) 정위(대위)였다. 두 중대장은 일본육사 60기 출신으로서 박정희보다 3년 후배였다.

박정희는 나이가 8~9세나 어린 중대장 밑에서 생도로서의 훈련을 묵묵히 잘 받았다. 박정희와 같은 구대에 속했던 손희선은 키가 비슷한 심흥선, 박정희와 함께 대열의 맨 끝에서 뛰어다녔다. 박정희는 불평 한 마디 없이 늘 꼿꼿한 몸가짐을 흐트러뜨리지 않았다.

창군과정의 모순을 적나라하게 반영하는 것이 박정희가 다시 생도로 들어간 조선경비사관학교 2기생들의 구성이었다. 2기 출신인 박중근은 이렇게 말했다. "박정희를 비롯한 엘리트 그룹은 '우리나라의 군사적 독립'이라는 뚜렷한 목표의식으로 뭉쳐 있었습니다. 이런 생도들이 3분의 1, 나머지 3분의 1은 보통사람들, 그 나머지 3분의 1은 심하게 말해서 무식한 사람들이었습니다." 일본군 기병대의 말을 관리하던 마부출신도 있었고 글도 제대로 못 쓰는 하사관들이 부대장의 추천으로 입교한 경우도 많았다. 미군이 만든 학교였지만 교육은 일본군 식이었다. 일군이 두고 간 군복을 꺼내 고쳐 입었고 일본군대가 쓰던 99식, 38식 소총과 수냉식 경기관총으로 훈련했다. 박정희로서는 친구나 후배가 교관이었으니 한심했을 것이다.

생도들은 교관들이나 중대장에게 공식석상에서는 말을 높였지만 사석에서는 나이를 따져 반말을 하고 있었다. 가장 많은 시간이 제식훈련에 투입되었다. 일본군 식의 '우향 앞으로 가!'와 미군 식이 달랐으니 미군 식으로 바꾸는 훈련을 받아야 했다. 일정 하에서 엘리트 장교였던 박정희로서는 이런 미국화 교육에 적지 않은 불만이 있었을 것이다. 하나 흥미로운 것은 만군출신 생도들이 혼란스런 창군과정에 잘 적응했다는 점이다. 대체로 원칙주의자들인 일본군 장교 출신 생도들은 상황이 정상일 때는 능력을 발휘하지만 비정상일 때는 어리둥절해지는 반면, 만주라는 혼란상황에 익숙했던 만군 출신들은 오히려 요령과 임기응변을 잘 부리고 미군들과도 잘 사귀었다. 이것은 만군 출신이 초창기 한국군의 헤게모니를 잡게 되는 한 원인이 된다. 박정희는 일군 출신의 원칙주의와 만군 출신의 유연성을 다 갖고 있었다.

박정희의 2기 생도들은 1946년 12월 14일에 졸업했다. 교육 중 69명이 탈락하고 194명이 졸업했다. 성적순으로 군번을 받았다. 1등은 신재식, 박정희는 3등이었다(군번은 10166). 같은 조건에서 경쟁하는 박정희의 육사성적은 1등(만주군관학교 예과) 아니면 3등(일본육사 유학생대). 이는 박정희의 지능지수가 매우 높다는 것을 암시한다. 박정희 소위는 춘천에 본부가 있던 8연대에 배속되었다.

숙군(肅軍) 수사 때 체포되다

여순반란사건 직후에 시작된 숙군(肅軍) 수사로
체포되기 직전의 박정희 소령.
박정희는 1948년 11월 11일, 남로당 가입 혐의로 체포되어
이듬해 2월 8일부터 13일까지 열린 군법회의에서 무기징역에
파면을 선고받았다. 그러나 박정희는 10년으로 감형되고
형의 집행이 면제되는 파격적인 특혜를 받았다.

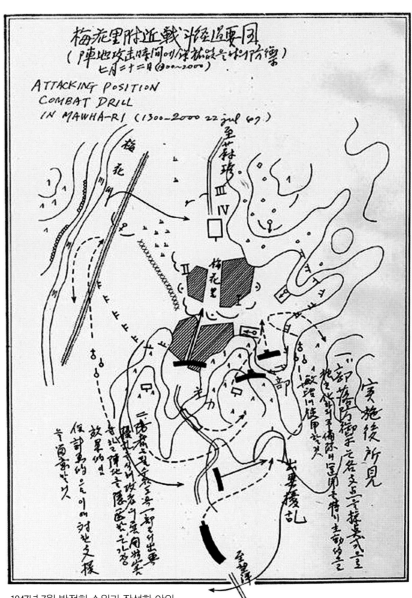

1947년 7월 박정희 소위가 작성한 야외
기동훈련 지도. 그의 뛰어난 지리감각은
집권 후 국토건설에 유익하게 쓰였다.

1958년 10월 3일, 한병기(맨 왼쪽)와 박재옥 결혼식 피로연에서
식사하는 박정희-육영수 부부.

박정희가 숙군 수사를 받고 살아나온 직후 용산에 있던 관사
현관 앞에서 한 때 동거했던 이화여대 출신의 이현란(당시 24세,
맨 왼쪽)과 함께 촬영한 사진. 이현란의 오른쪽은 바로 위의 누님
박재희, 맨 오른쪽이 박정희로 병색이 완연한 초췌한 모습이다.
뒷줄 가운데는 박정희의 조카 박재석, 이현란과 박재희가 안고
있는 아이와 뒷줄에 서 있는 소녀는 모두 박재희의 자녀들이다.

광복군 군의관 엄재완과 신부 나상복의
결혼식에 들러리로 참석한 박정희 중대
장(신랑으로부터 왼쪽 두 번째).
신랑 바로 왼쪽은 윤영구 3중대장이다.
결혼식은 1945년 12월 8일 베이징의
한 교회에서 치러졌다.

박정희 육영수 결혼

허억(許億) 초대 대구시장 주례로 거행된 결혼식에 참석한 하객들.
앞줄 왼쪽부터 신랑 측 들러리 최호(장교), 두용규(대구사범 동기생), 신랑신부, 신부 측 들러리 육예수(여동생), 장봉희(김재춘 중령의 부인), 김종평(9사단 부사단장).
뒷줄 왼쪽부터 미상, 조카 박영옥, 조카 박재석, 큰형 박동희, 주례 허억, 미상, 육영수의 외사촌 오빠 송재천의 부인, 장모 이경령, 송재천.

1950년 12월 12일 대구 계산동
천주교 성당에서 거행된 결혼식
사진.

강릉에서 박정희 대령이 찍은 군복 차림의 육영수.

1951년 4월 강릉 경포대에서
데이트하고 있는 박정희 – 육영수 부부.

가난했던 군인의 길

1953년 여름 박정희는 대구에서 서울 동숭동으로 이사했다. 방이 둘인 셋집이었다. 천장이 낮은 이 집은 서향이어서 오후가 되면 햇볕이 방안으로 들어왔다. 육영수는 오후가 되면 근혜를 업고 동생 예수가 쓰는 아랫방으로 옮겨가야 했다. 문지방이 높았던 이 집은 막 걸음마를 시작한 근혜에게 시련을 주었다. 수시로 발이 걸려 넘어지는 바람에 이마가 성할 날이 없었다.

박정희의 당시 월급은 쌀 한 가마 값에도 못 미치는 2만 환 정도였다. 이해 10월 박정희는 다시 고사북동의 독채 집으로 이사갔다. 지금의 성북구 보문동 파출소 뒤편 언덕바지의 방 세 칸에 현관이 달린 일본식 집이었다. 원병오 부관의 사촌누나 집이었는데 원 중위의 간청으로 세든 사람을 내보내고 박정희 대령에게 세를 주었다. 박정희는 전세금을 낼 돈이 없어서 월세를 냈다.

원 부관이 어느 날 박정희 단장 집에 들렀더니 육영수가 옷가지를 챙기고 있었다. 눈치를 보니 내다 팔 옷을 고르는 것 같았다. 원 중위가 가면 육영수는 국수를 자주 내놓았다. 멸치를 넣지 않은 국물에 만 국수였다. 원 중위의 눈에 비친 남편으로서의 박정희는 '무뚝뚝하고 무미건조한' 사람이었다. '저런 남편하고 무슨 재미로 살까'하는 생각이 들 정도였다.

박정희는 술에 취해 귀가하면 문을 두드릴 때만은 다정하게 "영수! 문 열어"라고 했다. 그때 26사단 참모장으로 있던 김재춘 대령은 옛 상관 집을 찾아갔다가 우선 집을 한 채 지어드려야겠다는 생각을 했다. 26사단 지역에는 전쟁 중에 포탄과 총탄을 맞아 쓰러진 나무들이 많았다. 이 나무들을 잘라 박정희 집에 가져다주려고 춘천에 쌓아 놓았는데 헌병에게 들켜 압수되어 버렸다.

박정희는 1953년 11월 25일에 준장으로 진급했다. 포병으로 전과한 덕분에 승진이 빨랐다. 이 무렵 박정희는 미국 육군포병학교 고등군사반 유학생으로 선발되었다. 박정희 준장을 비롯한 25명의 포병장교들은 1953년 크리스마스 직후 대구에서 미군 비행기를 탔다. 호놀룰루를 거쳐 샌프란시스코에 도착하자 미군 측에서는 세단을 내주어 박정희 준장, 이상국 대령 등 고급장교들이 관광을 하도록 했다.

유학생들은 로스앤젤레스에서 오클라호마의 포트 실(Fort Sill)로 가는 기차에 올랐다. 박정희로서는 만주, 일본에 이은 세 번째의 외국나들이었다. 1954년 1월부터 시작된 박정희의 포트 실 생활은 겉으로는 단조로웠다. 유학반은 한국군 통역장교를 데리고 갔고 우리말로 번역된 교재를 썼다. 포술학, 전술학, 자동차학, 실습 따위 과목은 박정희가 한국에서 배운 것과 큰 차이가 없었다. 그보다는 미국, 미국인, 미국사회, 미국 군대에 대한 체험이 진짜 교육이었다.

1954년 4월 25일 박정희 준장이 쓴 일기.

"포트 실의 일요일. 고국을 떠나온 지 3개월. 고국산천에서 백설이 분분하고 찬바람이 살을 에일 듯 하던 날 대구공항을 떠났는데 벌써 초하를 맞이하게 되었다. 포트 실은 봄 여름을 구별하기 어려운 고장이다. '춘래불사춘(春來不似春)'이라 봄은 봄인데 봄 같지 않은 봄이었다. 4월 20일 경부터는 훈풍이 넘실넘실 나뭇가지를 스치며 분명히 초하의 면목을 갖추었다. 서늘한 나무그늘이 그윽하고 신선한 경치를 만들어서 산책하는 이의 발걸음을 상쾌하게 한다. 영수와 근혜를 생각하며 한적한 숙사에서 향수에 잠겨본다."

박정희는 귀국을 앞둔 6월 14일 이런 일기를 썼다.

"번잡한 서울 한 모퉁이에서 내가 돌아올 날만을 기다리고 있을 영수! 인천부두에서 기다릴 영수의 모습이 떠오른다. 근혜를 안고 '근혜, 아빠 오셨네' 하고 웃으면서 나를 맞아줄 영수의 모습! 나의 어진 아내 영수, 그대는 내 마음의 어머니다. 셋방살이, 없는 살림, 좁은 울안에 우물 하나 없이 구차한 집안이나 그곳은 나의 유일한 낙원이요 태평양보다도 더 넓은 마음의 안식처이다. 불원 우리 가정에는 새로운 희보가 기다리고 있다. 남아일까 여아일까. 이름은 무엇으로 할까. 남아일 때는 태평양상에서 본 구름과 같은 기운을 상징시켜 운자를 넣을까. 시운, 수운, 일운, 일훈. 여아일 때는 근숙, 운숙, 근정, 근랑, 운회. 결정권은 영수에게 일임하자."

1954년 6월 27일 오전, 박정희 준장이 여섯 달간의 미국 유학에서 돌아와 인천항에 내렸다. 박정희는 귀국하자마자 2군단 포병단장으로 발령 났다. 그를 데리고 간 것은 장도영 군단장이었다. 육본 정보국장으로 있을 때인 6·25전쟁 직후 민간인 박정희를 소령으로 복직시켜준 장도영은 9사단장-참모장 관계에 이어 세 번째로 박정희를 부하로 쓰게 된 것이다. 5·16까지 계속되는 두 사람의 관계에서 늘 베푸는 쪽에 있었던 것이 장도영이었다.

귀국 사흘 뒤 딸 근영이 태어났다. 1954년 10월 18일 광주에 있는 육군포병학교 교장으로 발령이 났다. 박정희는 포병학교장으로 부임하자 먼저 교장실 입구에 있던 두 그루의 버드나무를 뽑아버리고 그 자리에 소나무를 심었다. 버드나무의 축 늘어진 모습이 군인의 기상과는 맞지 않다고 생각하여 뽑아버리고 죽 뻗은 소나무를 갖다 심었던 것이다.

박정희 부부는 대구시 삼덕동에서 신혼살림을 시작했다.
그러나 중공군의 6·25전쟁 개입으로 박정희는 신혼 닷새
만에 강원도 전선으로 투입되었다.

1948년 여순 반란사건 진압작전에 나선 박정희 소령.
오른쪽이 작전사령관 송호성 준장과 미군 고문관들.

육군본부 작전국장 이용문 준장 이임식에서
작전국 장교들이 기념촬영했다.
이 준장 오른쪽이 작전국 차장 박정희 대령,
뒷줄 왼쪽에서 두 번째가 5·16 주체로
화폐개혁의 주역인 유원식.

이용문 육본 작전국장 이임식에서
박정희 차장과 단 둘이서 포즈를 취했다.

6·25전쟁 중의 박정희

1951년 정일권 총참모장(왼쪽에서 두 번째)이 인민군 10사단을 소탕, 궤멸시킨 국군 9사단을 방문하여 전리품 등을 둘러보았다.

포병학교 시절의 박정희 준장(앞줄 왼쪽에서 네 번째). 그 오른쪽은 미 군사고문관 패트리지, 왼쪽부터 포병감 김계원 준장, 심흥선 준장, 이희권(박정희의 후임 포병학교장).

5사단장 시절의 박정희 준장(앞줄 왼쪽에서 세 번째). 그 왼쪽은 3군단장 송요찬 중장. 맨 오른쪽이 정보참모 차규헌 중령,
뒷줄 왼쪽에서 두 번째가 전속부관 한병기 중위. 박정희의 모범적인 차례자세가 인상적이다.

포병학교장 박정희 준장(맨 오른쪽)과 교무처장 오정석 중령(맨 왼쪽) 및 참모들.

5사단장으로 영전하는 박정희 포병학교장을 참모들이 송정리 비행장으로
나가 전송하는 장면.

1955년 귀국하는 미군 수송선상에서
박정희 준장이 그린 그림.

채명신(오른쪽에서 두 번째)이 20사단 60연대장일 당시의 기념사진. 왼쪽에서
두 번째가 박정희 준장, 김용배 소장, 강문봉 중장(군단장), 송석하 준장(사단장).

5사단장 시절 야유회에서 찍은 사진. 선글라스를 낀 사람이 박정희 사단장.
왼쪽에서 두 번째가 윤필용 중령, 세 번째는 차규헌 중령.

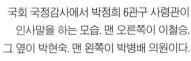
국회 국정감사에서 박정희 6관구 사령관이
인사말을 하는 모습. 맨 오른쪽이 이철승,
그 옆이 박현숙, 맨 왼쪽이 박병배 의원이다.

1960년 4월 20일 부산 〈국제신문〉 1면 기사.
4·19 당일 부산지구 계엄사무소장 박정희
소장이 시민들에게 자숙을 요망하는
담화문을 발표했다.

2군부사령관 시절의 박정희.

5·16 반년 전 육군 참모본부장 박정희 소장이
아스토리아호텔에서 이광로 공수단
2대대장(후에 육군 중장 예편, 입법의원)과
정은영 양 결혼식 주례를 섰다. 1960. 11. 20

제 3 부

육영수,
학처럼 곱게 산
퍼스트레이디

서민의 어머니로…
청와대의 야당으로

육영수 여사는 1925년 11월 29일
(음 10월 14일) 충북 옥천군 옥천읍
교동리 덕유산 기슭에서 아버지
육종관(陸鍾寬) 씨와 어머니 이경령
(李慶齡) 씨 사이의 1남 3녀 중
둘째딸로 태어났다.
1950년 12월 12일 박정희 소령과
결혼했다.
대통령 영부인으로 많은 사랑과 봉사를
국민들에게 베풀다가 북한의 사주를
받은 문세광의 저격으로 1974년
8월 15일 49세를 일기로 서거했다.

피격 직전 8·15 경축식장에
나온 육 여사가 청중들의
환호에 미소로 답하는
모습. 한 신문은 이 사진과
함께 '포근한 미소…
비 오는 밤에 지다'는
제목을 달았다.

웃고
뛰놀자
그리고
하늘을 보며
생각하고
푸른
내일의 꿈을
키우자

1974. 9. 5.

육 영 수

육 여사는 1974년 9월 5일 준공될 부산어린이회관에
위와 같은 붓글씨를 써 보내면서 "부산 어린이들에게
멋진 선물이 되었으면 한다"고 말했다.
그러나 육 여사는 그처럼 벼르던 개관식에 참석하지
못하고 20일 앞서 세상을 떠났다.
이 글씨는 육 여사의 마지막 휘호가 되고 말았다.

육 여사가 걸어온 길

청와대의 야당

육 여사는 우리나라 역대 대통령 부인 가운데 어느 누구보다도 비정치적인 인물이었다. 정치에 관한 한 국민들의 머릿속에 남아 있는 육 여사는 '청와대의 야당'이다. 그것은 국민의 소리를 대통령에게 올바르게 전하는 일을 정성껏 했었기 때문일 것이다.

1971년의 대통령 선거를 치르고 난 다음 해 2월 중순경이었다. 예년과 마찬가지로 박 대통령 내외의 초청으로 서울대학교 수석 졸업생들이 청와대를 방문하여 오찬을 갖게 되었는데 졸업생, 학부모, 민관식 문교부장관, 서울대학교 총학장 등이 참석했었다.

화제가 우연히 대통령 선거에 이르자 한 참석자가 "지난해 선거 때 보니 육 여사 인기가 매우 높더라"고 했다. 그러자 박 대통령은 빙긋이 웃으며 "선거 후 당으로부터 보고를 받았는데 내가 얻은 표의 30%가 우리 내자가 얻은 것이라고 하더라"고 소개했다. 당시의 그 보고가 얼마나 공식적인 것이었는지는 모르지만, 육 여사에 대한 국민의 호감이 상당했었음을 보여주는 일화다.

육 여사는 오랫동안 나·정 두 사람의 여비서를 부속실에 두었었다. 나 씨는 최고회의 때부터 육 여사의 통역을 해왔었고, 정 씨는 육 여사가 고향인 옥천에서 교편을 잡았을 때의 제자였다. 두 사람 다 육 여사로부터 두터운 신임과 총애를 받았으며 육 여사가 서거할 때까지 청와대에서 근무했다.

활달한 성격의 나 비서는 시중에 떠도는 이야기까지도 들은 대로 육 여사에게 전했으며, 정 비서는 육 여사에게 오는 모든 내용의 편지나 청원을 단 하나라도 자의로 걸러내지 않고 그대로 육 여사에게 전해 국민의 여론을 듣도록 했다.

언젠가 한번은 나 비서가 직접 박 대통령에게 "각하, 시중에 각하께서 모 여배우와 연애하신다는 소문이 났습니다"고 했다. 이런 이야기는 청와대 내에서 어느 누구도 대통령에게 직접 대고 할 수 없는 이야기다. 박 대통령이 그 이야기를 듣고는 "아시아 영화제에 참가한 배우들이 청와대를 방문했을 때 그 여배우와 악수해본 기억밖에는 없는데…"라고 하더라는 것이다.

1974년 8월 15일 일단의 대학생들이 조국순례 대행진을 마치고 집결지인 대전을 향해 가고 있었다. 정오 무렵 도보행군으로 땀에 흠뻑 젖은 그들에게 서울서 내려온 H제과 냉동차에서 시원한 아이스크림이 배급되었다. 육 여사가 그곳까지 보낸 것이었다. 그러나 바로 그 시각 육 여사는 총탄에 맞아 서울대 병원에서 뇌수술을 받고 있었다.

남달랐던 근검절약 정신

육 여사를 알게 된 것은 1968년경이었지만 내가 청와대 비서로 발탁되어 일하게 된 것은 1971년 9월이었다. 첫 출근을 한 다음 날 느닷없이 김정렴 비서실장이 비서실 전 직원에게 보내는 지시 공문을 받았다. 내용은 비서실 직원은 누구를 막론하고 청와대 문구류나 기타 용품 등을 절대로 사적으로 쓰거나 집에 가져가지 말라는 지시였다. 나중에 안 일이지만 그것은 육 여사가 첫 출근한 나에게 주고 싶은 주의사항이었지만 혹 내 자존심이라도 건드릴까봐 김 실장을 통해 전 직원에게 알리는 형식을 취했던 것이다.

그 다음 해 어느 날 배문중학에 다니던 지만 군이 종이 몇 장을 달라고 해 무심코 내 책상 위에 있던 갱지를 30여 장 집어주었다. 지만 군이 종이를 들고 사무실을 나가다가 육 여사와 마주쳤다. 육 여사는 그 종이를 되받아 나에게 돌려주며 나와 지만 군을 함께 나무랐다. 사무실 용품을 대통령 가족이라고 해서 함부로 집어다 써도 안 되지만 더구나 갱지를 연습장으로 쓰기에는 너무 아깝다는 것이었다. 그리고는 파기하는 서류 가운데서 한쪽만 인쇄된 종이를 모아 연습장으로 묶어 아들에게 주었다.

박 대통령 내외분의 근검절약 정신은 남다른 데가 있었다. 두 분은 물 한 방울 종이 한 장을 아껴 쓰는 철저한 수범을 보였다. 박 대통령이 서거하신 후에 침실에 있는 변기 물통에서 물을 아

교복 차림의 청순하고 앳된 소녀 시절.

학교 교정에서 친구들과 어울려 보낸 즐거운 시간.

껴 쓰기 위해 넣어둔 두 개의 벽돌을 발견하고는 그 방을 정리하던 직원들이 함께 눈물을 흘린 일이 있었다. 내가 1975년 10월 부속실을 떠나 공보비서실로 자리를 옮겼을 때 박 대통령이 그동안 수고했다는 뜻으로 나에게 약간의 위로금과 '건투를 기원합니다. 1975년 10월 22일 박정희'라고 자필로 쓴 메모지를 봉투에 함께 넣어 주었다. 그런데 그 메모지 우측 상단에는 '1974년 월 일'이라고 인쇄되어 있었다. 그러니까 박 대통령은 74년에 쓰다 남은 메모용지를 버리지 않고 75년 10월에도 계속 썼던 것이다.

육 여사는 한복이든 양장이든 외제 옷감으로 옷을 해 입는 일이 없었다. 그러나 육 여사가 새 옷을 입으면 많은 여성들에게 같은 옷감이라도 더 고급스러워 보이거나 외국산처럼 보였다고 한다. 그래서 청와대를 방문하는 여성 가운데는 간혹 육 여사에게 옷감 제조회사를 묻거나 심지어 조용히 옆으로 다가가서 옷감을 만져보는 여성들도 있었다.

청와대 안으로 들어온 택시

육 여사는 작가인 이서구 씨나 박목월 씨 같은 분들과의 대화를 무척 좋아해 그 분들을 가끔 초대해 이야기를 나누곤 했다. 1973년 늦은 봄, 어느 날 오후였다. 이서구 씨가 육 여사의 초대로 청와대에 들어오게 되었다. 그때나 지금이나 청와대는 경호 관계로 영업용 택시가 들어올 수 없는 곳이었다. 그렇기 때문에 청와대를 방문하는 사람들은 자가용을 이용할 수밖에 없었으며, 차가 없는 경우에는 부득이 남의 차를 빌려 타고 와야 했다. 아니면 효자동이나 삼청동에서 본관까지 걸어서 올라올 수밖에

광주의 파월 장병 가정을 찾아가 가족들을 위로, 격려하는 육 여사. 1967. 3. 10

없었다.

가끔 비서실 차를 입구에 대기시켰다가 손님을 모시기도 했지만 운전사들이 손님 얼굴을 몰라 실수를 저지르는 예가 있었다. 육 여사는 자신을 만나러 오는 사람들이 겪는 이런 불편에 대해 항상 미안하게 생각했다. 이서구 씨도 자가용이 없어서 차를 빌려야 했는데 그날따라 잘 안 된다고 연락이 왔다. 육 여사가 나에게 지시를 했다. 경호실에 이서구 씨가 타고 오는 택시를 본관까지 올려 보내달라고 부탁하라는 것이었다.

육 여사는 "시내에 돌아다니는 택시를 아무거나 타고 올 텐데 그 택시 기사가 청와대로 올 줄 어떻게 알고 나쁜 짓할 준비를 할 수 있겠느냐"는 것이었다. 나도 동감이었다.

이서구 씨가 탄 택시가 본관 현관까지 올라왔다. 입구에서부터 경찰관이 동승해서 안내를 해왔다. 아마 그 택시는 청와대 본관까지 올라 온 전무후무한 택시가 될 것이다. 요사이 나는 김포공항에 가끔 가게 되는데 경찰관들이 자가용은 검색을 하면서도 영업용은 하지 않는 경우를 보면서 '이서구 씨의 택시'를 생각하곤 했다.

육 여사는 생전에 가족의 식사 메뉴는 일반가정과 같이 항상 자신이 정했고, 흰 쌀밥이 으뜸이던 당시에도 보리를 꼭 30%씩 섞도록 했다. 1966. 11. 19

흰 목련을 좋아한 목련 같았던 여인

육 여사는 흰 목련을 좋아했다. 그래서 청와대 경내에는 백목련이 많이 심어져 있다. 이른 봄 북악의 잔설이 자취를 감추면 청와대 경내에는 그윽한 향기와 함께 하얗게 피어나는 목련의 자태가 어우러져 청와대의 경관을 더욱 돋보이게 한다.

"아무리 아름다운 미인이라 해도 여러 가지 장식품으로 아름다움을 돋보이려고 하지만, 목련은 아무런 꾸밈없이 그리고 잎새 한 장의 도움 없이 앙상한 가지 꼭대기에 꽃만 홀로 피어 은은한 향기를 발산할 뿐 아니라 꽃잎이 지는 것을 보면 때로는 외경스럽기까지 하다."

육 여사의 백목련 예찬론이다.

-김두영(金斗永) 전 청와대 비서관의 글(1991년 가정조선 8월호 게재)

한글 궁체를 중심으로
서예를 익힌 육영수 여사가
부군 박정희 대통령의 통치
이념이기도 한 '민족중흥'을
쓴 뒤 웃음을 지었다.
1969. 12. 16

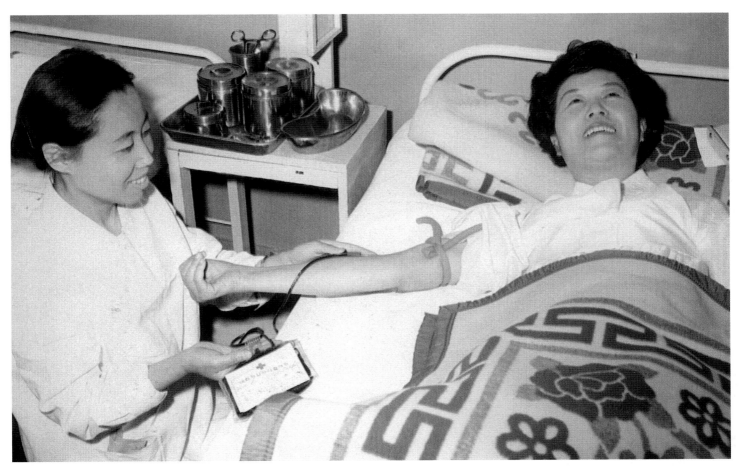

헌혈 운동과 정신박약아 어린이 돕기에 적극적이었던 육 여사.
헌혈을 하면서도 웃음을 머금고 있는 모습이 인상적이다. 1971. 4. 14

적십자 부녀봉사회원들과 함께
재해민 구호용 의류를 제작하며
환하게 웃는 모습. 1973. 1. 12

대구시의 한 고아원을 찾아 선물을 나누어주었다. 1965. 2. 25

강원도 춘천 근교 소양강 다목적댐
제방 위에는 이런 기념비문이 새겨져 있다.

"오늘 박정희 대통령 각하 영부인 육영수
여사님을 모시고 이곳 소양강에 비단잉어
10만 마리를 놓아기르니 우리의 자연은
더욱 아름답고 풍요해지리라.
1974년 5월 28일
자연을 사랑하는 사람들이."

나환자촌을 방문한 육영수 여사. 1961. 7

서울 보광동에 새로 세워진
정수(正修)직업훈련원 개원식에
참석한 뒤 원생들을 격려하는 육 여사.
"훈련원을 세우는데 대통령께서
물심양면의 지원과 관심을
보이셨으니 그 뜻에 보답하는
의미에서 열심히 기술을
연마해 달라"고 당부했다.
1973. 10. 17

3군 사관생도들을 청와대로 초청하여 다과회를 열었다. 1973. 9. 20

진해 벚꽃길을 산책하는 육 여사의 뒷모습을
박 대통령이 직접 촬영한 사진이다.
1974. 4. 9

육 여사 사진 아래 놓인 카네이션

1974년 8월 15일, 꽃잎이 채 시들기 전에 아무런 미련 없이 떨어지는 목련처럼
육 여사는 이 세상을 떠났다. 그날의 비통함을 되새겨 무엇 하겠는가.
육 여사가 돌아가신 다음해 삼남매가 어버이날에 카드와 카네이션 세 송이를
박 대통령에게 드렸다고 한다. 박 대통령은 손수건으로 눈물을 닦으며 울었다.
얼마 후 집무실에 카드와 꽃이 없어진 것을 안 삼남매가 그것을 찾아보니
박 대통령 침실에 걸려 있는 육 여사의 사진 밑에 가지런히 놓여 있었다고 한다.
– 김두영 전 청와대 비서관

다망한 대통령으로서의 일정 가운데에
서도 육 여사와 함께 있는 시간만큼은
여느 일반 시민들이나 다름없는 다정한
부부로 돌아갔다.

대통령 선거 인천 유세장에서
찬조연설에 나선 연사의 유머에
소탈하게 웃음을 터트리는
박 대통령 내외. 1967. 4. 30

외국방문 도중 비행기 안에서의 대통령 내외. 육 여사가 박 대통령이
연필로 스케치한 자신의 초상화를 들어 보이고 있다.

어머니에 대한 애틋한 마음

"아버지가 하시는 일을 보면 지성이면 감천이란 말이 생각납니다.

크게 가능성이 없거나 안 되는 일을 된다고 주장, 이룩하신 일이 많기 때문입니다.

그리고 항상 여유를 갖고 계신 것이 아버지의 특징입니다.

아무리 추운 날이라도 아침에 일어나시면 문을 활짝 여시고 매일같이 운동을 하십니다.

또 국란을 당했을 때 강한 소신으로 그것을 극복하시는 용기를 지니신 것도 특별한 점입니다.

남들이 안 된다고 하는 것들을 심사숙고 끝에 된다고 결론을 내리고 신념을 갖고 밀고나가

그것이 성취되었을 때 저는 아버지에서 긴 안목과 강한 신념을 지니셨다는 것을 깊이 느낍니다.

그런 강한 면이 있으신 반면에 아버지는 참 인간적이시라는 것을 나날이 느끼게 됩니다.

며칠 전에 아버지 방을 좀 고쳤는데 아버지께서 책상을 옮기시면서 제일 먼저 갖다 놓으신 게 어머님 사진입니다.

우리에게는 얘기도 안 하시고 내색도 안하시지만 어머님에 대한 애틋한 마음이

얼마나 크신가를 느끼는 저는 가슴이 뭉클했습니다."

– 1975년 12월 14일 TBC TV 대담 프로그램 '나라 사랑하는 마음'에 출연한 근혜 양의 이야기.

양지회가 중앙청 홀에서 마련한 수재민돕기
사랑의 열매 자선 모금행사에 초청받은
박 대통령이 행사 주관자인 육 여사와
다정하게 악수를 나누었다. 1973. 6. 26

인천에서 펼쳐진 대통령 선거 유세에서 군중들의
환호에 답하는 박 대통령 내외. 1971. 4. 18

청와대에서 소탈하게 웃으며
대화를 나누는 모습.

쾰른시장 덴오 뷔레아우엔 씨로 부터 쾰른시의
명물인 은배(銀杯)를 선물받고 이를 보고 있는
박 대통령 내외.

청와대 뒤뜰에서 박 대통령의
지도로 활쏘기를 하는
육 여사. 1967. 9. 22

양복과 치마저고리 차림의 대통령
내외가 펼치는 탁구시합이 웃음을
자아낸다. 1973. 4. 27

1974년 어느 날 청와대를 산책하다가 애완견과 함께.

폴라로이드 카메라로 즉석 사진을 찍어 육 여사에게 보여주는 '사진사 박정희'.

1974년 봄의 어느 날 진해 휴양지에서.

유난히 목련을 사랑한 육 여사가 박 대통령과 함께
하얀 목련을 배경으로 다정하게 포즈를 취했다.

국가재건최고회의 의장 공관에서. 1961. 8. 28

의장 공관에서 가운데 지만 군을 앉히고. 1962

의장 공관에서 가족들과 함께.

자녀들과 즐거운 한 때를 보내는 박 대통령. 1967. 7. 1

두 딸과 어깨동무를 한 인자한 아버지.

아버지처럼 넥타이를 매고 양복을 입은 지만 군의 의젓한 모습이
돋보이는 가족 사진.

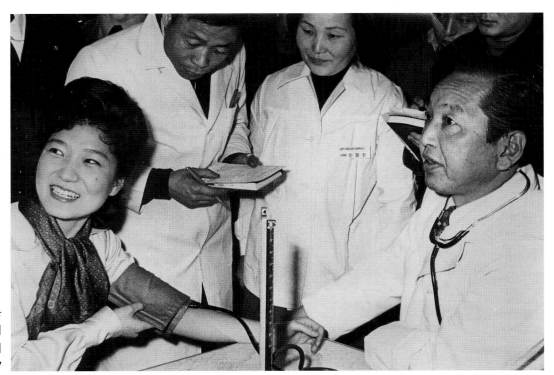

퍼스트레이디 역을 수행하는
근혜 양이 헌혈운동본부에 들러
헌혈을 자청한 뒤 혈압을 체크하며
웃는 모습. 1976. 1. 27

교황 바오로 6세를 예방한 근혜 양.
1972. 10. 27

청와대에서 부녀가 정담을 나누는 모습이 무척 정겹다. 1977. 4. 12

애완견을 어르는 아버지의 모습을 곁에서 지켜보는 근혜 양. 1971. 10. 17

1975년의 어느 날 나란히 청와대 경내를 산책하는 박 대통령과 근혜 양.

박 대통령의 생일날 청와대 앞뜰에서
찍은 가족사진. 1964. 9. 30

경북 구미읍 상모리 생가에서 큰형 박동희 옹과
마주앉은 박 대통령. 1971. 10. 4

대형 지구의를 앞에 놓고 가족들에게 설명하는 모습.
아래 사진은 게임을 즐기는 박 대통령 가족.
1971. 10. 17

자신의 생일날 가족 사진을 찍어주는
박 대통령. 1964. 9. 30

청와대 뒤뜰에서 두 딸과 함께 애완견을 데리고 즐거운
한 때를 보내는 박 대통령.

생일날 찍은 가족사진.

생일날 찍은 가족사진.

진해 휴양지에서 박 대통령과 지만 군. 1972. 7. 29

교복 차림의 지만 군을 대견스레 바라보면서
교모를 바로잡아 주는 모습. 1971. 11

체력장 시험에 대비하여 턱걸이 연습을 하는 지만 군을 지켜보는 박 대통령.
손에 배드민턴 라켓을 쥐고 있다.

휴가를 맞아 지만 군을 데리고 진해 휴양지에서 배를 타고 휴식을 취했다.
뒤에 김영관(金榮寬) 제독이 서 있다. 1967. 7. 29

육군사관학교 입학식에 참석한 뒤 생도복 차림의 동생과 이야기를 나누는
근혜, 근영 양. 1977. 3. 2

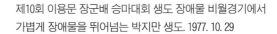

육군사관학교 입학식에서. 1977. 3. 2

육사 입학식에서의 박지만 생도. 1977. 3. 2(가운데)

제10회 이용문 장군배 승마대회 생도 장애물 비월경기에서
가볍게 장애물을 뛰어넘는 박지만 생도. 1977. 10. 29

1976년 여름, '방울'이란 이름의 애완견을
박 대통령이 직접 연필로 스케치했다.

진해 앞바다의 저도 휴양지에서 그림을 그리고 있는 '화가 박정희'.
경호실 이상열 수행과장이 찍은 것이다.
1960년대부터 그림에 남다른 관심을 보였던 그는
육영수 여사가 타계한 뒤 다시 그림을 그리고 싶다는 말을 자주 했다고 한다.

의자에 앉은 둘째딸 근영을 그린 작품.

생일을 맞아 유년의 추억을 떠올리면서 그린 고향집. 1971. 11. 4

인천 소무의도에서 수영을 즐기다 포즈
를 취한 근혜 양. 1967. 7. 29

신정 연휴 기간 제주도의
한 볼링장에서 지만 군과 함께
볼링을 즐기는 박 대통령. 1977. 1. 1

지만 군의 중앙고등학교
졸업식에 학부모
자격으로 참석하여
행사를 지켜보는
큰누나 근혜 양.
1977. 1. 7

저도 바닷가에 혼자 앉아서

똑딱배가 팔월의 바다를 미끄러지듯 소리 내며 지나간다
저 멀리 수평선에 흰 구름이 뭉게뭉게
불현듯 미소 짓는 그의 얼굴이
저 구름 속에 완연하게 떠오른다
나는 그곳으로 달려간다
달려가도 달려가도
그이가 있는 곳에는 미치지를 못한다
순간 그의 모습은
사라지고 보이지 않는다
뛰어가던 걸음을 멈추고
망연히 수평선을 바라본다
수평선 위에는 또 다시 일군의
꽃구름이 솟아오르기 시작한다
흰 치마저고리 옷고름 나부끼면서

그의 모습은
저 구름 속으로 사라져간다
느티나무 가지에서 매미소리 요란하다
푸른 바다 위에
갈매기 몇 마리가
훨훨 저 건너 섬 쪽으로 날아간다
비몽? 사몽?
수백 년 묵은 팽나무 그늘 아래
시원한 바닷바람이
소리 없이 스쳐간다
흰 치마저고리 나부끼면서
구름 속으로 사라져간 그대

1976년 8월 5일, 육영수 여사를 그리며 지은 시

감이 너무 많이 열려 몸이 무겁겠다면서 감을 직접 땄다. 옆에 조카 박재홍 씨가
바라보고 있다.. 1971. 10. 4

진해 앞바다 저도 휴양소
에서 홀로 섬 주위를 산책
하는 대통령. 1976. 7. 28

서울시가 벌인 '내 집 앞
쓸기 운동'에 호응하여
아침 7시부터 청와대
비서실 직원들과 더불어
청와대 앞에서 효자동
파출소 뒷골목까지
대청소를 한 박 대통령의
경쾌한 모습. 1971. 3. 24

기자들과 비공식적으로
만나 대화를 나눌라치면
언제나 웃음이 가득한
박 대통령.

수행취재를 구실로 저도 휴양소까지
따라온 청와대 출입기자들에게
정답게 맥주를 따라주며 담소를
나누었다. 1971. 8. 12

저도 휴양소에서 청와대 출입기자들과 오찬을 함께 한 뒤 시국 전반에 관한
기자들의 질문에 답변했다. 1977. 8. 26

저도 휴양소에서 수영복 차림으로 청와대 출입기자들과 맥주를
마시면서 편하게 대화를 나누는 박 대통령. 1972. 7. 30

청와대에서 연두 기자회견을 마친 뒤 기자들과 담소를 나누는 모습. 1972. 1. 11

밀짚모자를 쓴 채 수영을 즐기는
모습이 인상적이다.

진해 앞바다의 저도 휴양지에서 수영복 차림으로 참모들과 함께. 임방현 대변인과 유혁인 정무수석, 이희일 경제수석,
김정렴 비서실장이 뒤에 서 있다.

수영을 하면서도 짬짬이 카메라 셔터를 누르는 박 대통령.

진해 앞바다의 저도 휴양지에서 청와대 출입기자들과 조를 나눠 배구시합을 했다.

태릉 골프장에서 열린 KPGA 월례
경기에서 시타를 하는 박 대통령.
뒤쪽 좌로부터 김형욱 중앙정보부장,
김성은 국방장관이 서 있다.
1966. 11. 5

낚시로 잡은 물고기를 들어 보이며
미소를 짓는 박 대통령. 1972. 9. 8

경호실 주최로 청와대 연무관에서
열린 배드민턴 대회에 출전.
1979. 6. 13

진해 휴양지에서 탁구를 즐기는 모습. 1978. 8. 18

청와대 경호실 사격장에서 사격연습을 하는
모습이 여간 진지하지 않다. 1969. 4.

사냥터에서 앉은 자세로 캐리바22를 들고 사격연습을 하는 대통령을 박종규 경호실장과 김성은 국방장관이 지켜보고 있다.

진해 해군사관학교 졸업식을 마치고
주변 사람들의 사진을 찍어주는 모습.
박 대통령은 사진 찍는 것을 즐겼고,
남이 사진을 찍어주는 것도 싫어하지
않았다. 1976. 4. 10

해군사관학교 졸업식 참석을 위해
진해로 내려가 해군공관 경내에서
아침 산책을 즐기다가 만난 해군
사병들을 불러놓고 벚꽃을 배경으로
사진을 찍어주는 박 대통령. 1976. 4. 10

새로 나온 폴라로이드
카메라를 목에 걸고
환담을 나누는
박 대통령.
식목일인 이날 그는
김포가도로 나가
4km에 걸쳐
수양버드나무를
심었다. 1969. 4. 5

이승만 대통령 시절부터
있었다는 청와대의 낡은
오르간 앞에 앉아 건반을
두드리는 박 대통령.

연보 **1917-1979** 정리 | 김정형

1900년대

1905. 9. 5   일본의 러일전쟁 승리로 일본이 한국에 대한 독점적 지배권 확보

1905. 11. 17   한국의 외교권 박탈. 일본 외무성이 대신 관장하여 경성(서울)에 통감부를 두기로 하는 을사조약 체결. 초대 통감에 이토 히로부미(伊藤博文)

1910년대

1910. 8. 22   한국을 일본의 식민지로 하는 병탄조약을 이완용 내각이 결의

1917. 11. 14   경북 선산군 구미면 상모리에서 7형제 중 막내로 출생(음 9. 30)

-부친 박성빈, 모친 백남의, 위로 장남 동희, 2남 무희, 장녀 귀희, 3남 상희, 4남 한생, 차녀 재희

1918. 1. 8   윌슨 미 대통령 상·하 양원합동회의에서 '평화원칙 14개 조항' 발표

1918. 11. 11   제1차대전 종전. 연합국·독일 정전협정 서명

1919. 1. 21   고종 황제 승하

1919. 2. 8   2·8 도쿄유학생 독립선언

1919. 3. 1   3·1독립만세운동

1919. 4. 11   상하이 '대한민국 임시정부' 수립. 이승만을 임정수반격인 국무총리로 추대. 임시정부 의정원, 국호 '대한민국' 제정

1919. 4. 13   이승만, 미국에서 대한민국 임시정부 수립 선포

1920년대

1920. 1. 10   국제연맹 창설

1920. 3. 5   〈조선일보〉 창간

1920. 4. 1   〈동아일보〉 창간

1920. 4. 28   영친왕 이은(李垠), 일 왕족 나시모토노미야 마사코와 정략결혼

1920. 10. 12 유관순 열사 서대문 감옥에서 순국

1920. 10. 21 청산리 대첩

1920. 12. 28 이승만, 상하이 임시정부 청사에서 초대 대통령 취임

1923. 9. 1   일본 관동대지진

1925. 11. 29 육영수, 충북 옥천에서 출생(부친 육종관, 모친 이경령)

1926. 4. 1   구미보통학교 입학. 초등학교 6년 동안 상모교회 출석

1926. 4. 25   순종 승하

1926. 6. 10   6·10만세운동

1926. 10. 1   조선총독부 청사 준공

1926. 12. 25 히로히토 일왕 즉위

1927. 2. 15   독립운동단체 '신간회' 창립(1931. 5. 16 해산)

1929. 11. 3   광주학생운동 발생

1930년대

1931   초등학교 6학년 때 이광수 소설 '이순신'과 '나폴레옹 전기' 읽고 이순신과 나폴레옹 숭배

1931. 9. 18   만주사변 발발

1932. 3. 1	일본 괴뢰정부 만주국 수립
1932. 3. 25	**구미보통학교 졸업(1, 2, 5, 6학년 우등상. 질병으로 인한 결석 1학년 18일, 2학년 20일, 3학년 16일, 4학년 사고로 9일, 5학년 1일, 6학년 3일)**
1932. 4. 1	**대구사범학교 제4기 입학. 일본인 10명, 조선인 90명 등 총 100명 중 51등으로 입학**
1932. 11. 8	프랭클린 루스벨트 미 제32대 대통령 당선(1933. 3. 4 취임)
1933. 1. 30	히틀러 독일 수상 취임
1933. 3. 10	루스벨트 미 대통령 뉴딜정책 발표
1934. 5	**금강산으로 수학여행(대구사범 3학년)**
1935. 5	**평양, 신의주, 봉천, 여순, 장춘, 대련 수학여행(대구사범 4학년)**
1936. 4. 1	**부친의 강요로 김호남과 결혼(박정희 19세, 김호남 16세)**
1936. 5. 20	**일본 수학여행. 시모노세키, 히로시마, 오사카, 나라, 도쿄, 가마쿠라, 닛코 여행**
1936. 6. 29	**사남보통학교에서 교사 실습(~7. 12)**
1936. 8. 9	손기정 베를린올림픽에서 마라톤 우승
1936. 8. 24	**대구 80연대 입소 군사훈련**
1936. 12. 7	**대구공립보통학교 교생 실습 시작**
1937. 3. 25	**대구사범 졸업**
	-1학년 석차 97명 중 60등, 2학년 83명 중 47등, 3학년 74명 중 67등, 4학년 73명 중 73등, 5학년 70명 중 69등
	-품행 평가 5년간 양, 양, 양, 가, 양
	-기숙사비가 없어 2학년 결석 10일, 3학년 41일, 4학년 48일, 5학년 41일
1937. 4. 1	**문경서부공립심상소학교(문경보통학교) 교사 발령. 1937년 3학년, 1938년 2학년·5학년 합반, 1939년 1학년 담임**
1937. 9. 1	조선총독부, 고등보통학교의 조선어 과목 폐지
1937. 11. 24	**김호남, 딸 박재옥 출산(음 10. 22)**
1938. 4. 1	일본, 국가 총동원법 공포
1938. 9. 4	**부친 박성빈 작고**
1939. 7. 8	일본, 국민징용령 공포(7. 15 시행)
1939. 9. 1	독일군 폴란드 침공. 제2차 세계대전 발발
1939. 10	**만주 육군군관학교 제2기 입학시험 만주 목단강성 만주군 6관구 사령부 내 장교구락부에서 시행**

1940년대

1940. 1. 4	**만주국 공보에 '육군군관학교 제2기 예과생도 채용 고시 및 합격자 공고' 게재(조선인 11명 포함 만주·조선계 240명 중 15등)**
1940. 2. 11	조선총독부, 창씨개명 등록 시작(~8. 10)
1940. 3. 31	**문경보통학교 교사 사임**
1940. 4. 4	**만주국 신경 소재 육군군관학교 제2기 예과 입학. 제3중대 제3구대 배속**
1940. 5. 10	처칠 영국 수상 취임
1940. 7	**만주군관학교 2기 동기들과 대련에서 2주간 해상훈련**
1940. 8. 10	<조선일보><동아일보> 강제 폐간(8. 11 종간호 발간)
1940. 9. 17	광복군 창설(총사령관 지청천)
1940 가을	**창씨개명하라는 만주군관학교의 지시로 1주일간 귀향. 형 박상희의 뜻에 따라 고령 박씨에 '고목'이란 성을 취해 다카기 마사오(高木正雄)로 개명**
1941. 6. 22	독일, 소련에 선전포고
1941 여름	**내몽골지역인 흥안서성의 갈근묘에서 2주간 야영훈련**
1941. 12. 7	일본, 진주만 기습공격. 태평양전쟁 발발

1941. 12. 9	대한민국 임시정부, 김구 주석과 조소앙 외교부장 명의로 대일 선전포고
1942. 3	**육영수, 배화여자고등보통학교 졸업**
1942. 3. 23	**만주군관학교 제2기 예과 졸업. 만주·조선계 전체 수석**
1942. 3. 24	**만주국 푸이 황제로부터 우등상 수상(은사품 금시계) 후 거수경례 하는 사진 〈만주일보〉 2면에 크게 게재**
1942. 3	**관동군부대 배속. 5개월 동안 사병·하사관 생활 체험**
1942. 6. 5	미군, 미드웨이 해전에서 일본군 대파
1942. 6. 18	원폭 제조 '맨해튼 프로젝트' 가동
1942. 10. 1	**만주군관학교 동기생 이한림, 이섭준, 김재풍과 함께 일본 육사 유학생대 편입(일본 육사 57기와 동기)**
1942. 10. 1	조선어학회사건 발생
1943. 3. 1	조선인징병제 공포(8. 1 시행)
1944. 4. 20	**일본 육사 졸업. 유학생대에서 3등 졸업. 소련·만주 국경지대 주둔 관동군부대에서 3개월간 견습사관 훈련**
1944. 6. 6	연합군, 노르망디 상륙작전 성공
1944. 7. 1	**일본군 육군 소위 임관. 열하성 흥륭현 반벽산 주둔 만주군 보병8단 배속.**
1945. 4. 1	미군·일본군 오키나와 전투 시작(6. 23 일본군 항복)
1945. 5. 7	독일 제2차 세계대전 항복문서 서명
1945. 7. 1	**일본군 중위 진급**
1945. 7. 17	미국·영국·소련 정상 포츠담회담 개최(7. 26 포츠담선언 발표)
1945. 8. 6	히로시마에 원폭 투하(8. 9 나가사키 원폭 투하)
1945. 8. 8	소련, 일본에 선전포고
1945. 8. 12	소련군, 북한 청진 상륙
1945. 8. 15	일본 항복, 일제 강점으로부터 해방
1945. 8. 15	여운형, 조선건국준비위원회 결성
1945. 8. 24	소련군, 북한 평양 진주
1945. 9. 2	연합군최고사령부, 미·소 양군 한반도 분할 점령책 발표
1945. 9. 2	일본, 미 군함 미주리호에서 항복문서 서명
1945. 9. 8	미 제24군단 인천 상륙
1945. 9. 9	맥아더 미 태평양 육군 총사령관 '조선 인민에게 고함' 포고문 제1호, 2호, 3호 발표
1945. 9. 20	미 군정청 설치
1945. 9. 21	**일본의 패망 후 이주일·신현준과 함께 베이징 도착.**
	일본·만주군 출신 장병들 대한민국 임시정부 산하의 '광복군 제3지대 주평진대대' 편성.(박정희 2중대장 피임)
1945. 10	**육영수, 중학교 과정인 옥천공립여자전수학교 가사 담당 교사(1년 반)**
1945. 10. 14	김일성 '소련 해방군 환영 평양시민 군중대회'에 등장
1945. 10. 16	이승만 33년 만에 환국
1945. 10. 21	국립경찰 창설
1945. 10. 24	국제연합 창설
1945. 11. 23	김구 주석 임정 요인들과 함께 환국
1945. 12. 16	미·영·소 '모스크바 3상회의' 개최(~12. 27)
1945. 12. 31	대규모 반탁운동 시작
1946. 1. 2	좌익, 반탁에서 찬탁으로 돌변
1946. 1. 15	국군의 모체 '남조선 국방경비대' 창설(초대 사령관 마셜 미 육군 중령)
1946. 2. 14	미군정 최고자문기구 남조선민주의원 구성(2. 25 이승만 의장, 김구·김규식 부의장 등 25명 선임)

1946. 3. 20	제1차 미소공동위원회 덕수궁에서 개최(5. 6 결렬. 무기휴회)
1946. 4. 9	**박정희 소속 광복군 평진대대 베이징 출발. 톈진(天津)에서 미 해군 수송선 타고 부산항 도착(5. 8) 및 상륙(5. 10)**
1946. 5. 1	조선경비대사관학교(육군사관학교 전신) 창설
1946. 5. 3	극동국제군사재판(도쿄재판) 개정
1946. 6. 3	이승만 정읍 발언. 남한 임시정부 수립과 민족주의통일기관 설치 필요성 주장
1946. 9. 24	**조선경비대사관학교 제2기생 입학**
1946. 10. 1	대구폭동 발생
1946. 10. 5	**셋째 형 상희, '10·1 대구폭동' 가담했다가 경찰에 피살**
1946. 11. 23	남조선노동당(남로당) 결성
1946. 12. 14	**조선경비대사관학교 3등 졸업. 육군 소위(군번 10166) 임관. 춘천 8연대 배속**
1947. 2. 22	북조선인민위원회(위원장 김일성) 발족
1947. 3. 12	미 트루먼 대통령 '트루먼 독트린' 발표
1947. 5	**춘천 8연대 본부 작전참모대리 발령**
1947. 5. 14	미 군정청, 남조선과도정부 설치
1947. 5. 21	제2차 미소공동위원회 개최(8. 20 결렬)
1947. 9. 27	**중위 거치지 않고 대위 진급. 조선경비대사관학교 제1중대장 전보. 5기생(10. 23 입교) 교관**
1947. 11. 14	유엔 한국문제 43 대 0 가결. 한국선거감독위원회 설치, 독립정부 수립, 미소 양군 철수 결정
1948. 4. 3	제주 4·3사건
1948. 4. 19	김구, 남북대표자연석회의 참석차 방북(4. 21 김규식 방북)
1948. 5. 10	제헌 국회의원 선거
1948. 5. 31	제헌국회 개원. 초대 국회의장 이승만, 부의장 신익희·김동원 선출
1948. 7. 1	국호를 '대한민국'으로 결정
1948. 7. 17	대한민국 헌법 및 정부조직법 공포
1948. 7. 20	제헌의원, 대통령 이승만, 부통령 이시영 선출
1948. 7. 24	이승만 초대 대통령 취임
1948. 8. 1	**소령 진급**
1948. 8. 15	이승만 대통령 대한민국 정부수립 선포
1948. 9. 7	반민족행위처벌법 국회 통과(9. 22 공포)
1948. 9. 9	북한, 조선민주주의인민공화국 수립
1948. 10. 19	여수 14연대 반란
1948. 10	**14연대 반란군 토벌사령부 작전장교 발령**
1948. 11. 11	**남로당 가입 등 혐의로 피체. 군내 남로당 조직원들 정보 제공**
1948. 12. 12	유엔총회 '대한민국을 유일 합법정부'로 승인. 찬성 48, 반대 6, 기권 1의 압도적 지지
1949. 2. 8	**군법회의 개정. 8~13일 중 사형 구형 및 무기징역·파면 선고**
1949. 4. 18	**무기징역에서 징역 10년 감형 및 집행정지 사실 기재된 '고등군법회의 명령 제18호' 공고**
1949. 5	**김종필 육사 8기 졸업 후 육군 정보국 전투정보과 배속. 박정희 전투정보과 비공식 문관으로 근무 중**
1949. 6. 26	백범 김구 피살
1949. 6. 29	주한미군, 군사고문단 제외하고 철수 완료
1949. 6. 30	조선노동당 발족(위원장 김일성, 부위원장 박헌영)
1949. 8. 4	**모친 백남의 작고**
1949. 10. 1	중화민주주의인민공화국(중국) 수립

1950년대

1952. 5. 26	이종찬 육군 참모총장 명의로 발표된 '육군 장병에게 고함'(육군본부 훈령 217호) 기초
1952. 7. 2	**시(詩) '영수의 잠자는 모습을 바라보고' 써**
1952. 7. 4	발췌개헌안 국회 통과(7. 7 공포)
1952. 8. 5	2대 대통령·3대 부통령 직선제 선거. 대통령 이승만, 부통령 함태영 당선
1952. 10	**포병으로 전과. 광주 포병학교에서 4개월간 교육. 가족 모두 광주 동명동으로 이사**
1952. 12. 2	아이젠하워 대통령 당선자 방한. 이승만 대통령과 회담(12. 3)
1953. 2	**광주 포병학교 2등 졸업**
1953. 5. 9	**3군단 내 신설 포병단 단장 전보. 7월 3군단 포병단 이끌고 광주에서 강원도 양구로 이동**
1953. 6. 18	이승만 대통령 반공포로 전격 석방
1953. 7. 27	6·25전쟁 휴전조약 체결
1953. 11. 25	**준장 진급**
1953. 12 말	**미 육군 포병학교 고등군사반 단기 유학 위해 향미**
1954. 1	**미 오클라호마주 포트실의 미 육군 포병학교 고등군사반 유학 생활 시작**
1954. 5. 20	제3대 국회의원 선거
1954. 6. 27	**6개월간 미국 유학 마치고 인천항 도착. 귀국 후 2군단 포병사령관 전보**
1954. 6. 30	**차녀 박근영 출생**
1954. 10. 18	**광주 육군포병학교 교장 부임**
1954. 11. 18	한미상호방위조약 발효
1954. 11. 27	개헌안 재적의원 203명 중 136표로 부결(11. 29 사사오입 가결 발표)
1955. 6	**강원도 인제 5사단장 부임(한병기 중위 전속 부관 발탁)**
1956. 4	**서울 충현동 장충체육관 부근에 첫 내 집 마련**
1956. 5. 15	제3대 대통령·4대 부통령 선거. 대통령 이승만, 부통령 장면 당선
1956. 7. 15	**5사단장직 해임. 진해 육군대학 입교 명령. 장군이 학생으로 입교한 첫 사례**
1956. 9. 22	이승만 대통령, 10월 1일을 '국군의 날'로 선포
1957. 3. 20	**진해 육군대학 우등 졸업**
1957. 3. 26	**경기도 포천의 6군단 부군단장 부임**
1957. 9. 3	**강원도 인제 7사단장 부임**
1958. 3	**소장 진급**
1958. 5	**서울 신당동으로 이사. 대지 100평, 건평 30평의 일본식 단층집**
1958. 5. 2	제4대 국회의원 선거. 자유당 압도적 승리
1958. 6. 17	**강원도 원주 1군사령부 참모장으로 부임**
1958. 10. 1	미 항공우주국(NASA) 발족
1958. 10. 3	**첫 부인 김호남 사이에서 태어난 박재옥, 전속부관 한병기 대위와 결혼**
1958. 12. 15	**장남 박지만 출생**
1958. 12. 21	드골, 프랑스 제5공화국 초대 대통령으로 피선
1959. 7. 1	**서울 지역 관할 6관구(현 수도방위사령부) 사령관 부임**
1959. 가을	**동료 장성들과 타이완 방문**
1959. 9. 17	태풍 사라호 참사. 사망·실종 924명, 수재민 98만5천 명
1959. 12. 14	재일동포 첫 북송. 제1진 975명 니가타항 출항

1960년대

1960. 1　　　서울 신당동 자택에서 김동하 소장과 군사혁명 논의

1960. 1. 21　부산 군수기지사령부 초대 사령관 부임

1960. 1. 하순　부산에서 기자회견. 언론 첫 등장

1960. 2　　　송요찬 육군 참모총장이 도미하는 1960년 5월 8일 거사키로 쿠데타 도모 세력들과 의기투합

1960. 3 .15　제4대 대통령·제5대 부통령 선거.

1960. 4. 18　정치깡패들 3·15부정선거 규탄 고대생 습격

1960. 4. 19　4·19혁명 발발

　　　　　　　-오후 5시　전국 5대 도시에 비상계엄령 선포

　　　　　　　-오후 8시　계엄포고문 제3호 발표. 계엄부사령관에 장도영 2군 사령관, 부산 지구 계엄사무소장에 박정희 군수기지사령관 등 임명

1960. 4. 24　부산 교외 범어사에서 가진 4·19 희생자 합동위령제에서 친(親)학생적인 조사(弔辭) 발표

1960. 4. 26　이승만 대통령 하야 성명 발표

1960. 4. 26　하야 소식을 듣고 경남도청 앞에서 "다 같이 만세 부릅시다" 연설 후 시위대와 만세3창

1960. 4. 27　허정을 수반으로 한 과도정부 성립

1960. 4. 28　이기붕 일가 4명 권총 자살

1960. 4. 28　**부산계엄사무소에서 학생, 언론인, 군인 대표들과 시국간담회**

1960. 5. 2　　송요찬 육군 참모총장에게 3·15 부정선거 책임을 지고 물러날 것을 권고하는 서한 발송

1960. 5. 8　　김종필 등 육사 8기 9명, 정군(整軍) 요구하는 정판장 상부에 제출하려다 발각

1960. 5. 17　김종필 등 5명 국가반란 음모혐의로 구속

1960. 5. 19　송요찬 육군 참모총장 사임

1960. 5. 29　이승만 하와이로 출국

1960. 6. 9　　**육군 주요지휘관 회의에서 소장 이상 장성들에 대한 숙정 주장**

1960. 6. 15　내각책임제 개헌안 211명의 의원 중 찬성 208표, 반대 3표로 통과

1960. 6. 16　제2공화국 출범

1960. 6. 19　아이젠하워 대통령 내한

1960. 7. 26　**광주 1관구 사령관 발령**

1960. 7. 29　제5대 국회의원 선거. 민주당 압승

1960. 8. 12　윤보선 민·참의원 합동회의에서 제4대 대통령 피선. 재석 259명 중 208표

1960. 8. 19　국회, 장면을 제2공화국 총리로 인준

1960. 8. 23　장면 내각 발족

1960. 9. 10　**육본 작전참모부장 발령**

1960. 9. 10　김종필 등 정군파 장교들 군사혁명 논의

1960. 9. 24　16인 하극상 사건. 정군파 장교들 최영희 연합참모본부 총장 찾아가 최영희 총장의 용퇴와 정군 필요성 건의.

　　　　　　　다음날 이 사실이 언론에 보도돼 16명의 장교들 하극상 혐의로 징계위에 회부

1960. 11. 8　존 F. 케네디, 미 제35대 대통령 당선

1960. 12. 8　**대구 2군 부사령관으로 좌천**

1961. 4. 12　유리 가가린 '보스토크 1호' 타고 인류최초로 우주비행

1961. 5. 16　**5·16 군사혁명**

1961. 5. 18　장면, 신변안전보장 약속을 듣고 정오에 나타나 마지막 국무회의. 혁명 당일 장도영 총장 명의로 선포된 비상계엄령 추인하고 내각 총사퇴 결의

1961. 5. 18　이한림 1군 사령관, 사령부 내 쿠데타 장교들에게 새벽 체포돼 서울로 압송

1961. 5. 18	육사 생도 청량리에서 시청까지 행진. 현역 군인 전두환 대위도 동참
1961. 5. 19	**군사혁명위원회, 국가재건최고회의로 개칭**
1961. 5. 19	국가재건최고회의, 전국에서 용공분자 2천14명 검거했다고 발표
1961. 5. 19	윤보선 대통령 하야 성명 발표, 다음날 번의
1961. 5. 21	정치깡패 이정재를 비롯 200여 명의 깡패들, 군경 엄호 아래 시가행진
1961. 5. 22	국가재건최고회의, 23일을 기해 모든 정당·사회단체 해체 포고
1961. 5. 23	매그루더 미8군 사령관과 회담
1961. 6. 10	중앙정보부법 공포. 중앙정보부 국가재건최고회의 직속으로 발족
1961. 6. 12	혁명 정부, 송요찬 전 육군참모총장을 국방장관으로 임명
1961. 7. 3	**국가재건최고회의, 장도영 사임 및 박정희 부의장과 송요찬 국방장관이 각각 최고회의 의장과 내각수반 임무 수행한다고 발표**
1961. 7. 22	경제기획원 창설
1961. 7. 29	러스크 미 국무장관 5·16 쿠데타 지지 표명
1961. 8. 12	**박정희 국가재건최고회의 의장 "1963년 여름 민정이양 하겠다"고 발표**
1961. 8. 13	동독, 베를린 장벽 설치
1961. 10. 24	김종필 중앙정보부장 비밀 방일(10. 25 이케다 총리 회담)
1961. 11. 1	**대장 진급(11. 4 청와대에서 진급식)**
1961. 11. 12	**이케다 하야토 총리와 한일회담 조속 타결에 합의**
1961. 11. 13	**워싱턴 도착**
1961. 11. 14	**알링턴 국립묘지 참배. 케네디 대통령과 정상회담**
1961. 11. 15	**케네디 대통령과 2차 정상회담**
1961. 11. 16	**내셔널 프레스클럽에서 '군사혁명의 불가피성'을 강조하는 연설. 한국 특파원들과 기자회견**
1961. 11. 17	**뉴욕 도착**
1961. 11. 19	**샌프란시스코 도착. 이한림 전 1군 사령관 회동**
1961. 11. 25	**서울 도착**
1962. 1. 1	공용연호 단기에서 서기로 개정
1962. 1. 10	혁명재판소 1심, 장도영에게 무기징역 선고(5. 2 박정희 의장의 형 면제로 풀려나 1962년 8월 미국으로 망명)
1962. 1. 13	혁명 정부 제1차 경제개발 5개년 계획안 확정 발표
1962. 3. 1	**첫 저서 『우리 민족의 나갈 길』(동아출판사) 출간**
1962. 3. 16	정치활동정화법 국가재건최고회의 통과 및 공포
1962. 3. 22	윤보선 대통령 사임
1962. 3. 24	**대통령 권한대행 취임**
1962. 5. 31	증권 파동
1962. 6. 9	제2차 통화개혁 발표(10일 0시부터 시행)
1962. 6. 16	송요찬 내각수반 사임
1962. 6. 18	**국가재건최고회의 의장과 내각수반 겸임**
1962. 6. 20	**제2한강교 기공식 참석**
1962. 10. 20	김종필 중앙정보부장, 도쿄에서 오히라 외무장관 첫 회동
1962. 10. 22	케네디 미 대통령 쿠바 해상봉쇄 선언(10. 24 쿠바봉쇄 시작)
1962. 10. 30	**공군 광주기지 기공식 참석**
1962. 11. 12	김종필 중앙정보부장, 오히라 일본 외무장관과 '김종필·오히라 메모' 작성
1962. 12. 6	계엄령 해제

1962. 12. 17　개정 헌법안(4년 중임의 대통령중심제와 국회 단원제, 강력한 정당정치) 국민투표 통과. 85.28% 투표, 78.78% 찬성

1962. 12. 26　워커힐 준공식 참석

1962. 12. 26　제5차 개헌안(대통령중심제·단원제) 공포. 제3공화국 탄생

1962. 12. 27　첫 공식 기자회견. "출마에 관해서는 당명에 따르겠다" 언명

1962. 12. 28　호남비료 나주공장 준공식 참석

1963. 1. 1　정당·사회단체의 정치활동 금지 해제

1963. 1. 9　김종필 중앙정보부장 사임

1963. 2. 1　장충체육관 개관식 참석

1963. 2. 18　민정 불참 선언. "여야 정치인들이 9개 조항 조건 수락하면 민정에 참여하지 않겠다"

1963. 2. 25　김종필 8개월간 외유 떠나

1963. 2. 26　민주공화당 창당. 박정희 의장 초대 총재 취임

1963. 3. 6　김재춘 중앙정보부장 4대 의혹사건 수사 중간발표

1963. 3. 7　원주 1군사령부에서 "국민에 해독 끼치고 질서 혼란케 한 기성정치인은 일선에서 물어나야 한다"고 경고

1963. 3. 16　언론검열과 정치활동 금지하는 최고회의 비상조치법 통과.

1963. 3. 30　윤보선·허정과 함께 군정 연장에 대한 3자회담(~4. 1까지 3일간)

1963. 4. 8　군정 연장안 국민투표 9월 말까지 보류, 정치활동 재개 허용 발표

1963. 5. 20　강원도 황지본선 개통식 참석

1963. 5. 27　민주공화당, 대통령후보에 박정희 의장 지명

1963. 7. 12　김형욱 중앙정보부장에 임명

1963. 7. 27　민정 이양 일정 발표

1963. 8. 14　군사정부 "대통령선거는 10월 15일, 국회의원선거는 11월 26일에 치르겠다"고 발표

1963. 8. 30　강원도 철원군 제5군단 비행장에서 대장 전역식. "다시는 이 나라에 본인과 같은 불운한 군인이 없도록 합시다" 연설

1963. 8. 31　민주공화당 총재 겸 대통령 후보 수락

1963. 9. 1　자서전『국가와 혁명과 나』(박상길 대필) 출판

1963. 10. 15　제4대 대통령선거. 투표 후 경주 불국사 근처에서 개표결과 기다려.

1963. 10. 17　중앙선관위 선거결과 발표. 박정희 470만 2640표(46.65%), 윤보선 454만 6614표(45.10%)

1963. 10. 18　대통령 당선 확정 후 경북 구미읍 금오산 선영 참배

1963. 11. 22　존 F. 케네디 미국 대통령 피살

1963. 11. 22　영친왕 56년 만에 환국

1963. 11. 25　케네디 미 대통령 장례식 참석. 존슨 새 대통령과 요담

1963. 11. 26　제6대 국회의원 선거. 공화당 175석 중 110석 압승

1963. 12. 16　국가재건최고회의 해산식 참석

1963. 12. 17　제5대 대통령 취임. 제3공화국 발족

1963. 12. 21　서독 탄광에서 근무할 파독 광부 1진 123명 김포공항 출발

1964. 1. 18　케네디 전 대통령의 동생 케네디 법무장관 방한, 청와대에서 접견

1964. 3. 15　야당·재야세력의 연합체 '대일굴욕외교반대 범국민투쟁위' 전국적으로 한일회담 저지 집회 시작

1964. 3. 24　서울시내 대학생들, 한일회담 즉각 중단 요구 가두시위.

1964. 3. 31　'김종필·오히라 메모' 내용 대학생 대표들에게 공개토록 지시

1964. 5. 6　주한 미 대사관, 월남에 대한 미국 정부의 원조 요청 공문 전달

1964. 5. 7　울산 정유공장 준공식 참석

1964. 6. 3　학생시위 격화. 1만여 명의 대학생 시내 곳곳에서 경찰과 유혈충돌

1964. 6. 3	오후 8시 기해 서울시 일원에 비상계엄령 선포
1964. 7. 15	월남 정부, 우리 정부에 파병 공식 요청
1964. 7. 29	**비상계엄령 56일 만에 해제**
1964. 7. 31	'월남공화국 지원을 위한 국군 부대의 해외 파병 동의안' 국회 통과
1964. 8. 20	**부산화력발전소 준공식 참석**
1964. 9. 11	130명의 이동외과병원 장병과 10명의 태권도 교관들로 구성된 비전투병 부산항 출발(9. 22 월남 도착)
1964. 11. 3	존슨 제35대 미 대통령 당선
1964. 11. 6	파독 간호사 60여 명 서울 출발
1964. 11. 30	1억 달러 수출 돌파. 이후 매년 11월 30일을 '수출의 날'로 기념
1964. 12. 6	**서독 방문 출발(15일 귀국)**
1964. 12. 8	**뤼브케 서독 대통령과 정상회담**
1964. 12. 8	**본-퀼른 간 고속도로의 노면, 중앙분리대, 교차로 시설 등 면밀 관찰**
1964. 12. 9	**에르하르트 서독 총리와 정상회담**
1964. 12. 10	**루르지방의 함보른 탄광 시찰. 파독 광부들 만나 함께 울어**
1964. 12. 11	**베를린 장벽, 지멘스 공장, AEG 전기공장 등 시찰**
1964. 12. 18	브라운 주한 미 대사 월남전에 한국군 파병 요청
1965. 1. 25	제2 한강교 개통
1965. 1. 26	첫 정규군 파병안 국회 통과
1965. 2. 10	**춘천댐 준공식 참석**
1965. 2. 17	시이나 에쓰사부로 일본 외무장관 방한. 식민지 지배 첫 공식 사과
1965. 2. 20	이동원 외무장관, 시이나 일본 외무장관과 서울에서 한일기본조약 가조인
1965. 5. 18	**존슨 미 대통령과 2차 정상회담 후 '대한원조 계속, 군원이관 계획의 재검토, 주한미군 지위협정 원칙 합의, 공업기술연구소 설립' 등을 골자로 한 공동성명서 발표**
1965. 5. 20	**뉴욕에서 우 탄트 유엔 사무총장 면담**
1965. 5. 20	**뉴욕에서 소설가 펄 벅 여사 만나 환담. 세계박람회 한국관 관람**
1965. 5. 22	**피츠버그 철강회사 시찰. 종합제철공장 건설 구상**
1965. 6. 22	한일기본조약 조인(한일국교 정상화)
1965. 7. 19	이승만 전 대통령, 호놀룰루 마우나라니 요양원에서 서거
1965. 7. 23	이승만 전 대통령 유해 김포공항 도착(7. 27 장례식 및 국립묘지 안장)
1965. 8. 6	**섬진강 댐 공사 현장 시찰**
1965. 8. 26	한일협정 반대 대학생들의 시위 빈발에 따라 정부 서울시 일원에 위수령 발동(9. 25 해제)
1965. 9	현대건설 태국 파타니~나라티왓 고속도로 공사 수주. 국내 건설업체 첫 해외진출
1965. 9. 15	**제2 영월화력발전소 준공식 참석**
1965. 9. 20	**파월 전투부대 제1진으로 선정된 해병 제2여단 결단식 참석**
1965. 10. 12	**맹호부대 여의도 광장 환송식 참석**
1965. 10. 20	채명신 사령관 사이공 도착
1965. 11. 9	마르코스, 필리핀 대통령 당선
1965. 11. 12	한일조약 비준안 일본 중의원 통과(12. 11 참의원 통과)
1965. 12. 18	이동원 외무장관-시이나 일본 외무장관, 중앙청에서 한일조약 비준서 교환
1965. 12. 20	**섬진강댐 준공식 참석**
1965. 12. 26	**육영수 부친 육종관 사망**

1966. 1. 1	**휴버트 험프리 미 부통령과 청와대 회담**
1966. 1. 30	파독 간호사 128명 김포공항 출발
1966. 2. 4	한국과학기술연구소(KIST) 발족(초대 소장 최형섭)
1966. 2. 7	**동남아시아 순방 위해 출국(18일 귀국)**
1966. 2. 7	**말레이시아 방문(2. 10 태국, 2. 13 홍콩, 2. 15 타이완)**
1966. 3. 7	브라운 주한 미 대사, 군사 및 경제원조 16개항을 정리한 '브라운 각서' 우리 정부에 전달
1966. 3. 20	제4차 파병안 국회 통과
1966. 7. 9	SOFA(주한미군지위협정) 체결(10. 14 국회 비준)
1966. 8. 13	**방한한 닉슨 부통령 접견**
1966. 8. 18	천안문광장서 홍위병 100만 명 집회, 문화대혁명의 본격적인 시작
1966. 10. 14	세계 최고(最古) 목판본 무구정광대다라니경 발견
1966. 10	**〈부산일보〉 청와대 출입기자 김종신, 박 대통령 다룬 『영시의 횃불』(한림출판사) 출간.(2011년 기파랑에서 재출간)**
1966. 10. 21	**월남 참전 7개국 정상회담 참석차 출국(26일 귀국)**
1966. 10. 22	**홍콩 1박 후 월남 도착. 맹호사단 사령부 방문**
1966. 10. 24	**필리핀 마닐라에서 7개국 정상 회담(10. 25 추가 회담).**
1966. 10. 31	존슨 미 대통령 방한
1966. 11. 1	**존슨 대통령과 1차 정상회담**
1966. 11. 2	**존슨 대통령 국회 방문하고 2차 정상회담 후 출국**
1966. 11. 9	**경북선 개통식 참석**
1967. 1. 19	해군 경비정 56함, 북한의 해안포 맞아 승조원 79명 중 39명 전사하고 침몰
1967. 1. 20	**정선선 개통식 참석**
1967. 2. 2	**공화당 전당대회에서 제6대 대통령 후보로 지명**
1967. 2. 7	신민당 창당
1967. 2. 9	SOFA(주한미군지위협정) 발효
1967. 3. 2	**하인리히 뤼브케 서독 대통령 방한, 정상회담**
1967. 3. 14	**제3비료공장(울산) 준공식 참석**
1967. 3. 22	이수근 북한 중앙통신사 부사장 판문점 통해 남쪽으로 탈출
1967. 3. 30	**모교인 구미초등학교 방문**
1967. 4. 1	**구로공단 준공식 참석**
1967. 4. 9	**제4비료공장(경남 진해) 준공식 참석**
1967. 4. 15	**YMCA 신축회관 준공식 참석**
1967. 4. 21	**과학기술처 개청식 참석**
1967. 4. 28	**아산 현충사 성역화 준공식 참석**
1967. 4. 29	**서울 장충단 공원의 대통령 유세에서 '경부고속도로 건설'을 공약**
1967. 5. 3	**제6대 대통령 당선. 박정희 568만(51.4%)표, 윤보선 452만(41.0%)표**
1967. 5. 7	**대통령 당선 후 고향 방문**
1967. 6. 5	제3차 중동전쟁(6일 전쟁) 발발
1967. 6. 8	제7대 총선. 공화당 131석 중 102석 압승
1967. 7. 1	**제6대 대통령 취임**
1967. 7. 8	김형욱 중앙정보부장 '동백림 간첩 사건' 발표
1967. 10. 1	**동작동 국립묘지 현충탑 제막식**

1969. 7. 25	3선 개헌 위한 국민투표 실시 발표
1969. 8. 4	새마을운동 아이디어 떠오르게 한 경북 청도군 청도읍 신도1리 방문
1969. 8. 8	MBC-TV 개국
1969. 8. 21	닉슨 미 대통령과 샌프란시스코에서 정상회담(8. 22 2차 정상회담)
1969. 9. 14	3선 개헌안 변칙 통과
1969. 9. 29	경부고속도로(오산~천안 구간) 개통식 참석
1969. 10. 7	남강 다목적댐 준공식 참석
1969. 10. 17	3선 개헌안 국민투표. 77.1%의 투표와 65.1%의 찬성으로 통과
1969. 10. 23	한국과학기술연구소(KIST) 준공식 참석
1969. 11. 4	아폴로11호 우주인 암스트롱, 올드린, 콜린즈 청와대 초치·환담
1969. 12. 10	경부고속도로(천안~대전) 개통식 참석
1969. 12. 11	KAL 여객기 피랍
1969. 12. 26	제3한강교(한남대교) 개통식 참석
1969. 12. 29	경부고속도로(대구~부산) 개통식 참석

1970년대

1970. 1. 26	제1차 쥐잡기 대회
1970. 3. 19	빌리 브란트 서독 총리, 분단 25년 만에 동독 방문 정상회담
1970. 3. 20	제주화력발전소 준공식 참석
1970. 3. 31	일본 적군파, 여객기 '요도호' 납치
1970. 4. 1	포항종합제철 착공식 참석
1970. 4. 15	호남고속도로(대전~전주) 기공식 참석
1970. 4. 22	전국 지방관서장회의에서 '새마을 가꾸기 사업' 제창
1970. 5. 1	영친왕 이은 타계
1970. 5. 29	인천화력발전소 제1호기 준공식 참석
1970. 6. 2	금산 위성통신지구국 개국식 참석
1970. 7. 5	미국, 주한미군 2개 사단 중 7사단 철수하겠다고 한국에 통고
1970. 7. 7	경부고속도로 준공식에서 "피와 땀과 의지의 결정이자 예술작품"이라고 평가
1970. 8. 15	8·15선언. "북한이 무력적화 포기선언 및 실증하면 인위적 장벽 단계적 제거 제안할 용의있다"
1970. 9. 28	피델 산체스 에르난데 엘살바도르 대통령 내한(29일 정상회담)
1970. 10. 16	인천제철 제1공장 준공식 참석
1970. 11. 18	한강 외인아파트(서울 동부이촌동) 준공식 참석
1970. 12. 8	도산서원(경북 안동) 보수정화공사 준공식 참석
1970. 12. 23	정부종합청사 준공 및 개청식 참석
1970. 12. 23	동대문종합상가 준공식 참석
1970. 12. 30	호남고속도로(대전~전주) 개통식 참석
1971. 1. 29	제주 우회도로 개통식 참석
1971. 3. 19	고리 원전 1호기 기공식 참석
1971. 3. 27	주한미군 감축계획에 따라 철수하는 미 제7사단 고별식 참석
1971. 4. 7	경인전철 기공식 참석

1971. 4. 12	**서울 지하철 1호선 착공식 참석**
1971. 4. 27	**제7대 대통령 당선. 박정희 634만 2800여 표(53.2%), 김대중 539만 5900표(45.3%)**
1971. 5. 2	**제1회 박 대통령컵 아시아축구대회 서울운동장에서 개막. 박 대통령 시축**
1971. 5. 25	제8대 국회의원 선거.
1971. 6	**월간 경제동향보고회의 주재하면서 새마을 성공사례 처음 보고받아**
1971. 6. 3	김종필 국무총리 취임
1971. 6. 10	미국, 대(對) 중국 무역금지 조치 해제
1971. 7. 1	**사토 일본 수상 내한 및 정상회담. 당일 이한**
1971. 7. 3	**제7대 대통령 취임**
1971. 7. 8	백제 무령왕릉 발굴
1971. 7. 9	키신저 극비 방중. 저우언라이(周恩來)와 회담
1971. 7. 30	서울외곽에 그린벨트 첫 지정
1971. 8. 12	최두선 대한적십자사 총재, 남북이산가족찾기 남북회담 제의(14일 북한 수락)
1971. 8. 20	남북 적십자 연락관 분단 26년 만에 판문점에서 첫 대면
1971. 8. 23	실미도 특수부대원 난동
1971. 9. 20	남북 적십자사 제1차 예비회담 판문점에서 열려
1971. 9. 28	**태릉 국제사격장 준공식 참석**
1971. 9. 29	**여의도 5·16광장 준공식 참석**
1971. 10. 15	서울 일원에 위수령, 10개 대학에 군대 진주
1971. 10. 16	**닉슨 미 대통령 특사로 내한한 로널드 레이건 캘리포니아 주지사 접견**
1971. 10. 20	**국군수도통합병원(서울 등촌동) 준공식 참석**
1971. 10. 24	남북 적십자사 예비회담에서 '본회담의 서울·평양 상호 개최'에 합의
1971. 10. 25	유엔 총회, 중국의 유엔 가입과 대만의 유엔 축출 결정
1971. 10. 29	**여의도 시범아파트 24개동 준공식 참석**
1971. 11. 23	중국, 유엔 안보리 상임이사국 진출
1971. 12. 6	**국가비상사태 선언. "안전보장상 중대한 차원의 시점에 처해있다"**
1971. 12. 10	광복 후 첫 민방공훈련 실시
1971. 12. 17	**청와대에서 열린 첫 국산 병기 전시회 관람**
1971. 12. 25	서울 대연각호텔 화재. 163명 사망, 42명 부상
1971. 12. 27	'국가보위에 관한 특별조치법'(비상대권법) 공화당 단독으로 통과
1972. 2. 21	닉슨 미 대통령 중국 방문
1972. 3. 20	**파월 장병 개선 환영대회 참석**
1972. 3. 23	**울산조선소 기공식 참석**
1972. 3. 30	**북한에 5개항 평화원칙 제시**
1972. 5. 2	이후락 중앙정보부장 평양 극비방문
1972. 5. 4	이후락 중정 부장, 김일성과 새벽과 점심 두 차례 회담(5. 5 서울 귀환)
1972. 5. 15	미국, 오키나와 27년 만에 일본에 반환
1972. 5. 29	박성철 북한 제2부수상, 서울 극비방문
1972. 5. 31	**박성철 북한 제2부수상 접견**
1972. 7. 1	**잠실대교 준공식 참석**
1972. 7. 4	이후락 중정부장과 박성철 북한 제2부수상, 서울과 평양에서 '7·4 남북공동성명' 동시 발표

1972. 8. 3	**'경제 안정과 성장에 관한 긴급명령'(8·3경제조치) 발동**
1972. 8. 25	**국립중앙박물관 개관식 참석**
1972. 8. 30	제1차 남북적십자회담 평양에서 개최(9. 13 2차 서울, 10. 24 3차 평양, 11. 22 4차 서울, 1973. 3. 19 5차 평양, 5. 9 6차 서울, 7. 10 7차 평양)
1972. 9. 29	일본·중국 국교정상화
1972. 10. 10	**맏형 박동희 별세**
1972. 10. 12	이후락 중정부장과 박성철 제2부수상, 남북조절위원회 공동위원장 제1차 회담
1972. 10. 17	**전국에 비상계엄 선언(10월 유신) 선포. 국회해산 및 정당·정치활동 금지**
1972. 10. 31	**울산석유화학공업단지 내 9개 석유화학공장 준공식 참석**
1972. 11. 7	닉슨 미 대통령 재선
1972. 11. 21	제7차 개헌안(유신헌법) 국민투표. 91.9%의 투표율, 91.5%의 찬성율. 제4공화국 성립
1972. 11. 25	**소양강댐 담수식 참석**
1972. 11. 30	남북조절위 공동위원장 제3차 회의(서울)에서 남북조절위 발족 결정하고
	이후락(남)과 김영주(북)를 위원장으로 하는 남북조절위 1차 회의(1973. 3. 14 2차 평양, 6. 12 3차 서울)
1972. 12. 1	**남북조절위 북측 대표단 접견**
1972. 12. 2	서울시민회관 화재. 53명 사망
1972. 12. 15	통일주체국민회의 대의원 선거
1972. 12. 20	**미국 코미디언 보브 호프 접견**
1972. 12. 23	**제8대 대통령 당선. 통일주체국민회의 대의원 2359명 중 2357명(99.9%) 지지**
1972. 12. 27	**유신헌법 공포 및 제8대 대통령 취임**
1972. 12. 28	북한 최고인민회의, 1948년 제정된 구 헌법을 폐기하고 새로운 사회주의 헌법을 대의원 전원 찬성으로 채택.
	내각제 형태의 수상제 대신 국가 주석제 도입. 당·정 1인체제 더욱 강화
1973. 1. 12	**연두 기자회견에서 '중화학공업화 선언' 발표**
1973. 1. 21	**닉슨 미 대통령의 특사 알렉산더 헤이그 대장 접견**
1973. 1. 24	**월남 종전 관련 성명. "월남에 있는 모든 잔여병력의 명예로운 철수 즉각 개시하겠다"**
1973. 1. 27	월남전 종식을 위한 파리평화협정 조인
1973. 2. 27	제9대 국회의원 선거
1973. 2. 28	고교평준화 입시제도 발표
1973. 3. 9	윤필용 소장 육군보안사에 연행(3. 26 구속, 4. 28 징역 15년 선고)
1973. 3. 23	월남 주둔 한국군 완전 철군
1973. 3. 29	월남 주둔 미 해병대 2500여 명 마지막으로 월남 철수. 월남전 사실상 종결
1973. 4. 12	**티우 월남 대통령 내한 및 정상회담. 당일 이한**
1973. 4. 23	**사라예보 탁구선수권대회 우승한 선수단 21명 접견 및 훈장수여**
1973. 5	중화학공업추진기획단 발족
1973. 5. 5	**어린이대공원 개원식 참석**
1973. 5. 26	**빌리 그래함 목사 접견**
1973. 6	삼환기업, 한국 건설업체로는 첫 중동 진출(2천427만 달러 공사 수주 성공)
1973. 6. 20	**중앙선(청량리~제천) 개통식 참석**
1973. 6. 22	**동양 최대 현수교 남해대교 개통식 참석**
1973. 6. 23	**'6·23선언'. 남북동시 유엔가입 제의**
1973. 7. 3	**포항종합제철 준공식 참석**
1973. 8. 8	중앙정보부 일본에서 김대중 납치(8. 13 김대중 서울 동교동 자택 도착 후 가택연금. 10. 26 74일만에 기자회견)

1975. 9. 26	대구사범 5학년 당시 담임 기시 요네사쿠 청와대 초청
1975. 10. 14	**영동·동해고속도로 개통식 참석**
1975. 10. 31	**박근혜, 소아마비 청소년들을 위한 정립회관(서울 구의동) 준공식 참석**
1975. 12. 5	**영동선 전철화 준공기념식 참석**
1976. 2	현대건설, 단일 공사로는 세계최대인 사우디의 주베일 산업지역 신항 건설공사 수주(9억 3000만 달러)
1976. 2. 29	한국자동차 첫 고유모델 '포니' 자동차 시판
1976. 3. 1	김대중·윤보선·정일형·함석헌 등 재야인사 '3·1 민주구국선언' 명동성당에서 발표
1976. 4. 20	**멀둔 뉴질랜드 총리와 1차 정상회담(4. 22 2차 정상회담 및 이한)**
1976. 5. 31	전국에서 첫 반상회
1976. 6. 24	**레이몽 아롱 프랑스 〈피가로〉 논설위원 접견·환담**
1976. 7. 15	**잠수교 개통식 참석**
1976. 8. 18	판문점 도끼만행 사건
1976. 8. 19	**몬트리올 올림픽 선수단 27명 접견·훈장 수여**
1976 .9. 9	마오쩌둥 사망
1976. 10. 28	**안동다목적댐 준공식 참석**
1976. 11. 3	카터 미 대통령 당선(1977. 1. 21 취임)
1976. 12. 1	**KBS 여의도 청사 준공식 참석**
1977. 1. 12	**연두 기자회견에서 대북식량조 제의 및 남북 불가침 협정 체결을 전제로 미군 철수에 응하겠다고 언명**
1977. 1. 28	**국방부 순시에서 "핵무기와 전투기를 제외한 모든 무기 국산화하고 있다"고 언명**
1977. 2. 10	**임시행정수도 건설구상 발표**
1977. 5. 4	정부, 일본 〈요미우리〉신문 서울 지국 폐쇄 및 신문 국내 배포 금지
1977. 5. 25	**카터 미 대통령 특사 하비브 국무차관과 브라운 합참의장, 박 대통령에게 카터 대통령의 철군계획 통보**
1977. 5. 27	**이철승 신민당 총재 청와대 초청 및 회담**
1977. 6. 19	고리 원전 1호기에서 사상 첫 핵분열 시작(1978. 4. 29 상업운전 시작)
1977. 7. 1	의료보험제도와 부가가치세제 실시
1977. 8. 4	**남해화학 여수공장(제7비료) 준공식 참석**
1977. 8. 20	**배화여중고 교정에서 열린 육영수여사기념관 개관식 박근혜와 함께 참석**
1977. 9. 28	일본 적군파, 일본항공(JAL)기 납치
1977. 10. 11	**에베레스트 등정에 성공한 원정대 18명 접견 및 훈장 수여**
1977. 12. 8	**박근혜 사단법인 구국여성봉사단 총재 취임**
1977. 12. 8	통일벼 풍작으로 14년만에 쌀 막걸리 허용
1977. 12. 17	**구마고속도로 개통식 참석. 고속도로 시주(試走)**
1977. 12. 22	**100억달러 수출달성 및 기념식 참석**
1978. 1. 14	영화배우 최은희 납북(1978. 7. 19 영화감독 신상옥 납북)
1978. 3. 6	6·25전쟁 후 최대규모의 한미 합동군사훈련 '팀스피리트' 실시
1978. 3. 9	서울 지하철 2호선 착공(1984. 5. 22 준공)
1978. 3. 30	**호남선 복선 개통식 참석**
1978. 4. 6	**국산 고성능탱크 성능시험 과정 참관**
1978. 4. 14	**세종문화회관 개관식 참석**
1978. 5. 18	통일주체국민회의 제2대 대의원 선거
1978. 6. 8	**카미세세 마라 피지 수상 접견 및 훈장 수여**

1978. 6. 30 한국정신문화연구원 개원식 참석
1978. 7. 6 통일주체국민회의 선거에서 제9대 대통령 당선. 99.9% 찬성
1978. 7. 20 고리원전 1호기 준공식 참석
1978. 8. 23 박근혜, 8·28 도끼만행사건 희생자 보니파스 미군 소령 가족 접견
1978. 9. 20 경북 구미시 상모동 선영 성묘
1978. 9. 22 마페브드라미니 스와질랜드 수상 접견 및 훈장 수여
1978. 9. 26 첫 국산 지대지 미사일 '백곰' 충남 안흥시험장에서 공개 실험발사 참관
1978. 10. 17 북한 제3땅굴 발견
1978. 11. 7 한미연합군사령부 창설식 참석
1978. 11. 21 행주대교 개통식 참석
1978. 12. 6 국립광주박물관 개관식 참석
1978. 12. 12 제10대 국회의원 선거. 공화당 68명, 신민당 61명 당선. 신민당이 총득표수 1.1% 포인트 앞서
1978. 12. 27 제9대 대통령 취임
1979. 1. 1 미국·중국, 30년만에 국교 수립. 미국·자유중국 단교
1979. 4. 16 나카소네 야스히로 일본 중의원 일행 접견
1979. 4. 18 잠실실내체육관 준공식 참석
1979. 4. 23 생고르 세네갈 대통령과 1차 정상회담(4. 25 2차 정상회담)
1979. 5. 3 영국 총선에서 보수당 승리. 대처 영국 최초의 여성 총리
1979. 5. 5 쿠르트 발트하임 유엔 사무총장 회담
1979. 5. 12 헨리 키신저 전 미 국무장관 접견
1979. 5. 30 김영삼 신민당 전당대회에서 총재 당선
1979. 6. 29 카터 미 대통령 방한
1979. 6. 30 카터 대통령과 1차 정상회담(7. 1 2차 회담)
1979. 7. 3 한국종합전시장 개관식 참석
1979. 9. 8 법원, 김영삼 총재의 직무집행 및 권한행사 정지 판결(정운갑 총재직무대행 선임 판결)
1979. 9. 10 김영삼 총재 박 대통령의 하야 요구하는 기자회견
1979. 10. 16 부산대 시위로 부마 사태 시작(10. 18 0시 기해 부산지역 비상계엄 선포)
1979. 10. 16 성수대교 준공식 참석
1979. 10. 19 방한 중인 리콴유(李光耀) 싱가포르 수상과 정상회담
1979. 10. 26 삽교천 방조제 준공식 참석
1979. 10. 26 김재규 중앙정보부장, 김계원 비서실장, 차지철 경호실장과 궁정동 안가에서 만찬 도중 김재규의 총에 맞고 서거
1979. 11. 3 국장
　　　　　　-10시 중앙청광장에서 영결식. 43개국 조문사절단 등 2500여 명 참석
　　　　　　-12시18분 유해 중앙청 떠나 광화문~남대문~서울역~국립묘지. 연도에서 200여만 명 오열
　　　　　　-14시 국립묘지 안장식

참고문헌

조갑제(趙甲濟) 『박정희(朴正熙)』1~13권(조갑제닷컴)

김정렴(金正濂) 회고록 『아, 박정희』(중앙 M&B) / 『한국경제정책 30년사』(중앙일보사)

오원철(吳源哲) 『박정희는 어떻게 경제강국 만들었나』(동서문화사)

이덕주(李德柱) 『한국 현대사 비록』(기파랑)

이석제(李錫濟) 『각하, 우리 혁명합시다』(서적포)

박정희(朴正熙) 『나의 사랑 나의 조국』『국가와 혁명과 나』『우리 민족의 나갈 길』(동아출판사)

이경준(李景俊)·김의철(金義哲) 『박정희가 이룬 기적, 민둥산을 금수강산으로』(기파랑)

방우영(方又榮) 『나는 아침이 두려웠다』(김영사)

이대환 『세계 최고의 철강인 박태준』(현암사)

김인만 『임자, 막걸리 한 잔 하세』(바른길미디어) / 『박정희, 일화에서 신화까지』(서림문화사)

김종신(金鍾信) 『영시의 횃불』(기파랑)

김성진 『박정희를 말하다』(삶과꿈) / 편저 『박정희 시대』(조선일보사)

김용환(金龍煥) 회고록 『임자, 자네가 사령관 아닌가』(매일경제신문사)

황병태(黃秉泰) 『박정희 패러다임』(조선뉴스프레스)

남시욱(南時旭) 『한국 보수세력 연구』(청미디어)

김형아 지음, 신명주 옮김 『박정희의 양날의 선택』(일조각)

서울신문사 엮음 『민족과 함께 역사와 함께』(서울신문사)

김영섭 외 『과학대통령 박정희와 리더십』(MSD미디어)

김일영 『건국과 부국』(기파랑)

조선일보 엮음 『대한민국 50년전(展) 자료집, 대한민국 50년 우리들의 이야기』(조선일보사)

Byung-kook Kim & Ezra F. Vogel 『The Park Chung Hee Era』(Harvard University Press)

이승훈 논문 「1970년대 농촌주택 개량사업」

김성은(金聖恩) 회고록 『나의 잔이 넘치나이다』 (아이템플코리아)

정일권(丁一權) 회고록 『정일권(丁一權) 회고록』 (고려서적)

백두진(白斗鎭) 회고록 『백두진(白斗鎭) 회고록』 (대한공론사)

이철승 회고록 『대한민국과 나』(시그마북스)

김윤근(金潤根) 회고록 『해병대와 5·16』

채명신(蔡命新) 회고록 『사선을 넘고 넘어』(매일경제신문사)

이낙선(李洛善) 회고록 『5·16혁명사 증언록』

이한림(李翰林) 회고록 『세기의 격랑』(팔복원)

이동원(李東元) 회고록 『대통령을 그리며』(고려원)

박상길(朴相吉) 『나의 제3, 4공화국』

정광모 『청와대』(어문각)

朴正熙